高等职业院校市场营销专业系列教材

公共关系与商务礼仪

主　编　王文华　薛彦登
副主编　宋　辉　薛　静

中国物资出版社

图书在版编目（CIP）数据

公共关系与商务礼仪/王文华，薛彦登主编. —北京：中国物资出版社，2010.6（2013.2 重印）

（高等职业院校市场营销专业系列教材）

ISBN 978-7-5047-3399-3

Ⅰ.公… Ⅱ.①王…②薛… Ⅲ.①公共关系学—高等学校：技术学校—教材②商务—礼仪—高等学校：技术学校—教材 Ⅳ.C912.3 F718

中国版本图书馆 CIP 数据核字（2010）第 074849 号

策划编辑　寇俊玲
责任编辑　寇俊玲
责任印制　何崇杭
责任校对　孙会香　梁　凡

中国物资出版社出版发行
网址：http://www.clph.cn
社址：北京市西城区月坛北街 25 号
电话：（010）68589540　邮政编码：100834
全国新华书店经销
中国农业出版社印刷厂印刷

开本：787mm×1092mm　1/16　印张：17.5　字数：426 千字
2010 年 6 月第 1 版　2013 年 2 月第 3 次印刷
书号：ISBN 978-7-5047-3399-3/C·0105
印数：5001—7000 册
定价：28.00 元

（图书出现印装质量问题，本社负责调换）

内 容 提 要

本书共分为十二个模块，主要内容有：培养公共关系意识、开展公共关系调查、进行公共关系策划、实施公共关系活动、预防与处理公共关系危机、塑造社会组织形象、评估公共关系效果、认识商务礼仪、培养个人基本礼仪、培养商务社交礼仪、培养商务办公礼仪、培养商务会务与仪式礼仪。

本书是高等职业教育市场营销专业及其他相关专业的技能教材之一。适合于三（两）年及五年制职业学校的学生使用，也可供其他企业、行业的公关人员、秘书学习及参考。

前　　言

为了进一步落实“基于工作过程的课程改革”及“行动导向教学”的高等职业教育思想，高职市场营销专业与其他专业一样也在做人才培养模式、课程体系、教学内容和教学方法的改革，而这一切的改革离不开教材改革。公共关系及商务礼仪教材就是基于这样一个背景开发的，在吸收国际国内先进理论成果的同时结合教学实际，突出新的特色，创新教学体系、方法，将国家规范与实际需要相结合，面向学生、面向市场，重点强调实际训练与操作，着力打造定位准确、高度严谨、特色鲜明的市场营销专业的品牌教材。

本书共分为十二个模块，首先培养公共关系意识是让学生对公共关系的概念、原则、产生及发展、作用与职能、主体、客体、传播沟通方式等基本理论知识有所掌握，然后再让学生掌握“开展公共关系调查、进行公共关系策划、实施公共关系活动、预防与处理公共关系危机、塑造社会组织形象、评估公共关系效果”这一系列知识，最后让学生领会从“认识商务礼仪”到培养“个人基本礼仪、商务社交礼仪、商务办公礼仪、商务会务与仪式礼仪”等商务人员的常用礼仪规则。

本书的编写工作安排如下：①山东交通职业学院的王文华负责整体构思、大纲的编写及第二、四、七、八模块的编写工作；宋辉负责第三、六模块的编写工作；商香华负责第一模块的编写工作。②山东劳动职业技术学院的薛彦登、薛静分别负责第十一及十二模块的编写工作。③内蒙古农业大学职业技术学院的冯涵、康伟分别编写了第九、十模块。④山东外国语职业学院的刘维东、王军合作编写了第五模块。这些老师都是多年从事公共关系及商务礼仪教学与研究工作，并躬身公共关系及商务礼仪实践的高职院校老师，也有多年从事实践指导的企业高层负责人。因此，本书是集体智慧的结晶，更是理论与实践的极佳组合，有力地保证了其理论深度、实用性和可操作性。

本书每一模块又分为若干个任务，按“学习任务、案例导入、知识体系（其中，又插入小贴士及小案例）、复习思考、案例分析”体系等编写，深入浅出地阐述了“是什么”、“做什么”、“怎么做”及“如何做好”等最重要也是最基本的公共关系及商务礼仪技巧。书面语言简洁通俗、突出重点，既适于课堂教学，也适于学生自学阅读。书中所举案例力求贴切新颖，具有较强的参照性。

王文华

2010年5月

目　录

模块一　培养公共关系意识

学习任务

1. 理解公共关系的概念、特征、原则
2. 了解现代公共关系产生的社会条件及发展过程
3. 了解公共关系的作用、职能
4. 理解社会组织的含义及分类方法
5. 认识公关部门的地位和设置类型
6. 了解公共关系人员的素质要求
7. 理解公众的含义、特征，熟悉公众的分类，学会分析目标公众
8. 熟悉公共关系传播的媒介及方式

案例导入

商场联合拒销长虹，长虹如何化险为夷

某年2月，春节的喜庆气氛还没消失，四川长虹彩电却在济南商场栽了跟斗——被7家商场联合拒售。这意味着长虹将在济南失去市场。在家电竞争日益激烈的今天，企业还有什么比失去市场更为严重的损失？再者，今天有济南拒售，明天再有别家效仿又该如何？为什么拒售？商家一方的理由是售后服务不好，而长虹方面说，每天有四辆流动服务车在市内流动维修，并且济南消费者协会也证实没有关于长虹的投诉。这究竟是怎么一回事？一时间公众议论纷纷，多家媒体也作了追踪报道。据报载，长虹老总在事发后立即率领一班人马前往济南与7家商场进行斡旋，双方均表示“有话好好说”，争取及早平息风波，圆满解决矛盾。

问题：

1. 在激烈的市场竞争中，有知名度的企业应注意哪些问题？

2. 面对突发事件，公关主体应遵循怎样的思路，运用怎样的办法来解决矛盾？

分析要点：

1. 在市场经济条件下，知名企业仍处于复杂多变的环境中，其中既有可控因素也有不可控因素。企业要实现自身的目标，只有主动去适应多变的环境，尽力减少、消除运行中的摩擦，达到与环境的平衡。

2. 任何企业都不可能一劳永逸地躺在已经取得的成绩上。它需要密切监测环境，对环境的任何变化保持高度的敏感性。要做好收集环境信息的工作，定期、经常地了解各类公

众对企业的评价和反映，利用信息反馈调整组织的行为、适应变化的环境，预防事故、风险的发生。

3. 遵循“和为贵”的公关原则，运用“重在协调矛盾、淡化矛盾、化敌为友”的策略。事发后，长虹老总亲自率领工作班子，及时飞抵济南，与7家商场进行公关协调，双方各抒己见、坦诚协商，通过信息与感情的沟通，求得矛盾的化解。正确引导了公众舆论，防止了公众因误导而诱发的不利于长虹的事件发生。

4. 经销商作为企业产品通向消费者的中介，是一种非常重要的公众关系。因此，长虹要实现自身的利益，必须将协调的目标放在获取对方的合作关系上。只有合作才能推进长虹和商场形成更为密切的互动关系，才更有利于双方获得更大利益。

任务一　掌握公共关系的概念与原则

一、公共关系的概念

“公共关系”又称公众关系，简称公关，是由英文“Public Relations”翻译而来的。自从公共关系诞生以来，人们给其下一个准确定义的努力就没有停止过。由于每个人的认识角度不同，对公共关系内涵的理解也各异，于是就形成了许许多多的公共关系定义。

综合各家所长，可以得出公共关系的基本含义至少包含以下几层意思：

第一，公共关系是社会组织与公众之间的相互关系，其中社会组织是主体，公众是客体。

第二，主体与客体之间联系的纽带是传播活动，这种传播活动具有一定的行为规范，以保证其正常而有效地开展。

第三，公共关系的主要方法与途径是主体与客体之间的双向信息交流，主体发布信息给客体，并不断地从客体那里得到信息反馈。

第四，公共关系的目标是塑造社会组织的良好形象，赢得公众的支持与合作。

第五，公共关系的实质是一种经营管理艺术。

明确了公共关系的基本含义，综合国内外学者关于公共关系定义的多种表述，我们认为：公共关系是社会组织借助双向信息传播，促进组织与目标公众之间的相互了解、信任与合作，树立良好组织形象的经营管理行为和过程。

二、公共关系的基本特征

公共关系是社会关系的一种表现形态，科学形态的公共关系与其他任何关系都不同，有其独特的性质，概括起来包括以下六个方面：

1. 以公众为对象

公共关系是指一定的社会组织与其相关的社会公众之间的相互关系。如果说，人际关系以个人为支点，是个人之间的关系的话，那么，公共关系则以组织为支点，是组织与其公众结成的关系。公共关系发展如何、良好与否，直接影响社会组织的生存和发展。也就是说，社会组织必须坚持着眼于自己的公众，才能生存和发展。公共关系活动的策划者和实施者必须始终将公众当做自己的“上帝”。

2. 以美誉为目标

在公众之中树立组织的美好形象是公共关系活动的根本目的。如果说，搞好人际关系的目的是为了个人的生存和发展，那么搞好公共关系的目的是为了使组织拥有良好的声誉，以利于组织的生存和发展。塑造形象是公共关系的核心问题。组织形象的美化，是公共关系活动追求的效果。美誉即美好的组织形象，是社会组织所向往的。

3. 以互惠为原则

公共关系不是以血缘、地缘为基础，而是以一定的利益关系为基础。一个社会组织在发展过程中必须得到相关组织和公众的支持。既要实现本组织目标，又要让公众得益——这样才能使合作长久，所以，必须遵循互惠的原则。

【案例】

微软和苹果因竞合而双赢

微软公司销售 IBM 个人电脑上使用的视窗操作系统，最大的竞争者是苹果公司的麦金托什电脑。苹果公司和微软公司多年来一直争夺市场占有率，但他们不仅是竞争者，也是伙伴。为什么呢？因为，微软也生产用于麦金托什电脑上的文书处理和试算表软件。没有微软公司的软件，较少有人愿意购买麦金托什电脑；没有麦金托什电脑，微软公司也会损失部分利润丰厚的应用软件市场。这两家公司的关系是竞合关系——某个领域内合作，某个领域内竞争。如果微软公司和苹果公司都视对方为死敌，这样的关系便无法生存。只有双方领导人都抛弃狭隘的心态，不再沉溺于毁灭竞争者的念头里，进行动机良好的竞争，甚至与竞争者合作，大家才能获得更丰厚的利润。

4. 以长远为方针

社会组织与公众建立起良好的关系、获得美好的声誉、让公众获益，所有这一切都不是一日之功所能及的，必须经过长期艰苦的努力。如果说，广告和推销主要考虑到眼前效果的话，那么，公共关系则主要着眼于长远效果。

5. 以真诚为信条

公共关系活动需要奉行真诚的信条。社会组织必须为自己塑造一个诚实的形象，才能取信于公众。传播活动中也必须贯彻真诚的精神，任何虚假的信息传播，都会损伤组织形象。唯有真诚才能赢得合作。所以，真诚是公共关系活动的信条。

6. 以沟通为手段

没有沟通，主客体之间的关系就不会存在，社会组织的美誉也无从产生，互惠互利也不可能实现。要将公共关系目标和计划付诸实施，离不开沟通的手段。

以上六个方面综合地、立体化地构成完整的公共关系的基本特征，对这些基本特征了解与把握，将有助于深化对公共关系含义的认识。

三、公共关系的原则

公共关系工作复杂而烦琐，在这些具体工作中要想取得事半功倍的效果，就必须掌握一些搞好公关的基本原则。这些原则可以说是进行公关活动的指南，也是我们区分真假公关活动的锐利武器。

1. 求真务实的原则

世界上各个民族、国家和时代的人民，都把追求真、善、美当成自己的最高理想，尽管他们对真、善、美的理解可能会有一些差异。西方公共关系学界曾经提出过一个命题：先有事实，后有公共关系。这个思想和我们社会所提倡的实事求是的精神实质也是相吻合的。要把求真务实的原则贯彻到调查工作中，公关人员要努力做到：客观、真实、全面、公正。

2. 互利互惠的原则

公共关系的本质是组织与公众之间的一种利益关系。在《有效的公共关系》一书中，也明确指出公共关系活动的一项重要原则就是“双向对称”，即组织与公众之间的关系要对称。因此，互利互惠是搞好公共关系工作的根本原则之一。

3. 全员公关的原则

全员公关是指社会组织中所有工作人员都参与公共关系活动，简称全员 P.R。其意义在于增强组织全体员工的公关意识，上下齐心搞好公关工作。公共关系作为组织一项重要的信誉投资，已经得到了社会的普遍认同。有些组织在进行各类公关活动时没少花钱，但效果并不明显，一个重要的原因就在于，其组织内部没有树立全员公关的意识，公关活动成了公关部门的孤立行为，没有得到组织全体员工的配合。有人为组织的形象投资，但也有人自觉不自觉地为组织形象抹黑，正负效果相互抵消。有时负面影响甚至超过了正面影响。因此，搞好公关工作的又一个重要原则是必须坚持组织内部的全员公关。

4. 遵守法纪的原则

目前，社会上之所以有种种对公共关系的不良舆论，主要原因是一些组织进行的公关活动不遵守国家的法律、法规，违反了社会的道德规范。企业开展公关活动应遵守国家的相关法律，使自己的活动始终在法律规范的空间内运行。另外，企业开展公关活动应该符合社会的各种道德。公关人员在公关活动中必须遵守的主要道德是社会公德和职业道德，绝不能用不健康、不文明的活动方式来吸引公众，获得公众的好感。当某些公众提出伤害国家或其他公众利益的要求时，公关人员不能仅仅为了自身组织的利益而盲目屈从。须知，满足了这些少数公众的不合法、不道德的要求，就是对大多数公众合法利益、公共道德的伤害，最终也会伤害组织的形象。

5. 平时联络的原则

要使组织长期处于良好的公关状态，公关人员必须注意与公众的平时联络。“平时不烧香，事急抱佛脚”是公关工作的大忌。因此，组织对当地的政府机关、新闻媒介、消费者、股东、社区等公众，平时应进行一些联络感情的工作，以防不测风云。组织在日常的联络工作中要注意以下问题：

（1）普遍建立关系，不要厚此薄彼。

（2）建立关系要自然、顺理。

（3）关系对等，互利互惠。

6. 不断创新的原则

公共关系工作必须研究公众心理，满足公众求新、求异、求变的心理特征，这样才能取得预期的宣传效果。一味重复教科书上的经典战略，或者长期运用一种公关方法，必然会引起公众的感觉疲劳，事倍功半，甚至会引起公众的反感，产生负效果。因此，公关人员要使自己的策划永远保持新意，要不断推出新的形式、新的方法、新的手段。为了使策划富有新意，可参考以下思路：

（1）大胆设计，敢于开创前人没有发现的新形式。

（2）移植与再造相结合。

（3）角度转换，逆向思维，寻求突破。

（4）排列组合，以旧翻新。

任务二　了解公共关系的产生与发展

一、现代公共关系的发展过程

公共关系从诞生之日至今，经历了从小到大，从简单到复杂的发展过程，我们把这个过程划分为五个阶段。

• 第一阶段——古代自发的公共关系

严格意义上的公共关系虽然是在 20 世纪初才出现的，但像任何事物都有其胚胎、雏形一样，具有公关意识的思想、活动在古代社会中便出现了。不过，那时的人们并未认识到公共关系的意义，也不会采用科学、系统的方法为自己开展塑造形象的活动，所以都属于公共关系的自发状态。

在国外，考古学家在伊拉克发现了公元前 1800 年巴比伦王国的一份农场公告，告诉农民如何播种、如何灌溉、如何对付病鼠害、如何收获庄稼，很像现代的农业组织发布的宣传材料，这一发现被称为人类历史上最早的公关活动。

在中国的古代，自发的公关活动也是广泛存在的。传说在尧舜时代，政府在宫廷外树立“诽谤木”，鼓励世人向政府进谏。《后汉书·杨震传》载“臣闻尧舜之时，谏鼓谤木，立之于朝”，这可能是古代政府征求民意的最初措施。

春秋战国时期，秦国宰相商鞅推行变法，为了取信于民，特地在城门口放了一根树干，并贴出告示说：谁能将此木头从这个门口扛到另一个门口，就可以赏其十金。开始人们都不相信，但有一个人完成了此事，真的得了赏金。第二天，许多希望这样轻松得到赏金的人又聚集到城门口，但这时没有了木头，而贴出了政府变法的公告。变法因商鞅“行必信，言必果”，从此在民众心目中树立了威信，这可以看成是一次成功的公关策划，在历史上被称为“徙木立信”。

通观古代中外自发的公共关系，可以发现一些共同的特点：首先是盲目性。统治者并没有真正认识公关的意义，他们的活动也都是出于一时之需，并不是自觉的行为。其次是经验性。古代公关活动的缺乏系统理论的指导，人们只是根据常识或直觉去做。最后是低层性。由于缺乏先进的传播手段，古代公关活动的主要形式是人际传播，其层次、范围都很小。古代的公共关系只能算是一种准公关、类公关。

· 第二阶段——近代公共关系的萌芽

近代公共关系萌芽于美国。在美国的独立战争中，独立运动的领导人利用集会、游行、展览、庆祝等机会，以诗歌、漫画、雕像等手段，宣传自己的政见，号召人民起来赶走英国殖民者。在美国获得独立后的总统竞选活动中，现代公关中常见的一些手法已经被普遍采用，如利用报刊、小册子宣传自己的政治主张，利用与选民见面、握手等机会与民众联络感情，最终达到拉选票的目的。

对于工商企业而言，近代公共关系的萌芽出现在19世纪30年代，以美国的“报刊宣传运动”为标志。当时随着经济的繁荣、技术的发达，大众传播事业也获得了长足的进展。1833年，《纽约太阳报》创办了廉价报纸——便士报，即只用一便士即可购得一份报纸，以通俗、廉价为手段，尽力扩大订户，以便在竞争中处于优势地位。《纽约太阳报》的这一举措得到了其他报纸的呼应，使许多普通民众也可买得起报纸，因而使报纸的发行量大增，进入千家万户。但是，报纸售价的降低造成了另一结果，即报刊上广告费的大幅度上升。这时一些大公司为了节省广告费用，便雇用了大批专门人员，在报刊上制造煽动性新闻，为自己的产品或服务进行宣传，以此来扩大影响。有些报纸为了迎合下层民众的阅读心理，也乐意刊登这类新闻，两相配合，就出现了所谓的报刊宣传运动。

在报刊宣传运动时期，每个报刊宣传员在争取顾客关注时，都是不择手段地编造神话，他们只顾为企业赚钱，完全不顾公众的利益，甚至公开嘲笑、谩骂公众。所以，报刊宣传运动还不是真正意义上的公共关系。从思想实质上来看，这个时期实际上是一个反公众、反公关的时期。不过，当时的人运用报刊等大众传播媒介为组织进行宣传，已经具有了现代公关活动的萌芽。

· 第三阶段——现代公共关系的开端

19世纪末至20世纪初，以美国为首的西方资本主义国家相继进入了垄断阶段。以美国为例，占人口1%的资本家控制了国家全部财富的54%。垄断资本家的强取豪夺极大地激化了劳资关系和社会矛盾，社会危机日益加深。一方面表现为一浪高过一浪的工人运动；另一方面则是引起了大批具有社会良知的知识分子利用新闻媒介对垄断资本家进行强烈的抨击，掀起了一场旷日持久的“揭丑运动”（又称扒粪运动、清垃圾运动）。

20世纪初，美国相继出现了几家新闻宣传公司。1900年，乔治·米凯利斯、赫伯特·斯莫尔和托马斯·马文在波士顿创办了一家新闻宣传办事处，专为企业进行形象宣传。1902年，威廉·沃尔夫·史密斯辞去了《纽约太阳报》和《辛辛那提问询者报》记者的职务，在华盛顿创办了第二家新闻宣传公司。这些人从事的活动，都可以看成是早期的公共关系活动。不过很遗憾，他们都没有将活动坚持到底，更没有提出现代公共关系的理念，使它发展为一门独立的学科。最终完成这一历史使命的是被尊为“公共关系之父”的艾维·李（Ivy Lee）。

艾维·李（1877—1934）是美国佐治亚州一个牧师的儿子，毕业于普林斯顿大学，曾就学于哈佛大学法学院。他曾经是《纽约时报》和《纽约世界报》记者，1903 年，艾维·李辞去了《纽约世界报》记者的职务，开始投身于公共关系方面的工作。1904 年，他与资深记者乔治·帕克一起，创立了美国第三家宣传事务顾问所，为一些企业家和政治家进行形象方面的宣传。艾维·李认为，解决企业形象危机最好的办法是把事实的真相告诉新闻界，采取信息公开的策略，这样不仅可以消除误会，还可以促进企业完善自己。艾维·李坚持自己的信念开展公众工作，使他的公司成为公共关系公司的前身，公共关系从此进入了职业化时期。

1906 年，美国无烟煤矿业发生了工人大罢工，劳资双方尖锐对立。艾维·李临危受命，负责为煤矿主处理这起严重的事故。他提出了两个先决条件，一是必须有权参加行业最高决策者的相关会议；二是在必要时有权向社会公开全部事实的真相。在这两条的基础上，艾维·李公布了一个《原则宣言》，提出了处理企业与公众关系的“公开管理原则”。他说：“这不是一个秘密的新闻处。我们的全部工作都是开诚布公的。我们的目标是提供新闻……”这一原则的提出，彻底改变了过去企业宣传愚弄公众、欺骗新闻界的传统，为日后公共关系的进一步发展奠定了良好的基础。他一改过去企业界蔑视公众、回避记者的工作方法，积极地向报界提供各种有关的资料，以便公众能够获得和他们利益有关的情报，通过沟通来改变企业在公众心目中的形象。专家认为，《原则宣言》的提出，标志着公共关系进入了一个新的阶段，是现代公共关系真正的开端。

艾维·李的公关实践，为日后公共关系的发展奠定了基础，他从事公关工作的原则是“公众必须迅速被告知”和“向公众说真话”，使公共关系走上了一条正确的道路。不过在艾维·李时代，公共关系尚处于开端时期，它仅仅是一种艺术，尚未成为一门科学。艾维·李本人以及他的同事们，大多是从新闻记者改行过来的，他们都还是运用新闻记者的经验或直觉去开展工作。

• 第四阶段——现代公共关系的成熟

美国学者爱德华·伯尼斯以其杰出的研究，成为公共关系学的创始人，使公共关系进入了科学化阶段。伯尼斯是奥地利籍的美国人，他的妻子多丽丝·弗雷奇曼也是一位著名的公共关系专家，夫妻双方共同经营他们自己的公司——爱德华·伯尼斯公共关系咨询公司，为许多大公司、政府机构及美国总统提供咨询。

伯尼斯和艾维·李有一点不同，即他更注重公共关系理论的研究，他逐渐转向了教学和研究工作，并于 1923 年出版了《公众舆论之形成》一书。这是第一部研究公共关系理论的专著，因而被视为公关发展史上的一个里程碑。在这本书中，他对公共关系的实践进行了系统的研究，使之形成一整套理论。他提出了“投公众所好”的根本原则，主张一个企业或组织在决策之前，就应首先了解公众喜好什么、需要什么，在确定公众的价值取向以后，再有目的地从事宣传工作，以便迎和公众的需要。伯尼斯的思想比艾维·李前进了一步，不仅是在事情已经发生之后去对公众说真话，而且要求企业通过公众的调查，根据公众的态度开展公关工作。同时，他将艾维·李的活动与1897年美国《铁路文献年鉴》中出现的“公共关系”一词结合了起来，使这一词语具有了科学的含义，并在社会上流行开来。从此，公共关系正式从新闻领域分离出来，成为一门独立而又系统的管理科学。1928年，伯尼斯出版了《舆论》一书。1952年，伯尼斯又编写了一本教材——《公共关系学》，对公共关系理论进行了更为系统、详尽的阐述和发展。

1952年，美国著名学者斯科特·卡特里普和阿伦·森特，合作出版了一本公共关系学方面的权威著作——《有效的公共关系》。在这本书中，他们提出了“双向对称”的公关模式。这种公关理论比伯尼斯又进了一步。因为，它把公共关系看成了组织与公众之间的一个互动的过程，这才是现代公共关系的真正本质。《有效的公共关系》一书提出的“四步工作法”，成为公共关系工作中最重要的工作流程。至此，现代公共关系学的理论框架基本构成，进入了成熟阶段。此后公共关系的技巧虽然不断发展，但体系基本稳定下来。特别难能可贵的是，卡特里普和他的学生们，根据全世界公共关系的发展，不断对自己的著作进行修订。2000年，格伦·布鲁姆也加入这一工作，该书已经修订了8版，成为公共关系领域最具权威性的教科书，被后人誉为公关的圣经。

•第五阶段——当代公共关系的普及

从20世纪30年代以后，公共关系在美国获得了高速的发展。到1960年，美国公共关系的从业人员达到了10万人，职业公关公司1350家，75%的企业设立了公共关系部。而到了1985年，全美公共关系从业人员达到15万人，公关公司超过2000家，85%的企业设立了公共关系部或者长期外聘公关顾问。美国最大的公关公司之一的伟达公司，已有50多年的历史，雇用2000多名员工，在全世界设有52个办事处和67家联营公司，1986年的收入达到了1.2亿美元。可以说，在美国任何一个组织离开了公共关系都将寸步难行。

20世纪20年代以后，公共关系传入欧洲。1948年，英国成立了公共关系协会，拥有英联邦的50多个国家和地区的2500个会员；1967年，英国公共关系顾问协会成立，至今已有170多家分支机构。1955年，法国公共关系协会成立。大约在同时，德国、意大利、荷兰、挪威等西欧国家的公共关系也积极地发展起来。1940年，公共关系传入加拿大。1947年，公共关系传入日本；1964年，日本公共关系协会成立。

20世纪50年代以后，公共关系的思想和实践也开始传入第三世界国家，在东南亚、拉美和非洲各国生根开花。20世纪50年代初，香港政府设立公共关系部，一些企业也纷纷效法，使公共关系成为企业经营过程中的重要管理方式。20世纪50～60年代，中国台湾地区全面推行公共关系管理，各级县政府建立公共关系部，并通过了《公共关系管理规则》。

1955年，国际公共关系协会（IPRA）在伦敦成立，当时有会员20多个，出版《国际公共关系协会通讯》和《国际公共关系评论》两本杂志。以后会员不断增加，变成了世界上最大的公共关系协会。现在，这一组织已经有60个国家或地区的1100名会员，在全世界有很强的代表性。

二、现代公共关系产生的社会条件

公共关系的产生及传播，是20世纪人类文化史上的重大事件，在其短暂而又具有传奇色彩的历史背后，有着深刻的社会历史必然性。

1. 商品经济的高度发达

当人类完成了从自然经济向市场经济过渡，并逐渐进入了商品经济的发达阶段，人与人之间的关系发生了根本变化，传统社会中那种具有强烈人身依附色彩的人际关系逐渐让位于开放的、可变的、广泛的人际关系。在市场经济社会里，除了传统意义上的家庭关系、地域关系，人与人之间更多的则是由于商品交换而形成的利益关系，公共关系的思想与实践也随之发展起来。

20 世纪以前，即使在西方发达国家，经济发展水平也不是很高，社会上存在着严重的两极分化，物资供应也不丰富，因此对于企业来说，并不需要专门用心思去考虑公众的需要与情感。然而随着 20 世纪科学技术与生产力的发展，物质产品充分涌流，社会上大量中产阶级出现，就迫使企业家必须高度重视公众的利益和要求了。可以说，是发达的商品经济提出了对公共关系的需要。

第一，公共关系适应了商品经济分工协作，社会化大生产的需要。

第二，公共关系是物质生产供过于求，市场重心从卖方向买方过渡的产物。

第三，证券民主化运动推动了公共关系的深化发展。

第四，民众的巨大压力迫使企业家放弃唯利是图的经营方针，采取赢利与公关并重的经营战略。

可以肯定地说：公共关系是一种适应社会化大生产的现代文明经营观念。当商品经济发展到一定程度，就必然把它应用于生产实践之中。

2. 民主政治制度的出现

从封建制度向当代民主制度过渡，是一场深刻的社会变革，也是公共关系产生的重要政治前提。

第一，民众社会地位提高，公众队伍形成，老百姓有了维护自己合法权利的可能。

第二，民主制度的建立提高了民众的参与意识，而民主政治的每一步都需要公共关系活动的配合。

第三，言论自由、出版自由是民主制度的重要支柱，也是公共关系运行的重要保证。

3. 现代管理理论的发展

公共关系是组织的一项重要管理职能，它的发展与管理学的发展密切相关。20 世纪以来，西方管理学领域中的两种思潮对公共关系的发展影响极大，一是科学管理理论，二是人际关系理论。

科学管理理论以美国福特汽车公司的工程师泰勒为代表。1911 年，泰勒系统地总结了他的管理学说，出版了《科学管理原理》一书。在这本书中，他提出了生产作业标准化、工时利用科学化、管理权利层次化、劳动分配合理化等原则。泰勒的“科学管理原理”比传统的经验管理有了重大的发展，确实起到了促进生产发展的作用。泰勒在书中虽然强调了要在管理人员和广大工人之间建立一种和谐的关系，但由于时代的限制，其理论的核心仍然是如何控制机器的附属品——工人，以便最大限度地提高劳动生产率。他把工人看成受金钱驱使的“经济人”（经济动物），把物质刺激当成调动工人生产积极性的唯一手段。

他主张把人与人的关系简单化为纯粹的金钱关系，用对钱和物的管理代替对人的管理。在这种理论指导下，当然没有内部公关工作可言。所以，在公共关系发展的早期，公关活动都是面对外部公众的。

影响公共关系发展的第二种管理理论是人际关系理论。20 世纪 20 年代，哈佛大学教授梅耶在著名的霍桑实验中提出了如何激励人的积极性，从而提高工作效率的问题。人际关系理论的出发点是：工人是社会人，劳动对于人来说恰如娱乐和休息一样自然；在为既定目标奋斗的过程中，人有自我引导和控制的能力；对目标的执著追求而取得的成功本身就是一种报酬；在一般情况下，人们不仅接受而且谋求责任；为解决组织的问题而激发的想象力、聪明才智和创造力是一种普遍现象。以后，美国管理学家麦格雷戈把泰勒的理论称为 X 理论，把人际关系理论称为 Y 理论。人际关系理论注意到了工人的人格尊严以及个人价值，注意到了生产过程中要发挥工人的积极性。在这种理论的指导下，组织内部公关的问题提了出来，并得到迅速发展。

4. 大众传播事业的发达

20 世纪以来，大众传播事业获得了长足的发展，为公共关系的发展提供了必要的技术手段。进入工业社会以后，生产的社会化使人们之间有了进行交往的迫切需求。只有占有充分的信息资源，企业才能在激烈的市场竞争中永远立于不败之地。近代有了公路、邮政、报纸，才有了报刊宣传运动，有了公关的萌芽。进入 20 世纪，由于电报、电话、广播、电视、电传、互联网络等电子媒体的发展，使信息可以迅速地传送到每个人手中，公共关系从而也获得了飞速的发展。社会组织可以运用各种传播工具与公众进行沟通，从公众中采集信息，又把组织的信息传达到公众中间去，最终达到为组织树立形象的目的。特别是互联网络的发展，已经引起了人们的普遍关注，在互联网络中传播信息，具有更迅速、更广泛、更自由的特点。

三、我国公关事业的发展历程

改革开放的春风，突破了闭关锁国的狭隘视野，开阔了国人的眼界与胸襟，更新了人们的落后观念，加上市场经济的活跃发展，公共关系在中国的兴起成为历史的必然。

公共关系于 20 世纪 60 年代开始传入我国的香港和台湾地区。我国大陆公共关系实践和公共关系学研究起步较晚，从 1983 年 8 月新华社成立中国大陆第一家大型公共关系公司，同年 9 月深圳大学公共关系专业招生算起，至今已有 20 多年。20 多年风雨兼程，踏着我国改革开放的前进鼓点，公共关系事业取得了骄人的成就。

1983 年，广州白云山制药厂成立了公共关系部，这是第一家设立专职公共关系岗位的大陆企业，标志着公共关系在我国拉开了发展的序幕。

随着对外开放，海外的公共关系首先在深圳、珠海以及广州传播开来。此后，北京、上海等大城市的一些合资企业也相继开展公共关系活动，成立了公共关系机构，加入了我国公共关系事业的行列。与此同时，国际公共关系界趁我国改革开放的热潮，陆续进入我国市场。1984 年年底，美国希尔·诺顿公共关系公司以及博雅公共关系公司先后在北京设立了办事处，从而使我国公共关系事业与国际间的公共关系事业同步运行起来。

我国公共关系学科化和行业的发展步伐也相当快。从1985年起，国内的大学开始设置公共关系学课程和相关专业。1986年开始逐步建立起各省市的公共关系社团组织。1987年在北京成立了中国公共关系协会，不久就加入了国际公共关系协会。随着公共关系在国内得到正式的确认和接受，公关职业得到了政府和社会的正式认可。作为一种职业，公共关系已被国家劳动和社会保障部列入特种必须持证上岗的职业之中。2000年，正规化公共关系职业教育正式启动，6700多名公关职业工作者参加了职业资格考试，不少人获得了初、中、高级职业资格证书，标志着我国公关业已正式走上了专业化和规范化的道路。

有专家指出，我国公共关系学研究一开始就具备了自己的鲜明特点，在研究的初级阶段便有两个引人注目的重点方向：其一是把公共关系实践、公共关系学研究同我国改革开放结合起来；其二是注重研究如何在国际舞台塑造中国的形象，即如何搞好国际公共关系。

回顾我国的公共关系实践经过了20多年的曲折发展，我们相信，我国公共关系产业一定会更健康更快速的发展。

任务三　了解公共关系的作用与职能

一、公共关系的作用

公共关系的作用主要表现在以下三个方面。

1. 树立企业信誉，建立良好的企业形象

企业的信誉是指企业在市场上的威信和影响，在消费者心目中的地位、形象、知名度。建立良好的信誉是企业经营成功的诀窍，“酒香不怕巷子深”的陈旧经营观念已不能适应竞争日益激烈的趋势。树立信誉首先要创名牌企业。按照公共关系学的观点，商品信誉是较低层次的，只是部分公众或消费者在多次的商品交换过程中形成的对生产者和经营者的信赖程度，它只是企业技术经营素质的综合反映。而树企业信誉、创名牌企业，不仅是企业自身发展的需要，也是现代社会对企业日益强烈的要求。因为企业作为社会的一个单元，既可能给社会带来新的物质文明，也可能给社会带来公害和威胁。

因此，公众对企业社会价值的评估标准发生了变化，评价范围由对产品质量和服务扩大到企业生产经营和社会活动的各个方面，这使公众舆论对企业产生了更大的影响力。争取舆论支持、争取公众信任，成为企业生存发展的重要条件之一。良好形象和信誉是企业无形的宝贵财富，公共关系的根本目的是通过深入细致、持之以恒的具体工作树立组织的良好形象和信誉，以取得公众的理解、支持、信任，从而有利于企业推出新产品，有利于创造消费信心，有利于企业筹集资金，有利于吸引、稳定人才，有利于寻找协作者，有利于协调和社区的关系，有利于政府和管理部门对企业产生信任感，最终促进组织目标的实现。

2. 搜集信息，为企业决策提供科学保证

美国管理学家西蒙说：“管理就是决策，而决策的前提正是信息。”企业每时每刻都会遇到大量的问题，产品质量、产品开发、新技术方向、竞争者动向、潜在危险、企业形象等方面的信息，需要不断传递给企业领导，要求领导者做出及时而有效的决策。因此，现代企业把公共关系信息的获取划入企划之中，成为企业活动不可缺少的组成部分。公共关系部门就是要利用各种渠道和网络搜集与企业发展有关的一切信息，为企业决策科学化提供强有力的保证。搜集信息包括企业战略环境信息、产品声誉信息及企业形象信息等。

3. 协调纠纷，化解企业信任危机

随着生产社会化程度不断提高，任何组织都处于复杂的关系网络之中，而且这种关系处于动态的发展之中。由于企业与公众存在着具体利益的差别，在公共关系中必然充满各种矛盾。企业在生产经营运行过程中，也难免会有因自身的过失、错误而与消费者发生冲撞的时候。一旦发生，必然导致消费者对企业的不满，使企业面对一个充满敌意和冷漠的舆论环境。如果对这种状况缺乏正确的认识，对问题处理不当，就会产生公共关系纠纷，甚至导致严重的公共信任危机，对企业、对公众、对社会都会带来极大的危害。

事实证明，企业与公众的许多矛盾和摩擦都源于误解和不了解，缺乏信息交流是造成不了解的根本原因。通过建立良好的公共关系机制，增加企业与公众之间相互了解，企业就有可能避免与公众的纠纷，并可通过公关手段将已经发生的信任危机所造成的组织信誉、形象损失降到最低限度，进而因势利导，使坏事变为好事。这种功能是广告、人员推销、营业推广所不具有的。

二、公共关系的职能

公共关系的职能是公共关系在组织中所应发挥的作用和应承担的职责。对公关职能的概括，长期以来存在着不同的表述。从广义上讲，公关的职能就是调动一切可以调动的力量，运用各种手段，塑造良好的组织形象，赢得良好的生存环境，促进组织的生存与发展，使组织在激烈的竞争中取胜。从狭义上讲，公共关系的职能包含以下几个方面的内容：

1. 采集信息，监测环境

公共关系首先要发挥收集信息、监测环境的作用，即作为组织的预警系统，通过各种调查研究的方法，收集信息、监控环境、反馈舆论、预测趋势、评估效果，以帮助组织对复杂多变的公众环境保持高度的敏感性，维持组织与整个社会环境之间的动态平衡。

采集信息是公关工作的必要前提，在信息社会中，信息已成为公认的巨大资源。公共关系是信息产业，不采集信息，公共关系就成了无米之炊。因此，无论是内部公关还是外部公关，任何策划都应从采集信息开始，这样才能做到知己知彼、百战不殆。采集信息的职能要求公关人员具备信息意识，注意随时采集有关组织的信息。

所谓监测环境，是指观察和预测影响组织目标实现的公众情况和各种社会环境的情况，使组织对环境的发展变化保持清醒的头脑、敏锐的感觉以及灵敏的反应，从而保证科学地塑造组织形象，实现组织目标。

（1）信息的来源。制约和影响组织生存和发展的公众环境包括内部公众和外部公众两个方面，因此，公共关系工作所需要的信息就包括内源信息和外源信息两个部分。

①内源信息。内源信息主要是指来自组织内部各方面的信息和动态。一个组织的发展

首先受到其内部公众对象的制约和影响，包括组织各部门的管理人员、技术人员、全体职员，他们处在组织日常运转的第一线，对组织内部的人、财、事、物的状况和动态的了解与评价，是重要的内源信息。

②外源信息。外源信息指组织所处的外部环境的信息动态。组织有关的外部公众对象非常广泛、复杂，公共关系需要建立广泛的社会信息网络，密切注视外部公众的各种信息和动态，既要关注已经发生联系的公众对象的信息，也要预测可能发生关系的潜在公众对象的动向；既要重视具有直接利害关系的公众对象，也不能忽略那些只有间接关系的公众对象。如客户的需求、合作者的看法、投资者的意向、竞争者的动态、政府官员的看法、新闻界的评价、意见领袖的观点等，公共关系需要汇集大量外部公众的信息资料。

（2）公众信息的内容。公共关系作为组织的信息中心，所面对的信息不局限于与组织专门业务直接相关的业务信息，而且包括社会的政治、经济、文化、科技、军事、民情等全方位的社会信息资料。

①与组织形象有关的信息。公共关系首先要注意与本组织的形象评价有关的各种信息。这些信息涉及公众对组织的政策、产品、行为、人员等方面的印象、看法、意见和态度。其中，产品形象信息是公众对产品的多方面意见和评价，如质量、性能、功能、价格、款式、包装、售后服务，等等。组织形象信息是公众对于组织的方针政策，办事制度、程序和效率，经营管理水平，技术、财政、人才方面的实力，服务质量和水准，市场宣传形象，组织文化和精神文明等方面的反映和评价。

②组织环境中的各种社会信息。公共关系需要为组织监测社会变化与趋势，注意社会的政治、经济、文化、科技、军事、时尚潮流、民俗民情、舆论热点等多方面的信息动态，分析其对组织的各种直接或潜在的影响，充分利用环境中的有利因素，避免不利因素，使组织与社会环境的变化保持动态平衡。

公共关系的信息功能具有宏观性和社会性，这是组织其他职能部门无法取代的。

2. 咨询建议，参与决策

这是公共关系最有价值的职能，因此公共关系也称咨询业、智业。1978 年在墨西哥召开的世界公共关系大会上提出的公共关系定义，着重强调了公共关系咨询建议、参与决策的职能。

（1）组织公共关系咨询建议的主要内容，包括如下几方面。

①对本组织内部方针、政策和行动提供咨询意见，发挥公共关系对组织的五个导向作用，参与决策，制订符合组织发展的目标。

②对本组织公共关系战略、经营销售战略和广告宣传战略、CIS 战略、组织文化战略提供咨询意见，使原来由几个部门负责的工作发展成为一个系统，并制订出科学的实施方案供决策者参考。

③对组织生存环境的有关发展变化进行预测和咨询，使组织决策者拥有一套乃至几套可以选择的方案，以应对这些变化。

（2）咨询建议的形式。包括如下几方面。

①成立咨询服务部。咨询服务部是组织的智囊团，其主要任务是向组织提供各种咨询

建议，为领导科学决策发挥参谋作用。如：广东对外经济贸易总公司曾为广州人民造纸厂引进一套造纸设备进行咨询，通过认真比较，分析国际行情价格，结果使这一项目为国家节约外汇 100 万美元。

②帮助组织选择决策方案和活动的时机。公关的咨询作用表现在运用公关手段，为决策者评价、选择和实施有关的决策方案，特别是关注决策方案在经济效益和社会效益方面的统一和协调，敦促决策者重视决策行为的社会影响和社会效果。同时，调动公关手段，广泛征询各类公众对象的意见，促进决策过程的民主化和科学化。

组织要提高知名度，就必须多参加和举办各种各样的公关活动，如举办记者招待会、商品展销会、博览会、策划新闻稿件等。公关人员可根据自己的实践经验，为组织选择恰当的时间、地点和方式参与这些活动。通过活动，使组织广结良缘，提高声誉。

③参与决策。公关人员不仅要向组织提出一般的咨询建议，而且要尽可能参与决策，为领导决策提供必要的信息建议，直接影响决策过程，这才是公关咨询建议的最高形式。公关人员要努力开展工作，在决策之前，要广泛征询内外公众意见，获取全面信息，以供决策者参考，使决策方案具有较强的社会适应性和应变弹性，并争取以决策方案中较完整地反映出公关人员的工作成绩及其思想而引起领导层的重视，为公关人员更多地参与决策活动提供机会。

3. 传播推广，塑造形象

这是公共关系传播与其他传播在目的与技巧方面不同的特有职能。

公共关系的传播沟通职能主要体现在两个方面：一是组织运用传播沟通的手段同公众进行双向交流，与公众交心，赢得公众的信任和支持；二是顺时造势，实现舆论导向，通过策划新闻、公关广告、专题活动等手段，制造声势，提高组织的知名度与美誉度，为组织创造良好的舆论环境。从某种意义上说，丧失了传播沟通的职能，公共关系将一事无成。

小贴士1-1

当年，北京与日本长岛同时申办亚运会。与北京竞争的日本长岛志在必得，长岛市市长表示：如申办失败，立即辞职。因为当时日本有着三个有利条件：一是日本长岛当年为城市建立 100 周年；二是日本长岛当年是原子弹爆炸 45 周年；三是日本长岛给每位评委都赠送了一份厚礼。因而，在评委们公开议论和表决中，都同意日本长岛而不同意北京申办。但在评委们秘密投票时，却投了北京，结果北京申办亚运会成功。日本长岛市市长回去后立即辞了职。为什么北京申办能成功呢？最主要原因是北京在评委们秘密投票前的两周里，举办了为期两周的电影周，其中的主要内容就是北京风光片，这样，使评委们看后的确感到北京的环境比日本长岛好，进而改变了评委们投票支持日本长岛的决定。这是公关宣传的一大典范。

4. 协调沟通，平衡利益

协调既是目的，又是手段，具有两重性。目的是指创造一种良好的关系状态；手段是指一种调整工作关系的方式，通过协调使关系达到良好状态。通常，公共关系发挥平衡、协调关系职能主要表现在下述三个方面。

①协调组织内部领导与职工之间的利益与关系。组织内部领导与职工关系的好坏，直接关系到职工积极性、主动性、创造性的发挥和领导者职责的实现，也关系到组织全体职工能否形成良好的团结奋斗精神和产生有效的协调作用。因此，组织的公关部门和人员要努力协调好领导与职工的关系。具体说来，一方面，公关人员要应用科学方法，经常向职工宣传本组织的方针、政策，传达领导层的经营战略，并尽可能充分地对组织的方针、政策、战略意图做出相应解释和说明，使职工了解、理解，并自觉执行。另一方面，公关人员还要不断广泛地从职工中收集对组织的意见和看法，及时将这些情况传达给领导，以改进和促进组织的工作，保证领导与职工的关系和谐发展。

②协调组织内部各部门、各环节之间的利益与关系。在组织内部，由于分工，组织内部各部门之间往往缺乏全局观念，各自为政会引发部门间的种种矛盾，给组织带来不必要的麻烦和损失。部门之间的协调工作，虽然主要由领导去做，但公共关系部门也要积极配合。通过沟通，加强部门之间的联系、了解，使之相互支持、相互信任、相互谅解，协同努力，提高组织绩效，实现组织目标。

③协调组织与外部公众之间的利益与关系。任何一个组织，在其发展过程中，会由于各种原因而与外部公众发生矛盾和冲突。一旦出现这些情况，公关部门就要及时了解情况，进行协调，妥善处理各种矛盾和冲突。否则，组织的发展就会受到影响。

5. 教育引导，培育市场

公共关系要完成其社会职能、促进社会发展，需要加强教育引导；提高美誉度更需要教育引导。组织公共关系的教育引导职能主要表现在对内、对外两个方面。

对内，公共关系的主要职能是传播公关意识，传播公共关系的思想和技巧，进行知识更新，不仅要对每个员工进行教育引导，也要说服组织领导接受公共关系思想。

对外，组织公共关系主要是对公众进行教育引导。人们常说“公众永远是对的”，这是从服务的角度将正确让给对方，但客观地讲，公众不可能永远正确，而是需要加以引导。

另外，随着科技的突飞猛进、产品的极大丰富，需要公共关系来培育市场。公众不可能了解那么多的新产品，需要不断对其进行商品知识、消费知识、安全保险等方面的教育和引导，使消费群体与组织认同。

6. 科学预警，危机管理

组织危机是组织生存发展的大敌，处理不好往往给组织造成重大损失，甚至断送组织的“生命”，因而组织公共关系将危机处理作为公共关系的主要职能和工作重点之一。随着公关理论和实践的发展，事前预测危机管理已成为公共关系对待危机的主流方法，这是组织公共关系的新发展。

任务四　认识公共关系的主体

一、广义的公共关系主体——社会组织

社会组织是人类社会的组合方式，占据着决定性的地位。在人类历史的各个时期，尤其是在现代社会里，各种组织的影响已渗透了社会的各个角落，其存在和发展构成了我们日常生活的基本部分。我们大部分人都属于某一组织，或同时属于几个组织，将来还有可能属于其他组织。在人类社会生活中，彼此孤立的个人通过一定的社会活动进行交往，由此建立起特定形式的社会联系并组合在一起。这种通过社会活动形成的联系和组合，本质是社会关系的体现，形式上表现为社会组织。

1. 社会组织的概念

各种组织的活动和发展变化形成了当代社会错综复杂的局面，影响着我们生活的各个方面，是现代公共关系产生的基础。公共关系说到底是指社会组织与其相应的公众对象之间的关系，这一关系的协调中，社会组织起主导作用。因此，我们必须将社会组织的含义弄清楚。

社会组织指的是一个群体，它是人们为有效达到特定的目标，按一定的宗旨、制度、任务的形式建立起来的协调力量和行动的合作系统。它是由许多功能和利益相关的群体所组成的有机整体。大小不一，功能不一。如：政府、部队、企业、学校、医院、酒店、社会团体、商场等。

2. 社会组织的类型

社会中的组织形形色色，组织的目标、组织的原则、组织的利益往往有差异，为了便于了解和掌握各种类型组织的特点以及他们的活动规律，按其对象目标及工作方式等方面的差异，我们可将社会组织分为下列几种。

（1）营利性组织。又叫经济组织，以追求利润为目标，首要问题是经济问题，所以，首先要与其所有者及对其经营成败有决定影响的顾客建立良好的关系。营利性组织包括工商企业、旅游服务业、金融机构、保险公司等。其中工商企业组织是公共关系工作运用得最多、最充分，受益最大、最明显的公共关系主体。因此，这类组织对公众的依赖性也是最强的。

（2）互利性组织。这类组织是指具有共同利益要求或背景的人们为实现某种社会理想自愿结成的非营利性组织，其目标是为组织的内部成员谋取利益，强调内部成员对组织本身的凝聚力和归属感，组织内部沟通是第一位的，主要包括：各种党派团体、工会组织、职业团体组织、宗教组织等。

（3）事业性组织。这类组织是指那些由政府出资设立的、满足社会某种需要的专门机构以其特定的服务对象的需要为目标，还必须与其资助者和协助者保持稳定的关系。属于这类组织的有学校，医院，社会福利机构等。

互利性组织和事业性组织由于其本身的非赢利性特点，其公共关系协调除了与其他组织共有的特征（如树立良好的形象，积极扩大社会影响）外，还有其自身的行为能积极影响社会舆论。

（4）公益性组织。包括政府部门、消防队、保安机关等，这类组织以国家和社会的整体利益为目标，其公共关系对象是整个社会公众。

社会组织是公共关系的主体，为数众多，形式多样，很难确定一个统一的分类标准将社会组织加以区分，一些学者根据研究需要，按组织成员之间的关系分为正式组织和非正式组织；按组织的功能和目标将组织分为产业组织、整合组织、政治组织；按组织本身的性质又将其划分为政治组织、经济组织、军事组织、文化组织、宗教组织等。

从公共关系学的角度来说，对社会组织的划分，并不着重于形式上确定一个统一的划分标准将各类组织加以分门别类地区分。关键是要分清公共关系主要适用于哪些组织，并根据这些组织和其公众的特点采取相应的公共关系策略。

二、狭义的公共关系主体——公关组织机构与人员

社会组织是公共关系的主体，其公共关系工作是由公关人员和公关机构来完成的，从这个意义上说公关组织机构与人员是公共关系的主体。

（一）公关组织机构

1. 组织内设的公关职能部门——公关部

（1）公关部的地位。组织的公关部同组织内部的其他部门一样，是一个重要的职能部门。公关部在组织内充当的角色为：

①情报信息部。公关部在当代信息社会中首要的职能就是采集信息、加工信息、管理信息、传播信息。建立公关部可加强社会联系，并进而建立通畅的信息网络，起到组织“耳目”的作用。

②整体形象策划部。组织 CIS 的设计，组织文化的构想，知名度、美誉度的定位，各种方案的选定等，都要精心策划，公关部可起到组织形象设计师的作用。

③决策参谋部。公关部要为整个组织塑造形象。但公关部不是组织的最高决策层，而是组织的智囊团、思想库，是环境监测中心、趋势预报中心，负责提供成套可供选择的决策方案，协助组织进行决策。

④宣传部、外交部。组织要获得公众的了解、理解和信任，赢得公众的喜爱，取得公众的支持与合作，就要不断地向公众进行宣传。公关部就是组织的喉舌。随着市场经济的发展，组织对外交往日益密切，对外联络和交往的任务越来越重，同时组织与环境之间的各种摩擦和纠纷也随之增多，需要进行协调，在这方面，公关部就是组织的外交部。

小贴士1-2

上海锦江集团是我国较早设立公关部的企业，锦江集团公关部直属集团经理，主要任务是为集团拓展业务，提高知名度和美誉度。多年来，该公关部运用积极

性公共关系，以“全方位公共关系”为工作方针，开展了一系列公共关系活动，如：开门迎客，打破普通公众心目中锦江饭店庄严高贵的形象，赋予其亲切平和宜人的情调色彩，吸引了大量顾客；特色服务，采集提供各国风俗人情和贵宾个人生活特点，使宾客有宾至如归的感觉；维系与老顾客的感情；广泛介入社会生活，扩大影响，举办多种公关活动，使经济和社会效益双丰收；在建设集团企业文化方面积极出谋划策等。该公关部为锦江集团改变单一的以饭店业为主的经营范围，扩展为集旅游、宾馆、设备生产与安装、服务生产与经营等多种生产和经营于一体的集团，做出了出色的贡献。

(2) 公关部的工作。公关部从事的日常工作有下述四类。

①长期工作。组织整体形象的策划、调整、传播、评估，管理好组织的无形资产。

②日常工作。监测组织环境，搜集组织内外公众的各种意见，接待投诉；撰写组织有关情况和活动的新闻稿、演讲稿；同各种传播媒介及其记者、编辑保持密切联系；协同影视制作方面的人员拍摄、整理、保存资料片；设计、筹划、监测组织的各种宣传品和馈赠品；注册互联网上本组织的域名，设计网络上的主页，管理电子信息；了解竞争对手的公关活动情况，并加以分析；同印刷厂保持密切联系，同主管部门、政府有关部门的人员保持联系；培训公关工作人员；同有业务来往的公关公司、广告公司保持密切往来；同公共关系社团，如公共关系协会、公共关系研究所等机构保持密切联系。

③公共关系的定期活动。组织记者招待会；组织内部的听证会；编辑、联系印刷组织的内部刊物；参加各种管理会议，了解组织内部的管理状况；参加各种销售会议，了解组织同外界的商业联系情况；同所在社区的代表接触；随着时代发展，还应关注互联网上的“虚拟社区”，同网络公众联络；协助拟写为董事会准备的组织年度经营报告；组织安排全体人员的集体娱乐活动；总结、评价公共关系活动的效果。

④公共关系的专题活动。组织安排各种大型庆典活动；处理危机事件；筹划、安排制造新闻活动；组织、举办展览会；筹划、安排公关广告，协助专业人员拍摄有关组织情况的录像或影片；安排来宾参观访问，组织新产品介绍会；安排筹款、赞助活动。

以上四类工作不是截然分开的，而是日积月累、层层递进、相辅相成的。由于各组织的具体情况不同，应以适应本组织发展为标准酌情变通处理。

(3) 公关部的设置类型。在实际公关实践中，根据组织规模的不同，一般采用以下三种主要的公共关系机构设置模式。

①大型组织设置公共关系机构采用的模式。大型组织公关部人员众多，机构复杂，投资很大，一般分为四个层次，即领导层、职能对象层、贯彻层和执行层，其负责人一般由主管公共关系的副总经理或副董事长担任，也有个别企业由总经理或董事长兼任。这种模式符合大型企业分工细致的需要，对一般的公共关系问题公关部都有能力及时地自行解决(如图 1-1 所示)。

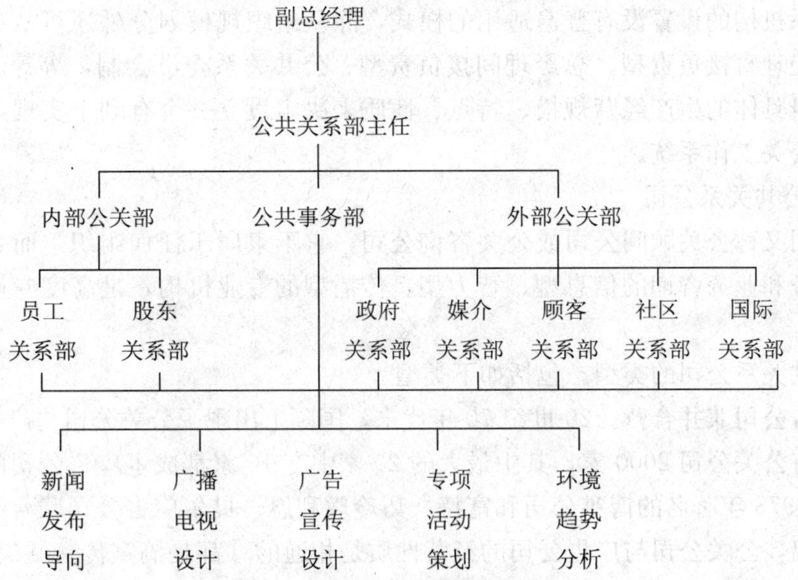

图 1－1　大型组织公关机构设置图

②中型组织设置公关机构的模式。中型企业的公共关系部一般分为三个层次，也要完成大型公司的公共关系有关的工作内容，只是它分工上比前者具体、细致，有的部门合并在一起了（如图 1－2 所示）。

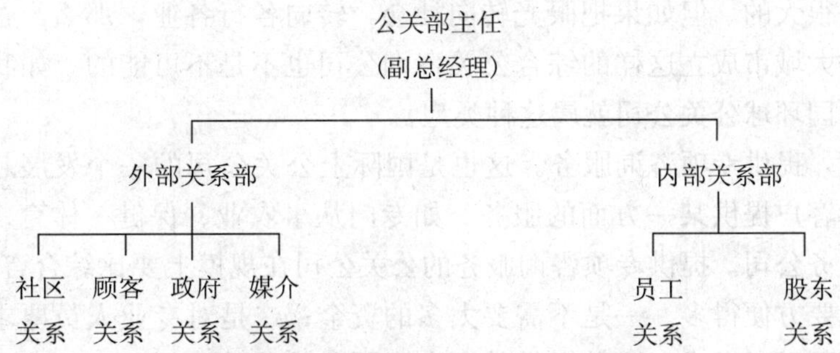

图 1－2　中型组织公关机构设置图

③小型组织设置公关机构的模式。小型企业公关机构比较简单，一般只有两个层次：领导层和执行层。这种机构对组织大型活动处理大的公关问题常有困难，一般依靠外聘顾问或代理公司来协助解决（如图 1－3 所示）。

图 1－3　小型组织公关机构设置图

公共关系机构的设置没有普遍适用的模式，除从组织规模划分外还可从运行机制上将其划分为总经理直接负责型、总经理间接负责型、公共关系委员会制，等等。一个社会组织要根据本身具体的生产经营规模、特点、性质来决定设立一个有利于实现本组织目标且行之有效的公关工作系统。

2. 专业公共关系公司

公关公司又称公关顾问公司或公关咨询公司，它不隶属于任何组织，而是专门为客户提供公关劳务和业务咨询的信息型、智力型、传播型的专业机构，是高度专业化的公关行为主体。

(1) 公共关系公司的类型。包括如下类型。

①与广告公司兼并合营。20 世纪 70 年代末，国际上出现了公关公司与广告公司合并的趋势。美国有公关公司 2000 家，其中最大的 20 家中有 10 家都成了广告公司的分公司或下属部门，如 1978 年著名的博雅公司和富特—巧玲珑利恩—贝尔广告公司联合经营。从这一趋势可以看出，公关公司与广告公司的经营性质是相通的（都是搞宣传），二者有密切的关系，合并之后，有利于彼此的发展。

②单独经营，提供综合咨询服务。从公关业务角度看，综合公关公司需要两类专门人才：一类是擅长分类的专家；另一类是公关技术专家。分类公关专家包括媒介关系专家、社区关系专家、政府关系专家、职工关系专家等，公关技术专家包括宣传资料专家、新闻公报专家、年报专家、出版物专家、演说专家、资料分析专家、民意测验专家等。由于我国的公关行业起步晚，一个组织在较短的时间内要汇集这么多专家是较困难的，要组建这样的公司难度是很大的。但如果把眼光转向社会，转向各行各业，那么，在我国一些人才资源较为丰富的大城市成立这样的综合公关咨询公司也不是不可能的。如我国第一家专业公关公司——中国环球公关公司就属这种类型。

③单独经营，提供专项咨询服务。这也是国际上公关公司的一个发展趋势，即更加趋于专业化，仅为客户提供某一方面的服务。如专门从事农业、保健、体育、旅游、危机处理等公关专项服务公司。提供专项咨询服务的公关公司在规模上要比综合咨询公司小得多，因此在筹建上也要方便得多。一是不需要太多的资金；二是对专业人员要求比较单一。在我国，各地区都可以考虑成立这种提供单项咨询服务的公关公司，不仅难度小，而且质量也容易保证。

(2) 公共关系公司的经营范围。包括如下范围。

①充当对外关系的联系人或协调者。组织有时急需同某类公众交换意见，但由于平时建立的沟通网络不能将这些公众统统包括进去，这时可求助于公关公司。公关公司如已同这些公众有较好的关系，就可以很方便地帮助委托人解决问题；如果公关公司同所需联系的公众并没有建立较好的关系，但它以专职公司、专门人员的优势去建立这种联系，可能会比一般组织来得容易。组织有时同某类公众产生了较严重的矛盾，双方难以马上直接沟通，而组织又必须取得这些公众的理解和支持，这时可求助公关公司。公关公司以第三者身份出面，同组织的公众接触，了解双方的意见分歧所在，从中协调，解决矛盾，促使双方言归于好。

②提供公关咨询。例如，某项公关工作的程序问题，有关公众的背景调查，公关工作中的一些疑难问题，如何处理组织与公众的矛盾等，都可以向公关公司提出咨询，求得公关公司的指导和帮助。

③短期专项服务工作。受客户委托，在短期内为客户完成某项公关工作，如为客户编印宣传用品，为客户设计、主持新闻发布会，为客户训练内部员工或某项专项知识技能的培训等，一旦这项工作完成，即自行解聘。

④长期综合服务工作。时间为一年至数年。公关公司按照委托人的要求，负责合同规定的全部公关工作。大多数公关公司与委托人签订正式合同或协议。合同或协议的主要内容是，既定任务的性质、主要项目的收费以及完成的时间。

合同或协议达成之后，公关公司的业务经理首先要对委托人进行系统、周密的调查研究，在了解委托人的详细情况后，公关公司成立一个工作小组，根据委托人的要求，确定目标、制订计划、编制预算。一旦委托人同意公关公司制订的计划和预算后，工作小组即组织人力、物力尽快将计划付诸实施。

⑤提供公关工作人员的培训服务。如开办各种短期培训班，也可派专家去组织指导工作，安排组织的一些公关人员来公司实习等。

（二）公共关系人员

公共关系人员也称公关人员，是公共关系活动的主体、决策者、促进者、实施者，公共关系人员的素质直接决定公共关系的专业水准、工作质量和公共关系活动的成败。随着公共关系事业的发展，公共关系更职业化，对公共关系人员的意识观念、知识结构和能力素质都有了新的要求，所以正在从事和将要从事公共关系工作的人员只有掌握这些要求，并善于在实践中不断提高自己的水平，才能适应新的历史时期公共关系工作的需要。

1. 公共关系人员的意识

具备公共关系意识是公共关系人员开展工作的前提，只有在这种意识下，公共关系人员才能超前地发现问题，创造问题，解决问题。公共关系意识是整合的职业意识，由六大内容组成。

（1）形象意识。形象意识要求公共人员注重塑造形象，珍惜信誉。树立美好形象是公共关系的目的，因为良好的公共关系形象是社会组织最宝贵的资产，是生命线。公共关系的一切工作都是围绕形象目标而建立的。塑造良好形象不容易，保持良好形象也不容易。具有形象意识的从业人员要能深刻理解知名度、美誉度对组织生存与发展的重要性。

（2）服务意识。服务意识是现代公共关系观念的重要内容。公众的需求就是组织塑造形象的依据，无论是制订目标和政策，还是从事管理和经营活动，都必须高度关注公众的利益，了解公众意见，满足公众的需求；必须加强与公众的沟通，争取公众的理解，赢得公众的支持。公共关系工作人员只有牢固树立“公众第一，为公众服务”的观念，才能承担起组织应有的社会责任，才能真正做好组织的公共关系工作。

（3）互惠意识。上海锦江饭店在宁波开辟业务时，和宁波市的亚洲花园宾馆建立起“联姻”关系，相互为对方提供客源，主动把客人介绍到对方宾馆，使双方的客房入住率都有一定的上升。任何组织都想通过公共关系工作，追求自身经济效益和社会效益的最佳统一，这是建立在彼此尊重、平等合作、互惠互利的基础上。具有互惠意识，与自己的公众共同发展是公共关系人员眼光高远、胸襟宽广的表现，是社会组织开展公共关系工作的原则。在这种意识支配下，开展公共关系工作能证明组织真诚对待公众，能为组织建立一个良好的发展环境，得到更多公众的信任、理解和支持。

（4）创新意识。开展公共关系活动有其自身的规律和相对稳定的操作程序，许多成功的活动为现在的公共关系工作提供了宝贵的借鉴经验，但是，塑造组织形象过程中的每一个公共关系活动都不可能是以往或他人已有的活动形式的简单重复，需要根据组织自身的情况有所创新。无论是塑造形象还是保持形象都离不开创新，创新是组织延续生命的手段，是组织赢得公众信赖、建立自己的个性形象的法宝。因为有创新，组织形象才有个性，才能打动公众、征服公众。创新意识是每一个有责任的公共人员所具备的，既有利于组织的发展，也有利于其自身的进步。

（5）沟通意识。组织与相关公众之间关系的协调是公共关系的本质属性，促使组织与其相关目标公众建立信任与合作关系，调节其对立性因素，使之向合作方向转化是公共人员的重要工作，这些都需要真诚地沟通。沟通使得组织构架起一个信息交流的网络，倾听公众对组织的各种建议和批评，掌握环境变化，保护组织生存，促进组织发展。社会组织主动以开放的姿态和胸怀向公众和社会袒露自己，增强组织行为的透明度，同时，运用交流的技巧将自身所作所为宣传出去。沟通交流使社会组织和公众处于协调的状态下，各得其所，更好地生存发展。

（6）长远意识。公共关系工作的核心目标是树立形象，所以，它不是一蹴而就的事，需要长时间的积累，这就要求公共关系人员要立足长远思考问题，为以后的发展留有余地。

2. 公共关系人员的知识结构

奥美公共关系公司组织财富论坛，工作人员的必需知识就是媒介知识。现任联想集团副总裁的郭为先生曾担任过联想企划部的经理，这因为他本身毕业于中国科技大学研究生院，是高级工程师和计算机领域的专家，在工作中又积累了管理知识，后来又涉足物流控制、集团预算管理、公司财务系统会计、市场营销等领域，为其公关工作的开展积累了相当有价值的经验。

公共关系人员不能凭经验和感觉做事，必须具备与公共关系较为密切的一些社会学科和自然科学的知识和技能。公共关系人员的知识结构包括：

（1）基础学科知识。公共关系从业人员的基础学科知识包括三类：

①开阔思维，有利于逻辑思维的知识，主要是哲学和思想史。哲学给公共关系人员提供从世界观和方法论的高度看待公共关系学科和具体实践的方法。思想史使人认识人类社会发展的历程与规律。

②有利于指导公共关系活动，具有深刻地分析具体问题的学科知识，包括心理学、社会学、民俗学、政治学、经济学、法学、人际关系学、文学等，为公共关系人员提供完整的文化知识背景，帮助公共关系人员研究人的心理、态度和行为，明确哪些行为是违法的，熟悉组织所处的政治环境和经济环境，提高理论修养和分析现实问题的能力。

③关于地理、天文、物理、化学等方面的自然知识。这些知识能为公共关系人员的知

识积累加重砝码。公关界有一句话："看你是否有较强的沟通能力可通过你同刚认识的人能否谈十五分钟。"也许公共关系人员没有太多时间涉猎这些知识，但关于此类学科的最新动态是需知晓的。

公共关系人员的基础知识越深厚扎实，思维空间就越开阔，创造性就越强。

（2）专业学科知识。包括公共关系理论知识，如：公共关系基本概念、公共关系的历史与发展、公共关系三大要素、公共关系的职能、公共关系活动的基本原则等。基本实务知识：公共关系调研，活动策划，活动实施与评估，社交礼仪和CI战略等。这些知识是公共关系人员在实践中直接运用的，必须牢固掌握，灵活运用，只有这样才能做好公共关系工作。

（3）相关的操作性学科知识。相关的操作性学科也是公共关系人员在实践工作中要用到的，对提高公共关系人员的实际工作能力有直接帮助，比如，做公共关系调研要涉及社会调查学、市场调研学；策划活动要运用广告学、管理学、会计学的知识；组织新闻发布会要有传播学、新闻学、写作学、媒介管理等方面的知识，还包括演讲学、计算机运用等。此外，CI战略中还有设计学、美学等。

以上几个方面的学科知识是专业公共关系人员所必备的。事实上，公共关系人员在实际工作中会不断根据特定的需要了解某一方面的专业知识和有关国家的政治、经济情况。因此，公共关系人员的知识结构是动态的开放的，能随时吸收新知识，不断丰富和发展自己。

3. 公共关系人员的能力

公共关系的意识、知识结构、能力三者就像做蛋糕时的三要素，意识就好比做蛋糕时你头脑中想象的那个蛋糕模样，知识结构就是面粉、鸡蛋、奶油、糖等原料，能力就是你是否能把蛋糕做得如你所想的那样。

公共关系人员的能力主要是指工作能力，基本能力有：

（1）良好的组织能力。组织能力不光只有领导者才必须具备，任何一个公共关系人员都必须具备。所谓组织能力是指人们有计划、有步骤地从事某项活动，并使其达到预期目标的实际操作能力。参与每一个公共关系活动要有条理，公共关系计划、方案的实施工作千头万绪、具体复杂，需要精细的计划才能做好。如：奥美公共关系公司组织财富论坛，工作大到邀请名人，小到汽车停放，如果没有组织能力，这些事是很难做好的。

（2）创新能力。公共关系人员有创新意识，还要培养创新能力，创新来源于平时实践的丰富积累，来源于对他人优秀案例的借鉴，来源于勤奋的思考。创新就是竞争，每个成功的公共关系活动没有完全一样的。只有不断推出新颖的、符合大众心理的活动方案，才能使组织一鸣惊人、力克群雄，在竞争中处于不败之地。湖南的电视业异军突起，主要就是凭借省级电视台的几个名牌栏目，如：真情对对碰、快乐大本营等，以独具一格的风格抓住了观众的心，取得了非常好的收视率。而当其他电视台纷纷效仿时，就没有取得这样好的效果。湖南电视台不断推出新栏目，频频创新，是其长期立于不败之地的关键。

创新能力是公共关系人员极重要的一项能力要素。在平时，公共关系人员要能敢于想别人所没想、做别人所没做的事，不断突破常规独立思考，不惧权威，不随波逐流；视野开阔，兴趣广泛，善于学习，博览群书，融会贯通，精力专注，作风严谨且有丰富的想象力。

(3) 表达能力。将要传达的信息或思想清晰地用文字或口头表达出来，是公共关系人员的一个基本要求。公共关系人员要写新闻稿、讲演稿、活动计划、年度报告、工作总结，只有具有扎实的笔墨功夫和较强的文字表达能力才能做到表达准确，有效宣传企业，圆满完成工作。

公共关系人员较强的口头表达能力在他们与公众面对面交流时，能给对方留下良好的印象。这是因为，较强的口头表达能力可清晰、简洁、明了地表达思想，发布信息吸引人、打动人、说服人，有利于高效开展公关工作。

(4) 交往能力。公共关系人员是本组织形象的体现者和代言人，从事的是与人打交道的工作。组织间的关系建立和维护要依靠人际间的交往来完成，社会交往能力将会直接影响到公共关系工作局面的拓展，因此，公共关系人员只有具备了较强的社会交往能力，才能在各种社交场合施展自己的魅力和才能，树立良好的个人形象，并为树立组织的良好形象奠定基础。社会交往能力包括吸引人的个性（热情、高昂的情绪和进取精神，机智、幽默、懂礼貌、识大体）和良好的交往行为（如：言谈得体，举止大方，仪态自然，表情得当，仪表端庄等）。

(5) 应变能力。公共关系工作量很大，既要面对烦琐的日常事务，又要处理重大事件，处于中介地位，常会遭受组织和公众的双重压力。在遇到棘手问题时，要表现得理智、平和、镇静，认真研究问题、果断采取行动，在面对失败时决不气馁，只有这样才能把握住解决问题的时机。

面对突发事件，要求公共关系人员临危不惊、快速应变；在日常事务的处理中，公关人员也要有活跃的思维和机智的谈吐，在突发事件面前能以自己的语言或行为弥补可能出现甚至已经出现的失误。

4. 公共关系人员的职业准则

公共关系的职业准则是公共关系人员在实践中逐渐形成的，在公共关系工作中必须遵守的行为规范和职业道德操守。公共关系人员时刻要与公众打交道，对外就是组织的化身和象征，高尚的职业道德是塑造良好的组织形象和信誉的基础。

(1) 公共关系人员的职业道德。

①恪尽职守，实事求是。公共关系人员首先应热爱本职工作，具有服务精神和甘当无名英雄的高尚品德，能够充分履行本职工作的社会责任、经济责任和道德责任，为组织的生存和发展创造良好的环境，维护组织的利益。在工作的过程中坚持客观真实的原则，保证公共关系活动传播的信息真实、可靠，取得公众信赖。

②廉洁奉公，不谋私利。公共关系人员因为工作原因，拥有较多的社会关系，掌握一定的权力，这些关系和权力不仅对组织有利，对个人也有用。所以，公共关系人员必须公正地为组织和公众服务，既不能为组织的利益而损害公众的利益，也不能为了得到好处而损害组织的利益。

③公道正派，谦虚团结。公共关系工作的特性要求从业人员应有高尚的品德，为人正

直、处事公道、作风正派、公私分明，不拿原则作交易；在工作中注重合作、团结、友爱、互相信任和尊重、以集体利益为重；举止言谈衣着都十分得体，作风民主，平等待人，气度宽容，学而不厌，诲人不倦，耐心谦虚。

另外，公共关系人员还应疾恶如仇，与一切违背公共关系活动原则和道德规范的人与事作斗争，知错必改，遵守法律等。

（2）公共关系准则。

公共关系系统化、正规化、制度化的表现就是公共关系职业准则的诞生。目前，最有影响力的是《国际公共关系道德准则》，很多国家的公共关系组织都采用这一准则。另外，《美国公共关系协会职业标准准则》和《英国公共关系协会行为准则》在国际公关界也得到了一定的认可。我国参照上述几个准则，根据本国的具体情况于 1989 年 9 月 27 日制定了《中国公共关系职业道德准则》。

各种准则都包括以下内容，即：真实和准确反映事物；尊重客户的权益，客观、公正、忠诚地对待所服务的对象，为客户保守秘密；不损害、中伤同行的权益和声誉，应以自己的行为赢得有关方面的信赖等。

5. 我国公共关系人员缺乏

我国公共关系人员缺乏，主要原因是：规范化的公共关系事业急需正规公关人才，“冒牌公关人员”正被淘汰出局；中资公关机构壮大，外资公关公司抢滩，对本土人员争夺激烈。此外，公共关系行业长期没得到国家有关部门的界定和认可，广大公关从业人员缺少真正的职业归属，导致公共关系人才队伍培养失衡，人员紧缺。

任务五　认识公共关系的客体

一、公众的特征和分类

1. 公众的含义

公众是公共关系学中的一个基本概念。随着公共关系学在西方国家的兴起，“公众”一词日益引起人们的注意。公众的英文为 Public，泛指公众、民众，也指具有“合群意识”的社会群体。

公共关系学中所说的公众，并不是广泛意义上的公众、民众，而是针对公共关系主体社会组织而言的公众，即与社会组织的运行发生一定关系的社会群体。就某一社会组织来说，它的公众既包括与它有关系（涵盖组织内部和组织外部）的个人，也包括与它有关系的其他社会组织。任何一个社会组织，它的公众都会是一个社会群体。公众，对社会组织确定目标、实现目标、扩展目标，以至对社会组织的生存和发展，具有实际的或潜在的利益关系和影响力。因此，公众是公共关系的客体，是社会组织开展公共关系进行信息传播与沟通的对象。

2. 公众的特点

公共关系工作的对象统称为公众，公众这个概念在公共关系学中有它特定的含义，这里说的公众必须是与某一组织具有现实或潜在的利益关系，并且是对组织的目标与政策具有相当影响力的个人和团体。

（1）群体性。公众可分为以下群体。

①法人群体。即依法成立的社会实体。它们都拥有一定的财产和生存空间，依法行使权利和承担义务，如工厂、机关、学校、医院等。

②任务群体。即在一定的时间内暂时汇集到一定地点，从事类似活动，在一定程度上达到共同目标的社会成员集合体，如图书馆里的读者、商店的顾客、风景区的游客等。

③角色群体。指某一共同身份或从事某一共同职业的社会成员集合体，如学生、工人、教师、医生等。角色群体的种类很多。

（2）同质性。一家商店进进出出的顾客本来素不相识，没有直接联系，但是，由于他们都是去购买商品而成为商店的公众。

美国在印度的一家化工厂，由于有毒物质泄漏，造成大量当地居民伤亡，这些伤亡者及其亲属原来彼此之间可能毫无联系，但是他们在共同的毒物污染事件中有些共同点，使他们的态度和行为具有内在的联系，不约而同地或者有组织地对这家化工厂形成一定的公众压力和舆论压力，甚至采取一致的行动。因此，他们就成为这家化工厂以及美国公司的公众了。

（3）变化性。世界上没有一成不变的东西。某个人的角色也会因为时间地点的改变而改变。对于商店来说，某个人是顾客；对于学校来说，某个人是学生；对于工厂来说，某个人是员工。不管这个人的角色如何变，组织的目的都是使他成为组织的伙伴和朋友，让公众向有利于组织的方面变化。

（4）相关性。公众与公众之间，公众与组织之间都是由共同的目的或者利益才会走在一起。

3. 公众的分类

从公众的定义和特点可以知道，公众有着广泛的含义和复杂的结构，一个社会组织要想有效开展公共关系工作，必须区别和选择公众，根据公众的内在规律性进行分类，使公关人员对各类公众进行了解、分析和判断，进而针对不同类型的公众采取行之有效的策略，以取得较好的公关效果。

（1）根据公众与组织的所属关系分类。

①内部公众。内部公众主要是指组织的员工，还包括组织的股东和员工家属。

②外部公众。外部公众是指除内部公众之外的一切与组织发生相互影响，相互作用的公众。比如说一家宾馆，它的上级主管部门是它的隶属型公众；新闻界、开户银行、同行是它的合作伙伴或竞争型公众；广大的顾客则是它的辐射型公众。

（2）根据公众与组织发生关系的时序特征分类。

①非公众。非公众是公共关系学中的一个特殊概念，它受组织的影响，但是不受组织各项方针政策和行为所影响，反过来，他们的行为和要求也不影响组织的方针政策和行为。

例如，一般我们说文具店可以被看做是服装店的非公众，洗衣店可以被看做是钟表修理店的非公众。也就是说他们是“非公共关系对象”。

②潜在公众。例如，飞机失事了，在一段时间内遇难者的家属还不知道他们的亲人发生意外，对于航空部门来说，遇难者的家属就是潜在公众，在这个时候组织就应该开始准备好应对一切可能发生的情况了。

③知晓公众。遇难者的家属接到空难消息，得知亲属有可能遇难时，即被称为知晓公众。知晓公众也要做好应对公众和面对公众的准备。

④行动公众。遇难者的家属开始处理问题时就被称为行动公众。当行动公众对组织产生不利影响时，组织就必须采取行动，解决问题，把损失减少到最小。在公共关系工作中，能否通过努力改变行动公众的态度，使他们与组织达到相互适应，是检验公共关系工作效果好坏的依据。

（3）根据公众对组织的重要性程度分类。

①首要公众。他们对组织的生存、发展、成败有举足轻重的影响。比如，组织中的员工、商店的顾客都是组织的首要公众。

②次要公众。指对组织的生存和发展有影响，但不起决定性作用的公众。次要公众虽然不是公共关系工作的重点，但如果忽视他们的存在也会造成组织的公共关系状态不良。比如，新闻媒介可能就会影响组织的正常发展。

③边缘公众。虽有关系，但联系较少，其重要性最小。

（4）根据公众对组织的态度分类。

①顺意公众。又称为支持公众。他们对组织是赞赏、支持、合作和信任的公众。一个组织的公共关系工作的首要目标就是要保持和扩大顺意公众的队伍。

②逆意公众。又称为敌对公众。他们是组织公共关系工作的首要对象，公关工作的最终目的是要努力改变他们的看法和想法。

③独立公众。又称为中立公众或不确定公众。组织的公共关系工作就是要争取这一部分公众变成顺意公众。

二、目标公众分析

每个组织都有特定的目标公众对象。组织的性质、类型不同，具体的目标公众对象也就不同。比如，政府的目标公众对象、企业的目标公众对象、学校的目标公众对象，相互之间会有很大的差异。以下列举一般社会组织较为常见的带有一定共性的目标公众，简要分析其内容、目的和传播意义。

1. 内部公众

内部公众指组织内部沟通、传播的对象，包括组织内部全体成员构成的公众群体，如企业内的员工、股东；政府部门内部的干部、工作人员等。内部公众既是内部公关工作的对象，又是外部公关工作的主体，是与组织自身相关性最强的一类公众对象。

加强内部公众沟通的目的，是培养组织成员的向心力、凝聚力；培养组织成员的主体意识和形象意识。

小贴士1-3

羊城药厂为员工“树碑立传”

广州羊城药厂1991年建立起一座碑廊。碑廊内耸立着5块2米多高的大理石碑。上面篆刻的不是什么英雄人物的业绩或高级领导人的题词，而是本厂195位普通员工的名字。原来，他们都是立功受奖的人员，厂里为他们“树碑立传”了。

羊城药厂曾经经营业绩不佳。为了扭转这种局面，该厂领导号召全厂员工振奋精神，献计献策。上述195位普通员工努力工作，为工厂的振兴做出了突出的贡献，立下汗马功劳。1990年，羊城药厂举行评奖活动，这195位普通员工分别荣获金羊奖、银羊奖和铜羊奖。

羊城药厂领导认为，广大员工是企业的主人。这195位有功人员虽不是什么英雄，但是他们发挥了主人翁精神，对药厂的扭亏为盈做出了突出贡献，因此，他们的名字应该载入本厂史册，永志不忘。于是，药厂就为这195位普通员工树起了记功碑。

这些记功碑树立起来后，在羊城药厂引起很大反响。碑上有名者感到自豪，受到鼓舞。他们决心为工厂的发展做出更大的贡献。而碑上无名者也感到学有榜样，干有方向，纷纷表示自己也要干出成绩来，争取自己的名字也被刻上记功碑。因为他们看到，那5块记功碑中的最后一块是空白的，它将留给后来人。一位小伙子说，他相信，通过努力，终会有一天也使自己的名字被刻在碑上。

2. 顾客公众

顾客公众指购买、使用本组织提供的产品或服务的个人、团体或组织。如企业产品的用户、商店的顾客、酒店的客人、电影院的观众、出版物的读者等，包括个人消费者和社团组织用户。顾客是与组织具有直接利益关系的外部公众，是工商企业组织市场传播沟通的重要目标对象。

建立良好顾客关系的目的，是促使顾客形成对组织及其产品的良好印象和评价，提高组织及其产品的知名度和美誉度，增加对市场的影响力和吸引力，为实现组织和顾客公众的共同利益服务。

3. 媒介公众

媒介公众指新闻传播机构及其工作人员，如报社、杂志社、广播电台、电视台及其编辑、记者。媒介公众是公共关系工作对象中最敏感、最重要的一部分。这种关系具有明显的两重性：一方面新闻媒介是组织与广大公众沟通的重要中介；另一方面新闻界人士又是需要特别争取的公众对象。媒介与对象的合一，决定了新闻媒介关系是一种传播性质最强、公共关系操作意义最大的关系。从对公共关系实务工作层次来看，新闻媒介关系往往被置于最显著的位置，甚至被称为对外传播的首要公众。

与新闻媒介建立良好关系的目的是争取新闻传播界对本组织的了解、理解和支持，以便形成对本组织有利的舆论气氛；并通过新闻媒介实现与大众的广泛沟通，增强组织对整个社会的影响力。

4. 政府公众

政府公众对象指政府各行政机构及其官员和工作人员，即组织与政府沟通的具体对象。任何社会组织都必须接受政府的管理和制约，因此需要与政府的有关职能机构和管理部门打交道，包括工商、人事、财政、税务、市政、治安、法院、海关、环保、卫检等政府职能部门及其工作人员。他们是所有传播沟通对象中最具有社会权威性的对象。组织必须与政府各职能部门建立和保持良好的沟通，这是组织生存、发展的重要保障和条件。

与政府保持良好沟通的目的，是争取政府及各职能部门对本组织的了解、信任和支持，从而为组织的生存和发展争取良好的政策环境、法律保障、行政支持和社会政治条件。

5. 社区公众

社区公众指组织所在地的区域关系对象，包括当地的权力管理部门、地方团体组织、左邻右舍的居民。社区关系亦称区域关系、地方关系、睦邻关系。社区是一个组织赖以生存和发展的基本环境，是组织的根基，与组织在空间上紧密地联系在一起，千丝万缕难以分离。共同的生存背景使社区公众具有“准自家人”的特点。

发展良好的社区关系是为了争取社区公众对组织的了解、理解和支持，为组织创造一个稳固的生存环境；同时体现组织对社区的责任和义务，通过社区关系扩大组织的区域性影响。

6. 名流公众

名流公众指那些对公众舆论和社会生活具有较大的影响力和号召力的有名望人士，如政界、工商界、金融界的首脑人物，科学界、教育界、学术界的权威人士，文化、艺术、影视、体育等领域的明星，新闻出版界的舆论领袖等。这类关系对象的数量有限，但对传播的作用很大，能在舆论中迅速“聚焦”，影响力很强。通过社会名流去影响公众和舆论，往往具有事半功倍的效果。

建立良好的名流关系的目的，是借助名流的知名度扩大组织的公共关系网络，扩大组织的公众影响力，丰满组织的社会形象。

小贴士1-4

“三高”为中国申奥放歌

2001年6月23日晚，昔日皇家禁苑中乐声翩翩，弦歌阵阵。世界著名三大男高音歌唱家在紫禁城午门广场联袂演出，在“6·23国际奥林匹克日”掀起北京申奥活动的高潮。国家领导人和数万热情的中外观众一同观赏了这一精彩的演出。

当晚，三位“歌剧之王”身着黑色燕尾服，神采奕奕地站在了紫禁城的古老红墙之间的舞台上，他们演唱了近30首脍炙人口的歌剧选段或歌曲。从卡雷拉斯的《我知道这个花园》，到多明戈的《星光灿烂》，再到帕瓦罗蒂的《今夜无人入睡》，洪亮且有穿透力的歌声，赢得了在场三万名观众的热烈掌声。昔日这里曾经钟鼓齐鸣，如今西方歌剧在这里缭绕；昔日皇帝曾在这里议政，如今三位西方音乐大师在这里纵情高歌。东方建筑的神韵与西方艺术经典在这里得到了完美的交融，古老的紫禁城在一个充满激情的夜晚被唤醒，改革开放的中国以一场东西文化交融的音乐盛会，向世界展示了她积极走向世界的宽阔胸怀。

紫禁城午门广场，“歌剧之王”帕瓦罗蒂、多明戈和卡雷拉斯深情演绎音乐盛典，取得了空前的成功，音乐会电视直播可覆盖全球110多个国家和地区的33亿观众。

7. 国际公众

国际公众指一个组织的产品、人员及其活动进入国际范围，对别国的公众产生影响，并需要了解和适应对象国的公众环境的时候，该组织所面对的不同国家、地区的公众对象，包括别国的政府、媒介、消费者等。国际公众对象具有与本组织完全不同的社会和文化背景，因此传播沟通活动具有显著的跨文化特征。

搞好国际公众关系的目的是争取国际公众和舆论的了解、理解与支持，为本组织及其政策、活动、产品和人员塑造良好的国际形象，创造良好的国际声誉。

国际公共关系要成功，还必须善于运用国际新闻传播和广告传播手段。不仅运用我国的对外传播工具，更要了解对象国及国际上知名的新闻媒介和广告界，与国外的新闻机构和广告业建立联系，懂得如何为他们提供新闻资料和广告资料。国际公共关系界早已进入我国。国内企业及各类组织一定要抓住机遇，运用国际公共关系帮助自己走向世界。

公共关系的目标公众并不止以上七种。各类不同的组织需要根据自己的特点具体分析研究。

任务六　理解公共关系的传播沟通方式

公共关系传播是指社会组织将公共关系信息通过传播媒介传递给社会公众，使公众能够了解组织的行为、见解，理解组织的经营目标、管理方针，领会组织的意图和友好，以此取得公众的信任与好感，进而影响和改变公众的态度和行为，创立良好的公共关系氛围。因此，传播是公共关系的联结手段，是沟通组织与公众的桥梁和纽带。

一、公共关系的传播媒介

公共关系的传播媒介主要是人、物、符号。“人”是指组织机构的领导人、管理者、工作人员等，在一定的条件下他们均可能成为组织机构整体形象的代表，他们的言谈举止、礼仪风貌本身就是一种良好的信息传播。公共关系的多向传播交流也主要是靠这些训练有素的专业人员完成的，如公共关系工作人员、礼宾礼仪人员、专职接待人员，以及受过培训的商店售货员、办公室职员等。

“物”是指除了影视、广播、报刊、杂志等大众传播工具外，组织机构的产品、环境、布置等，当然硬件设备也应包括在内，如工厂的产品、柜台上的商品、博览会上的展品以及办公室的布置和环境卫生等。这些实实在在的东西“虽无言而具神”，真切地表达了其所属部门的形象与实力，传递了这些企业或生产部门的工作精神、行为宗旨等信息。

“符号”是指围绕组织机构的报刊宣传、广告制作、CI策划、品牌徽章设计等所用的语言、文字、图像、色彩等。这些符号经过加工编制后均能够准确、灵活、生动、形象地传播组织机构预先规定的信息内容，从而能够广泛深入地起到传播作用。

二、公共关系传播的特点

1. 组织内部信息交流的双向性

在组织内部，双向的信息交流包括：上源向下流，即由决策层到管理层再到操作层所进行的传播。下源向上流，即由下至上对原发出的信息的一种反馈。平行信息流，即内部工作人员彼此之间为增进了解而进行的沟通，以保证工作中的协调与顺畅。立体交叉流，即内部各层、各类工作人员为增进友谊、建立友好的往来关系而进行的沟通，以保证组织内部提高透明度，增加团结协作的意识，创造一种和谐而美好的内部关系环境。

2. 组织外部信息交流的双向性

在组织外部，双向的信息交流包括：内源向外流，即组织向外部公众发出信息，使外部公众及时或更多地了解组织的状态和情况。外源向内流，即组织对外部公众的整体状况、意见反馈、市场态势等做全面的调查了解，并进行分析研究，以发现问题、修正公共关系方案或者了解组织在外部公众心目中的实际形象，从而有效地对组织进行调整，以适应市场的变化，满足外部公众提出的各种要求。

三、公共关系传播的方式

1. 大众传播

大众传播是指传播组织通过现代化的大众传播工具，如报纸、电视、电影、广播、书刊等，向为数众多的人们提供消息、知识、思想、见解、娱乐、广告等。其传播内容不具有保密性质，可以在人们之间公开相传。

大众传播是一种高速度的信息传播，随着科学技术的发展，其传播速度也在大幅度地提高。大众传播的快速性带动了它的广泛性，大众传播的覆盖面十分广泛。如今，人们每天的生活几乎都是在大众传播媒介所形成的氛围中度过。加拿大传播学者麦克卢汉提出了“地球村”的概念，这个概念的含义是：在今天的地球上，大众传播的媒介已打破了国界，空间的电波、地下的电缆纵横交织，覆盖全球的传播网络已经形成，全世界的人们在相当程度上共同享用一个信息环境，因而增进了世界各民族相互了解的机会，一个个潜在的共识集团由此而产生。因此，大众传播不仅使偌大的地球变得似乎很小，也促进了各阶级、各种社会制度之间的了解、变通、融合。

大众传播的内容基本上是由传播机构和职业传播者发布。因此，一种信息能够被大众传播媒介报道出来，这个事实本身就表明该信息是重要的。一般说来，报纸、杂志、广播、电影、电视是当代较为常见和有影响力的媒介。

2. 人际传播

人际传播，也叫人际沟通，它是一种个人与个人之间的直接信息交流。个体借助语言、表情或身姿就可以进入人际传播的领域，成为与他人互动的一方。没有人际传播，人与人之间就无法彼此理解，也无法建立任何有意义的社会关系。

人际传播的信息包括人们的观点、知识、兴趣、精神、感情等。人际传播可凭借的媒介可以是语言行为，如谈话、演讲、授课等，也可以是非语言行为，如体态、神情等。人际传播的形式可分为直接传播和间接传播，其中面对面的直接传播，信息迅速交换的机会最多，来往传递也容易，是人际交往中主要采取的形式。

与大众传播比较起来，人际传播的范围要小一些。由于它主要是人与人之间的直接交流，因此，具有如下几个特点：

(1) 便于调动对方的注意力。我们与别人谈话，必须全神贯注，如果注意力不集中，视线游移，就会让人家觉得你心不在焉、缺乏礼貌。面对面的人际传播可以调动人的全部感官，视觉、听觉、触觉、味觉都可以接受刺激，从而便于调动对方的注意力，双方能够通过这种全身活动很快地建立传播关系。

(2) 能够及时得到反馈。在面对面的情况下，双方信息交换的频率高、速度快，一来一往的机会也多。一方发出信息后，直接可以从对方获得反馈情况，于是会不断有机会检验结果，加以改正，做出解释，答复对方。

(3) 可以在速度上加以控制。双方在进行直接交流时，都可以发问和回答问题。交流速度的快慢均可以根据各自的需要而加以调节，从而给对方以思考和深化的时间，加强交流的效果。

复习思考题

1. 公共关系有哪些基本特征？
2. 公共关系的原则有哪些？
3. 从狭义上讲，公共关系有哪些职能？
4. 现代公共关系产生的社会条件有哪些？
5. 某跨国公司已设立广告部和宣传部，请问是否需要设立一个公共关系部，为什么？
6. 为什么有的公司即使设立了公共关系部，在某些情况下，也要求助于专业公关公司？应怎样选择专业公关公司？
7. 公共关系人员应具备什么样的素质？
8. 试分析公共关系的主要目标公众有哪些？
9. 公共关系传播的媒介有哪些？
10. 公共关系传播的方式有哪些？

案例分析

创造奇迹的人——亚科卡

亚科卡，当今蜚声世界企业界的一位传奇人物，出生于美国，自幼勤学，好个人奋斗。他曾在闻名世界的福特汽车公司任职多年，并于1970年登上该公司总裁宝座。他以出色的管理才能使福特汽车公司实现了每年赢利18亿美元的目标。八年后他因与福特二世意见分歧而被公司解雇。同年到濒临破产的克莱斯勒汽车公司任总经理。他重振雄风，使该公司奇迹般地复活，并迅速发展，1984年赢利24亿美元，这一数字比该公司60年的利润总和还要多。坎坷的经历，非凡的管理才能，使他成为世界瞩目的风流人物。

公关艺术是亚科卡最出色的管理才能之一，无论是宣传企业产品，塑造企业形象，还是处理社区关系、争取政府贷款、赢得公众谅解，都充分地显示了一个非凡企业家所具有的公关意识和技巧，尤其是亚科卡出色的用人艺术，堪称当代各国企业家的楷模。

在《亚科卡传》中，他这样总结自己的管理经验："管理的艺术就是用人的艺术，成功的关键不在于怎样赚钱，而在于怎样用人。"他认为：企业管理者是企业形象的雕刻家和塑造家，"主管者是任何企业最根本、最宝贵的财富"。办企业，归根结底无非要的是人、产品和利润，而人则是最重要的。如果没有一支好的管理人员队伍，就说不上企业凝聚力，更谈不上树立企业形象。亚科卡就任克莱斯勒公司总经理后，发现公司处于无政府状态，各部门各自为政，缺少互相支持和配合，恰如"一盘散沙"。公司内部信息沟通不畅，企业管理者素质差。面临这些致命问题，亚科卡首先大刀阔斧地进行企业管理层的改革，在他任职的三年期间，解雇了33名不称职的副总经理，然后不惜一切代价网罗能人来填补这些空职。亚科卡利用在福特公司任总经理时的关系，把他所熟悉的该公司的许多优秀企业管理者一个一个地"挖"过来。同时，用重金聘用福特公司已退休但有经验有能力的经理。他在克莱斯勒公司的下层不拘一格选拔了大批富于创新的年轻人，同时清除了一批平庸之辈。亚科卡曾风趣地说："一个无能的经理就会带来一个无能的助手。"企业管理层的改革，给克莱斯勒公司的复兴注入蓬勃的生机。

树立企业信誉，塑造企业形象，还必须依靠企业全体员工共同努力，团结一致，同心同德地为同一目标奋斗。因此，建立和健全企业内部公关工作制度，做好信息的双向沟通，把决策者的意图及时地传达给下层，同时把下层的意见迅速反馈上来，是企业管理者的一项重要工作。亚科卡认为："管理是一种温和的特权，又是一种科学的决策。"他在担任福特公司总裁时，对手下的关键人物建立了严格的定期（一季一查）询查制度，并要求各个层次的管理者都这样做。询查的基本问题是："今后九十天里我们的目标是什么？你们的计划，你们首先要做的事以及你们的希望是什么？你们打算怎样实现它们？"这一套制度从公关的角度看，具有四个方面的特点：一是调动人的主观能动性，给自己确定目标，人人都以主人翁的态度来创造性地工作；二是把下级的新主张传递给上级；三是由于逐级询查制度定期定时进行，在用人上做到优胜劣汰；四是迫使上下对话、上情下达、下情上传，使人际关系融洽，信息渠道畅通。

企业凝聚力的形成，是建立在领导者对员工的尊重、信任和关心的基础之上，妥善地处理好不同层次员工的需要，尽可能使每一位员工都感到满意，这样的企业凝聚力才是长久的和坚不可摧的。亚科卡深有体会地说："不能正确地使用、尊重和同情人，他就不是一位称职的管理者。"他还认为，经营管理者的全部职责就是动员员工来振兴公司。为此，首先必须尊重人，乐于听取同级和下级正面的或反面的意见，并且要富有同情心，以情感人，还要有自我牺牲的奋斗精神。一个有能力的人，不能取得成功的根本原因就是不能和上下左右的同事配合好。人际关系恶化的人成功必然遥遥无期。比如，在克莱斯勒公司处境艰难的日子里，亚科卡把自己的年薪降低到 1 万美元。而他在福特公司年薪却高达 100 多万美元。这 1 万美元与 100 多万美元的差距，使亚科卡超乎常人的牺牲精神在员工前闪闪发光。他的榜样作用，推动了公司各级员工减薪工作的顺利进行，使公司渡过了难关。

亚科卡最富有魅力的作风是重视不同的意见，他甚至以此作为衡量公司好坏的标准。他说："作为一个经理，我最满意的事莫过于看到公司认为能力平平的人干得出类拔萃，那是因为有人注意听取他提出的问题，并且帮助他解决难题。"亚科卡严于律己，工作一丝不苟，他要求部下把新的意见写下来，以便有则改之，无则加勉。在一些似乎不易觉察的小事上，也能淋漓尽致地表现出精湛的公关艺术。例如，他对每一个建议者都能予以表扬和鼓励，无论这些意见被采用与否。这一招收到立竿见影的效果。他在克莱斯勒公司的最初一年里，收到的建议就有 6 万多条，其中被采纳的重大建议有 2000 多条，获得经济效益 3 亿多美元。

问题：

1. 亚科卡在协调员工关系、提高企业凝聚力的过程中运用了哪些内部公关原理与艺术？
2. 亚科卡为什么把能否重视不同的意见，作为衡量公司好坏的标准？

模块二　开展公共关系调查

学习任务

1. 学会制订公共关系调查计划
2. 掌握调查实施过程中的各种方法与技巧
3. 学会用适当的方法分析公共关系调查资料
4. 了解撰写公共关系调查报告的文体格式与写作要求

案例导入

一提到长城饭店的公共关系工作，人们立刻会想到那场举世闻名的里根总统的答谢宴会、由北京市副市长证婚的95对新人集体婚礼、颐和园的中秋赏月和十三陵的野外烧烤等一系列使长城饭店声名鹊起的专题公共关系活动等。其实，长城饭店的大量公共关系工作，尤其是围绕为客人服务的日常公共关系工作，正是源于它周密系统的调查研究。

长城饭店日常的调查研究通常由以下几个方面组成。

1. 日调查

（1）问卷调查。每天将表放在客房内，表中的项目包括客人对饭店的总体评价，对十几个类别的服务质量评价，对服务态度的评价，以及是否加入喜来登俱乐部和客人的游历情况等。

（2）接待投诉。几位客户经理24小时轮班在大厅接待反映情况的客人，随时随地帮助客人解决困难、受理投诉、解答各种问题。

2. 月调查

（1）顾客态度调查。每天向客人发送喜来登集团在全球统一使用的调查问卷，每日收回，月底集中寄到喜来登集团总部，进行全球性综合分析，并在全球范围内进行季度评比。根据量化分析，对全球最好的喜来登饭店和进步最快的饭店给予奖励。

（2）市场调查。前台经理与在京各大饭店的前台经理每月交流一次游客情况，互通情报，共同分析本地区的形势。

3. 半年调查

喜来登总部每半年召开一次世界范围内的全球旅游情况会，其所属的各饭店的销售经理从世界各地带来大量的信息，相互交流、研究，使每个饭店都能了解最新旅游形势，站在全球的角度商议经营方针。

这种系统的全方位调研制度，宏观上可以使饭店决策者清晰地了解全世界旅游业的形势，微观上可以了解本店每个岗位、每项服务及每个员工工作的情况，从而使他们的决策有的放矢。

综合调查表明，任何一家饭店，光有较高的知名度是远远不够的，要想保持较高的回头率，就要使客人满意。怎样才能使客人满意呢？经过调查研究和策划，喜来登集团提出了宾客如归方案。计划中提出，在 3 个月内对长城饭店上至总经理、下至一般服务员进行强化培训，不准请假，合格者发证上岗。在每人每年 100 美元培训费的基础上另设奖金，奖励先进。这个计划的宗旨就是向宾客提供满意的服务，使他们有宾至如归的感觉。

随着这一方案的推行，饭店的服务水平又有了新的提高。

（资料来源：张岩松、王艳洁、郭兆平．公共关系案例精选精析．经济管理出版社）

问题：

1. 长城饭店靠什么赢得了顾客、赢得了市场？
2. 长城饭店在公共关系调查方面对我们有何启示？
3. 如果你是一位总经理，你认为还应从哪些方面来做好日常的公共关系工作？

任务一　制订公共关系调查计划

公共关系调查是组织开展公共关系活动的起点和基础。通过调查，公关人员能够对组织的公共关系状况和问题进行核实、澄清或甄别。

公共关系调查同其他社会调查有所不同，它是就公众对组织形象的评价进行统计分析，用数据或文字的形式显示公众的整体意见，或者就某一具体公共关系活动的计划、实施和效果进行调查评价。由于公众的态度极易受客观环境的影响，所以，公共关系调查具有动态性和相对性的特点。制订公共关系调查计划要求做好以下几项工作。

一、明确公共关系调查对组织的意义

首先要说明将要进行的公共关系调查对组织具有什么意义，概括起来有以下几方面：

1. 帮助组织准确地进行形象定位

公共关系调查可以帮助组织准确地了解自己在公众中的形象定位。组织的形象定位是指，组织明确以什么样的形象出现在公众面前。通过形象定位调查，可以测量出组织自我期望的形象与其在公众中实际形象的差距。组织可针对这个差距策划有效的公共关系活动方案，以缩小差距。

2. 为组织决策提供科学依据

公共关系调查的主要任务就是及时地为组织提供决策依据并能有效地预测和检验决策的正确性。因为只有通过调查，才能使组织了解公众的要求和愿望；只有了解公众的要求和愿望，才能做出符合公众要求和愿望的决策；只有做出符合公众要求和愿望的决策并认真实施，才能使组织在公众的心目中树立起良好的形象。

3. 使组织及时把握公众舆论

舆论是指具有共同利益的人群、团体对某些问题所持态度的表达。舆论是可以衡量和推断的。在信息传播极其迅速的现代社会，舆论是一种非常重要的力量。舆论的力量像一阵风，当我们尚未辨明其来源时，就已经感觉到它的影响，并受到它的影响。舆论又是不稳定的，随着新信息、新思想、新事物的出现而呈现出周期性的变化。

公众舆论最初是自发产生的并处于不断扩大或缩小的动态中。当少数人的观点、态度扩展为多数人的观点、态度，分散的、彼此孤立的意见集合为彼此呼应的公众整体意见，声势尚小、影响甚微的局部意见变成声势浩大的公众的共同反响时，对组织的形象就会产生很大的影响。积极的公众舆论有利于组织塑造良好形象；消极的舆论则会损害组织的形象甚至会造成组织形象危机。因此，通过公共关系调查，监测公众舆论，并使组织及时扩大积极舆论、缩小消极舆论是十分重要的。

4. 提高组织公共关系活动的成功率

组织在开展某项公共关系活动之前，必须要对现有的人力和物力条件作充分的调查研究，有时还要进行现场考察。只有通过调查，组织对所要开展的公共关系活动的主客观条件有了充分的了解，公共关系活动才能有充分的准备和切实可行的计划保证，才能取得好的效果。

5. 有利于宣传、塑造组织的良好形象

公共关系调查本身也是公关活动。开展调查要广泛接触调查对象，所以，调查人员也同时向公众传播着组织塑造自身形象的信息。恰当的调查本身也会赢得公众对组织的好感。从某种意义上说，公共关系调查本身也是一种传播，一种公关活动。

二、明确公共关系调查内容

公共关系调查的内容十分广泛，具体有以下四方面内容。

1. 组织自身情况调查

组织自身情况是社会公众评价的主要对象。只有全面了解社会组织的历史与现状，才能正确评价社会公众意见。这是每位公共关系人员必须具备的资料，开展各项公共关系活动都可能用到这些资料。主要调查内容有：组织的经营状况、组织的内部关系状况等。

2. 组织的社会公众舆论调查

公众舆论调查是公共关系调查的重要内容。主要是调查社会公众对社会组织的认识、态度与印象，其中包括：知名度、信誉度和社会公众评价的调查，社会公众动机的调查，组织在公共关系工作中内外传播活动效果的调查和内部公众意见的调查。

3. 组织所处的社会环境调查

组织进行社会环境调查的目的是使其适应社会环境的变化，以获得较好的社会生存环境和发展环境。社会环境调查的主要内容包括：

（1）基本社会环境的调查。基本社会环境一般是指社会组织所处的一个国家或地区的政治、经济、文化等因素构成的宏观社会环境系统。主要调查的内容有：人口环境状况、政治环境状况、经济环境状况、文化环境状况等。

（2）具体市场环境状况的调查。具体市场环境是指与社会组织的公共关系活动相关联的市场因素组成的社会环境系统。主要调查的内容有：市场需求状况、消费者状况、市场竞争状况等。

（3）所属行业环境状况的调查。所属行业环境是指由社会组织所在特定行业中各种组织构成的微观社会环境系统。主要调查的内容有：所属行业基本状况、所属行业特定组织状况、所属行业横向协作状况、所属行业竞争对手状况等。

4. 组织的形象调查

（1）组织自我期望形象的调查。自我期望形象是指组织自己所期望建立的形象，它是一个组织公共关系工作的内在动力、基本方向和目标。自我期望形象的确立应注意主观愿望和实际可能相结合。主要调查的内容有：组织领导层的公共关系目标和要求、组织中员工的要求和评价、组织的实际状态和基本条件。

（2）组织实际形象的调查。组织的实际形象往往与其自身的期望形象有一定的差距。因此，必须通过公共关系调查来对组织自身形象进行准确定位。主要调查的内容是知名度和美誉度。

三、确定公共关系调查资料来源

调查人员搜集资料的来源有两个，即二手资料和一手资料。研究人员通常从搜集二手资料开始，获得对问题的初步认识和了解，再搜集一手资料，可以提高资料搜集的效率和有效控制调查的成本。对于二手资料，需要确定搜集的方向和搜集的方法，对于一手资料，应该初步确定调查人员的范围。

四、选择公共关系调查方法

调查方法指获取资料的方法，它包括在什么地点、找什么人、用什么方法进行调查。确定用什么方法进行调查，应从调查的具体条件出发，以有利于搜集到符合需要的一手资料为原则。在制订公共调查计划时应根据调查内容明确调查方法。详细内容见任务二实施公共关系调查中的阐述。

五、准备公共关系调查工具

在确定了调查方法之后，就要进行调查工具的设计，如访问法的调查问卷的设计、观察法的观察记录表和登记表的设计以及观察设备仪器的准备等。

六、决定公共关系抽样计划

在市场调查中，如果调查对象选取不当，则会导致调查结果发生偏差。抽样计划是根据调查的目的确定抽样单位、样本数量及抽样方法等。

七、确定接触方式

抽样计划被确定后，调查人员必须确定采用何种接触被调查对象的方法，如面谈访问法、邮寄调查表、电话访问或在线访问等，面谈访问有安排访问和拦截访问两种形式。具体形式应根据调查的实际情况和客观要求来决定。

八、确定人员和费用

确定人员主要是确定参加市场调查人员的条件和人数，包括对调查人员进行必要的培训。在市场调查过程中，调查人员要善于根据情况的变化随时修正自己的访问内容，并保证调查的根本目标不变，这就要求调查人员具有一定的专业知识和丰富的市场实践能力与问题整合能力等多方面的素质和能力。调查工作需要花费一定的时间和资金，因此必须做出预算，进行成本效益分析，以决定调查工作是否有必要进行。

任务二　实施公共关系调查

实施公共关系调查是指公共关系人员利用适当的公共关系调查方法进行调查工作。公共关系调查的方法多种多样，形式各异。科学正确的调查方法是能够保证调查取得良好效果的关键因素，公共关系调查最常使用的方法有以下三种。

一、文献资料调查法

文献资料调查法是公共关系调查中运用比较普遍的一种方法。它是一种收集、整理、保存、检索和分析文献资料的方法，目的是为了积累整理资料，以便于急需使用时迅速查出有关资料、分析事实与观点、及时发现问题，为公共关系活动服务。其主要步骤如下：

1. 收集资料

组织中的公共关系部门必须购置常用的工具书，如各种辞书和各类年鉴，从中了解国内外重大事件，以及各行业新的进展和新的成就。从辞书中引用典故、丰富词汇，使各种传播材料制作得更加精彩。此外，还要从各种内部刊物、公众档案、企业报表、市场情报等资料了解和收集本组织的历史和现状，以及基本的经营状况。

2. 整理资料

对收集到的资料进行分类整理，建立检索系统。可以按汉语拼音或偏旁部首进行排序，也可以按英文字母顺序进行分类目录检索。如一般社会组织机构资料分类按汉语拼音排序是：背景材料、传播情况、法律政策、公众意见、剪报汇编、竞争者状况、人物传记、政府关系。

3. 保存资料

随着时代的发展，现代保存资料的方法不再局限于剪贴、复印、装订、登记、编目和归档等方式，许多组织都已采用电脑储存的方式来管理资料。因此应该建立电脑资料库来扩大检索的范围，提高检索的速度。

4. 分析资料

采用纵向和横向分析的方法，对检索出的有关资料进行详细分析，提出报告建议，为决策者提供参考咨询。公共关系人员在分析资料时必须保证观点的准确和可靠，应在广泛征询专家意见的基础上，综合分析丰富翔实的资料和各方意见之后，再提出最终可行的建议与方案。

二、问卷调查法

问卷调查法是公共关系调查中应用最为广泛的方法。问卷法就是研究者运用这种控制式的测量手段对所研究的问题进行度量，从而搜集到可靠的资料的一种方法，其主要步骤如下。

1. 确定调查目的

确定调查目的，首先要了解组织领导者的真实想法，确保调查有的放矢。其次是要了解组织领导者进行调查的具体目标。一次调查的具体目标不宜过多，设计的提问一般不要超过二三十个，否则会让人生厌，降低质量。

2. 拟订调查问卷

问卷设计具有很强的专业性、科学性和艺术性。要围绕调查目标设计、拟订问卷，探测调查对象的情况、认识和态度。

（1）问卷的构成。问卷由题目、说明信或指导语、问卷的具体内容和编号组成。题目是调查的主题，说明信或指导语是对调查目的、调查单位以及问卷填写方式的说明，问卷具体内容是把研究所要收集的资料以问题形式列出，编号包括对所问问题次序的编号和便于计算机进行数据处理所设计的编号。

（2）问卷中问题的构成。一般来说，较为完整的问卷包括两类问题，一是事实问题；二是态度问题。所谓事实问题，是指那些曾经发生过的、现存的事件以及一些实际的行为，如性别、年龄、文化程度和职业等。之所以在问卷中要设计这样一些问题，是因为调查往往涉及公众在性别、年龄、文化程度等方面的差异程度。这些项目是对获得的资料进行整理和分析的最基本的条件。

（3）问卷的提问方式。一般提问方式有封闭式提问和开放式提问两种。单项或多项选择提问属于封闭式提问。其特点是列出所有的备选答案，内容规范，便于定量分析。但该方法容易忽略可能的备选答案，会产生偏差。开放式提问也称自由式提问，一般用于深度调查，其特点是让调查对象自由回答提问，因答案十分灵活、广泛，给整理资料带来一定难度，不易统一标准，误差也较大。除这两种方式外，还有多种问卷方式，如组句法、填空法或采用图表测量等方法。

3. 选定调查对象

调查对象可以通过普查与抽样两种方法来确定。普查是对全部社会公众进行的、内容详尽的调查，使社会组织获得丰富、全面的资料。该方式虽然比较准确可靠，但是需要大量的人力、物力、财力和时间，如全国人口普查就属此种调查。

抽样，需要有一份反映人口总体自然特征的基础材料，如姓名、地址或电话簿等，从中抽选一部分人进行调查，根据其结果推论整体情况的方法。它所产生的误差，可以用统计方法进行计算和控制。一般社会组织机构和公共关系公司通常采用抽样调查的方法。抽样调查一般分为随机抽样和非随机抽样两种。其中，随机抽样又分为简单随机抽样、分层

随机抽样、分层同比和异比抽样、多阶段分地区抽样等多种方式。

（1）随机抽样。在随机抽样方法中，简单随机抽样是用纯粹偶然的方法在总体中随机抽取若干个个体作为样本，总体中每一个个体被抽取的机会是相等的，抽样者不能作任何有目的的选择。

分层随机抽样，先将总体按特征分类，即按个体的特性，如行业、年龄、教育程度等分层次，然后在每一层次中选取部分作为样本。分层随机抽样包括同比和异比两种方法，即对各层次按同一比例或对各层次采用不同比例进行抽样调查。

多阶段分地区抽样是对广大地理区域的社会公众进行访问时需采用的方法，是建立在分层随机抽样方法的基础上的。

（2）非随机抽样。非随机抽样是按照调查的目的和要求，依据一定的标准选取样本。总体中每一个个体可能被抽取的机会是不相等的。一般有任意抽样、判断抽样和配额抽样等形式。任意抽样是调查人员从方便的角度出发选择样本，因为方法比较简单而且节约经费，所以被广泛采用。判断抽样是根据专家或调查人员的主观判断来选取样本，能适应调查人员的某种特殊需要。配额抽样是将总体先按调查特征分层，并规定各层次的样本配额，再由调查人员按每一层的配额依判断抽样的原则进行抽样。这种方法比较省时、省力、省钱，只要在调查中认真执行规定，就能获得准确的结果。

小贴士

曾经有两位美国社会学家对美军在越南战争中的士气问题进行调查，他们使用了系统的抽样方法，选择逢10的号码作为样本，然而结果完全出乎意料，官兵的士气远比假设的要高，经过对抽样方法的鉴定，他们悟出了一个道理，原来军队的花名册是由“三等兵、二等兵……少尉、中尉、上尉”的顺序排列的，每10个人恰好构成一个循环，这样，他们逢10抽取的样本都是清一色的某个军阶的军官，而军官的士气相对来说要高，这样的调查结论在推及军队官兵总体时就失去了意义。两位美国学者后来对此作了改进，将每一军阶的士兵或军官放在一组，将第1～100号列为三等兵组，第101～200号列为二等兵组”……然后重新系统抽样，最后得出的结论推及总体时就较全面、客观、富有代表性。

由此可知，系统抽样方法在某些具有周期性排序规律性的总体数目中潜藏着偏差的危险。

4. 发放调查问卷

在问卷修改好并打印之后，要进行问卷的发放。问卷的发放形式有邮寄发放和当面发放两种，采用哪一种形式要根据具体情况而定，发放的对象应是运用调查样本的选取方式选出的对象。

5. 确定问卷访问方式

问卷调查一般采用的是问卷访问，其具体方法有：当面访问、通信访问和电话访问。

三种问卷访问方式各有利弊，采用何种方式，取决于调查目的、人口总数、调查对象的分布和问卷长短等。还要考虑问卷复杂程度以及经费和时间等因素。

6. 回收问卷

较之访谈法，问卷的回收是无法掌控的，即问卷的回收率要受到限制，65％就为理想数字。因此，在发放问卷时，甚至设计问卷时，都要考虑到问卷的回收率。因为回收率过低，就失去了样本的代表性，直接影响到调查的效果。

7. 整理分析问卷

问卷的整理包括对不合标准的问卷的处理和对调查所得数字的整理。不合标准的问卷要挑出来，不能补救的就不可进行统计处理。对合乎标准的问卷，要用社会统计技术方法进行统计分析。

三、访谈调查法

访谈调查法简称为访谈法。访谈法是社会调查中最古老、最常用的方法之一。它是调查员通过与调查对象进行交谈，收集口头资料的一种调查方法。访谈通常是在面对面的场合下进行的，由调查人员（也称为访谈员）接触调查对象，就所要调查的问题向调查对象提问，要求被调查对象对提出的问题做出回答，并由访谈员将回答内容、交谈时观察到的动作行为及印象详细记录下来。

访谈法调查的规模不能太大，一般根据调查的目的和内容来确定规模的大小。通常来说，规模越大，则耗时耗费越多。但是，当访谈法和问卷法结合使用进行调查时，虽说费时费力一些，却可以避免访谈法标准化程度低和问卷法回收率有限的弊端，并可以对一些问卷法所不能深入的问题进行调查。

访谈法可分为结构性访谈与非结构性访谈。结构性访谈是由访谈员携带事先设计好的访问调查表进行的访谈。调查表中的所有问题都是事先精心设计的。非结构性访谈，访谈员只需根据调查任务的要求拟成访谈要点或访谈提纲，并据此向调查对象提问，而无须使用标准化的调查表。在调查中，访谈员可较为自由地进行提问，受访人不受问题限制，可以畅所欲言，双方互相启发、共同探讨，使调查更加深入。这种访谈最适用于调查态度、价值判断等方面的问题。但这对访谈员的能力要求较高。此种访谈所得结果不宜数量化，因其费时费钱，故只能在小范围内使用，或作为了解一般情况和配合其他调查方法使用。

以上介绍了公共关系调查的三种方法，可根据实际情况选择使用，通过公共关系调查获得对有关组织的某些方面的资料，为下一步分析公共关系调查资料提供依据。

任务三　分析公共关系调查资料

公共关系调查人员只有将调查收集的资料、数据进行整理分析，才能准确把握存在的问题，指导公共关系活动的开展。由于调查获得的资料大都比较杂乱，从中不便找出事物的实质和规律性，所以必须对收集的信息资料进行整理审核，以便为进一步的资料分析打下基础。分析公共关系调查资料包括整理阶段和分析阶段。

一、整理公共关系调查资料

1. 检查

首先，应对调查资料的回收率进行检查，如果收回的调查资料在数量或结构上不足以代表调查对象整体，则不能以这类资料为依据进行研究总结，这时应做补充调查或重新调查。其次，应检查资料的真实可靠性，即查证资料是否确实来源于调查对象，有无虚假资料。这时，调查人员的经验显得非常重要，经验丰富的调查人员能够通过分析被调查者对具体调查项目的填写情况，评判其真伪性。最后，检查资料是否完整、准确、合格。包括每份资料填写是否完整，统计或其他内容的填写是否准确，资料内容是否符合调查目的的要求。

2. 分类

根据调查目的对信息资料进行分类，形成宗卷档案，便于下一步分析研究和对资料开发利用。分类时应注意资料的完整性、统一性和连贯性。

3. 编码

编码就是把调查的一些项目及其信息资料，依据一定的数字模式或序码模式加以程式化，编成含有特定意义的信息处理系统，以便于信息的处理和开发利用，提高工作效率。

4. 登录

登录即把归类整理好的资料制作成登录表，便于查找利用，也为下一步的分析提供了方便，如调查人员把资料数据列成表格，并制订频率分布、对主要变量计算其平均数和衡量离散趋势。

二、分析公共关系调查资料

在分析公共关系调查资料时，研究人员还应努力采用一些先进的统计技术和决策模型，这就需要更多的数理统计等专门知识，以便找到更多的调查结果。其主要分析方法有：

1. 组织形象差距比较分析

组织形象差距比较分析是将组织的实际公众形象与组织的自我期望形象相比较，找出两者之间的差距及其形成的原因。这是制订公共关系工作目标的前提，实际上，公共关系工作的目标就是弥补或缩小这种差距。

其具体方法可根据语意差别分析法进行测定和分析，即将影响组织形象的各种要素逐一列举出来，如企业经营宗旨、产品质量、服务态度、工作效率、技术创新能力、管理水平、领导者能力、组织综合实力等，并根据组织在这些方面的表现，设置不同的评价档次，请调查对象就自己的看法给出评价（如表 2-1 所示）。

表 2-1　　　　　　　　　　　组织形象要素表

调查项目＼评价	非常	相当	稍微	一般	稍微	相当	非常	评价／调查项目
经营宗旨正确		60	30	10				经营宗旨不正确
产品质量好			30	60	10			产品质量差
服务态度端正				15	20	65		服务态度恶劣
工作效率高			25	65	10			工作效率低
技术创新能力强					20	70	10	技术创新能力弱
管理水平高				10	40	50		管理水平低
领导者能力强					10	10	80	领导者能力弱
组织综合实力强					30	60	10	组织综合实力弱

在图 2-1 中，用 1～7 作为数值标尺，将组织形象要素分成 7 个档次，如经营宗旨非常不正确为 1，相当不正确为 2，稍微不正确为 3，一般为 4，依此类推，并根据表2-1中调查项目的实际数据，计算出每一调查项目评价的平均值。其计算方法是调查项目的评价人数乘以相应栏目的数值，将该项目各档次评价总分相加，再除以调查总人数。如表 2-1 中第一栏经营宗旨一项的平均值为：

$$\frac{60\text{ 人}\times 6+30\text{ 人}\times 5+10\text{ 人}\times 4}{100\text{ 人}}=5.5$$

然后，根据上述的调查结果，计算公众对每一个调查项目评价的平均值，将各个平均值分别标定在数值标尺的相对位置上，连接各点，就形成了组织的形象曲线图，其中，左边的线为组织的期望形象，右边的线为组织的实际形象，两条曲线之间的差距就是组织的形象差距。

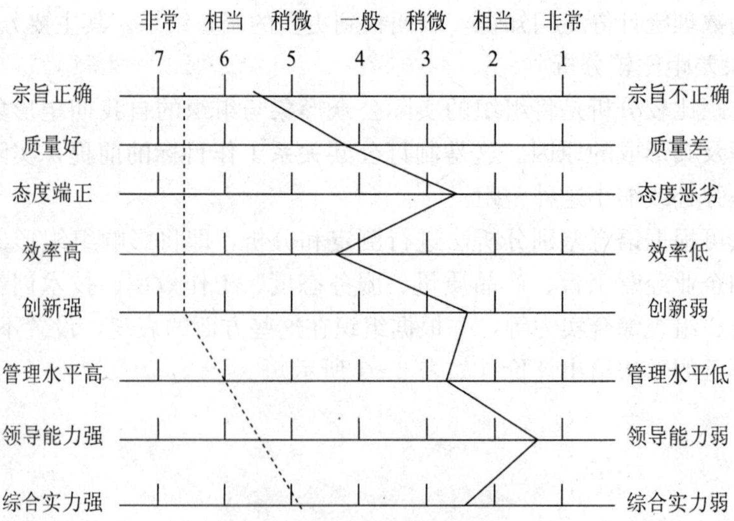

图 2-1　组织形象要素图

从图 2-1 中可以看出除了经营方针这一项形象要素实际评价与自我期望值接近以外，其他各项形象要素均有相当的距离，这是下一步公共关系工作的目标。

2. 公众舆论测量分析

良好的公共关系状态肯定是以尊重公众权利、较好地满足他们的各种需要为基础，而组织也应根据各种公众的需要和关注点来塑造相应的组织形象。

公众舆论主要指公众对组织知名度、美誉度的评价，公众舆论测量分析的主要内容有：一是有多少公众知晓，包括绝对数量与相对比例、知晓公众的种类分布情况等；二是这些知晓公众对有关问题了解的程度如何，包括全面性和层次性，如果公众了解的情况不够全面，那么他们掌握的资料对组织是有利还是不利的信息；三是公众的态度是什么，是赞成还是反对，或者是满意还是不满意。

在公共关系中，公众舆论测量分析是通过建立舆论模型来进行的。舆论模型包括两个指标：量度指标和强度指标。

（1）量度指标。舆论的量度指标指持有肯定或否定态度的人占总人数的百分比，对某一问题不表示意见者可以不予考虑。量度指标不仅要考虑公众人数，还应考虑公众的分布种类数。如果持某项态度的公众种类数越多，说明该舆论越具有代表性和权威性；如果持某种态度的人数比例至少超过 50%，则可称为主导舆论，否则称为次舆论。量度指标可分为绝对量度指标和相对量度指标两种，绝对量度指标的计算公式是：

$$L_s = R \times f$$

式中，L_s 即为绝对量度指数，R 是测量公众人数或是持某种态度的测量公众人数，f 是公众的分布种类数。这里 L_s 可以分为持肯定态度和否定态度的绝对量指数 L_{sK} 和 L_{sf}。

相对量度指标的计算公式是：

$$L_{zK} = L_{sK}/L_s \times 100\% \qquad L_{zf} = L_{sf}/L_s \times 100\%$$

式中，L_{zK}、L_{zf} 分别表示持肯定态度和持否定态度的相对量指数。

在调查中要注意样本的合理性，包括样本规模和抽取方式。在某些情况下各类公众的重要性并不一样，此时，可用权重或定性方式来体现这种差别。

（2）强度指标。舆论强度指标指公众所表示的意见、观点、态度的强烈程度，一个持稍微肯定或稍微否定态度的公众，采取实际行动的可能性较小，对他人的影响力也不大。强度指标可用不同的等级来表示，强度等级一般可分为 5～7 级，如图 2-2 所示。

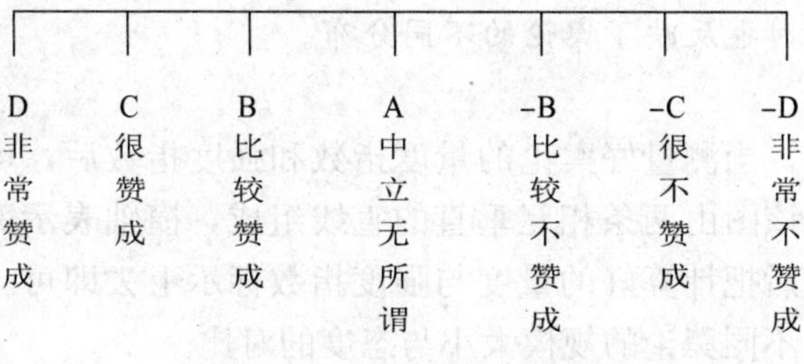

图 2-2　舆论强度级差图

关于强度指标的计算公式十分简单，一般以持某种强度态度的公众人数除以所有明确表态的公众人数或总的测量人数来表示。在实际操作中应该注意，一些持某种极端态度的公众，有可能存在偏见，因此有时需要剔除这类公众。总之，不管如何，多数人的态度或主导舆论总是最重要的，是公共关系调查工作关注的重点。

【案例】

一家企业为了测量潜在用户对该企业的一项新产品的欢迎程度，调查了1000名用户，这1000名用户是从企业所在社区的5个区域中的6种不同公众中按比例选定的，调查结果如下：持B、C、D、－B、－C、－D及A态度的公众数分别为300、270、100、17、170、113、0。由此，有关指标计算结果为：

绝对量度指标：$L_s=1000\times5\times6=30000$（人）

$L_{sK}=700\times5\times6=21000$（人）

$L_{sf}=300\times5\times6=9000$（人）

相对量度指标：$L_{zK}=21000/30000\times100\%=70\%$

$L_{zf}=9000/30000\times100\%=30\%$

强度指标分别为：$q_{zK}B=300\ (B)\times5\times6/30000\times100\%=30\%$

$q_{zK}C=270\ (C)\times5\times6/30000\times100\%=27\%$

$q_{zK}D=100\ (D)\times5\times6/30000\times100\%=10\%$

$q_{zf}B=17\ (-B)\times5\times6/30000\times100\%=1.7\%$

$q_{zf}C=170\ (-C)\times5\times6/30000\times100\%=17\%$

$q_{zf}D=113\ (-D)\times5\times6/30000\times100\%=11.3\%$

通过以上计算，可以得出如下一些结论：

①实际样本数虽然只有1000人，但由于相应的公众种类数较多，因而有效舆论量度指数为30000人，有一定的代表性和权威性。

②从总体看，持肯定态度的模拟人数为21000人，占70%，说明肯定舆论为主导舆论，否定舆论为次舆论。

③在肯定舆论中，持比较欢迎态度的公众人数最多，占30%，说明肯定舆论的强度不高；而在否定舆论中，持很不赞成及非常反对态度的公众数较多，占17%和11.3%，说明这类舆论不可小视，同时也反映了舆论的不同分布。

（3）舆论测量模型。当测量好舆论的量度指数和强度指数后，可进一步绘制舆论模型图（如图2-3所示）。该图由两条相互垂直的直线组成，横轴表示舆论强度的级差，纵轴表示舆论量度指数，然后把计算好的量度与强度指数标示上去即可。通过绘制舆论测量模型图，可以更好地看出不同舆论的规模大小与态度的对比。

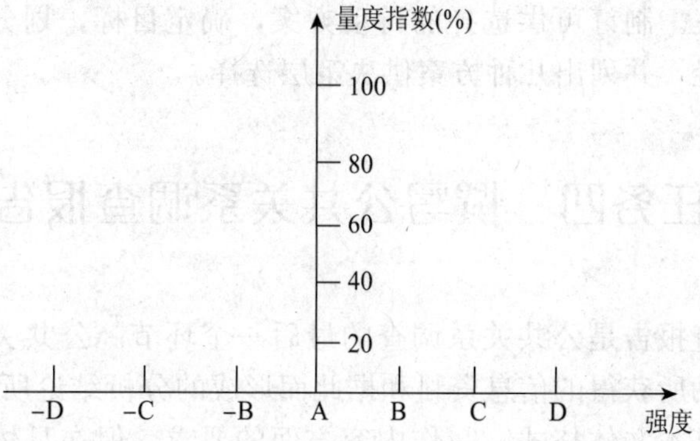

图 2－3　舆论模型图

3. 引证分析法

引证分析法，是指调查人员对各种媒介所传播的有关组织形象的信息进行调查分析的一种方法。引证分析也属于定量研究，它是对媒介所传播信息的数量、质量、时间、频率等进行的数据统计。一般说来，一个组织的信息被媒介引用的次数越多，这个组织的影响就越大、知名度就越高。引证分析的关键是设法获取信息材料。

这里所说的信息载体包括所有传播有关组织形象信息的文字、声像资料等。文字资料是用文字的形式记录并传播有关组织形象信息的一种永久性资料，包括：报纸、杂志、书籍、各种文字和统计资料、各界名流的赠言、题词及群众来信等。声像资料是脱离文字形式、记录并传播有关组织形象信息的声音和图像的及时性资料，主要包括：广播、电视、录音、图片、电影等。

信息的引证分析分为内容分析和形式分析两种。内容分析是对信息本身作系统化、数量化的统计分析，如所传播的信息是关于组织哪一方面的，是局部的还是整体的，用的是什么词语等。形式分析是对信息的传播形式作统计分析，如信息传播的时间、版面频率、媒介级别等。

引证分析法的使用是建立在组织的公共关系部门，具有完善、有效的信息收集系统上的。调查人员在进行引证分析时，首先要判明信息的性质，也就是要判明信息所包含的内容，对组织形象的评价是好还是坏、是高还是低；其次要确定信息传播的影响是大还是小；然后，根据以上判断迅速做出结论；最后检验所得结论的准确性，并将检验后的结论迅速提供给组织的有关人员。

4. 公共关系预测法

采用公共关系预测法，可以从诸多的社会问题中预测社会组织机构可能遇到的公共关系问题。主要步骤是：

(1) 识别问题。识别问题是通过查阅资料、民意测验等方法，收集并罗列出各种正在出现或可能出现的问题。

(2) 排列问题等级。排列问题等级是按主次、轻重、缓急等划分问题等级。一般分为对社会组织机构的生存有决定作用的“战略性问题”和没有决定作用的“公共政策问题”。

(3) 联系问题。把问题与本组织机构的总体目标、经营理念等联系起来。

（4）制订行动方案。制订可供选择的行动方案，确定目标，划分具体指标，进而寻找到走向成功的最佳途径，并列出几种方案供决策层选择。

任务四　撰写公共关系调查报告

撰写公共关系调查报告是公共关系调查的最后一个环节。公共关系调查报告是调查者根据公共关系调查活动所获得的信息资料和据此而形成的分析结论所撰写的一种文字材料。公共关系调查报告有基本文体格式、写作内容方面的要求，但在具体的写作过程中还应针对具体情况，灵活安排其写作结构。

一、公共关系调查文体格式与写作要求

公共关系调查报告一般分为标题、主体、署名、附录等几个部分。其中，主体由“导言、正文、结尾”组成，是调查报告的核心。一般意义上设置公共关系调查的文体格式与各部分的写作要求，如表 2-2 所示。

表 2-2　　公共关系调查报告文体格式

<table>
<tr><th colspan="2">文体格式</th><th>常用形式</th><th>基本内容</th><th>写作要求</th></tr>
<tr><td colspan="2">标　题</td><td>直叙式、观点式、问题式</td><td>表达调查主题</td><td>题目精练新颖、高度概括、有吸引力</td></tr>
<tr><td rowspan="3">主体</td><td>导　言</td><td>叙述式
提问式
总结式</td><td>介绍调查工作概况：如调查时间、范围、方式、内容、目的等</td><td>点明主题、高度概括、精练简短</td></tr>
<tr><td>正　文</td><td>逻辑分叙式
表格说明式
条文列举式</td><td>现状资料分项目汇总叙述；分析造成该现状的内外原因和影响因素</td><td>主题明确、中心突出、材料典型、逻辑性强、条理清晰、报告语言简洁、有说服力</td></tr>
<tr><td>结　尾</td><td>归纳式
警告式</td><td>全文小结并提出建议和措施</td><td>概括全文、形成结论、提出建议</td></tr>
<tr><td colspan="2">署　名</td><td>标题之下
全文之后</td><td>调查单位与写作时间</td><td>简单明确</td></tr>
<tr><td colspan="2">附　录</td><td>原件、资料卡、表格等</td><td>调查表、典型材料、数据库</td><td>根据正文需要</td></tr>
</table>

二、撰写调研报告的注意事项

（1）报告要根据读者的观点、阅历来写，尽量适应读者阅读。

（2）报告尽可能简明扼要、内容准确无误、强调程度适当。

(3) 报告要用标准格式来写，使用普遍词汇，尽量避免行话、专用术语。

(4) 务必使报告所包括的全部项目都与报告的宗旨有关，剔除一切无关资料。

(5) 为了直观地反映问题，报告应尽量利用统计图、统计表来说明和显示资料。

(6) 报告务必打印工整匀称、易于阅读。

撰写公共关系调查报告是根据特定的标准，对公共关系活动结果进行总结、衡量和评价。它的主要作用有：评价公共关系活动的效果，总结经验教训，为今后的工作提供借鉴；向决策部门报告公共关系工作的完成情况；利用公共关系工作的成果，对组织内部成员进行激励。

复习思考题

1. 制订公共关系调查计划分哪几步？
2. 什么是抽样调查，常用的抽样调查方法有哪些？
3. 结构性访谈与非结构性访谈各是如何进行的？
4. 简述组织形象差距比较法的原理。
5. 简述公众舆论测量法的分析过程。
6. 撰写公共关系调查报告应注意的事项有哪些？

案例分析

先搞清这些问题

有一家宾馆新设了公共关系部，开办伊始该部就配备了豪华的办公室，漂亮迷人的公关小姐，现代化的通信设备……但该部长却发现无事可做。后来，这位部长请来了公共关系顾问，并请教“怎么办?”于是，那位顾问一连问了以下几个问题：

“本地共有多少宾馆？总铺位有多少?”

“旅游旺季时，本地外国游客每月有多少，港澳游客有多少？国内的外地游客有多少?”

“贵宾馆的知名度如何？在过去的三年中，用在宣传上的经费共有多少?”

“贵宾馆最大的竞争对手是谁？贵宾馆潜在的竞争对手将是谁?”

“过去的一年中贵宾馆因服务不周引起房客不满的事件有多少，服务不周的症结何在?”

对这样一些极其普通而又极为重要的问题，这位公共关系部部长竟张口结舌，无言以对。于是，那位被请来的公共关系顾问这样说道：先搞清这些问题，然后再开始你们的公共关系工作。

问题：

1. 你是如何理解公共关系顾问“先搞清这些问题，然后再开始你们的公共关系工作”的话的？

2. 公共关系调查对组织有哪些意义和作用？

模块三 进行公共关系策划

学习任务

1. 了解公共关系策划的概念与原则
2. 熟悉公共关系策划的内容及流程
3. 掌握公共关系策划的方法
4. 具备公共关系策划书的撰写能力

案例导入

上海市政府申办2010年世界博览会，考虑的不仅仅是上海的当前利益，而是在综合分析的基础上认识到：如果上海申博成功，则会对长江三角洲地区影响巨大，上海周边城市将迎来一个扩大对外开放，活跃人流、物流、信息流，带动相关产业发展的历史性机遇。世博会从申办到举办，整个过程长达十年，上海市初步估计要投资30亿美元用于世博会园区建设。1美元的会展投资，将拉动5～10美元的城市相关产业投资，这对江浙两省无疑是一个极好的机遇。2010年上海世博会预计有7000万名参观者，其中30%～35%将继续在华东地区游览。这意味着上海周边100公里以苏州、周庄为代表的江南水乡，150～200公里的无锡、杭州，300公里内的南京、扬州、镇江，以至整个华东6省1市的相关产业，都将被上海世博会直接带动。

任务一 了解公共关系策划的概念与原则

一、公共关系策划的含义

策划从字面上讲，指筹划、谋划。即为达到某一目标而拿主意、出计谋、想办法、订计划。所谓公共关系策划，就是公共关系从业人员根据组织的现有公共关系状态和目标要求，构思和设计具有创造性的战略和整体的工作计划，实现公共关系目标的行为和活动方案的过程。公共关系策划包括五个要素：

1. 策划者

策划者即社会组织中的专业公共关系人员（或专业咨询公司），这是公共关系策划的关键要素。策划作为一种纯粹性的脑力劳动，策划者能力和素质的高低对整个策划活动举足轻重，要求策划者除了具备一般公共关系人员应具备的基本素质与技能外，还须有独特的策划兴趣、创新意识及不凡的预测能力和丰富的实践经验。

2. 策划目标

策划目标指策划主体预期要实现的一种良好的未来状态。公共关系策划目标一般是为了解决策划主体形象战略目标中的问题而提出来的，在策划要素中，公共关系策划目标是一个方向性要素，具有指向作用。

3. 策划对象

策划对象即与组织相关的各类目标公众。任何一种策划都是为了沟通组织与公众的关系，吸引公众注意，改变公众态度，进而在公众心目中树立组织的良好形象。因此，在策划过程中确定目标公众，并对其进行调查、分析是一项十分重要而艰巨的工作，必须按照公众与组织的相关性、目标公众的层次性原则，对公众进行科学合理的分类，以保证策划目标的针对性。

4. 策划内容

策划内容是多层次的统一体，在系统内部可分为高层次、亚层次、表层次三方面。高层次指对组织的总体宏观的战略规划的设计构思，也称总体公共关系战略策划。亚层次指公共关系实务专题活动策划，如记者招待会、新闻发布会、危机管理等。表层次指具体的操作性公共关系活动，如记者招待会中的接待礼仪。

5. 策划结果

策划结果即公共关系策划方案，是策划者在充分调查、了解策划对象的现状和需求的基础上，为了实现策划目标而精心设计制订的公共关系实施细则和设计方案。一个完整、周详、切实可行的公共关系策划方案应包括为实现专题目标而进行的所有工作安排，从确定策划活动主题、明确策划的具体基础，到选择公共关系活动的时机、内容，直至预算活动经费及对活动事后评估的全部过程和内容。

二、公共关系策划的特征

1. 综合性

公共关系策划需要掌握和运用诸如运筹学、决策学、心理学、美学、文学、思维学、控制学、系统学等多方面的知识。公共关系职能机构需要具备多种学科知识的公共关系人员，只有这样才能搞好公关策划。

2. 思想性

公共关系策划过程是人的一个思想过程，是一种理性行为。它依赖于人的严密思维，在策划活动中讲究时、势、度，把握机遇，运筹帷幄，以智取胜。

3. 创造性

公共关系策划的思维过程是一种创造性的思维活动。公关人员遵循公共关系和策划理论的基本原则，集思广益、标新立异、别具一格，开拓一种全新的境界，使公关活动新颖独特，达到策划的效果。

4. 目的性

公共关系策划具有明确的目的性。每一次策划活动都是为了某一个或几个明确的目标，例如提高组织的知名度和美誉度，树立组织的整体形象、树立产品形象等。策划的目的性决定了策划的针对性，即根据目的的不同、所处内外环境的不同，策划出带有针对性的能解决实际问题的一系列活动。

5. 灵活性

公关策划方案应具有一定的灵活性，以便随着环境的变化适时调整。要使策划方案富有灵活性，首先，方案不能烦琐冗杂，否则会限制执行者的主动性和创造性。其次，方案的执行切忌生搬硬套，因为，公关方案是行动的指南，而不是绝对套用的东西，否则，一旦情况有变，执行者就会感到措手不及或无所适从。有弹性的策划方案是成功的保证，没有弹性的方案往往是导致失败的陷阱。

三、公共关系策划应遵循的原则

公共关系工作的中心环节是公共关系策划，组织形象管理工作是否有效，在很大程度上取决于策划的成败。因此，公共关系人员在进行公共关系策划时，不可随心所欲，应遵循如下原则。

1. 创新性原则

策划就是需要创新，跟在他人后面人云亦云，是策划的悲剧。策划界有句行话："创新是天才，跟随是庸才，重复是蠢材"，这是很有道理的。

创新包括：创意要新颖，手法不落俗套，内容贴近公众，时机恰到好处，规模大小适度，不能走别人走过的老路。以常见的企业开业为例，场景布置、喜庆锣鼓、气球、鲜花、领导讲话、剪彩等都是非常普通的行为。在正式的场合，如大型会议为了显得庄重，可以这样重复；但对工商企业而言，就应该寻求突破了。如属于社区性商业网点就应该以社区居民为重心做文章，如属侨胞投资的则可从故乡情、思乡情这一方面寻求创新，还有各类社会关心的热点话题等，都可作为参考。

2. 可行性原则

公共关系策划在要求创新的同时不能忽视可行性，即符合政府政策法规要求，并能与组织的经营实力和市场能力相适应，就像通常讲的"很难想到的、很易做到的"才是好策划。

3. 公益性原则

开展公共关系活动的目的是为了在公众心目中树立组织的良好形象，因此，组织在策划公共关系活动时要注意避免功利性，要本着服务公众的意识去策划公共关系活动，强调策划的公益性，这样才能真正在公众心目中树立良好的组织形象。

4. 道德性原则

公共关系策划必须严格遵守公共关系职业准则的要求。不能弄虚作假；不能损害公众的利益；不能参与不露真名的组织的活动；在未经同意前，不能同时为两家竞争对手服务；不但要对现在的客户服务，还要对过去的客户负责。

5. 严密性原则

公共关系策划只有出奇制胜，才能收到良好的效果。所以，在策划的过程中要注意保密原则，以免使竞争对手有机可乘。同时，策划的过程一定要严密，不能有任何的漏洞和失误，差之毫厘，失之千里，这样的教训比比皆是。

除此之外，策划还要突出重点，切忌面面俱到，否则，只能使公共关系工作处于被动状态，造成人力、物力、财力的浪费。同时，还要考虑计划的连续性和因袭性。公共关系是一项有计划的持久性工作，为了实现公共关系的某一个目标，需要执行数个或一系列的计划。在编制计划时，既要考虑计划之间的衔接，又要注意单个计划的实施周期不宜过长。

任务二　掌握公共关系策划的方法

一、公共关系策划的价值

1. 公共关系策划是公共关系实务的最高层次

一项成功的公共关系策划方案，需要有全面的市场调查资料，并能对各类信息进行科学的分析评估，从中得出合理的结论；需要运用策划人员的聪明才智，提出合理、新颖、实用的公关设计；还需要有周密的动作和安排将活动落到实处，保证整个策划方案能按预期设计充分实施。

2. 公共关系策划是公共关系价值的集中体现

公共关系策划最能体现公共关系传播信息、协调关系、塑造形象的作用。成功的公共关系策划能迅速地提高组织的知名度，在组织的危难之际，能够挽救组织的形象。

3. 公共关系策划可实现公共关系运作的飞跃

公共关系运作应该通过一些典型策划在公众（包括组织内部公众）心目中引起共鸣，使公共关系运作迈上一个新台阶，发生一次巨大的飞跃。

4. 公共关系策划是企业形象竞争的法宝

现代企业的竞争已经从产品竞争发展到企业竞争，其内涵更深刻、手段更高超，表现为信誉竞争和形象竞争。只有企业公共关系策划得好，才能树立更好的企业形象，才能使企业赢得公众、赢得效益、赢得发展。

二、公共关系策划的思维

策划出一个富有创意的公共关系方案，不但取决于策划者广博的知识面及良好的公共关系专业素质，还取决于策划者良好的创造性思维。

1. 公共关系策划与创造性思维的关系

（1）公共关系策划是创造性思维的归宿和表现形式。创造性思维能力是潜在状态的能力，如果不与具体实务活动结合，不产生具体的效果，那么它永远不会有社会性成果。因而，公共关系策划是创造性思维发挥作用的成果，是创造性思维的归宿。

（2）创造性思维理论是公共关系策划的理论支柱。公共关系策划表面上看无章可循，但实质上有其内在的规律性。

（3）创造性思维体现在公共关系策划的方方面面。公共关系策划不是单一的工作，而是系统化的工作。因为，不仅主体的策划需要创造性思维，其他方面的策划也需要创造性思维。

（4）创造性思维贯穿公共关系策划的始终。公共关系策划是一个过程，这个过程中的每个阶段都需要创造性思维。

2. 创造性思维

创造性思维主要是指超常规思维。这种思维具有求新、求异、求奇、求特等特点，运用创造性思维能从多角度分析问题，搜寻多种可能性，从多方面探求问题的答案，充分发挥人的想象力和聪明才智，在一定程度上摆脱了思维的僵化、刻板和呆滞，使思维具有流畅性、变通性和创造性，从而在工作中有所创新。创造性思维主要包括以下几种。

（1）逆向思维。逆向思维是指使思维顺序逆向进行，反其道而行之。通过逆向思维，从新的角度、以新的眼光去看待同一问题，往往会有新的发现和新的收获。公共关系策划人员利用逆向思维，会产生独特的创意，往往能极大地吸引公众的注意力，达到公共关系宣传的目的。

（2）多路思维。多路思维是指围绕目标，朝着各种可能解决的方向，扩散性地思考问题的思维方法。它不是孤立、片面地看问题，而是围绕某个问题，从尽可能多的方面、因素、变量和角度进行思考，通过各种思维活动，多方面、多层次、多角度地揭示事物的相互联系，找出解决问题的多种途径和方法。公共关系策划中运用多路思维，可以帮助公共关系策划人员开阔视野和思路，从多角度去考虑问题，进行创新，从而形成更多的活动策划方案。

（3）形象思维。形象思维是指人们不脱离直观形象和表象而进行的思维活动，主要采用典型化的方式进行概括，并利用形象材料（图形、图表、实物等）来帮助思维。形象思维通过想象，可以产生非凡的创造力，一般来说，想象力丰富的人，创造力就强。在公共关系策划中，恰当地运用想象思维于公共关系传播与沟通中，能更加直观、形象地传播信息，使公共关系活动更具有大众亲和力。

（4）群体思维。群体思维是一种发挥整体创造效应的创造性思维方式，特定群体的智慧弥补了个体思维的缺陷，群体思维与个体思维相互启发，优势互补，产生了更大的创造力。公共关系人员在策划活动时，可以利用群体思维形式，发挥群体创造力，如成立策划小组或智囊团，或借助外脑，即组织外部的专业公共关系公司协助策划。

三、公共关系策划的基本方法

公关策划的技巧主要靠在实践中积累，不过，在你刚接触公关策划之时，一些前人曾有过的成功经验会帮助你更快地进入角色，使你站在更高的起点上开始你的公关策划之路。

公关策划应遵循一定的程序，但它最大的特点就是：要求从业人员不断创新。所以，想要找一个现成的模式让你可以在自己的公关策划工作中加以参照、模仿是很难有所成就的。不过，虽然无法照搬，但对前人的经验加以总结，仍然可以学到不少值得借鉴的技巧和值得注意的关键点。公关策划技巧主要有以下几种方法。

1. 奇正相法

所谓奇正相法就是指在一定时期内，你所策划的公关工作应使策划主体的公关工作呈波浪式前进，切忌呈一条直线。

奇正相法需要注意的问题是：公关策划工作应求新，但有很多人将“新”理解为“奇”，这就不对了。公关策划应求引起一定的公众效应，但有很多人将求新效应理解成策划规模越大越好，策划活动越轰动越好，这也不对。正确理解公关策划的人会意识到，好的公关策划应包括两个方面，即日常公关工作和特定公关活动。只有兼顾到这两方面的公关工作才是成功的。

如果为一个组织策划公关战略，只考虑日常工作势必会影响这个组织的知名度，反之，只考虑帮助这个组织进行特定的公关活动又会使这个组织如昙花一现，只享一时的知名度和美誉度。因此，正确的办法是将自己为特定组织进行的策划纳入以上两个方面统盘筹划，使组织的公关活动呈波浪式起伏。让人们时时看到、想到，又觉得耳目一新，产生新感觉、新认识。

2. 移花接木

所谓移花接木就是指借他人之名来扬自身之名或解决自身问题。

【案例 3－1】

北京长城饭店是一家中美合资的五星级饭店。这家饭店开业以后，名声越来越响亮，尤其在海外，知之者甚众。许多欧美客人，来到北京指名要住长城饭店。它的生意兴旺，除了得力于一流的设备和一流的服务，同它成功的公共关系活动也是分不开的。

1984 年年初，长城饭店试营业期间，负责公关部的经理是一位美国小姐露西·布朗。她为提高长城饭店的知名度，可谓绞尽脑汁。有人说，她几乎每天都要想出一个新招。其中，最成功的一件事要算争取里根总统在长城饭店举行答谢宴会了。

当得悉里根总统将要访华的消息后，长城饭店认为这是一个极好的机会。为了争取里根总统能在长城饭店举行答谢宴会，他们拟订了周密的计划。他们认为，美国驻华大使馆在这件事上无疑有极大的发言权。于是，他们就不断邀请大使馆的官员到饭店做客，听取他们对饭店设施、饮食、服务等方面的意见，并且抓紧改进。改进之后，再请大使馆的官员来做客，再听取他们的意见。当大使馆官员对饭店的饮食和服务都表示满意之时，饭店再提出承办里根总统答谢宴会的要求。经过努力，他们终于得到大使馆的支持。

里根总统访华时，有 400 位海外记者前来采访。长城饭店承揽了接待这些记者的任务，并且努力提供优质服务，使记者们对长城饭店具有极好的印象。美国三大广播公司（CBS、NBC、ABC）为及时发稿，都在长城饭店选定了自己的播视地点。在同饭店谈判费用时，饭店提出：只要在播映时说明是在长城饭店进行的现场转播，费用可以从优。由于这一要求同新闻必须具备的五要素（时间、地点、人、事、原因）完全吻合，所以协议轻松达成。

正是由于这次现场转播的电视报道，以及全世界各大通讯社、报纸的报道，使全世界的电视观众和报纸读者在注意里根总统访华这个大事件的同时，也了解了北京长城饭店豪华的设施和一流的服务。有的外国客人虽不记得长城饭店的名字，来到中国，就要求住里根总统举行宴会的那家饭店。

3. 兵行诡道法

兵行诡道法是用“兵”可以实行诡异和诈伪的战法。语本《孙子·计》：“兵者，诡道也。”曹操注：“兵无常形，以诡诈为道。”

【案例 3-2】

立普顿原来是苏格兰的一个农家长工，后来有了一小笔积蓄开了个小店，专贩卖各种食品。这个人头脑灵活，擅长经商中的各种战术，后来竟发展成了显赫世界的食品批发商。

在一个圣诞节前夕，立普顿为使其代理的乳酪畅销，想出了一个妙招。在英国，依照欧美传统，人们在圣诞节前后所吃的苹果中若藏有6便士铜币，预示其来年将吉星高照。立普顿受此启发，便在每50块乳酪中择一块装进一英镑金币。然后，向消费者公布这一信息。他用氢气球从空中散发传单，造声势、作宣传。结果，成千上万的消费者在金币的诱惑下，涌进立普顿的小店。

然而，立普顿的发达使许多同行眼红，他们联合对其进行抵制，向英国警方控告立普顿的促销活动具有赌博的性质，希望警方出面干涉。

聪明的立普顿没有因为同行的抵制而退缩，反而以退为进，在各个经销店前贴出通告：“亲爱的顾客，感谢大家食用立普顿乳酪。但若发现乳酪中有金币者，请将金币送回，谢谢合作。立普顿乳酪警启。”果然不出立普顿所料，消费者不但没有退回金币，反而在乳酪含金币的声浪中踊跃前往购买，而警方也认为这是纯粹的娱乐活动，不再干涉。

经过此事，立普顿的胆子更大了，脑子更灵活了。尽管他的竞争对手再次发起攻击，以安全理由要求苏格兰警方取缔立普顿乳酪的危险行为。警方再次调查时，立普顿游刃有余地应对着，他在报刊上登载了广告：

“警方又来了一道命令，故敬请各位食用者，在食用立普顿乳酪时，注意里面有金币，不可匆匆忙忙，应十分小心谨慎，才不至于吞下金币、造成危险。”

这个广告表面上是应付警方及同行业的抗议，实际上巧妙地宣传了立普顿卖乳酪送金币的事实，更增强了消费者的购买欲。立普顿面对警方的调查和同行业的攻击，发挥了聪明才智进行周旋，使每一次的暗斗都为自己的广告推波助澜，达到始料不及的效果。可见，广告竞争的应变之弦是随时随地不能放松的。

上面讲述的做法在广告界被称为反广告，这种反广告如果能纳入法律、社会习俗、道德允许的范围之内，的确不失为一种可行的好办法。

4. 以攻为守法

以攻为守法是在组织与外在环境发生整合困难时所进行的调整和策划手段，表现为主动积极地出击以达到保护自己的目的。

【案例 3－3】

克兰梅（Cranberry）是一种美国人感恩节餐桌上必不可少的深红色的酸果。可是，在1959 年 11 月 9 日感恩节前夕，美国卫生教育福利部部长弗莱明突然宣布，当年的克兰梅作物由于除划剂的污染，在老鼠身上作实验，产生了癌。虽然没有证据证明这种果实会在人体身上产生癌，但他劝告公众慎重看待此事。

当弗莱明的讲话在报纸上出现的时候，克兰梅正值销售旺季。在大众传播媒介如此发达的美国，“克兰梅致癌”的消息不胫而走、家喻户晓。一时间，克兰梅的销售直线下降。负责制造克兰梅果汁与果酱的美国海洋浪花公司受到了这一意外事件的打击，恶劣的命运在挥动着黄旗向它招手。

海洋浪花公司副总裁史蒂文斯在纽约 BBDS 广告公司公关部门的指导下，立即发动反击。他们首先成立了七人小组，向新闻界说明克兰梅作物是纯净的，并宣布第二天，即 11 月 10 日，要举行记者招待会，并在全国广告公司“今日新闻”电视节目中，安排一个专访节目，继而又在纽约安排了一个食品杂货商会议，让副总裁史蒂文斯有机会澄清此事。然后，他们又致电弗莱明，要求他立即采取措施，挽回由于他的失言造成的无法估计的损失。

11 月 12 日，他们特别邀请了打算竞选总统的尼克松和肯尼迪上电视，让尼克松吃了四份克兰梅，肯尼迪喝了一杯克兰梅汁。从 11 月 13 日起，公关人员就在卫生教育福利部与海洋浪花公司之间斡旋，寻找一个摆脱危机的方法。9 天后，当法院开庭时，双方已达成了一个协议。对这批克兰梅作物是否有害于人体进行化学试验。然后，他们又及时向公众宣布这项协议和化学试验的结果。克兰梅在感恩节前夕又回到了食品架上。

这一年海洋浪花公司的克兰梅产品销量虽然低于前一年，但公关人员却从一个即将临头的灾祸中，挽救了克兰梅产品的销售，使海洋浪花公司免去了破产之虞。

在具体公共关系活动中，有许多是用以自我保护的，即通过公共关系活动与运作来保全组织。在这种背景下，以攻为守法的策划思路是很有启发性的。

5. 以诚换诚法

以诚换诚法是在组织产生形象偏差时，与公众进行协调的公共关系策划方法。

【案例 3－4】

1972 年 6 月的一天，一大群愤怒的渔民闯入了日本名古屋褚木电力公司的大楼。他们的呼叫声、斥骂声使经理们惊呆了。渔民是来抗议的。这个公司下属的一座发电厂没有处理好生产废水问题，使许多海洋生物遭了殃，严重影响了渔民的谋生资源。

当时，这家电力公司正处于进退两难的境地。为了减少对环境的污染，他们被迫采用了低硫烯料，可这一来，电的成本提高了，用户们又怨声载道。公司计划建几座大的核电厂来改变这个局面，但每次选定地点，由于核电的危险性，又遭到当地居民的强烈反对。

渔民的抗议，使他们意识到问题已到了非解决不可的时候了。在着力建设新电厂的同时，他们立即实行了公司政策的一大转变——成立公共关系部，决心努力改变公司与公众的关系。

公共关系部成立以后，制订了一个相当庞大的长远计划，展开了持续几年的“消费者亲善运动”。每半年为一阶段，都有着不同的主题，目的在于提供各种能源、电力知识背景，让公众了解当前日本公用事业面临的困难，说明公司正在采取的一些积极措施的意义。

运动采取的方式多种多样，例如，邀请消费者参观、座谈，组织公开演讲，上门访问等。

最能显示公司决心和魄力的是它所确定的上门访问的工作计划。这家公司共有400万位顾客，计划访问其中的40万位。公司把这个任务落实到1.8万名职工头上，并不惜抽出时间，让每名职工各走访30多位顾客。为了让职工访问做到心中有数，公司还编写了访问指南，给员工提供必需的资料。

当公司职工对这项访问活动发生兴趣以后，他们不仅登门访问，甚至在路上也会沿途与市民聊天，与市民的关系渐趋密切。后来，公司员工还积极参加当地的慈善活动，到养老院演戏、清洁马路上的交通标志等。在干每一件事情的时候，他们都身着公司的工作服，市民们一看就说：“公司又在做好事了。”

几十万条渠道打通了，市民的意见、建议源源不断地反馈到公司里。这些意见都给一个由推销部、公关部、人事部高级管理人员组成的委员会处理，并作一一答复。褚木电力公司在消费者心中的形象，随着这些亲善活动而发生了变化。消费者知道这是一家具有社会责任感的公司，理解他们的方针，也谅解了他们暂时的缺点和不足。

俗话说，人心都是肉长的，人最重要的因素之一就是具有情感。因此，我们在公共关系策划中应当注意用真诚来赢得公众的谅解和支持。公共关系手段中类似于防御性公关手段的运用，完全是以诚换诚法的成功。

6. 借题发挥法

借题发挥法是依照某一种态势，因势利导地推出公共关系策划来。

【案例3-5】

“法国白兰地公关”就利用了借题发挥法。20世纪50年代，某日，美国首都华盛顿的主要干道上，竖立起巨型的彩色标牌——“欢迎您，尊贵的法国人！”“美法友谊令人心醉！”整洁的售报亭悬挂着美法两国的小国旗，它们精致玲珑，在微风中轻柔地飘拂，传递着温馨的情意。报亭主人特意设计绘制的“今日各报”广告牌上，最鲜艳夺目的是美国鹰与法国鸡干杯的画面和“总统华诞日贵宾驾临时”及“美国人醉了！”等各报大标题，它们吸引着络绎不绝的路人驻足光顾。

马路上，许多轿车、摩托车、自行车涌向白宫……

白宫周围，已是人山人海。人们满面笑容，挥动法兰西小国旗，期待着贵宾的出场。贵宾是谁呢？不是政府要员，不是社会名流，在美国总统艾森豪威尔诞辰日，光临华盛顿的法国特使却是两桶法国白兰地！这是怎么回事？原来，这是法国公共关系专家精心策划的一幕公关杰作。

白兰地当时在法国内已享盛誉，畅销不衰。厂商的目光开始瞄向美国市场。为此，他们邀集了几位公关专家，慎重研讨公关方案。受聘的专家们通过调查，搜集了有关美国的大量信息，并仔细斟酌，提出了一项颇具新意的设计，其要点如下。

公关宣传的基点是法美人民的友谊，整个规划的主题是“礼轻情义重、酒少情意浓”。择定的宣传时机是美国总统艾森豪威尔 67 岁的寿辰日。要求尽可能广泛地利用法美两国的新闻媒介，传播程序是先法后美，由内而外地辐射。赠送的是两桶窖藏长达 67 年的白兰地酒。贺礼应由专机送往美国，白兰地公司应与保险公司办妥手续，支付巨额保险费用。酒桶应特邀法国著名艺术家特别设计制作。总统寿辰当日，在白宫的花园里举行隆重的赠送仪式上，将由 4 名英俊潇洒的法国青年身穿法兰西传统的宫廷侍卫服装抬着这两桶白兰地正步前行，进入白宫。

这项耗资可观的公关计划立即得到公司最高决策者的批准，并且获得法国政府的赞赏和支持，外交渠道的绿灯也亮了。于是，美国公众在总统寿辰日一个月前就分别从不同的传播媒介获得了上述的信息，一时间，法国白兰地即刻成了新闻报道、街谈巷议的热门话题。千百万美国人都翘首盼望着这两桶名贵白兰地的光临。

于是便出现了前面所述的万人空巷的盛况。当这两桶仪态不凡的美酒登场亮相时，群情沸腾，欢声四起，有些人甚至唱起了法国国歌《马赛曲》。此刻，美国公众似乎已经闻到了清醇芬芳的酒香，更由此而品尝到了友谊佳酿的美味。从此，法国白兰地就昂首阔步地迈进了美国市场，国家宴会上和家庭餐桌上几乎少不了它的倩影。

对于公关策划人员来说，节日、纪念日都是极好的开展公共关系活动的机会。

7. 变换组合法

变换组合法也可以称为异中求同法，即将两件本来不相干的事情联系起来，从而提高新闻度和可宣传性。变换组合法可以将两件事情进行组合，也可以将两种手段进行组合，通过组合出新、出奇，从而产生良好的公关效果。

【案例 3－6】

深圳赛格集团公司原准备于 1988 年 1 月 8 日开业，却提早了 2 天，原因就是中央领导人 1 月 6 日正好在深圳视察，于是请领导人前来剪彩。

本来，作为深圳的一个地方企业，最多只能在地方报作一报道，但由于中央领导人的剪彩，提高了这一事件的新闻度，国内各大报纷纷报道，这对于提高刚刚开业的赛格集团的知名度是十分有益的。

8. 同中求异法

同中求异法又称为轰动效应法，即指对同一问题可不依常规，而从多方寻求答案的分析性思维方式。它鼓励人们从不同的方向、不同的角度去探索解决问题的办法或答案，力求提出个人独特的见解。这种方法最为普遍的是运用在同行之间的公关竞争中。

同中求异法的要点：一是轰动效应产生的关键是别出心裁、与众不同。要做到这一点，必须有严密的计划，能抓住活动的关键点，有利有节、注意时机。二是轰动效应的产生不光靠强有力的宣传，而经常是靠“奇”取胜，像有些“亮丑”展览、“亮丑”记者招待会等防御性公关的实施，都属于同中求异而产生的轰动效应。

9. 宏扬优势法

宏扬优势法是针对本企业、本组织，甚至是组织代表人的优势来进行公共关系策划的手法。

小贴士3-1

有些电扇厂家在商店里展出正在转动的电扇，并标明此电扇从某年某月某日起转动；有些哑巴卖刀，虽不能叫卖，但起劲地表演“削铁如泥”以宏扬优势，争取人心。

通过对人的宣传来宣传组织或企业。里根竞选班子突出里根的口若悬河，卡特竞选班子渲染卡特的“敦厚的笑”，福特竞选班子坚持要站着辩论，以突出福特身高于对手的优势等，均包含着宏扬优势法的内容。

10. 弥补缺点法

弥补缺点法是通过巧妙弥补自身缺点的办法，使自己的形象更趋美好。由于公关策划需要不断创新，因此，公关策划的谋略也就不可穷尽。

小贴士3-2

如年龄过大的里根，用海军少壮派行礼的姿势来显示年轻；西铁城石英表公司针对该表样式美观、走时准确，但不牢固的传言，专门搞了一次活动，将该表从低空飞行的飞机上抛下来，过往行人拣起表来一看，竟完好无损，于是一传十，十传百，西铁城表不牢固的传闻不攻自破。

任务三　完成公共关系策划的过程

公共关系策划是一个动态的过程，由一系列相互衔接的程序构成，包含许多层次的内容与步骤，主要有以下内容。

一、综合分析、寻求理由

公共关系策划人员被称为开方专家。如同医生拿到一系列病患者的检查化验报告，要想开出一个理想的治疗方案，首先必须对这些资料进行再一次的综合分析，确定问题之所在，然后对症下药。公关人员进行公关策划的第一步工作，就是综合分析在公关调查中收集的信息资料，对组织进行诊断，深入认识问题。

二、确定目标、制订计划

1. 确定目标

确定目标是公共关系策划中重要的一步，目标一错，便一错百错。所谓公共关系目标，是公共关系策划所追求和渴望达到的结果。目标规定公关活动要做什么，做到什么地步，要取得什么样的效果。公共关系目标是公共关系全部活动的核心，它是公共关系策划的依据，是公共关系工作的指南，是评价公共关系效果的标准，是提高公共关系工作效率的保障，也是公关人员努力的方向。

2. 制订计划

目标系统一旦确定公关目标，便可制订具体的公关计划。一个完整的公共关系策划方案应包括以下几个方面的内容。

(1) 目标系统。公共关系目标不是一个单项的指标，而应有一个目标体系。总目标下有很多分目标、项目目标和操作目标。长期目标要分成短期目标；总目标要分成项目目标、操作目标；宏观目标要分成微观目标；整体形象目标要分成产品形象目标、职工形象目标、环境形象目标。

(2) 公众对象。任何一个组织都有其特定的公众对象，确定与组织有关的公众对象是公关策划的首要任务之一。只有确立了公众，才能选定需要的公众人才、公关媒介及公关模式，才能将有限的资金和资源科学地分配使用，减少不必要的浪费，取得最大的效益。

(3) 选择公共关系活动模式。公共关系活动模式多种多样，不同的问题、不同的公众对象、不同的组织都有相应的公关活动模式，没有哪一种公关活动模式可以解决所有问题。究竟选择哪一种公开活动模式，要根据公关的目标、任务、公关的对象分布、权利要求而确定。常见的公关模式有以下几种：

①交际型公关活动模式。这种模式主要以面对面的人际传播为手段，通过人与人直接交往，广交朋友，建立广泛的联系。这种活动模式富有人情味，主要适用于旅游服务等第

三产业部门。

②宣传型公关活动模式。这种活动模式的重点是采用各种媒介向外传播信息。当组织要提高自己的知名度时，一般采用此种模式。发新闻稿、开记者招待会、新产品展览、广告、演讲、板报等都属于这种模式。

③征询型公关活动模式。这是以民意测验、舆论调查、收集信息为主的活动模式。目的是为组织决策咨询收集信息。如有奖征文、有奖测验、问卷调查、信访制度、举报中心、专线电话等都属于征询型公关活动。这种活动有助于增强公众的参与感，提高组织的社会形象。

④社会型公关活动模式。这种模式是通过开展各种社会福利活动来提高组织的知名度和美誉度，如赞助各种文化体育活动，公益性和福利慈善性事业等都属于这种类型。社会型公关活动模式不局限于眼前的利益，而是进行长远利益的投资，一般实力雄厚的组织可以开展此类活动。

⑤服务型公关活动模式。这种活动模式主要以提供各种服务来提高组织的知名度和美誉度，如消费指导、售后服务、咨询培训等。

⑥进攻型公关活动模式。这是在组织与外界环境发生激烈冲突、处于生死存亡的关键时刻采用的以攻为守、主动出击的一种公关活动模式。

⑦防御型公关活动模式。公关部门不仅要处理好已出现的公关纠纷，还要预测、预防可能出现的公关纠纷。如及时向决策部门反映外界的批评意见，主动改进工作方式等。

⑧建设型公关活动模式。在组织创建初期，为了给公众良好的“第一印象”，提高组织在社会上的知名度和美誉度而采用的一种模式。如举办开业庆典、奠基仪式、免费参观等一类的活动，都主要着眼于组织的知名度的提高。

⑨维系型公关活动模式。维系型公关活动模式的主要目的，是通过不间断的宣传和工作，维持组织在社会公众心目中的良好形象。这种模式一方面以开展各种优惠服务吸引公众再次合作；另一方面通过传播活动把组织的各种信息持续不断地传递给各类公众，使组织的良好形象始终保留在公众的记忆中，一旦有需要，公众就可能首先想到组织，接受组织。

⑩矫正型公关活动模式。这是一种当组织遇到风险或组织的公共关系严重失调，使组织形象发生严重损害时所采用的一种公关活动的模式。这种模式的特点是及时发现问题，及时纠正错误，及时改善不良形象。

（4）确定公关传播的媒介。媒介的种类很多，有个体传媒、群体传媒和大众传媒之分。大众传媒又可分为电子类传媒和印刷类传媒。各种传媒各有所长，亦各有所短，只有选择恰当的传媒，才能取得良好的效果。

（5）确定时间。即制订一个科学的、详尽的公关计划时间表。公关计划时间表的确定，应和既定的目标系统相配合，按照目标管理的办法，从最终的总目标、项目目标、每一级目标所需的总时间至起止时间都应列表，形成一个系统的时间表。

对活动的起始时间，公关人员要独具匠心，抓住最有利的时机，以取得事半功倍的效果。

（6）确定地点。即安排好每一次活动的地点。每次公关活动要用多大的场地，用什么样的场地，都要根据公众对象的人数多少，公关项目的具体内容以及组织的财力预先确定好。

（7）制订公关预算。为了少花钱多办事，在有限的投入内，获取最大的社会效益和经济效益，就要进行科学的公共关系预算。编制公关预算，首先要清楚地知道组织的承受能力，做到量体裁衣，还可以监督经费的开支情况，评价公关活动的成效。公共关系活动的开支构成大体如下：

①行政开支，其中包括劳动力成本、管理费用以及设施材料费。

②项目支出，即每一个具体的项目所需的费用，如场地费、广告费、赞助费、邀请费以及咨询费、调研费等。

③其他各种意想不到的可能支出，如处理突发性事件的费用。

三、分析评估、优化方案

经过认真地分析信息情报，公关人员确定了公关目标，制订了公关行动的方案。但这些方案是否切实可行、是否尽善尽美，就有赖于对方案的分析评估和优化组合。对公关方案评估的标准只有两条：一是看方案是否切实可行；二是看方案能否保证策划目标的实现。如果方案实施成功的可能性大，又能保证策划目标的实现，方案便可认可；否则，方案便要加以修正优化。

方案的优化过程，是提高方案合理性的过程。方案的优化可以从三个方面去考虑：即提高方案的可行性，增强方案的目的性，降低经费开支。

常见的方案优化法是综合法，即将决策出的各种方案加以全面评估，分析其优点和缺点，然后将各方案的优点移植到被选上的方案中，使被选上的方案好上加好，达到优化的目的。

四、审定方案、准备实施

公关策划经过分析评估、优化组合，最终形成书面报告，交给组织的领导决策层以最终审定决断，准备实施。任何公关策划方案都必须经过本组织的审核和批准，使公关目标和组织的总目标一致，以便使组织的公关活动和其他部门的工作相协调，从而得到决策层和全体员工的积极配合与支持。

策划报告能否得到决策层的认可，并最终组织实施，取决于三个因素：一是策划方案本身的质量，这是根本；二是策划报告的文字说明水准；三是决策者本身的决断水平。

决策者在进行决断时，一要尊重公关人员的意见，但不要受其左右；二要运用科学的思维方法，对策划方案和背景材料进行系统的科学分析；三要依靠自己的直觉，抛弃一切表象的纠缠，这种直觉在应急对策时尤其重要。

策划方案一经审定通过，便可组织实施了。

任务四　公共关系策划书的撰写

公共关系策划书即公共关系策划方案。策划书是策划成果的体现，是公共关系活动实施的行动依据和指南。

一、公共关系策划书的构成要素

公共关系策划书当无定式，策划者一般根据实际的需要和自己的文笔风格来撰写。但无论方案形式、内容有何差别，所应包含的基本要素都不可或缺。一份完整的策划方案应当具备八个要素：策划的目的、内容；策划组织者、策划者、策划所涉及的公众；策划实施地点；策划实施时机；策划的缘由；策划的方法和实施形式；策划的预算；策划结果的预测。针对不同组织、不同内容与形式的公共关系策划方案，应当围绕这八个要素，根据自己的需要去进行丰富完善和组合搭配。公共关系策划方案的创意与个性风格，就存在于对要素的丰富完善和组合搭配的差异之中。

二、公共关系策划方案的基本格式

公共关系策划方案的基本格式包括以下五个方面。

1. 封面

策划方案的封面不必如书籍装帧那样考虑其设计的精美，但文字书写及排列应大小协调、布局合理，纸张只要略比正文厚些即可。封面内容一般包括：

（1）题目。题目必须具体清楚，让人一目了然。

（2）策划者单位或个人名称。方案如系群体或组织完成，可署名“××公共关系公司”“××专家策划团”或“××公司公共关系部”，对其中起主要作用的个人也可在单位名称之后署名，如“总策划××”“策划总监××”等。方案如系个人完成则直接署名“策划人××”。

（3）策划文案完成日期。写清楚年月日甚至具体时间。

（4）编号。比如根据策划方案顺序编号，根据方案的重要性或保密程度编号，或根据方案管理的分类编号等。

（5）在需要的情况下，可考虑在封面上简洁的加上说明文字或内容提要。

（6）如策划方案尚属草稿或初稿，还应在标题下括号注明，写上“草案”“讨论稿”“征求意见稿”等字样。如果之前有草稿，决策拍板后的策划方案就应注明“修订稿”“实施稿”“执行稿”等字样。

2. 序文

并非所有策划方案都需要加序，除非方案内容较多、较复杂，才有必要以简洁的文字作为一个引导或提纲。

3. 目录

这也如序一样，除非方案头绪较多、较复杂，才有做目录的必要。目录是标题的细化和明确化，要做到让读者通过看完目录后，便知整个方案的概貌。

4. 正文

正文即是对前述八个要素的表述和演绎。其主要内容有：

(1) 活动背景分析。

(2) 活动主题。

(3) 活动宗旨与目标。

(4) 基本活动程序。

(5) 传播与沟通方案。

(6) 经费预算。

(7) 效果预测。

正文的写作需要周到，但应以纲目式为好，不必过分详尽地去加以描述渲染，也不要给人以头绪繁多杂乱或干涩枯燥的感觉。

5. 附件

重要的附件通常有：

(1) 活动筹备工作日程推进表。

(2) 有关人员职责分配表。

(3) 经费开支明细预算表。

(4) 活动所需物品一览表。

(5) 场地使用安排表。

(6) 相关资料。它主要是提供决策者参考的辅助性材料，不一定每份方案都需要，例如，完整的或专项的调查报告、新闻文稿范本、演讲词草稿、相关法规文件、平面广告设计草图、电视片脚本、纪念品设计图等。

(7) 注意事项。即将实施的策划方案，对应当注意的事项做重点提示，比如，完成活动需事前促成的其他条件、活动实施指挥者应当拥有的临时特殊权限、需决策者出面对各部门的协调、遇到特殊情况时的应变措施等。

【案例 3－7】

爱美奖学金计划实施十周年庆祝活动策划书

公关部

（××年××月××日）

一、实施背景

提高人们的兴趣是事业成功的一个基础。一个连续性计划无论制订得多么好，都会因为持续时间太长而失去其新闻价值，爱美奖学金计划正是如此。在爱美奖学金计划实施十周年之际，举办一个有特色的庆祝活动，就像大家关注自己的生日那样，必将重新燃起公众对爱美奖学金计划的兴趣，赢得新闻媒介的报道和社会各界的赞扬。

二、活动方案

（一）活动目标

（1）宣传爱美奖学金计划的贡献，提高公众对爱美奖学金计划的兴趣和关注度。

（2）强化公司“提高妇女生活品质”的形象，促进公司产品销售。

（二）活动主题

家庭工作皆重要，妇女能顶半边天。

（三）活动内容

（1）征募爱美奖学金计划赞助委员会成员。征募对象必须是各行各业的杰出妇女，特别是受爱美奖学金计划资助成功的杰出妇女，她们将为爱美奖学金计划实施十周年庆祝活动服务。

（2）评选和奖誉奖学金获得者中最优秀的10名妇女。对十年中997名奖学金获得者进行调查，了解她们的近况，并挑选10名最优秀的妇女作为庆祝活动中的奖誉对象。

（3）妇女对公司的影响调查。向500家事业昌盛的公司调查有关妇女在公司中人数日益增长对其公司的影响，请这些公司的高层领导谈他们的看法。这一调查结果将在庆祝会上提供给新闻媒介和与会嘉宾。

（4）工作与家庭问题宣言。成立一个妇女专门小组，研究工作与家庭问题并起草一份新闻宣言。这一宣言将在庆祝会上由公司总裁宣布。

（5）午餐庆祝会。在纽约海尔姆斯雷宫举行一个简朴、隆重而且气氛热烈的爱美奖学金计划实施十周年午餐庆祝会。

（6）安排新闻采访。访问“十佳”人员住地，并且同她们一起接受当地新闻界的采访。

（四）经费预算

（1）奖学金获得者调查：1万美元。

（2）公司调查：5000美元。

（3）专题研讨会：3000美元。

（4）资料费：2000美元。

（5）场租费：3500美元。

（6）午餐费：2万美元。

（7）庆典活动礼品：1.5万美元。

（8）机动经费：6000美元。

合计：6.45万美元。

三、活动效果预期

（1）征募杰出的妇女作为爱美奖学金计划赞助委员会成员并为庆典活动服务，将极大地增强庆典活动的号召力，为成功地举办庆典活动奠定良好的基础。

（2）对十年来奖学金获得者的调查以及“十佳”获奖者的评选、公司调查以及专题研讨活动等，将凸显爱美奖学金计划的价值和贡献，既能为奖学金计划赢得声誉和社会有关人士的关注，又能为庆典活动增添有价值的内容。

（3）通过上述努力，庆典活动将具有饱满丰富的内容和强有力的号召力，能够吸引社会人士参与和媒介人士关注，以确保庆典活动的成功。

四、附件

(1) 午餐庆祝会时间安排表（11：00～12：30）

序号	时间	工作内容	实施责任人
1	11：00	与会人员入场	奖学金计划执行主任××
2	11：00	记者招待会	宣传部主任××
3	11：30	庆典开始，主持人致辞	公关副总裁××
4	11：40	庆典主题演讲	公司总裁××
5	11：50	宣读贺电（信）	公关副总裁××
6	12：00	介绍“十佳”	宣传部主任××
7	12：20	宣布调查结果	奖学金计划执行主任××
8	12：25	切开庆典蛋糕	公司总裁××
9	12：30	午餐	奖学金计划执行主任××

(2) 经费开支预算明细表（略）。

(3) 注意事项（略）。

复习思考题

1. 什么是公共关系策划，其特点和原则是什么？
2. 公共关系策划的方法有哪些？
3. 公共关系策划的流程是什么？
4. 怎么撰写公共关系策划书？

案例分析

清华博士当街下厨推销康乐氏橄榄油

1. 案例背景

2005年西班牙康乐氏橄榄油打入中国市场，不到一年的时间，康乐氏的经销网络已经覆盖了大半个中国。但若想在橄榄油市场获得长期而持久的发展，领跑国内橄榄油市场，则需要找到有效而持久的动力来推动产品的营销。为此，康乐氏公司策划了一起大型推广活动，以推动产品占有更多市场份额。

2. 活动策划

在橄榄油销售淡季的七八月，父亲节是较为适合厂家开展促销活动的节日。选择父亲节促销，最直观的效益就是康乐氏橄榄油作为礼品的营销量会增加。同时，父亲节与家庭紧紧相连，如果抓住父亲节这一主题，就可以充分营造出家庭的氛围，与推广橄榄油进入厨房成为家庭的食用油这一主题紧密相关。因此，项目组将促销活动的时间定于6月份的父亲节，并在广州举行推广活动。

之所以将活动的地点选择在广州，公司总部也经过仔细地考察与慎重地策划。尽管当时康乐氏经销商网络建设非常迅速，但是，这些经销商网络的分布地域主要还局限于北方市场。伴随着康乐氏实力的进一步扩大与发展，扩展市场地域势在必行。将促销城市选在广州，一方面打响进军南方市场的第一枪，达到在南方城市扩大影响和推广品牌的作用；另一方面，广州是中国南方城市中发达而又繁荣的代表，居民的收入水平与消费水平在全国范围内相对比较高，具备消费食用橄榄油的经济水平与实力。广州也是中国经济开放较早的城市，不仅经济氛围相对开放，而且市民接受新观念的速度很快，能够很快地接受橄榄油，让康乐氏的广告成本降至最低而效果最好。

此行去广州促销，康乐氏选择了清华大学男博士郝晓健担任康乐氏橄榄油的厨房大使、“康乐氏好男人”。一提到博士，带着厚厚的眼镜、只会钻研搞学术研究、不通人情世故、不懂生活情调的形象便浮现在人们的脑海里。此次男博士下厨房，一方面由于博士身份的新异性与吸引性，颠覆了男博士在人们心目中的形象，吸引众多消费者前来观看，形成良好的促销效果；另一方面，借父亲节氛围塑造好男人、好父亲的形象，与节日完美匹配，从而形成了良好的促销氛围。同时，博士本身所代表的学识、修养会与消费者心中对于知识的敬仰产生共鸣，大大增强产品的吸引力和可信度。

3. 活动实施

康乐氏将营销现场的整体色调定为红色，代表着节日的欢乐祥和，同时也传递给消费者其乐融融的家庭氛围。推广柜台被布置成家庭厨房的样子，橄榄油摆在厨房中，与厨房浑然一体，相映成趣。康乐氏橄榄油的厨房大使、“康乐氏好男人”——清华大学博士生郝晓健就在现场烹饪，为消费者烹饪各式橄榄油菜肴。不仅如此，烹饪出的菜肴还交由现场消费者品尝，消费者可以通过亲口品尝来感受橄榄油是否符合自己的口味。加上知识渊博博士的“知识普及”，使消费者对橄榄油的保健与美容等功效有了更深刻地了解与认识，让橄榄油产品的推广迈进了一大步。

这一促销活动源于社区营销，但又高于社区营销。它继承了社区营销亲近消费群体与消费群体沟通的优点，同时又添加了体验营销的元素。消费者在这场营销活动中拥有更多的自主性和主动权，不仅可以观摩使用橄榄油的做菜过程、品尝橄榄油烹制成的菜肴的味道，甚至可以亲自挑战博士的厨艺露一手。这次营销达到了消费者与厂商良性互动的效果，消费者对厂商的感情不断升华，甚至临近活动结束时，一位妙龄女郎突然跑上前去，将一束娇艳的玫瑰献给了郝晓健博士，顿时全场欢呼四起。

4. 活动总结

男博士在现场用康乐氏橄榄油做了几道拿手好菜，他的形象和康乐氏橄榄油一起引起了观众的关注，在现场引起了强烈反响。不仅吸引了大批女性顾客，还引发了现场中老年人的众说纷纭，无论是品牌传播还是轰动效应都可谓是收效俱佳，一轮活动下来，康乐氏橄榄油的销售额迅速激增。广州日报、新浪、搜狐等媒体对“博士秀”的大篇幅报道，让西班牙康乐氏橄榄油品牌迅速在南国家喻户晓，成功地达到了策划的目标。伴随着康乐氏强大的品牌影响力和营销系统的支持，也引得各地的经销商不断要求加盟康乐氏，共享橄榄油市场的“头啖汤”，使总部和加盟商最终达成双赢。

问题：

1. 结合康乐氏的成功经验谈谈公关策划中创造性思维的重要作用。
2. 谈谈康乐氏橄榄油推广活动中的亮点是什么。

模块四　实施公共关系活动

学习任务

1. 熟悉掌握开业典礼、新闻发布会、展览、联谊、赞助、宴请、参观、网络公关、公关广告、内部公关等十类公关专题活动的策划和组织工作
2. 学会分析相关案例
3. 能够撰写相关专题活动的策划方案

案例导入

温州华联商厦开业庆典

温州华联商厦是全国华联商厦集团成员单位之一，是新中国成立以来温州市建设规模最大、投入资金最多的全民商业企业，也是当时浙南地区功能最齐全、设施最先进的大型综合性商业企业。为了从开业伊始树立起良好的“华联印象”，公关人员成功地策划了华联的开业庆典，从而为华联掀开了光辉的一页。

在举行开业典礼之前，温州华联商厦的公关人员就有一个共识，那就是：商厦仅有一流的设施、一流的商品、一流的服务是不够的，还应塑造一流的企业形象。为此，他们确定了商厦开业庆典活动的两个目标。一是做到家喻户晓：通过开业庆典活动，让社会各界和市民普遍了解商厦经营范围的广泛、横向联系的优势、资金实力的雄厚、服务设施的现代化等，使消费者产生到华联购物是最理想的去处、到华联购物是一种超级享受的心理；二是做到先声夺人：通过开业庆典活动，引发全市所有新闻、传播媒介的广泛报道、宣传，形成具有一定强度的舆论震动波，使商厦成为温州商界的一枝独秀，给市民留下深刻的印象，从而在市民面前树立起良好的华联形象。为此，他们确定了以“满意在华联”为主题的系列公关和广告宣传活动。同时，他们还把隆重、热烈、亲切、得体作为开业庆典活动的基本格调。然后，他们对整个活动的过程进行了精心策划。

1990 年 9 月 21 日，温州华联商厦的开业典礼在商厦西门广场上隆重举行。原商业部、中国商业对外贸易公司、省商业厅、华联集团总部、市政府等单位领导以及全国各成员单位代表、有关单位代表、新闻记者等 200 余人应邀参加。在商厦四周的台阶上，100 名青年职工身佩绶带，手持鲜花，站立迎候宾客。在一阵阵鞭炮声、鼓乐声中，伴随着白鸽、氢气球的升空，原商业部领导、省商业厅厅长、华联集团董事长、温州市副市长等为开业剪彩。然后是别开生面的“滚龙队”时装表演。现场气氛非常热烈，对公众产生了强烈的吸引力。

"温州华联"的开业庆典活动比预期的效果还要好。商厦的大门一开，成千顾客蜂拥而至。仅开业的第一天，客流量就达 5 万多人次，营销额突破 60 万元。

分析要点：

成功的开业典礼活动既可以树立良好的组织形象，又能在公众心目中留下美好的印象。

任务一　开业典礼

开业典礼是社会组织为庆贺某项活动的开业而举办的简短、庄重而又热烈的仪式，是展示自身的组织管理水平、社交水平、组织的文化素质、员工精神风貌的公关活动，也是组织赢得公众的赞美和给公众留下美好印象的关键性的第一步。因此，越来越多的社会组织都非常注重开业典礼。组织开业典礼应遵循"热烈、隆重、节约"的原则。

一、筹备开业典礼

1. 制订严密的开业典礼计划

开业典礼计划应包括整个活动的主题、日程、规模、场地、时间、内容、对象以及必要的人力、物力、经费预算等。经领导审核后，列出详细清单，分发有关人员。

2. 拟订邀请典礼名单并发请柬

首先由组织公关部精心草拟邀请名单，经领导审核确定后，提前两周左右将请柬寄发给被邀请嘉宾。典礼前三天，电话核实嘉宾能否出席，典礼前一天应再核实所邀请的贵宾能否出席典礼。一般来说，开业典礼应邀请的嘉宾有：主管部门领导；社会各界领导、朋友；同行业代表；社会知名人士；社区代表；新闻记者、公众代表及员工代表等。

3. 布置场地

开业典礼仪式一般安排在组织外部（如组织大门口），若场地不允许也可安排在室内。布置场地一般做到以下几点：

（1）组织大门口悬挂横幅、欢迎标语。

（2）在嘉宾站立处和剪彩处铺设红地毯以示尊敬和庄重。

（3）放置嘉宾赠送的花篮、匾于会场两侧，彩带和彩灯悬挂于四周。

（4）主席台上的座次或站位应事先安排好，并有醒目的铭牌提示。还要准备好音响设备、照明设备，使整个场地显得隆重、热烈。

4. 准备演讲稿

典礼仪式之前，社会组织文秘人员要准备好文稿并打印出来。领导发言稿应提前送交有关领导人手中。

5. 确定主持人

事先要根据典礼要求确定合适的主持人，以便主持人事先熟悉本次开业典礼的程序及注意事项。

6. 安排礼仪小姐和工作人员

礼仪小姐和工作人员负责典礼的礼仪、接待和服务工作。负责剪彩的礼仪小姐的人数应比剪彩领导多一人。礼仪小姐一般应身着礼服，最好是红色旗袍，身披绶带，绶带上有庆典标志或组织名称。工作人员应佩戴胸卡。

7. 准备相关材料

开业典礼前一般要准备以下材料：

（1）贵宾留言册：不要用普通签字本，应用红色或金色锦缎面的高级留言册。

（2）宣传资料：主要介绍组织设备设施、产品、服务等。

（3）纪念品：即馈赠礼品。从公共关系的发展考虑，礼品应具有象征性、宣传性等特点，即礼品应有纪念意义而不要求实用、昂贵，礼品的包装应印有组织标志、开业日期、服务承诺或产品图案、广告用语等。

（4）工作人员、嘉宾和领导佩戴的胸花或胸卡。

二、进行开业典礼

1. 嘉宾签到

接待人员在嘉宾来到后，先将其引领到签到处签到，同时发放宣传资料。然后引领到备有茶水、饮料的接待休息室，让嘉宾稍事休息并相互认识。组织领导应在此陪同嘉宾交流，可以谈关于本组织的话题，或者对嘉宾的到来表示欢迎和感谢。

2. 典礼开始

（1）主持人宣布典礼开始，鸣炮或奏乐。

（2）宣读重要来宾名单。

（3）来宾代表致贺词（致贺词名单及先后顺序应事先确定）。

（4）本单位领导致谢词。

（5）剪彩。剪彩其间可安排一些助兴节目，如击鼓、歌舞表演或播放喜庆音乐以渲染气氛。还可以进行文艺表演，以示庆祝；也可以举行大型促销活动。

三、结束开业典礼

主持人宣布仪式结束，可有选择地开展一些其他的公关活动。

（1）可引导嘉宾参观并介绍组织的设施设备、产品特色、服务条件等，进一步展示组织新形象。

（2）可举行简短的座谈会、请嘉宾在留言簿上留言或提出意见，达到总结经验、鼓舞士气的目的，同时也为组织留下了很好的公关素材。

（3）安排舞会、宴会等答谢嘉宾。

（4）赠送有特殊标记的纪念品给嘉宾，增加纪念活动在公众中的持久影响。

（5）做好对嘉宾的送别以及感谢工作。

四、策划与组织开业典礼活动的注意事项

开业典礼活动是一种技巧性很高的公共关系专题活动，应因天时、地利、人和等条件

而开展。为达到让公众更好地熟悉本组织的目的，组织公关人员应在组织开业典礼活动中注意以下事项：

1. 重视筹备工作

组织公关人员应对开业典礼活动进行系统策划、精心筹备。典礼活动的成功与否，关键在于事前的筹备，可以说，活动决战在庆典，决胜在筹备。

2. 形式简单，时间较短

开业典礼活动的形式不要复杂，历时不宜过长，一般控制在 1～2 小时。

3. 场面隆重

开业典礼的场面要热烈隆重、丰富多彩，体现喜庆、欢快的气氛。展示组织的雄厚实力，显示组织的生机和活力。

4. 注重礼仪规范

在整个典礼活动过程中，组织公关人员应注重礼仪规范，对所有宾客，无论地位高低，均不得怠慢，对围观群众也要以礼相待。

5. 注重新闻效应

在典礼活动中，社会组织公关人员要安排专门人员负责接待新闻记者，为新闻记者提供采访、录音、录像的方便。

总之，典礼活动形式不复杂，耗时也不多，但要组织得热烈隆重、丰富多彩，给人留下强烈的良好印象。社会组织公关人员应做到准备充分、头脑冷静、指挥有序。

【案例 4－1】

“一切为了孩子，我们共同的心愿”主题联谊活动方案

孩子是明天的希望，祖国的未来，关爱儿童，促进儿童健康茁壮成长，一直是儿童工作者和相关政府部门的责任和义务。

多年来，上海市妇女联合会、团市委等相关机构一贯奉行“儿童优先”的原则，积极倡导并身体力行为儿童办实事。同时，在一些爱心企业的支持下还组织策划了许多颇有影响的大型儿童活动。这些活动促进了少年儿童家庭教育研究的深化、繁荣，丰富了少年儿童的文化艺术，满足了少年儿童健康成长的多元化需求。

因此，为了更好的发展儿童事业，上海市妇女联合会、团市委联合举办了此次“一切为了孩子，我们共同的心愿”主题联谊活动，希望通过此次活动让更多的儿童工作者交流情感，集思广益，为今后儿童工作的开展奠定扎实的基础。

联谊活动于 2005 年 8 月在肯德基餐厅进行。整个活动流程如下：

（1）相关政府机构领导发言。发言要点：一是儿童工作回顾；二是近几年来在儿童事业中取得的成绩；三是对未来儿童事业的展望。

（2）肯德基企业领导发言。发言要点：一是肯德基关爱儿童的宗旨和方针；二是近年来对儿童事业的支持和成绩；三是今后对儿童事业的持续关注。

(3) 各政府机构工作人员代表发言交流经验。各政府机构工作人员自由组合交流讨论。

(4) 儿童工作实践交流：亲子游戏挑战赛。游戏要求：根据不同的政府机构划分为不同参赛组进行对抗赛；以家庭为单位参加比赛；参与对抗赛的各组家庭在年龄构成上尽量协调；参与比赛者都可获得由肯德基提供的参与奖，优胜者还将获得优胜大奖。游戏内容：冰激凌速递；鸡年好运；步步高升。

(5) 幸运大抽奖。凡是到场的人员均有机会参加幸运抽奖，奖品分为一、二、三等奖，由肯德基提供。

分析要点：

(1) 通过联谊的形式为相关政府机构部门创设了一个沟通的平台，有利于更好地交流儿童工作中的经验得失。

(2) 通过活动提升各部门之间的融洽度，为今后在儿童工作领域的协调合作打下良好的基础。

(3) 通过活动提高了肯德基的社会形象。

任务二　联　　谊

联谊活动是指社会组织为了加深组织内部员工之间、社会组织与社会公众之间、社会组织与社会组织之间的感情，增进相互间的友谊而举行的活动。联谊活动的形式可以是组织舞会、观看演出、茶话会、参观游览、各种有益身心健康的休闲活动、相互间信息的共享等。这类活动既可使人得到美的享受，又可创造组织内外人和，其目的主要是促进交流、增加感情、获取信息、增强合作。

一、组织和策划联谊活动

无论是哪一种类型的联谊活动，都需要做好以下基本的策划和组织工作：

1. 准备联谊活动

(1) 明确联谊目的，围绕目的去策划活动，同时又要兼顾客人的兴趣，一般应注意选择那些具有客人本国民族风格和客人所喜闻乐见的活动内容。

(2) 提交活动预算，筹措必需的经费，购买必要的物品。

(3) 根据场地、交通、气象、设备等条件，确定活动的时间、地点和场所。

(4) 确定应邀对象，及早发送请柬和通知，发邀请时，要考虑场地的容纳量，一定要给客人准备足够的座位，避免座位不足的情况。

(5) 安排活动程序，印刷节目单，并提前发给客人。

(6) 精心布置联谊场所，并安排专人负责接待和保安工作等。

2. 进行联谊活动

(1) 搞好签到工作。

（2）热情接待会议成员。

（3）传接电话。

（4）调派车辆。

3. 结束联谊活动

（1）发放纪念物品。

（2）送别相关人员。

（3）处理遗忘物品。

（4）打印会议文件。

（5）完善会务工作。

二、组织策划联谊活动的注意事项

第一，选择所需的联谊类型，最好是组织综合性的联谊会。组织参加联谊活动应有所值，不能无目的或仅以应酬为目的。

第二，联谊活动是合法的，涉及需审查的社团活动，应主动上报政府部门。

第三，联谊活动是健康的、品位高尚的，不能损人利己，也不能损害社会公众利益。

第四，邀请人数要与场地相适应，过多会显得拥挤，过少又会造成冷场，这是主办人要特别注意的。

【案例 4-2】

解放军驻港部队三个军营国庆对香港市民开放

据香港大公报报道，中国人民解放军驻香港部队三个军营将于国庆日再度开放给香港市民、社会团体和各界人士参观。三个军营分别是港岛赤柱军营、九龙昂船洲军营和新界石岗军营，开放时间为10月1日上午10：30至下午2：00。参观券将于9月25日派发。

军营开放当日，市民可于上述三个军营参观升国旗仪式、武器展示和连队生活设施。此外，三个军营将提供各具特色的活动。其中，赤柱军营侧重陆军展示，有机炮连兵器操作表演、拳术团体操表演和200米障碍演练；昂船洲军营侧重海军展示，有海军模拟训练、仪仗操枪表演和舰艇展示，还有文艺演出和足球友谊赛，并举办国防知识图片展览和“香港青少年军事夏令营”图片展览；石岗军营侧重空军展示，有侦察兵拳术与攀登表演，还有威风锣鼓及舞龙舞狮表演，并向市民开放空军模拟训练中心。赤柱军营和石岗军营还将开放文化活动中心，并向市民展示小菜、糕点的制作过程。

此次活动的参观券将于25日派发，合计1.2万张。其中，个人参观券9000张，由上午8：30至下午3：00，于中环军营东门、枪会山军营南侧正门和石岗军营北侧正门派发。市民凭自己的香港居民身份证，最多可领取3张参观券。团体参观券则有3000张，由下午3：00开始于中环军营东门派发。团体凭团体证明文件和领取人士的香港居民身份证，可领取最多30张参观券。

分析要点：

驻港部队对香港市民的开放，使得香港市民对中国人民解放军有了直观的印象，以前传闻中的军营神秘感得到了消除，香港市民了解到中国人民解放军是有文化、有纪律、有战斗力的现代化威武之师，拉近了军民之间的距离。

任务三　参　　观

开放参观是社会组织为了让公众更好地了解自己，获得公众理解和对其各项活动的支持，将组织内部有关场所和工作流程对外开放，组织相关的公众到组织所在地参观和考察，利用此机会向公众进行宣传，这也是塑造社会组织形象的方法之一。

一、组织与策划参观活动

1. 准备参观活动

（1）明确参观活动的目的和主题。开放参观不同于普通的参观游览。一般的参观游览都没有明确的主题，随意性较强。而任何一次开放参观，都应确定一个明确的主题，并力图通过这次活动达到理想的效果，给参观者留下美好的印象。

（2）确定邀请对象。开放参观活动的邀请对象主要有三类：第一类是员工家属。社会组织邀请员工家属前来参观，让他们了解自己亲人所从事工作的重要性，从而给予工作上的支持。第二类是逆意公众。邀请对社会组织持怀疑态度和抵触情绪的公众参加参观活动，力图改变他们对社会组织的原有态度，使他们由逆意公众转化为顺意公众，从而给予组织更多的理解与支持。第三类是新闻媒介。邀请广大新闻记者参加参观活动，以便取得他们对本组织的了解和信任，并通过新闻媒介及时对外发布组织的有关信息，从而扩大组织的社会影响力。

小贴士4-1

前苏联切尔诺贝利核电站发生事故后，香港各界对我国广东大亚湾核电站的安全状况纷纷表示担忧，一时满城风雨。为了消除香港市民的恐慌心理，大亚湾核电站就组织香港市民代表前来参观，现场介绍安全情况，结果风波很快得以平息。

北京长城饭店为了调动员工的积极性和工作热情，获得员工家属的支持和合作，决定在开业典礼结束后半个月内，组织员工家属来饭店参观，并对这次参观活动做了精心安排。首先由饭店总经理和副总经理致欢迎词，介绍饭店情况；然后由部门经理及各级主管与员工家属见面、交谈；最后由两名导游带领员工家属以50人为一组，按事先计划好的路线和时间进行参观。这次参观活动使员工家属亲眼看到了饭店豪华的设施、高雅的气质、一流的服务和严格的要求，在饭店内外建立了一种和谐的人际关系和生活氛围，产生了强烈的向心力。

(3) 确定参观日期和参观路线。确定参观日期时应注意，一方面要避开对组织不利的因素，如恶劣的气候、重要节日；另一方面要尽可能争取对组织有利的因素，如本组织的喜庆日子，因为这一类时刻更能感染公众的心理情绪。参观活动不是一种自由、随便的活动，不能任由参观者随意走动。因此，要提前拟订好参观路线并在路线上有明显标识，如有保密和安全需要，应注意防止参观者越过界限，以免影响正常的工作秩序或发生意外的伤亡事故。

(4) 成立专门机构。组织参观活动应成立一个专门机构来统筹安排，专门机构应至少有一名决策层的人来做总协调人，同时，应有相关部门的负责人和相关的工作人员。

(5) 做好宣传工作。组织应充分重视这类活动的宣传工作，首先是通过适宜的传播媒介告知公众本次开放参观活动的有关安排，如日期、告示牌、路线图和方向标志等；必要时可印制各种说明书、宣传品及纪念品。这样做，既方便了公众，也有助于增强开放参观效果。其次是做好组织内部全体员工的宣传工作，使每个人明白对外开放参观的意义与目的，人人自觉地参与这项活动。

2. 进行参观活动

(1) 完成参观的内容。参观的内容一般可分为现场观摩、介绍、实物展览三种。一般组织采用的程序是事先准备好深入浅出、图文并茂、印刷精美的宣传手册，现场分发给参观的公众，配合口头讲解和现场观摩，即以实物或员工的实际行动来说明组织的内在面貌。最后是实物展览，以资料、模型、样品的陈列等对公众作补充说明。

(2) 搞好接待工作。组织对参观者应热情周到进行接待，不能怠慢。应有专门的接待人员负责登记、讲解、向导等工作；安排休息场所和茶水饮食；联系车辆以及解决来宾遇到的各种意外问题。组织负责人必要时要亲自陪同参观。

3. 结束参观活动

做好欢送工作，收集参观者意见。参观活动结束后，要做好欢送工作，并认真听取他们对组织的看法和建议，注意收集参观者的意见，整理分析后提交有关部门，有些意见还应在企业予以采纳并确定相应措施后给予答复。

二、组织与策划参观活动注意事项

1. 对参观者一视同仁

组织应以真诚的态度对待参观者，不论其地位高低，均应热情相待，对参观者反映的意见，不能因人而异。

2. 兼顾公众的参观意愿和组织的整体利益

组织公众参观活动，既要针对性地安排参观项目，使参观者对组织有较为深入的了解，又要能适应公众的兴趣爱好。如有公众指定要参观某些项目，但组织不能满足，应予以礼貌合理的解释。

3. 周密安排，谨防意外

接待人员要妥善安排好参观活动的每一个细节，防止出现不必要的失误，并做好各种应急准备，确保及时妥善处理。

4. 搞好食宿交通等后勤保障

组织参观活动，还要妥善安排客人的就餐事宜，如就餐的时间、地点和规格等。对外地的参观者，还要安排住宿事宜。另外，为了确保交通安全，应对参观游览的出发时间、集合地点、车辆标志等做出统一布置并告知全体参观人员。

【案例 4-3】

又是家乐福

小心!!! 到家乐福购物要小心，因为你的钱被赚了，还会被当成小偷。

请大家帮我一个小忙，花一点点时间把这封信传给所有你们认识的人，我不能阻止你们去家乐福购物，但是，请你们在开心购物结账时，多小心注意一点儿，别让这种倒霉事发生在自己身上。

这是一件真实的事情。

我于12月19日到板桥家乐福购物，我推着推车买了大大小小的东西，到收银台去结账，因为我帮公司买一些东西，所以，我用三张信用卡刷了所有的东西，我忙着刷卡、装袋，刷卡、装袋，总共是价值2100多元，正当我推着推车离开收银台，快到地下室取车时，有一个女的叫住了我，问我：小姐，这些都是你买的吗?

我答：对啊。

她说：你有一个指甲油没结到账。

我回：哦，真的吗? 我还主动将六袋东西一袋一袋打开给她找。

她找了几袋后，找到了一瓶指甲油。

我问她说，那可能没结到账，要到哪里付钱。她说你跟我走。

我还以为她要带我去结账。可是她带我到一间小办公室，找到一个男的，好像他们家乐福的科长还是什么的，我还没弄清楚，那个男的就说我已构成“盗窃”。我觉得莫名其妙，那个男的问我有没有带证件，我说有啊，我还出示给他看，那个男的就拿出一份资料表，上面写着窃盗记录表，准备登记我的资料，我立即收回我的证件，我为什么要给他们登记啊，我又没有偷东西，他们说是要给主管看的，没关系。可是我又没偷他们的东西，我为什么要被登记在盗窃记录表上啊。

我说，你们这样做很莫名其妙，还没弄清楚事情的真相，就这么定罪。正当我说出莫名其妙这四个字时，那个男的就说：“你说我们莫名其妙，你污辱我的人格。”（我好纳闷，污辱到他的什么人格了）于是他就拿起电话报警，警察局就在隔壁，警察不到三分钟就到了，就这样在不到十分钟的时间，我已经在警察局了。

警察问了几句话，就说：家乐福都这样，乱送警察局，而且这是公诉罪，他们报了，我们就要办。后来，我又从警局被送到分局，分局的人一看资料就说“又是家乐福”。他们也说家乐福真的贼抓不到，就找一些不小心的人来当大头，替那个警察局做了不少业绩。这件案子，目前仍正在打官司中。

我是带着钱出门去消费的，而且也花了2100多元了，我实在找不到任何理由要去贪那区区120元。而且收银小姐没注意，没结到账他们不去怪，不去检讨，倒说我是“小偷”，我实在气不过。花钱事小，名誉对于我个人却很重要，要我无缘无故背一个偷窃罪名，我实在不甘心就这么忍气吞声。相信这件事发生在每个人身上，大家也都会跟我一样，甚至比我更气、更呕。所以，我请了一个律师，费用5万元。就算我真的偷，我赔100倍也不过1.2万元，我有必要去做这种投资报酬怎么算都不值得的事情吗?

曾经我问我的律师，我可以反告他们吗?他说可以告他们索要精神赔偿，可是他不建议，因为要花时间，要花钱跟他们周旋，他们不怕，这就是小百姓的悲哀。我在求助无门之下，只能写下这封信。请大家帮帮我，花一点点时间把这封信传给所有你们认识的人，我不能阻止你们去家乐福购物，但是，请你在购物结账时，多注意一点，别让这种倒霉事发生在自己身上。

分析要点：

过去在没有网络或大众运用网络工具很少的情况下，一些负面影响曝光的及时性及范围性都能控制，而现在许多消费者已学会利用网络这个工具来发表自己的观点了，很多看似不起眼儿的抱怨情绪反应，都可能会成为企业危机的引爆点。因而，网络公关对企业来说是必要和重要的。

任务四　网络公关

网络公关（PR on line）又叫线上公关或e公关，它是利用互联网高科技，如架设网站、发送电子邮件、主持电子论坛和参与网上社区等表达手段来营造企业形象或为组织创造最有利的运作环境。网络公关为现代公共关系提供了新的思维方式、策划思路和传播媒介。

网络公关不仅突现了它的工具性，也要求公关人员建立新的工作态度和模式，并提醒我们必须与更多的“利害关系人”打交道。因为信息数字化，所以公关人员过去那种旷日费时地坐在办公室里开会、策划公关方案的时代已经过去。在北京发生的事，透过网络，在一刻钟之后将见闻于全中国。因此，若不能在第一时间做出回应，必定将被淘汰。此外，在互联网时代，我们所面对的世界不仅仅是我们生活的真实世界，还有一个以互联网为主的虚拟世界，在这里组织所面对的公众不仅仅是记者、政府官员、相关领域的专家权威、消费者，还有我们的竞争者、存有敌意者，甚至是我们过去未曾想过，并且毫无关系者，所有的网民都是我们必须经营、维持良好关系的对象。

综上所述，网络公关主要涉及两个工作重点：一是对公司信息的主动传播。透过跨越时空隔阂的信息渠道，与公众达成互动而建立起直接关系，随时随地与受众者保持良好、顺畅的沟通，这也是网络公关的本质。二是对网络舆论的分析和监控。网络的发达性，使得网络成为公关人员进行情报收集、舆论监控的绝佳工具，对于议题和危机管理有很大的帮助。

一、利用网络工具进行网络公关

1. 利用网站进行网络公关

Matt Haig 指出，“网站等于是组织在网络世界的门面、招牌、接待室甚至是‘交谊厅’”，为了让网站发挥作用，就必须与相关读者建立起良好关系，并营造良好的信誉。为了达到此目的，网站必须从读者的角度出发，贴近读者的需要，才能得到他们的信任。因此，网站的内容规划设计、美工编排等，都必须从受众者的角度进行考量，如他们想看的信息、申请一个他们最容易记住的网址、网页下载时间要短等。

(1) 一个专属的好的网址。网站就像一个房子得有个地址，否则，网海茫茫，公众是找不着的。因此网站在设计完挂上网之前，首先要去申请一个专属的网址。申请网址时有人为了省下注册费，选择使用免费网域，也就是把自己的网站挂在别人的网站下，例如，http：//www. geocities. com/tokyo/pagoda/7222，这样的网址很长很难记住，而且会令人产生不信任感，就好比说，一家公司没有自己的办公室，而是四处租借办公室，这样的公司会有人愿意与其做生意吗？除此之外应起一个好记的网址，因为网址是否容易记忆将会直接影响到网站的浏览人数与浏览频次。

(2) 到搜索引擎登录。搜索引擎是帮助网友找到网站的利器，所以千万记住在网站挂上网之后到几个重要的搜索引擎登录，如新浪网、搜狐网、中国雅虎网等。一般情况下，搜索引擎都会要求你提出和你网站内容相关的关键词和叙述，这时关键词的设计非常重要，因为它是网友能找到你的“路引”。关键词设计要注意几个要点：首先，关键词应涵盖竞争对手的信息，这样当读者在寻找到这些竞争对手时，也会找到你；其次，关键词应涵盖组织的名称；最后，关键词应涵盖组织所提供的产品或服务名称，以及符合产品或服务特色的相关字眼。

(3) 交换链接。链接可以让组织接触到目标受众者的机会达到最大范围。有人认为链接应该多多益善，但事实上，在进行交换链接时，不应该求多。Matt Haig 说“流量的多寡并不是最重要的，最重要的应该是这些流量是否与你的利益相关”。而且，和其他不知情的网站进行链接，可能会影响组织的网站形象，比如，一个学校网站，如果在不知情的状况下和色情网站链接，这会让家长和学生有何感想？

(4) 尽量缩短网页下载时间。大多数网友都期待网页能在最短的时间全部展示出来。如果开启你的网站首页，需要十秒钟的话，许多人都将会“过门不入”。所以网站首页务必要简洁干净，让人一目了然，同时还要能够减少受访者等待的时间。

(5) 增加网站的吸引力。架设网站就是希望能够吸引更多人和组织进行交流。根据调查，促使网络使用者上网浏览网站最主要有以下动机：得到信息、进行互动、得到金钱或实物的报偿、得到娱乐消遣。所以，网站的内容未必都是有关组织的简介之类的严肃文字，不妨放些和组织没有直接关联，但却是目标受众感兴趣的信息。

小贴士4-2

台湾的波密公司，以生产果菜汁闻名，该公司为了塑造“台湾蔬果专家”的品牌形象，特别架设了一个“蔬果专家网”（www. bolife. C01TI. tw），网站内容大多是介绍各种蔬果的信息，包括产地、生产期、食用方法、食疗效果，等等，以及台湾一些休闲农场的旅游信息，唯一具有商业色彩的内容，就是右上角一个小小的产品广告而已。对于网友而言，这是一个具有相当实用价值的网站，无形之中，波密就培养了不少忠实消费者。这个网站从1999年成立以来，在没有任何宣传的情况下，已经有9万多人浏览该网站，而一些主要以健康保健为主题的网站也主动与“蔬果专家网”交换链接。可见“网站内容有吸引力”的重要性，如此，才能让更多人上网浏览，也才能够满足组织设置网站的目的。

(6) 定期更新网站内容。试想一下，网友今天浏览了你的网站，发现跟上星期，甚至上个月的内容一模一样，恐怕几次之后，他就不想再来登门拜访了。因此，网站内容的更新是非常重要的。组织必须投入大量的时间和人力，并成立一个专职部门来负责该项工作。

(7) 设置一个留言板。留言板是网站与访客之间最基本、最简单的互动方式。其功能是希望访问者在浏览网站后可以留下他的反馈意见，企业对于正面的、鼓励的留言可运用在其他的媒体上，对于负面的、批评的留言，可以在第一时间处理，减小受众的不满情绪并让负面信息不至于扩散。

2. 利用网络聊天进行网络公关

企业可以在网络上开设聊天室，公关人员通过聊天的方式与受众对象进行一对一的交谈，了解他们真正的想法，并建立良好的关系。

3. 利用电子邮件进行网络公关

在网络时代，没写过信是正常的，但不曾使用电子邮件，恐怕已经落伍了。通过电子邮件，企业可以进行以下公关：领导层可以跟所有员工畅谈心事、沟通企业理念；将电子报寄发到每个受众手里，介绍最新产品或服务；进行大规模的受众意见调查。总之，电子邮件是进行数字公关中不可或缺的，也是最重要的沟通工具。

4. 利用电子报进行网络公关

企业如果想和公众建立长期的关系，就应该考虑发行一份属于自己的电子报，主动与他们维持良好的互动。电子报以宣传公司的产品、服务及最新的活动动态为主，通过电子邮件的形式寄发，体现了便利、低成本的优点，如果能善加利用的话，是可以成为与受众进行良好沟通的媒介的。

5. 利用电子论坛进行网络公关

在电子论坛里，大家可以畅所欲言，针对一个特定的话题进行讨论，而讨论的方式是每个人将自己的意见写成文章，张贴在论坛里。很多议题都是由电子论坛开始讨论，最后形成影响的，所以，电子论坛是公关人员监督舆论不可忽视的渠道。当然，公关人员可以化身成其中的一员，对于企业不友善的文字及时加以澄清、处理，或是以专家的立场，回答公众对于组织的各种疑问。

6. 利用线上社群进行网络公关

在网络上有许多社群，例如，同买一种车款的车主、准备出国留学的托福考生，等等，这些人在各自的社群里讨论共同感兴趣的话题及关心的事物。从公关的角度看，能够找到自己的社群，等于是找到了自己设定的目标公众。所以，企业应在网上开辟专区，让自己的消费者组织线上社群。如许多车迷喜欢用 NITTO 轮胎进行车辆改装以进行道路竞速，NITTO 就索性在网站上开辟一个让网友展示自己改装车的专区，并且可以相互讨论切磋，网站还定期报道改装车展的信息。

二、网络危机公关

1. 网络谣言

作为人类史上最大信息交流平台的网络，对于组织而言，最大的危机便是随时随地可能发生而我们却无法预测的谣言。因为现代社会的快速发展，许多事情已经超过我们亲身经历的范围，换言之，我们生活在必须依赖专家提供意见的世界里。而网络里就存在许多无法辨识其真伪的“专家”，好心地提供网友们许多宝贵的意见或不为人知的信息。因为网络的匿名性，胡说八道也会变成专家意见。但由于一般人缺乏判断事实真伪的能力，因此，便形成网络谣言四处扩散的局面。

互联网技术造就了信息传播自由的特点，信息发布和传输没有严格的检查和核实系统，操作的方式（如个人网站、论坛、聊天室、新闻组、实时通信等）也越来越简便、越来越多样化，这为别有用心的个人或机构通过互联网散布谣言提供了方便。从发展看，今天网络谣言达到高明程度有两大特点：一是在制作环境上，网络谣言炮制者采用新闻报道的手法，在形式上力求逼真，甚至盗用媒体的名义；二是在传播环节上，令网络媒体乃至传统新闻媒体中招，通过它们具有权威性、公信力的传播平台以新闻形态进行再传播，以证实其可信度。

企业公关人员一旦发现不实传言或恶意中伤的话，首先，应该在网站上抢在媒体报道前展开澄清与反击。其次，及时向媒体发布新闻稿。撰写这类新闻稿，一般公关人员都能胜任，困难的是如何让大家相信新闻稿的内容。因此，如何让媒体记者相信你，在报道上维持客观中立，甚至偏向组织的立场，是非常重要的一件工作。

这时，组织内部应统一口径，一致对外，以应对外界的质疑，并选出一位通晓事件来龙去脉的员工担任对外发言人。切记，对外言论必须根据事实发言，绝对不能捏造，否则，让记者发现其中破绽，将使危机一发不可收拾。

2. 反骨网站

在现实世界里，有“反某某组织”“反某某协会”等以对抗某个财团、组织、制度为宗旨的团体；在虚拟世界里也有这种“反骨网站”的存在。早期，这些网站都是以大财团为主要反对目标，例如，微软、麦当劳、耐克等，但这并不表示，一般企业不在他们的反对目标内，他们的存在对每个企业组织而言，都是一种潜在威胁。一般来说，这种专搞对抗的网站会把所有对某件事物感到不悦的网民号召起来，组成所谓的线上社群或线上团体，并针对某一议题在“网络肥皂箱”广开言路，因而会对某一个负面意见产生火上加油的效果。

小贴士4-3

有一个叫做 Mcspotlight（http：//www.mcspotlight.org）的典范级网站提供了许多抗议麦当劳的资料，包括“提供不健康的食物”“剥削劳工”“掠夺贫穷国家资源”“破坏地球生态”“屠杀动物”等批评。就以剥削劳工而言，该网站指出麦当劳员工在很多国家的时薪都是该国最低的，同时麦当劳也不准许员工组织或参加任何工会。身为最大的反麦当劳网站，这里除了提供近2000份档案资料，详述他们反对的理由外，也提供麦当劳的正式相关文件，例如，员工管理办法、麦当劳版本的食品营养表等。正反两面资料俱全，让读者可以在充足的资料中自行裁决究竟哪一方才是正确的。此外，作为一个抗议网站 Mcspotlight 也制作了许多的抗议传单、海报、标语，供使用者下载和打印，充分发挥网络抗议网站的作用。

Matt Haig 整理出了几个措施作预防动作，即使不幸发生事情，也可以将危机化成转机，把负面情势扭转过来。

(1) 一旦决心成立网站，就立刻提出申请，以组织的名称为网名。

(2) 召集或鼓励组织以外的人成立另一个非官方网站，即使立场偏向组织这边，但由于具有“白手套”的作用，而可以使其提出的信息更具客观性。因此成立一个类似的网站，让它在组织和消费者之间担任居中协调的工作，这应该是相当有效的 e 公关策略。

(3) 对出现在反骨网站上的议题，加以严密监控，并私下以电子邮件直接回应公众的抱怨。

(4) 用消费者意见这些关键词连同组织名称，到各大门户网站上进行搜寻，以随时对上述网站保持监控。

根据言论自由的原则，组织无法禁止该类网站的存在。所以，最根本的方法是随时保持警觉、指派专人随时监控，并事先拟订专门的危机管理计划来应对。

【案例 4-4】

商业广告与公关广告对比

我们通过比较下面两则广告文本，可以清楚地看到商业广告和公关广告之间的区别。

第一则：电视屏幕上先展示一只酒瓶，接下去一位明星手托酒杯，开始介绍这种酒的好处，如历史悠久、味道香醇、健身活血等。然后是很多人一起举杯畅饮，其中一位转回头冲着观众说：“你也来尝一尝吧。”

第二则：在电视屏幕上首先出现的是一派柔和华美的色彩，一只装潢豪华的酒瓶，然后出现一位容貌美丽的少女。接下去，一位英俊的男士打开酒瓶盖，另一幅镜头上少女猛地一回头，男士向酒杯中倒酒，酒在杯中不断地打旋。另一幅镜头上少女正在急速跑下一旋转式的楼梯；男士将装满酒的酒杯举起，对着烛光一照，色彩光华灿烂，另一幅镜头上少女正走上一幢大厦前的高高台阶；最后，男士将酒杯送到嘴边，一饮而尽，另一幅镜头上少女和男士两人热烈地拥抱。电视屏幕上再次出现那只豪华的酒瓶，第一次出现画外音“魅力凝聚，谁可抗拒”。

分析要点：

可以看出，商业广告用直接介绍方式向消费者展示一种产品的种种优点，再请出明星或漂亮女郎作推荐，旨在催促消费者勿失良机，赶快行动。而商业广告几乎不用自我介绍，而是透过一系列的画面或情节，向消费者暗示拥有或使用某种产品将使人具有的风度和形象，或者是同消费者交流感情，以此来赢得消费者的喜爱。显然，这种方法发挥的作用层次更高、发挥作用的时间更长，这正是公关广告采用形象广告战略的原因。

任务五　公关广告

广告作为传递信息的重要工具，以介绍、说服、提醒为目标，起到对人们唤起注意、引起兴趣、启发欲望、导致行动等作用。因此，为了扩大社会组织的知名度、提高信誉度、树立良好的形象，以求得社会公众对组织的理解与支持，公共关系人员无疑要利用广告这个重要工具，这就形成了公关广告。因此，公关广告既属于公共关系活动的一部分，又属于广告的范畴，它集公共关系的特点与广告的特点于一身，形成了一种特殊的广告。

公关广告不同于商品广告，首先，两者的目的不同。商品广告是让公众买我，公关广告是让公众爱我。其次，两者的内容不同。商品广告直指商品，注重短期行为，公关广告则先做感情投入再有春华秋实。如“车到山前必有路，有路必有丰田车”“请您别错过欣赏世界一流水平的‘丰田杯’足球大战!”前者是商业广告，后者是公关广告。最后，两者的效果不同。商品广告侧重于营业效果，即广告对于产品销售额、利润额或服务收入增加的促进作用，商业味浓；公关广告侧重于提高组织的知名度、美誉度，往往具有很强的人情味。

因此，公关广告在制作过程中要坚持“实事求是，独具风格、富于创新，避免商业痕迹过重”的原则。

一、公关广告的制作过程

一般来说，公关广告的制作程序可以分为以下步骤。

1. 确定主题

制作公关广告首先要根据其内容确定主题，明确公关广告的目标。不同的公关广告内容，可确定不同的主题和目标。以建立企业信誉为主题的公关广告，其目的在于追求企业的整体形象更好、更美；以公共服务为主题的公关广告，其目的在于扩大企业的知名度，让社会公众相信企业的经济实力和高尚的社会风格；以经济贡献为主题的公关广告，其目的在于加深社会公众对目前经济情况的了解，详尽说明企业经济活动的成就以及对国家、对社会所做的贡献；以追求特殊事项为主题的公关广告，其目的在于引起广大公众、社会有关人士和新闻机构的兴趣和好感。

小贴士4-4

公关广告的目的在于建立或维护组织的形象；公关广告主题的切入点，除了告知组织公关活动举办的信息外，一般来说还有下列两个主题的广告。

1. 倡议广告

倡议广告是组织用以向社会大众强调一个观点、澄清一种立场或解释一种状况的广告，这种广告的大量运用，始于1960年能源危机时，美国的石油公司抵制政府限制油价，通过购买媒体刊登广告的方式，向社会大众表达石油公司对政府限制油价的立场，并希望赢得社会的支持。然而，这些广告大多都失败了，失败的原因不是因为广告这项沟通工具的效率不好，而是因为这些广告所呈现的都是企业本身的立场，跟大众几乎没有关系。因此，组织运用广告表达一项立场或议题时，必须注意目标公众的利益与兴趣，方能奏效。

北京在2001年7月13日申奥成功之后，大连市政府立即运用广告，以“看在北京，玩在大连”的主张，号召民众到大连旅游观光。SARS期间，台湾安泰人寿总裁在电视广告上，一再强调“拱手不握手，才是好朋友”的观点。这些主张或观点，或者新颖而引发公众的兴趣，或者和公众的健康与安全息息相关，所以都获得了相当不错的广告效果，从而也为组织树立了良好的形象。

组织也会运用广告来进行危机处理或化解社会的阻力，美国Weherhaeuser纸业公司就曾经面对一个难题：环保团体强烈攻击造纸业者，指责他们为了牟取利益滥伐森林，造成自然生态的破坏。环保团体的指控，自然也影响到一般民众的看法，造成企业的信誉受到质疑，所以，该公司决定用广告来直接回应，他们在广告中强调：公司虽然跟其他造纸业者一样，必须砍树来造纸，但是他们并不是不顾生态环保的公司，他们坚决支持生态保护的社会价值。他们做了这么一则电视广告：“当我们砍了一棵树的同时，马上又种了十棵树。”以此扭转了大众对于该公司的印象，并能接受该公司的立场，因而平息了攻击的声浪。

2. 公益广告

建立或维护组织形象的广告，除了可以从观点或主张的倡议着手之外，也可以从目标公众认定的价值或符合公共利益的议题切入。因为这些议题或价值公众期望组织的作为，组织凸显或力行这些议题或价值，能够在公众心目中树立所谓的正当性形象。具有正当性的组织，自然容易获得公众的认同和肯定，从而树立良好形象的公关目标，这就是许多企业热衷于公益活动的原因。

公益活动经常需要广告来告知或宣传，公益广告在于彰显组织对目标公众关心议题的关切或身体力行，以争取目标公众对组织产生好感，进而在这些公众心目中建立正面、良好的形象。例如，某组织通过广告表达对于保护儿童人身安全的关切，影响父母对该组织的认同与好感。1998 年，台湾地区治安因白晓燕绑架撕票案件，而引发了社会对于学童人身安全的重视。爱心妈妈联谊为了彰显其对于“学童人身安全”的关怀与重视，以“爱心商店”为主题的公益广告，号召一般民间商家投入“爱心商店”行列，协助警方共筑保护学童安全的治安防护网。由于诉求符合当时社会大众的共同期望，而且几乎所有大众家中都有学童，这些做法更有益社会大众，因此获得大众和商家的热烈响应，短短几星期就招募了数百商家加入“爱心商店”的行列。

2. 选择媒体

公关广告应用的主要媒体是报纸、广播、电视、互联网这四大媒体。

选择广告媒体的目的在于求得最大的经济效益和最好的社会效益，即依据媒体的量与质的价值与广告费用之比，力争少花钱、多办事、办大事，并求得传播信息量和传播效果达到最大。正确地选择媒体，一般要考虑以下因素：

(1) 媒体的性质。不同的广告媒体，有不同的性质与特点。公关广告媒体选择得合适，公共关系活动效果就会显著；反之，会弱化公共关系活动的效果。

(2) 广告内容的特性。公关广告所涉及的具体内容都各有其特点，应依据不同的公关广告内容选择不同的广告媒体，以保证特定的社会公众看到、听到、读到。

(3) 社会公众的习惯。不同的社会公众在工作职业、兴趣爱好、文化程度、知识结构及生活习惯等方面各具特点，从而形成了对媒体不同的接触习惯。企业在选择公关广告媒体时，要根据特定目标公众对媒体的不同接触习惯，选择他们愿意接受的广告媒体。

(4) 广告目标的要求。组织（或企业）在选择公关广告媒体时，必须要考虑到公关广告目标与组织（或企业）社会活动及经济活动的结合度。

(5) 组织（或企业）自身的实力。各种广告媒体，其费用支出不尽一致，组织（或企业）应该量力而行。可行的办法是依据自身的财力来合理地安排公关广告活动，选择适当的传播媒介、适当的刊播时间、适当的刊播空间。

二、公关广告的结构

公关广告的写作需要很高的公共关系技巧。公关广告的结构一般分为三大部分，即标题、正文和结尾。

1. 选好标题

Ogilvy 曾指出“公众阅读标题的概率是文案的五倍，除非你的标题具有推销力，否则你会浪费 90%的钱”。也有人指出“50%～75%的广告效果来自标题的力量”。总之，不能引起目标受众注意的标题，很难成为有效的广告。

公关广告对标题的要求是：醒目、通俗、自然、亲切、能吸引人。公关广告标题切忌双关语、文学典故或晦涩文字的出现。

2. 写好正文

正文是公关广告的主体，广告所要表达的一切意思都要寓于正文之中。同时，正文担负着说服或打动目标公众的任务，是一个人写给另一个人看的文字，要让读者强烈认为："这是专为我所写的。"

公关广告对正文的要求是：开门见山、直截了当、具体真实、热情友好、易于记忆、富于魅力。

这里需注意的是，要在正文中尽量用图片抓住受众者注意力。有人认为，"一张好图片胜过150字的文案"，广告人要善于用漫画、图片、照片、图表等视觉元素来增强目标受众的注意力，提高广告阅读率。

3. 收好结尾

更多的公关广告是没有结尾的，只有少数特殊的公关广告才有结尾。作为公关广告，如果有一个漂亮的结尾，将会使人回味无穷。

【案例4-5】

员工关系的重要性

微软公司总裁比尔·盖茨曾经说过：微软离倒闭之日永远只有18个月。盖茨此言固然是指高科技产业的高度竞争，让微软公司必须戒慎恐惧、不断创新，然而从掌握微软科技创新能力的核心命脉来说，微软的命运几乎是操纵在少数具有天分，且经验丰富的资深员工手里。因此，只要这些人当中有人跳槽，就会造成微软的重大损失。这当然是一个比较极端的例子，但也表明员工忠诚度对于企业的重要性。

Alvie Smith 于1992年在美国《沟通世界》期刊上就曾指出：美国企业每年因为员工对组织不忠，或对组织缺乏信任与承诺，大概要损失超过500亿美元。这足以说明，企业内部因为员工关系而导致的损失，甚至可能吞噬企业所创造的利润。

因此，组织必须重视内部的沟通问题，以避免员工对组织产生疑虑，进而发展成组织的内部危机。

任务六　内部公关

建立良好的员工关系，需要组织内部的有效沟通。员工关系的建立，其实就是组织营造整体组织文化的一个过程。一个组织内部成员之间的沟通行为相当频繁，这不但是组织成员日常生活的一部分，甚至已经成为组织运作不可或缺的一部分。员工从一早踏入公司，跟同事互相打招呼；新进员工向资深员工请教工作上的疑难问题；以及部门之间为了工作整合召开的会议；最高管理阶层调整人事变迁的协商，甚至企业经营团队对股东报告经营状况审核的董事会，等等，组织内部所进行的常态性沟通，可以说无所不在、无所不包。

然而，内部关系管理人员的工作内容，绝不可能全部囊括这些日常的沟通行为，所以，内部公关人员主要应从以下环节进行沟通。

一、提供有关员工基本需求的信息

一个人之所以会选择进入某个组织工作，必然是对该组织有着若干需求和期望，一旦这些需求和期望跟现实形成巨大落差，很可能就会产生跳槽的念头，但事实上，任何组织均无法完全满足每个员工的各项需求。所以，公关人员应该通过以下工作化解此类矛盾。

1. 内部沟通必须掌握员工最基本的需求和期望

员工对组织的基本期望，最主要的是工作上的保障及能应急的财务支持。工作保障包含：组织的前景、工作职务、工作知识与技能、各类福利、退休金、各项津贴与分红等；而能应急的财务支持则是员工万一生病或因其他意外事故，导致家庭财务无法负担时的财务支持，如医疗保险、企业团体保险或其他为支持员工因意外急难时的抚慰制度，这是两项最基本的需求。

2. 适时公布组织的具体措施

如组织公开发布有关工作待遇信息、退休福利、新产品信息、管理阶层的人事变动、组织扩张计划或是操作流程的修订等以满足员工对组织最基本的需求。

3. 丰富和提高员工应对工作挑战的知识与技能

组织通过工作教育训练、绩效评估、新知教育等做法来培训员工。员工能应对工作挑战，就能保住饭碗，进而提升自我、发展自我，为组织做出更大贡献。

4. 向员工传递组织的信息

透过沟通技巧来让员工知道一项重要的信息：“组织的确一直在满足他们最基本的需求，也保证能满足他们最基本的需求。”这是内部公关人员重要的公关任务。为了让员工知道组织一直在确保他们的这些基本需求，组织必须通过如通信、内部刊物、小册子等内部沟通媒体，持续不断地向员工传达这一信息。

二、确保组织成员能进行双向沟通

双向沟通应该是“彼此坦承、互相倾听”，一方面，组织的使命或任务能够顺畅下达；另一方面，员工对组织的意见和想法也能及时反映上来。为此，许多组织设有申诉部门。事实上，申诉部门所能处理的问题，只是组织双向沟通的一部分，并不是全部。双向沟通应该全面扩展到各部门，例如，行销部门、仓储部门、研发部门等，每一部门都应秉持双向沟通的原则，进行内部的沟通。同时，组织高层也应该安排定期或不定期的约谈或餐叙，以期“下情”确实能“上达”，进而展现组织对员工心声的重视与解决诚意。这样，员工对某事有意见，就可以透过公司内部的沟通渠道投书，以便组织及时给予回应，否则，公司若不重视其投书或没有基本的回应，员工很容易产生“公司不重视我的意见”等负面看法。

三、就组织发展策略进行内部沟通

公关人员必须认识到，组织所进行的每一项变革或采取的每一项新的企业策略，或多或少都会产生内部沟通上的问题，为了让组织能顺利发展，公关人员须确保内部成员能顺应新的观念、适应组织的新变革，以免影响组织变革进度与成效，要妥善处理这些问题，均需要沟通技巧。

四、妥善处理组织内部谣言

各种组织内部都可能会有若干谣言，这原本就是人类社会的一种自然状况，公关人员对内部谣言的处理，若从管理者的角度来思考，往往只会带出一个结论：严格禁止员工讨论、散布谣言。但是，这种做法事实上并不能收到太大效果，因为谣言仍会在员工私下的时间进行传播，谁也阻止不了。

公关人员应认识到谣言往往来自于信息不够坦诚公开，换言之，人们不会因为正确的信息太多而产生谣言，谣言的产生，是因为信息不正确或信息太少，导致大家妄自猜测，并且扩大渲染的结果。须知，管理者与被管理者之间不对称的信息状态，往往让彼此心中产生心理上的紧张、猜疑，进而瓦解最初培养起来的信任，甚至危及组织本身。因此，提供足够且正确的信息，是制止谣言、预防危机的最佳策略，如果员工都能知道更多的信息，他们就不会去散布，更不会去相信不实的甚至对组织有害的谣言。

五、提供保护员工健康的机制

组织对于成员的身体健康有义务予以保护与关切。倘若一个在危险工地工作的员工有酗酒的习惯，对其本身、工作环境甚至其他员工的安全，极有可能构成危害，甚至造成组织的问题。所以，就沟通观点来说，组织应该将此类有关员工的健康问题列入内部公关的项目，并且能够审慎以对，通过体贴关怀、安排检验、宣传教育、提供辅导或提供安全、干净、健康的工作环境等方式，保护组织成员的健康。

六、妥善处理内部的社会性问题

组织内部所发生的问题，除了组织内部运作的问题外，还可能是社会性问题，这类问题可能违反社会上的法律，或是影响社会大众对组织的观感。有些可能会衍生成危害组织形象和实际运作的社会性问题，例如，组织内部的性别歧视可能直接冲击到组织的声望，也可能损及组织形象，尤其当两性平等的观念已经成为社会主流价值，男女平等也已列入法律保障的今日，组织对于涉及性别歧视的问题，应该更加重视，并妥善处理。

七、适时支持员工的生活大事和福利

员工生活中的事件，组织也需适时扮演援助或参与的角色，一来表达组织对员工的重视和照顾；二来透过这些过程，提高员工对组织的向心力。例如，员工结婚、生子、生病、过生日、死亡等，对于员工个人来说，这是人生大事，组织应适当协助、参与并给予必要

支持。又例如，可明确补助办法或发动其他员工协助当事者办理婚丧喜庆等活动，这都是能让员工感受到组织关怀的方法。

八、激励员工

激励的一种做法是，鼓励员工对公司发展策略提出创意点子，并给予奖励。这是提升组织生产力的一种动力，也可以视为一种沟通的过程，这种沟通过程甚至可能带来组织的创新，生产出极具市场性与创新的产品，这类激励性沟通，不仅让员工认识到本身存在的价值和意义，更能展现公司对人才的尊重和鼓励。激励的另一种做法是，设立组织的标杆，即建立组织内的行为典范，让其他人有见贤思齐之心。例如，有些公司强调创业历史、组织内部名人的传奇故事、光荣事迹，或定期颁赠奖励等方式，肯定组织内部成员的贡献。

复习思考题

1. 如何组织开业典礼？

2. 举办一次成功的联谊活动，需要注意哪些环节？

3. 简述公关广告与商业广告的区别。

4. 某玩具公司总裁突然卧病不起，一连几天没来公司上班。正好在这个时期，公司的经营情况相当糟糕。于是，一个谣言便悄悄地在员工中流传开来：因为经营不善，公司已面临倒闭、破产的危险。这个谣言使得人心浮动，员工纷纷外出另谋出路，公司的生产和销售急剧下降。请问怎样才能迅速平息谣言，处理好公司内部的这一危机呢？

5. 为什么网络谣言会如此之多？如何尽可能避免产生负面影响？

案例分析

英国化工企业联合会开放日

1. 活动背景

化学工业是英国最成功的产业之一，它每年为英国带来巨大的贸易顺差，并直接为 32 万人提供了就业机会，尤其是在那些高失业地区。

然而，社会公众对化学工业并不那么熟悉，而且存在着种种误解，评价也很差。调查表明：全英国人口中只有不到 1/3 的人对化工产品有好感，只有一成的人口对化学工业有一定的了解。

在国际工业化来临之际，为了改变对化工企业的片面认识，赢得所在社会的支持，全英国化工行业协会——英国化工企业联合会（以下简称联合会）策划和组织了一系列公关活动，其中之一是全英国化工企业开放日。

2. 指导思想

联合会策划这一活动的指导思想是：促进社区公众对化工企业的熟悉和好感，而其共时的安排使活动有一种全国性的气势。它最终将会向广大社会公众，尤其是那些对化工企业持批评态度的人表明：化工企业无须向公众隐瞒什么，那种认为化工企业是危险、神秘、保密的看法是毫无根据的。

3. 策划与实施

联合会计划设立50个开放点，但实际在开放日那天，120多家企业参与了这个活动。毫无疑问，刚开始时，许多企业经理对活动的确有所担心。比如，由于大批公众的介入，是否会发生事故？是否会引起某些人士的反对？是否让儿童参加？是否告知新闻界？等等。

为了消除企业经理们的疑虑并回答他们所关心的问题，联合会专门编了一份对开放日活动进行详尽说明的通信，发给企业经理，并聘请一名高级工程师作为开放日的活动顾问，前往开放点进行指导。

联合会还为企业经理组织了小型会议，向他们介绍活动的具体要求，探讨活动安排的每一个细节。此外，联合会也及时向新闻界通报情况，以保持交流渠道的畅通。

开放日活动的前一个月，有关活动的新闻发布会分别在格拉斯哥、利物浦、利滋以及伦敦等城市举行。通过新闻媒介的报道，社会公众对这个活动产生了很大的兴趣。

9月20日，阳光明媚，从肯特到贝尔法斯特，从苏格兰到南安普顿，数以千计的参观者走进了当地的化工企业。据统计，全英国有20万人参加了那天的开放日活动。其中，仅哈德菲尔德的一个开放点就接待了1.8万名来访者，各企业尤其欢迎员工的亲朋好友以及家庭成员前来参观，当地的社区领袖和对舆论有影响的人士也备受欢迎。

开放日活动并非一味强调教育公众，而是寓教于乐。各开放点的企业除了设置丰富多彩的展馆供来访者参观，向他们介绍化工产品情况和讲解企业的安全防护措施外，还准备了一些余兴节目，并安排儿童娱乐场所和茶点供应大家游玩和休息。

在开放日活动准备和举行的整个过程中，联合会和企业特别注意和强调以坦诚的态度与公众进行交流。各开放点企业使用的宣传品，力求用朴实的语言探讨化工产品安全和运输、环境保护等公众普遍关心的问题，陪同来访观众的企业管理人员则热情地向大家介绍各种有关情况，联合会制作的录像片——《社区中的化工产品》，也被许多开放点播放。

4. 效果

联合会的精心策划和组织，企业以主人翁的姿态积极参与，使开放日活动取得了很大的成功。事实证明，英国化工企业的这一活动，在很大程度上消除了公众对化工企业的疑惑和恐惧心理，很多企业也由此感到，有必要对社会关注的一些问题与公众进行更公开的对话和交流。

事后调查表明：社会公众对化学工业的态度首次有了明显好转。调查还显示，居住在化工企业附近的居民对化学工业表现了一种更关心的姿态，被调查者中有12‰的人承认，开放日的参观活动是促使他们转变对化学工业态度的一个关键因素。

来自企业的信息反馈则表明，参加开放日活动的所有企业都希望在两年或三年后再组织这样的活动。这些企业的管理人员表示，通过开放日活动，企业与公众之间的联系和了解有了很大的进展，双方在互相理解方面迈出了重要的一步。

问题：

1. 试述这次开放活动的策划要点。
2. 本次开放日的目的是什么？效果如何？

模块五　预防与处理公共关系危机

学习任务

1. 了解公关危机的含义及类型
2. 掌握公关危机发生的原因及过程
3. 树立预防公关危机的意识，掌握公关危机预防的必要措施
4. 熟悉处理公关危机的原则
5. 掌握处理公关危机的程序

案例导入

一位美国记者到日本度假，并到该地商场选购了一套音响准备送给她东京的婆婆，在挑选完毕后，营业员按照这个已经挑好的品牌到仓库取出货品并交给这位美国顾客。当女记者回到宾馆之后，打开一看，却发现买来的音响只是一个空心货样，根本无法使用。对这种明显的欺诈行为，女记者不由得火冒三丈，决定第二天一早就去商场交涉，并迅速写好一篇新闻稿，题目是《笑脸背后的真面目》，准备第二天送报社。

然而，第二天早上她刚打算动身之前，忽然收到商场打来的道歉电话。不一会儿，这个商场的经理及营业员也出现在她的面前，并送上一套真正的音响和附送的一张经典唱片，再就是一份书面的关于此事的备忘录。在这个备忘录里，记录了商场追踪这位女顾客的全部过程：营业员发现失误——电告各门口保安“堵截”此顾客未果——上报经理——从顾客遗漏的一张快递单据查出其父母的美国电话——由此查出其在日本婆家的电话——再查出其在本地所居住的宾馆。这期间所打的紧急电话，合计 35 次！

这一切使女记者深受感动。她立即重写了新闻稿，题目是《35 次紧急电话》。

任务一　了解公共关系危机的含义及类型

一、公关危机的含义及特征

公关危机是指突然发生的、严重损害组织形象、给组织造成重大损失的事件，如公众的指责批评、恶性事故等。危机使组织面临严重的困难，使组织陷入舆论压力之中，影响组织的生存和发展。公关危机无论发生在何时何地，往往具有以下几个共同特点。

1. 突发性

无论是人为因素还是自然因素导致的危机，都在很短的时间内发生，让人猝不及防，措手不及。

2. 叵测性

危机事件是由许多未知因素相互作用构成的突发事件，它往往使人意想不到，难以预测和防范。

3. 危害性

危机事件引发的矛盾尖锐、问题复杂、影响巨大，处理不好就会导致企业的灭顶之灾。

4. 普遍性

由于客观环境的复杂性，任何组织都有可能发生或遭遇危机。

二、公共关系危机发生的原因

组织发生危机的原因是多种多样的，但基本上有以下几类。

（一）组织行为不当引起的危机

组织行为不当引起的危机，是指在社会组织发展过程中，由于组织在指导思想、工作方式、运行机制等组织本身原因引起的公关危机。一般是由于社会组织的政策失误或管理不善引起的，如过度追求经济利益而不顾公众利益和社会利益造成的环境污染、宾馆酒店发生的食物中毒、产品质量不过关引起的信誉下降、政策失误引起的舆论谴责等。这类原因引起的公关危机完全是组织自身的责任，它损害公众利益，影响和谐的社会环境和人事环境，必然给组织自身带来灾难。此种危机比其他类型的危机化解起来难度要大。其表现形式有：

（1）严重的内部事件。如劳资矛盾引起的罢工、示威游行等。

（2）工作失误。如因管理机制不健全导致浪费、产品质量不合格等。

（3）决策失误。如商业企业有意出售假冒产品、饮食企业经营不卫生食品、侵犯公众权益等。

（4）纠纷事件。如消费纠纷、经济合同纠纷等。

（二）突发事件引起的危机

突发事件引起的危机，是指由于非预见性、外在因素引起的突然发生的事件，导致组织形象受损的危机。其常见的表现形式有：

（1）由不可抗力导致的重大伤亡事故。如地震、洪水、飞机失事、火山爆发等。

（2）外在因素引起的事故。如环境污染导致无法正常开展工作，伪劣产品导致工伤等。

（3）外来的故意行为。如恐怖行为、政变、战争、投毒（人为加害）等。

（三）失实报道引起的危机

失实报道引起的危机，是指由于新闻部门的报道失实，导致公众对组织的误解，使组织形象受损的危机事件。由于大众传播已深入百姓生活，新闻媒体极易制造舆论轰动，因此，失实报道常常导致组织危机，主要有以下几种：

(1) 失实和不全面的报道。新闻界不了解事实的全貌和真相，导致报道以偏赅全，引起公众误解。

(2) 曲解事实。由于新科技、新思想、新方法未被广泛知晓，新闻人士按旧观念、旧态度进行分析和报道，曲解事实，引起组织危机。

(3) 报道失误。由于其他组织或人为的诬陷编造，使新闻界被蒙蔽，引起报道失误，使组织产生危机。

(四) 国家体制和政策因素引发的危机

一个国家的经济体制和经济政策是构成组织外部运行的基本条件，如果经济体制不顺，组织外部环境变化多端，企业适应市场能力就会下降，政府经济政策的重大变化既可能给组织带来机遇，也可能会带来威胁。良好的社会环境和经济环境是组织正常运行的基本条件，它可以减少危机发生的概率。例如，1981 年，由于国家物资部门取消了统购包销的方法，地处鄂西北山区的第二汽车制造厂的汽车销量日趋下降，传统的“皇帝女儿不愁嫁”的观念受到了严重的挑战；又如，1993 年 12 月 1 日起，北京市区严禁燃放烟花鞭炮，经营烟花鞭炮的北京日用杂品公司在 1994 年遇到了巨大的经营困难。

在国际市场营销中，除了上述因素可能引起危机的发生外，国与国之间的关系也可能造成组织的经营困难。

任务二　预防公共关系危机

美国《危机管理》一书的作者菲克，曾对《幸福》杂志排名前 500 名的大公司董事长和总经理，进行过一项关于企业危机的调查，调查资料表明：80％的被调查者同意，现代企业界面对危机就好像人类面对死亡一样，已成为不可避免的事情；在寄回问卷的公司中，有 14％认为曾接受过严重的危机挑战；危机困扰的时间，平均历时 8 周半，没有应变计划的公司的危机困扰时间要比有应变计划的公司的危机困扰时间长 2.5 倍；危机后遗症的波及时间平均为 8 周，没有应变计划的公司的波及时间比有应变计划的公司的波及时间长 2.5 倍。

当危机发生以后再来解决，无论解决的如何，都免不了会给企业带来损害。因此，最明智的做法是及时地发现能够引起公共关系危机的各种端倪和征兆，把危机化解在萌芽状态。这就需要针对危机产生的原因、过程进行科学的分析，以制订切实可行的预防措施。

一、公共关系危机的过程

危机是一种不稳定的、异常的状态。其全过程从酝酿到解决一般要经历四个不同阶段。

1. 潜伏期

又称为危机发生前的阶段。在这一阶段，某些导致日后危机爆发的因素已经悄悄出现。如果这些因素不能及时被发现，或得到了警告却遭到忽视，那么这些“病源”就会迅速扩展，最后引发危机。

2. 爆发期

组织问题潜伏到这一阶段，就再也没有挽回的机会了。会因为一个突发事件而使危机完全明朗化，即进入危机爆发阶段。

3. 处理期

这是危机得以解决的时期。在这一阶段，处理危机的人员要专心应付危机事件，要在紧急状态下做出正确的决策、采取果断的行动来解决危机。有时，可能是一场危机才获得解决，另一场危机又汹涌而至，即所谓一波未平、一波又起，这时最需要的是耐心、勇气和通盘的正确决策。

4. 恢复期

危机过后，组织形象受到严重损坏。组织处于较被动的局面，不得不设法收拾残局，即通过自我分析、自我检讨、采取补救措施以恢复组织形象。

应该指出，并非所有的危机都是依据上述四个阶段发展的（如有的危机在潜伏期就得以发现和解决），但它的发展一般都经历了这样一个过程。

二、危机的预防

危机的发生虽然具有突发性，但其内在孕育还需要一个过程，越早采取措施，越有机会转危为安。为此，组织应做的工作有以下几个方面。

1. 树立危机意识

组织的全体员工，上到领导决策层下至员工，都应居安思危，要有危机感。要教育员工认识到每个人的行为都与组织形象密切相关，危机的预防有赖于全体员工的共同努力。全员危机意识能提高公司抵御危机的能力，有效地防止危机的发生。即使发生了危机，也会把损失降低到最低程度并很快得到解决。

小贴士5-1

三个旅行者同时住进了一家旅店。早上出门的时候，一个旅行者带了一把伞，另一个拿了一根拐杖，第三个旅行者什么也没有拿。

晚上归来的时候，拿伞的旅行者淋得浑身是水，拿拐杖的旅行者跌得浑身是伤，而第三个旅行者却安然无恙。于是前两个旅行者很纳闷，问第三个旅行者："你怎么会没事呢？"

第三个旅行者没有回答，而是问拿伞的旅行者："你为什么会淋湿而没有被摔伤呢？"

拿伞的旅行者说："当大雨来到的时候，我因为有了伞，就大胆地在雨中走，却不知怎么淋湿了；我走在泥泞的路上，因为没有拐杖，所以走得非常仔细，专拣平稳的地方走，所以就没摔伤。"

然后，他又问拿拐杖的旅行者："你为什么没有被淋湿而是摔伤了呢？"

拿拐杖的说："当大雨来临的时候，我因为没带雨伞，便拣能躲雨的地方走，所以没有淋湿；当我走在泥泞坎坷的路上时，我便用拐杖拄着走，却不知为什么常常跌跤。”

第三个旅行者听后笑笑，说：“这就是为什么你们拿伞的淋湿了，拿拐杖的跌伤了，而我却安然无恙的原因。当大雨来时我躲着走，当路不好时我细心地走，所以我没有淋湿也没有跌伤。你们的失误就在于你们有凭借的优势，认为有了优势便少了忧患。”

许多时候，我们不是跌倒在自己的缺陷上，而是跌倒在自己的优势上，因为缺陷能给我们以提醒，而优势却常常使我们忘乎所以。树立危机意识是预防危机的最好方法。

2. 组建灵敏的预警预测系统

为预防危机的发生，防患于未然，组织应设立自己的情报信息网络，建立完整的预警预测系统，对公众、竞争对手、政府和有关部门以及自然环境中有可能威胁组织发展的各类信息进行归纳整理，并做出科学预测，为决策提供参谋意见。

3. 完善企业的危机管理系统

企业要避免危机，仅靠预警和反应系统还不够，还要健全组织的危机管理系统，以便根据预警系统的信息制订应急措施，采取必要行动，将危机消灭于萌芽状态或减少到最小影响范围。为此，公共关系部门要对有可能发生的各类情况进行周密分析，与组织的其他部门紧密合作，共同制订出应对方法和措施，并做好统一安排。

4. 模拟训练准备

组织要把对公关危机的预测、分析情况、应急措施用通俗易懂的方式向员工进行宣传，以提高预警效果。还可进行危机处理的模拟训练，锻炼员工处理紧急情况的能力，为处理危机积累经验。为此，组织要做好全员公关动员，做好危机处理的精神准备、物质准备、行动准备，与救援单位如医院、消防队、公安局等建立联系，便于事后及时提供援助。

任务三　处理公共关系危机

所谓公共关系危机处理，是指公共关系人员针对组织突发事件引起的公共关系危机采取有力措施，以维护良好组织形象的活动过程。

一、危机处理的原则

一旦发生突发事件，公共关系部门不能等闲视之，必须及时妥善加以处理，努力赢得公众和社会的谅解与信任，尽快恢复组织的声誉，重新塑造组织形象。

对不同的危机态势采取的策略有所不同，但是，处理危机时必须坚持的原则是大体相同的，一般应坚持以下原则。

1. 预防原则

社会组织及有关人员要有忧患意识，在常规工作中注意调查研究、查漏补缺，及时发现和捕捉某些可能引起纠纷的苗头和事故隐患，制订多种可供选择的应急方案。

2. 诚实原则

当危机已经发生，组织无论是对内部员工还是对当事人、上级部门、新闻媒体都要实事求是，说明真实原委，主动承担应负的责任，争取以诚恳的态度和负责的精神获得公众的谅解和信任，为解决问题创造有利条件；反之，只会扩大事态，给组织造成更不利的影响。

小贴士5-2

本田“缺陷车事件”

20世纪70年代初，日本本田公司发生了一次严重的危机，也就是著名的“缺陷车事件”。当时的本田刚挤入小轿车市场，在几家实力雄厚的大企业的夹缝中生存。然而，其刚打开销路的“N360”型小轿车出现严重质量问题，用户在使用过程中出现摇晃、打转现象，造成上百人伤亡。受害者及家属组成联盟以示抗议，本田一下子声名狼藉，企业岌岌可危。但是，本田并未在舆论的重压下自乱阵脚，而是立即决定，以“诚”的态度承认失误。本田马上举行记者招待会，通过新闻媒体向社会认错，总经理道歉之后引咎辞职。同时，宣布收回所有N360型轿车，并向顾客赔偿全部损失。他们还重金聘请消费者担任本田的质量监督员，经常请记者到企业参观访问，接受舆论监督。本田的诚恳感化了挑剔的日本人。此后，本田不但未因这次打击一蹶不振，反而在公众心中树立了“信得过”的企业形象，这正是以诚相待的危机公关挽救了本田。

3. 应急原则

重大危机事件一旦发生，就会立即成为公众舆论关注的焦点，极易出现人心涣散、流言四起的局面。对此，公共关系工作人员必须果断采取措施，及时控制事态，紧密与新闻界联系，注意引导舆论、稳定人心，为妥善解决问题、渡过危机奠定基础。

4. 强控原则

即对发生的危机实行强力控制。一方面遏止事态发展；另一方面对其危害性进行控制，减少损失。对此，组织有必要组成临时专案小组，实行专人专管，严密监控环境变化，及时采取有力措施。

5. 一抓到底的原则

组织对事故后果应予负责，敢于承担责任，积极进行赔偿，对受害公众进行安抚，认真做好善后工作，主动策划一系列进攻性公共关系活动，弥补与公众在感情上的裂痕，重新赢得信任，再塑组织形象。

二、公共关系危机的处理程序

当危机发生时，组织需要迅速采取一系列行动，以便将危机带来的损失降到最低程度。一个正确的工作程序，对危机事件的有效处理十分重要。

（一）迅速组建处理事件的专门机构

由本组织一名主要负责人任机构领导，公共关系部门会同各有关职能部门的人员组成有权威性、高效率的工作班子。根据事件的情况不同还可设立领导小组、调查小组、接待小组等。

（二）对事件进行全面调查

通过调查，查明事故的基本情况、发展趋势、损失及影响范围。调查具体包括以下几个方面的内容。

1. 突发事件的基本情况

包括事件发生的时间、地点、原因、事件所处的周围环境。

2. 突发事件的现状和发展趋势

包括事态存在的状况，是否还在发展，采取了什么措施以及措施的实施情况。如果事件仍在发展，需要调查恶化的原因以及可能造成的后果和影响。

3. 突发事件产生的原因和影响

包括引发事件的原因，伤亡情况，财产损坏的种类、数量、价值，事件涉及的范围和在经济上、社会上，甚至政治上带来的影响等。要通过周密调查，迅速查明情况，判断事件的性质。

4. 查明突发事件涉及的公众对象

包括直接公众、间接公众，与事件有关的组织或个人以及事件的见证人等。

（三）迅速隔离危机

在清查事故的同时，要迅速隔离危机，以免危机事态蔓延扩大。隔离危机有两方面的工作要做。

1. 人员隔离

即把组织员工临时进行新的分工：划分为处理危机和维持日常工作两部分。既不能因危机发生造成日常管理无人负责，也不能只顾日常工作而对处理危机的人力投入不足。

2. 危机隔离

即明确和限制危机发生的范围，将危机与其他尚属正常的工作范围区分开来，实施隔离，以控制危机的扩展，并保持其他部分的正常工作秩序。

（四）采取危机处理对策

值得注意的是，由于危机事件出现的情形、背景、原因以及面对的公众不同，组织要具体问题具体分析，选择适当的工作策略、方式、方法，才能取得良好的效果，消除危机事件带来的影响。

1. 对上级有关部门

危机发生后，组织要及时地、实事求是地汇报情况，以求得上级有关部门的指导和帮助。

2. 对组织内部

如属内部事故，在稳定情绪、稳定秩序的基础上要向职工告知事故真相和组织采取的措施。如有伤亡应立即通知其亲属，做好抢救和治疗，并做好善后处理工作，安抚和慰问有关人员。如属外部事故，应首先判明情况，制订对策，通告全体人员，统一口径，协同行动，并做好各种服务工作。如属不合格产品引起的恶性事故，要立即收回不合格产品，停止销售，追查原因，停产检修。

3. 对受害者

组织公关人员要以同情的态度耐心听取受害者的意见，实事求是地承担责任，并诚恳道歉。受害者即使有一定责任，一般也不应去追究，避免与受害者的矛盾激化。要努力做好解释工作，特别是受害方对处理结果不满意时，公关人员应努力做好协调工作，争取对方的理解；要尽可能提供优良、周到的服务，努力做好善后工作，并尽快落实对家属的补偿。如无特殊情况，在事故处理过程中，不要随意更换工作人员，应由专人与受害方接触。

4. 对新闻界

要统一对新闻传播界的口径，注意措辞，尽可能以最有利于组织机构的形式来公布，由专人负责发布消息和接待新闻记者，给记者提供权威性的资料。对事实已完全明了的，应主动向新闻界提供真实、准确的消息，公开表明组织的立场和态度。对事实未完全明了的，不轻易对事件原因、损失以及其他方面作推测性说明，不轻易表示赞成或反对。对新闻界要采取主动、合作、信任的态度，对有些不便立即发表的消息，应说明理由，求得理解。除新闻报道外，组织可在刊登有关事件消息的报刊上，以公正的立场和观点来进行报道和发表道歉公告。当记者发表不符合事实真相的报道时，应尽快提出更正要求，指出不实之处，并提供真实材料表明立场，但要注意避免产生对立情绪。

除了上述关系对象以外，还应根据具体情况，与事件有关的政府部门、交通、公安、市政等机构加强联系，通报情况，调动各方力量，协助组织尽快渡过危机，使组织形象的损害降至最低点。

（五）总结检查，公布于众

这是危机处理结束阶段必不可少的工作。危机管理小组应对危机处理情况全面检查、评估，并将检查结果向董事会和股东报告，向公众和新闻界公布。有些重大事故也可采取广告形式在报上刊登，表明组织敢于承担责任，一切从公众利益出发，认真做好善后工作。

小贴士5-3

“库尔斯克”号事件

2000年8月，在俄罗斯发生载有118名官兵的“库尔斯克”号核潜艇沉没事件时，普京总统没有立即终止休假、赶赴现场，犯了公关错误，导致普京的支持率从7月份的73%下降到65%。

在营救行动结束后，普京来到了“库尔斯克”号核潜艇的营地。他一到那里，做的第一件事就是会见遇难官兵的家属。由于失去亲人，家属情绪激动。普京同他们的谈话持续了两个半小时，耐心地回答了他们的要求和问题。普京责成政府以最快的速度解决遇难官兵家属的抚恤问题。他答应每个遇难官兵家属将得到10年工资的补偿，国家还将会给他们提供住房。同时，普京决定授予“库尔斯克”号核潜艇官兵崇高的荣誉称号，为他们建立纪念碑，他们的纪念物品将被陈列在莫斯科的纪念馆。8月30日，民意测验显示：普京的支持率又上升到70%。

复习思考题

1. 公关危机发生的原因有哪些?
2. 如何预防公关危机的发生?
3. 公关危机的处理程序有哪些?

案例分析

东方航空返航事件

2008年3月31日，东方航空云南分公司14个航班在飞达目的地后，没有降落就直接返航，造成大批乘客滞留在云南机场；4月1日，东航云南分公司又有3个航班“因天气缘故返航”。据知情人称，这是飞行员对“3·31”集体返航事件的声援。4月1日，国家民航总局召开了紧急会议，要求各航空公司派出专人做好飞行员的思想工作，而对此次东航事件的带头人，国家民航总局将给予严厉处罚，最高可至终身停飞。4月2日，在东方航空云南分公司飞行员“3·31”集体返航事件发生后的第三天，东航云南分公司召集所有在昆明的飞行员开会。会后，几乎所有的飞行员全部改口，称他们返航是因为天气原因。4月3日，所有参与返航事件的飞行员已执行飞行任务。4月5日，中国民用航空局派出工作组，对东航航班不正常原因进行详细调查。

经过技术调查，调查组认定，东航云南分公司3月31日和4月1日返航的21个航班中，因飞机故障原因返航的1班；因天气原因返航的2班；非技术原因故意返航的4班；听到前机返航，处置不当，盲目返航的5班；因译码设备工作不正常，QAR（飞行数据快速存取记录器）无数据或数据错误，无法从技术上判定返航原因的9班。据此民航局认为，此次返航事件，主要是东航云南分公司少数飞行人员无视旅客权益所造成的一起非技术原因的返航事件。

问题：

1. 你认为东方航空对返航事件的处理是否妥当？为什么？
2. 如果你是东方航空的负责人，你将如何来处理这次危机事件？

模块六　塑造社会组织形象

学习任务

1. 组织形象的概念、分类及构成要素
2. 熟悉 CIS 的导入时机和关键点
3. 掌握 CIS 战略导入的基本程序
4. 掌握 CS 战略与 CIS 战略的差异

案例导入

绿色麦当劳

环境污染和恶化问题正引起世界各行各业的关切和重视。全球闻名的快餐王国麦当劳也积极、主动地加入了有益于环境保护的行列。

在美国，从 20 世纪 70 年代起，速食业已有饱和之说，但麦当劳（快餐食品）却以无坚不摧之势风行世界，几乎无处不受欢迎。然而时过境迁，到了 1988 年，麦当劳因其每天都制造垃圾——废弃的包装物，又逐渐成为环保人士攻击的对象。

麦当劳采用的是“保丽龙”贝壳式包装。这种包装既轻又保温，且携带方便，是速食业理想的包装。但这种包装难以处理，加之外带食用的比例过高，废弃包装物就成了威胁环境的问题。富有环保意识的人们，尤其是年轻的一代纷纷向总公司寄抗议信。公司意识到这些抗议将威胁企业未来的生存，然而包装可说是速食业的灵魂，速食业致力于包装的开发，其重要程度并不亚于食品的本身。

许多企业面对环保问题，应付的办法不外乎推、拖、拉，但麦当劳没有这样做。它得罪不起消费者，不仅要有所行动，而且要公开实施。起初，麦当劳以为主动回收废弃的贝壳包装，就能平息消费者的不满。1988 年，麦当劳在 10 个店铺做过小试验，证实将贝壳包装回收再制成塑料粒子作为他用，技术上是可行的。但翌年将此设计扩大为 1000 个店铺时，却出了问题，主要是其外带量是店内量的 6～7 倍，这么大量的废弃物已非麦当劳所能控制。另外，在店内食用的、废弃的包装物虽然可以回收，但清理工作十分麻烦。回收不是灵丹妙药，特别是美国有些城市已全面禁止使用贝壳包装。在很难满足不同环保目标要求的情况下，麦当劳不得不寻求外援，1990 年 8 月，麦当劳和“环境防卫基金会”（EDF）签署了协定。EDF 确信减少包装才是治本之道，自此，麦当劳宣布取消贝壳包装，取而代之的是夹层纸包装。随后麦当劳还进行了一项研究，发现贝壳包装从制造到废弃的全过程，耗费的天然资源比夹层包装纸大。夹层包装纸虽然无法回收再制，但不像贝壳那样蓬松，其储运与丢弃所占的空间只是贝壳的1/10。整个研究得出的结论是：减废比回收更重要。

取消贝壳包装只是整个环保努力中的一个小进步，主要的成就还是在实现环保目标上。为了实现环保计划，双方同意按减废、重复使用、回收再制的顺序进行。在减废上从三个方面着手：一是减少包装；二是减少使用有损环境的材料；三是使用较易处置，能物化成肥料的材料。

问题：

1. 有人说"企业形象是现代企业的巨大财富"，结合本案例谈谈你对此话的理解。
2. 如何提高我国企业绿色公关的意识？

任务一　树立组织形象意识

一、组织形象的概念、分类及构成要素

（一）组织形象的含义

组织形象又称为公众形象或公关形象，它指的是一定的组织或个人在社会公众心目中相对稳定的地位和整体印象，具体表现为社会公众对组织机构或个人的全部看法、评价和整套要求及标准。

组织形象的含义包含了组织形象必须具备的三个条件：

第一，组织形象必须是相对稳定的形象。它一旦形成，就会存在和持续一定的时间，新形象的建立和塑造要经历一个较长的过程。所以，一时一刻的公众反应并不能代表组织的真正形象。

第二，组织形象是整体性的。也就是说，组织形象不是细枝末节、零碎的拼凑，也不是组织的某种具体形象，如产品形象、管理形象等，而是包括产品、管理各方面在内的整体或综合形象，应当把组织形象同具体形象要素区别开来。公众对组织的某一个方面的评价只是构成相应的组织形象要素，并不是整个组织形象的完全反映。一个组织在某一个或某一些方面可能获得较高的公众评价，但在另一个或另一些方面却可能获得较低的评价。这时，任何单方面的形象都不能全面反映组织的真实形象状况，必须综合起来看，才能正确定位组织形象的好坏。

第三，组织形象表现为公众舆论，但并不等于公众舆论。舆论是经常变动的，是具体的，各种舆论中所包含的共同本质或稳定趋向才构成组织形象。所以，组织形象是系统化的本质。

如果因某种原因公众舆论发生了变化（假设不利舆论产生），组织形象并不因此立即变坏，只有这种不利舆论一直持续下去，久而久之形成一种稳定的共同倾向，新的不良形象才产生。正因为如此，一旦不良舆论产生，公共关系可以采取及时有效的措施进行补救和形象矫正。这就像不能因为一个人做错了一件事，就把他"一棍子打死"，他可以改正错误，恢复自身形象。

组织形象的具体状况（好坏程度）是组织自身的行为和政策所造成的。其运行模式大致可描述为：组织采取一定的政策和行为从而对公众产生一定的影响，公众在接受和了解到这些影响后便用他们自己的标准、要求和价值观去评判组织的政策和行为，并通过评判产生一定的观点、意见和看法，这就导致了公众舆论产生。一旦这种舆论稳定化、系统化、定型化，就形成相应的组织形象（好的或坏的）。而这种形象的好坏反过来又会影响组织的政策和行为，组织形象就是这样循环往复而不断变化的。

由此可见，组织形象的好坏首先源于组织自身的行为和政策，即对待公众的态度。一旦组织形象下降，说明组织与公众的关系失调，公众对组织不满意。这就要求组织对自身的态度、行为、政策进行合理调查和自我反省。所以，公共关系有句行话：公众永远是正确的。从组织形象的变化规律不难看出这一点。组织形象实际上是组织和公众互惠互利的结果，是双方利益结合与和谐程度的指示器。为防止组织形象下降，避免公共关系失调，必须对公众评价和舆论进行监测、了解。

（二）组织形象的分类

组织形象是多层次、多维度的，因此可以从不同的角度对组织形象进行分类。

1. 按照组织形象形成的过程可分为组织内部形象和组织外部形象

组织内部形象是指组织内部员工对组织的看法和评价。组织通过自己的经营活动使所属员工对该组织产生认同感、归属感、自豪感和荣誉感，愿意成为其中的一员并为之贡献自己的力量，这就是组织追求的内部形象。

组织外部形象是指组织的外部公众对组织的看法和评价。组织通过自己卓越的经营管理活动，为公众及整个社会做出贡献，给外部公众留下可以长期信赖的印象，并为全社会所肯定，这就是组织追求的外部形象。

一般说来，组织的内部形象是外部形象的基础。如果组织内部公众对本组织都没有很好的认同和评价，那么外部公众也不会形成对组织的良好印象。因此，组织首先要处理好同内部公众的关系，增强组织的凝聚力和向心力，树立良好的内部形象，这是建立组织良好形象的基础。

2. 按照组织形象的现实性可分为实际形象和自我期望形象

组织的实际形象是公众对组织的真实看法和评价，是组织形象的客观状态，了解组织的实际形象是组织制订公共关系目标的基本依据。组织的历史、领导者素质、员工素质、组织制度、组织文化、管理水平、经济实力、经营状况等均是影响组织实际形象的要素。

组织的自我期望形象是组织自己所希望具有的预期形象，它是组织发展的内在动力，能促使组织开展各种有效的公共关系活动。一般说来，理想往往高于现实，应当将组织的自我期望形象作为组织发展的动力，从组织的实际形象出发，谋求组织自我期望形象和组织实际形象的统一。

3. 按照组织形象的内容可分为整体形象和特殊形象

组织整体形象是指公众对组织的全部看法和综合评价。组织特殊形象是指与组织有特殊利益关系和对组织有特殊要求的公众对组织的看法和评价。

组织在塑造自身形象时，一方面要注意塑造自身的整体形象，即应该概括各类公众对组织要求中的共同点，并根据这些共同点，制订组织公共关系的一般目标，设计组织的整体形象。为此，须将不同公众对本组织机构的相同或相近的要求概括出来。如提高产品质量、产品安全、公平竞争、环境保护等，是各类公众对生产企业的共同要求。

另一方面，一个组织的形象实际上不可能适应所有公众的要求，这就要求组织根据自身的特征及目标公众来塑造自身的特殊形象。即应该选择与本组织的信念和发展利益相同、相近或利益关系特别重要的公众对象，作为公众关系的主要对象来塑造组织的特殊形象。如某食品店以中小学生为主要销售对象，它所塑造的组织形象是“薄利多销，诚挚服务”；而某酒店以商务活动的高级管理层、休闲度假的高消费层为主要对象，它所塑造的形象则是“豪华设施，一流享受”。

组织的整体形象和特殊形象是密切联系的，组织必须善于处理好特殊公众和其他公众的关系，使特殊形象与整体形象达到和谐统一，以保证组织形成良好的生存和发展环境。

4. 按照组织形象的真实程度可分为真实形象和虚假形象

真实形象是指组织留给公众的符合组织实际情况的形象；虚假形象则是指组织留给公众的不符合组织实际情况的形象。虚假形象形成的原因是多方面的，既有传播过程中的失真，也有公众评价的主观性、片面性等原因。但是需要注意的是，真实的形象不一定就是好形象，而虚假的形象也未必等于坏形象。如企业生产的不合格产品被曝光就在公众中形成了一个不好的真实形象；而一个经营假冒伪劣产品的企业在被曝光之前的公众认可形象往往是虚假的形象。对于组织来说，应追求真实的、良好的形象，而避免虚假的、不好的形象。

5. 按照组织形象的可见性可分为有形形象和无形形象

有形形象是指那些可以通过公众的感觉器官直接感知到的组织形象，包括产品形象（如产品质量、性能、外观、包装）、办公场所环境、员工的精神面貌等，它是通过组织的经营行为、经营成果、社会贡献等形象因素体现出来的。

无形形象是指通过公众的抽象思维和逻辑思维而形成的观念形象，这些形象虽然看不见，但可能更接近组织形象的本质，是组织形象的最高层次。对组织而言，无形形象包括企业的经营宗旨、经营方针、经营哲学、价值观念、企业文化等要素。对很多企业而言，无形形象往往比有形形象更有价值，如对可口可乐、麦当劳、奔驰等企业而言，其企业信誉等无形资产比那些机械设备、厂房等有形资产更具有价值。

（三）组织形象的构成要素

组织形象是一个完整的系统，它由各个形象的子系统有机构成。其中任何一个形象的子系统出现问题都会对整个组织形象构成影响。因此，组织形象的策划与管理是一项系统工程，需要从不同的方面去塑造和维护一个组织的形象。不同的组织有不同的形象构成，同一类组织的形象子系统也会有不同的特点。就组织形象的共性而言，组织形象的构成大致包括以下七个方面。

1. 组织的产品形象

组织的产品形象即公众对组织的产品所形成的认知和评价。产品是组织形象的物质载体，是公众对组织进行认知与判断的主要依据，通过产品体现出来的组织形象最为直观，公众直接通过产品了解一个组织，组织也直接运用产品去争取公众认可，产品形象是整个组织形象的客观基础。产品形象的基本要素包括质量、性能、款式、包装、品牌商标等。不同的组织有不同的产品形态，比如政府的公共政策、企业的工业产品、餐馆的菜肴、宾馆的客房、银行的服务项目、出版社的书籍、电视台的节目、学校培养的学生等，这些都是产品的特殊形态，都有其特定的产品形象。

2. 组织的管理形象

组织的管理形象即公众对组织的管理行为所形成的认知和评价。通过组织的管理行为展现的形象是全面的、整体的，包括组织的管理体制、方针政策、规章制度、办事程序、工作效率、服务态度、人事政策、财政资信、信誉、技术实力、营销能力、参与社区活动的影响等，它们综合反映着一个组织的管理形象。比如，现代形象竞争很大程度上取决于服务的竞争，谁的服务好谁就容易赢得人心。结合组织的特点、针对公众的需要，完善组织的服务管理、增加服务的种类、扩大服务的范围、延长服务的时间、挖掘服务的深度、改善服务的态度、提高服务的效率等，对于树立组织形象相当重要。

3. 组织的人员形象

组织的人员形象即组织“主体代表形象”，包括领导者的形象、公关人员形象、组织内部典型人物形象等。

（1）组织的领导者形象是组织形象的一个主要方面。一个好的领导者应当努力树立好自己的形象，加强组织内部的公关工作，处理好和上级、同级、下级之间的关系。领导者在实施领导管理过程中，要不断提高自身的政治思想品德、业务素质和管理水平，促进组织内部公共关系的良性发展，与员工同心同德树立起组织的良好形象，赢得公众对组织的好感和支持。

（2）公关人员是组织形象的主要代表，对组织卓有成效地开展公关活动有较大的影响。公关人员肩负着组织内外沟通、协调，保证组织信息畅通，塑造组织良好形象的使命。公关人员的形象，主要体现在公关人员是否具有良好的品德修养、仪表形象，较高的组织能力、观察能力、思维能力、开拓能力、交际能力和良好的心理素质等。

（3）任何一个组织内部总存在先进、中间、落后三部分成员，一般而言，两头是少数，中间是大多数。组织中的先进典型能起到带动中间和落后成员的作用，因此在先进与落后中应以先进为主，对先进的宣传能极大地鼓舞职工士气，增强组织的凝聚力。对组织内部落后的典型可选择少量作为总结教训的参考。

4. 组织的环境形象

组织的环境形象即公众对组织的内外环境所形成的认知和评价。环境对组织起着烘托、装饰的作用，通过组织内部及外部环境设施所展现的形象，包括组织的门面、招牌、厂容店貌、展览室、会客室、办公室、生产场地以及橱窗、指示牌的陈设、装修等，属于组织形象的“硬件”之一，构成现代办公文明、生产文明、工程文明、商业文明的一部分。

5. 组织的文化形象

组织的文化形象即公众对组织的特定文化所形成的认知和评价。通过组织文化系列要素展现出来的形象，构成组织形象的“软件”部分。组织的特定文化制约着组织形象的个性，标志着组织形象的特定风格。组织文化（企业文化）包括：组织的价值观念和管理理念、组织的历史与传统、组织的榜样人物和标志性事件、组织的职业意识与职业道德、组织的礼仪与行为规范，以及组织的口号、训诫、厂歌、厂旗、厂服、各种宣传品等，它们均鲜明地体现出一个组织的形象内涵。

6. 组织的社区形象

组织的社区形象即公众对组织的社区活动形成的认知和评价。组织的社区形象是一种睦邻形象、地方形象、左邻右舍的形象。社区是组织生存和发展的根基，与组织在空间上紧密地联系在一起，组织的各种社会关系是通过社区形成和延伸的，组织的社会形象首先表现为社区的认知程度和评价状况。一个组织如果不能得到社区公众的认同，就很难在社会上获得良好的名声，因此，组织需要对社区的经济发展、劳动就业、文化教育、社区福利、慈善事业、环境保护等，承担必要的社会责任和义务，树立一个"合格公民"的社区形象。

7. 组织的标识形象

组织的标识形象即公众对组织的标识所形成的认知和评价。标识本身就是组织形象的标志，能够帮助公众识别和记忆组织的形象。通过标识和识别系统所展现的组织形象，包括组织的名称、产品的品牌、商标或徽记、广告代言人、宣传的主题词和典型音乐、标准字体和标准色彩、包装的风格、宣传的格调等。这些视觉形象或听觉形象的基本要素是组织形象识别系统（Corporate Identity System，CIS）的基本构件。

小贴士6-1

"可口可乐"的百年之道

在1993年，《金融世界》公布了部分世界级商标的含金量，"可口可乐"价值344亿美元。今天，可口可乐所产生的价值、功能和魅力已经为企业赚得了一笔巨额的无形资产。

"可口可乐"已有百年历史，在20世纪二三十年代，可口可乐公司每年花费巨额资金把可口可乐宣传为一种年轻向上的产品，喝者都将拥有快乐、充满活力、具有风度优雅的形象；在20世纪六七十年代，公司又决定把企业重塑成年轻歌手般的新形象，饮可口可乐者将获得自信、更加受欢迎和变得年轻。可口可乐公司还聘请美国Lippincott&Marmlies公司为其革新世界各地的"可口可乐"标志，L&M公司经调查确立了四个设计要素：

一是可口可乐品牌名；

二是可口可乐书写字体；

三是红色标准色；

四是独特的瓶形轮廓。

革新的可口可乐标志采用红、白相间的波纹，表现出流动感和韵律感，此标志获得了世界各地消费者的一致认同，可口可乐也因此享有“美国国民共有的财产”之称。

下面是可口可乐成立至今的经营战略：

1896—1929 年：市场确定，定位尝试；

1930—1945 年：国际化经营尝试（销售渠道）；

1946—1970 年：跨国生产、经营，东道国核心；

1971—1998 年：多角化经营，项目融资；

1999 年至今：占领全球市场定位。

此外，可口可乐享誉百年与它的经营哲学是分不开的。可口可乐的经营哲学集中体现为以下三点：一是忽略文化差异；二是将产品和生活相联系；三是始终坚持美好生活不能离开“可口可乐”的企业使命。

这就是可口可乐的百年之道。

（四）组织形象分析

实施公共关系活动的目的是在社会上树立组织的良好形象，而在进行组织形象设计和传播之前，必须对组织形象进行全面深入的调查、了解和分析，这样在组织形象的设计和传播中才能做到切合实际、有的放矢。组织形象的分析方法主要有以下三种。

1. 象限图法

即在对公众调查的基础上，综合分析公众的评价和意见，根据知名度和美誉度两项指标在现实中的不同构成，将组织的实际形象划分为四种状态，运用组织形象的评估坐标图来分析组织的实际形象。

所谓知名度，是指组织的产品或服务在多大范围内为公众所知晓的程度，它是组织开展各项活动的前提。所谓美誉度，是指公众对组织的产品和服务的认可和赞赏程度，它是组织生存和发展的重要基础。知名度主要衡量公众舆论评价“量”的大小，不涉及舆论评价的“质”。知名度高不一定美誉度高，知名度低也不一定意味着美誉度低。美誉度主要衡量舆论评价“质”的好坏。美誉度高不一定知名度高，美誉度低也不一定意味着知名度低。

良好的组织形象应该是知名度与美誉度的有机统一，缺一不可，并高度统一。知名度需要以美誉度为客观基础，才能产生正面积极的社会效果；美誉度需要以一定的知名度为前提，才能充分显示出其社会价值。

组织形象评估坐标图是由两个维度构成的一个坐标系，分别以知名度为横坐标，美誉度为纵坐标。根据组织形象所处的不同坐标位置，把坐标平面分为四个象限，分别表示组织形象的不同状态（如图 6－1 所示）。组织形象位于不同的象限内，意味着组织处于不同的公众关系状态中，面临不同的公共关系任务。

象限Ⅰ表示高知名度，高美誉度。处于该区域内的组织，知名度和美誉度较高，组织的实际形象处于较好的状态。

象限Ⅱ表示低知名度，高美誉度。处于该区域的组织大多是一些封闭保守型的组织，宣传力度不够，知名度较低，但这类组织有良好的基础，公共关系工作难度不大。其公共关系活动的重点应放在维持美誉度、提高知名度上。

象限Ⅲ表示低知名度，低美誉度。处于该区域的组织往往基础比较薄弱，公共关系形象较差，其公共关系工作需从零开始，首先完善自身，而在传播方面暂时保持低姿态，当组织享有较好的美誉度时，再加大知名度的宣传力度。

象限Ⅳ表示高知名度，低美誉度。处于该区域的组织多为一些产品或服务质量差，管理水平低的组织。由于其处于名声不佳的恶劣环境中，所以这类组织的公共关系工作难度较大。其公共关系工作首先应从扭转已经形成的不良形象开始，努力降低不良形象的传播度和知名度，同时从内部着手，积极提高组织的美誉度，然后再展开宣传工作，重塑组织的良好形象。

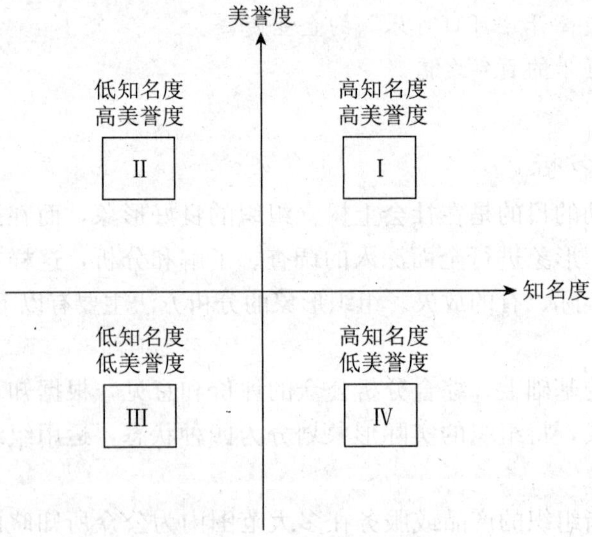

图 6－1 组织形象差距分析

2. 语意级差法

语意级差法即根据公众对组织看法的差异程度来了解组织形象在公众心目中的地位。其具体做法是：

（1）制作调查表（如表 6－1 所示）。即将代表组织形象的要素，如顾客满意度、公众对组织的知晓度等作为调查项目，分别用正反相对的形容词表示好和坏两个极端，并在这两个极端中设置若干程度有所差别的中间档次，以便公众根据自己的看法进行选择。

（2）进行公众意见调查。请公众根据自己的看法，在能代表自己意见的档次上打勾或根据自己对组织形象的认识打分。

（3）回收并统计调查表。回收所有的调查表，并计算每一个调查项目中各种不同程度的公众评价所占的百分比。

（4）分析调查结果。通过分析可以得出公众对组织形象持不同态度的分布情况，从而了解组织形象在公众心目中的实际地位。

表 6-1　**组织形象要素调查表**

调查项目 \ 评价	非常	相当	稍微	中等	稍微	相当	非常	评价 / 调查项目
经营方针正确		65	25	10				经营方针不正确
办事效率高			25	65	10			办事效率低
服务态度好				15	20	65		服务态度恶劣
业务水平有创新					20	70	10	业务水平缺乏创新
管理顾问有名气						10	90	管理顾问没有名气
公司规模大					25	55	20	公司规模不大

3. 组织形象差距分析法

即将组织的实际形象与组织的自我期望形象做比较分析，找出两者之间的现实差距。

其具体做法是：采用语意级差法，将代表组织形象的要素，如知名度、美誉度等具体项目制成调查表，分别在组织和公众两个群体中进行调查，然后回收并统计调查表，分析组织与公众之间的现实差距。

将调查表上表示不同程度的档次数字化，转化成为数值标尺。如设定第一档次“非常”为“7”，第二档次“相当”为“6”，第三档次“稍微”为“5”等，依此类推。根据调查统计结果，计算公众对每一个调查项目评价的平均值：

（1）计算各档次评价分值：各档次评价分值＝该档次分值×评价人数。如调查表中被调查人数为 100 人，第一项“经营方针”的评价分值为：65×6＝390；25×5＝125；10×4＝40。

（2）计算每一调查项目获得的评价总分：将该项目各档次评价总分相加，如第一项“经营方针”的评价总分为：390＋125＋40＝555。

（3）计算该项目评价的平均值：该项目评价的平均值＝该项目评价总分÷调查总人数。如第一项“经营方针”评价的平均值：555÷100＝5.55，即（65×6＋25×5＋10×4）÷100＝5.55。即“经营方针”一项的公众评价平均值为 5.55。最后，将这一数值在标尺的相应位置标出。

用同样的方法对组织内部进行调查，也可得到一个调查结果，将这两个调查结果的数字用曲线形象地表示出来。如图 6-2 所示（以表 6-1 所述的组织为例），图中实线部分是该组织的实际形象，虚线部分是该组织的自我期望形象，两条曲线之间的差距就是组织的形象差距。

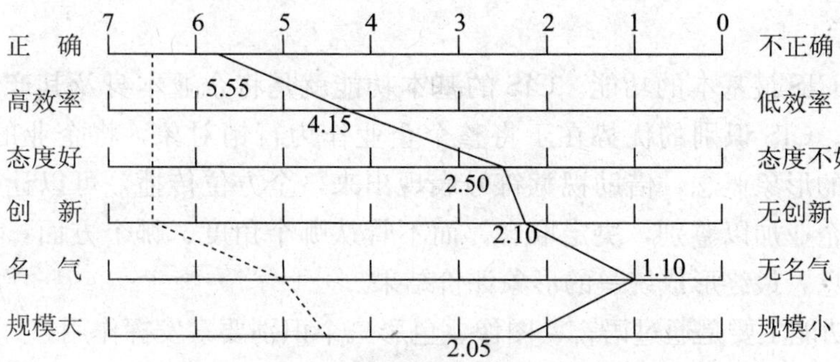

图 6-2　组织形象差距分析

任务二　实施 CIS 战略

一、CIS 概论

（一）CIS 的概念及构成

CIS（Corporate Identity System，CIS 或 CI），它包括企业理念识别（MI）、行为识别（BI）和视觉识别（VI）三个子系统。它起源于 19 世纪欧洲，属市场经济的产物，是把企业文化、经营理念、管理行为融入到现代商业策划设计和企业管理活动中，使之系统化、规范化、标准化。对内规范企业行为，强化员工的凝聚力和向心力，形成自我认同，提高工作热情，降低经营成本；对外传播企业理念和树立品牌形象，使社会公众对企业确立牢固的认知与信赖，避免认同危机，提高沟通的效率和效果，以之取得更大经济效益与社会效益。

1. 理念识别系统（Mind Identity Systerm，MIS 或 MI）

理念识别系统是现代企业管理学用语，主要指企业价值观、企业文化、社会责任和发展愿景等，是确立企业独具特色的经营理念，属于企业文化的意识形态范畴。

2. 行为识别系统（Behavior Identity Systerm，BIS 或 BI）

行为识别系统是以企业实际经营理念与创造企业文化为准则，对企业运作方式所作的统一规划而形成的动态识别形态。它是以经营理念为基本出发点，建立完善的组织体系、行为规范、职员教育和品牌传播方式，再通过企业公益性文化活动、公共关系、营销活动等方式来传达企业理念，以获得社会公众对企业识别认同的形式。

3. 视觉识别系统（Visual Identity Systerm，VIS 或 VI）

视觉识别系统是以企业标志、标准字体、标准色彩、象征图形为核心展开静态的、完整的视觉传达体系，是将企业理念、文化特质、服务内容、企业规范等抽象语意转换为具体符号的概念，塑造出独特的企业视觉形象。视觉识别系统分为基本要素系统和应用要素系统两方面。视觉识别（VI）在 CIS 系统中最具有传播力和感染力，最容易被社会大众所接受。

（二）CIS 的功能

1. 识别功能

识别功能是 CIS 最基本的功能。CIS 的基本功能就是将企业本身及其产品、品牌与竞争对手区别开来。CIS 识别的优势在于将整个企业作为行销对象，将企业的理念、文化、产品等形成统一的形象概念，借助视觉符号表现出来，全方位传播，可以让社会公众从多视角、多层面对企业加以鉴别，决定取舍，而不管从哪个角度、哪个方面，都能感受到相同的、一致的信息，最终形成统一的形象评价结果。

CIS 的识别功能主要是通过语言、图像、色彩三个识别要素发挥作用。

（1）语言识别，是指用象征企业特征的精神口号、产品与品牌广告语等达到识别目的。

其中，最具魅力、最具鼓动意义的是企业价值观，称之为关键语，即用言简意赅的语句表达企业形象、经营理念，代表企业的思想行为。比如：IBM 的“IBM 就是服务”、润华的“诚心润中华”、海尔的“真诚到永远”、太阳神的“我们的爱天长地久”等。

(2) 图像识别，是指用象征本企业的图形，如标志、辅助图案、吉祥物等图案，形象地达到识别的目的。这是建立企业知名度和塑造独特企业形象最有效的方法，也是中外企业导入 CIS 普遍重视企业标志等的原因所在。比如，麦当劳大写的“M”标志、太阳神用人字托起太阳的标志等，都产生了巨大的视觉冲击力而具有良好的识别功能。

(3) 色彩识别，是指企业用象征自己特征的色彩（企业标准色）达成识别。它利用了人们对色彩普遍具有的审美心理，并能引起愉悦、联想、美好的印象效果，设计出符合企业理念个性特征的标准色，起到强烈的区别性识别效果。如海尔蓝、太阳神红黑反差标准色等。

2. 管理功能

CIS 不仅在对外传达企业形象方面发挥强烈的识别功能，同时，在规范企业内部管理方面发挥着有力作用。

企业制定的《CIS 手册》就是一部从思想、行为到传播，进行全方位标准化管理的企业内部法规。其中，理念系统更像企业的“宪法”，不可随意更改。所以我们说，CIS 手册的主要功能之一，是规范企业内部的管理系统，使之统一化、标准化、规范化、系统化。因此，导入 CIS 是推动企业实现管理创新的有效途径。

CIS 的管理功能，还体现在给管理者确定了一个明确的企业形象塑造目标，提供了一本处理纷繁杂务的既定原则，使管理人员迅速准确地作出正确的决定。但是，CIS 的管理功能不是独立存在的，它是同企业原本的质量管理、成本管理、财务管理等结合，相辅相成，才能有效发挥作用。

小贴士6-2

麦当劳的行为规范

麦当劳依靠餐厅经理和员工把麦当劳的 Q（品质）、S（服务）、C（清洁）、V（价值）传递给客户。因此对餐厅经理和员工的训练是必不可少的，所有的经理都从员工做起，必须高标准掌握所有基本岗位操作并通过 SOC（岗位检查手册）。麦当劳系统专门为餐厅经理设计了一套管理发展手册（MDP），管理发展手册共分 4 册，采用单元式结构，循序渐进。管理发展手册中既介绍各种麦当劳管理方法，也布置大量的作业指导学员阅读营运训练手册和实践。与管理发展手册配合的还有一套经理训练课程，例如，基本营运课程、基本管理课程、中级营运课程、机器课程、高级营运课程。餐厅第一副经理在完成管理发展手册第三册后，将有机会被送到美国麦当劳总部的汉堡包大学学习高级营运课程。上一级的经理将对下一级的经理和员工实行一对一的训练。通过这样系统的训练，麦当劳的经营理念、行为规范就深深地渗透到了麦当劳员工的行为之中。

3. 传播功能

导入CIS塑造企业形象的过程，主要是通过传播予以实现。正是因为CIS设计系统具有准确、有效、经济、便捷传播的功用，才能达到树立优良形象之目标。

4. 协调功能

企业导入CIS有助于信息传播的可信性、真实性和统一性，使企业的公共关系活动得到顺利发展，达成企业同社会各方面的协调与平衡。

企业的公共关系包括员工关系、顾客关系、金融界关系、合作关系、竞争关系、政府关系、新闻界关系、社区关系等，各种关系形成原因不同，但CIS均能发挥独特作用。CIS的贯彻能进一步改善与发展企业同政府、社区、新闻界的关系，创造企业同社会协调一致的外部经济环境。这便是CIS发挥的协调功能。

5. 竞争功能

在竞争激烈的市场中提高企业的竞争能力，是CIS的核心功能。

以上五大功能在一定程度上说都是为提高企业的竞争功能服务。

（三）CIS的基本特征

1. 战略性

CIS是对企业理念、行为方式和视觉表现进行统一识别策划设计、统一传播，进而增强企业竞争力的现代经营战略，因而战略性是CIS的生命和灵魂。换言之，企业导入CIS应该将之作为一项长远的战略来实施。

2. 系统性

CIS系统涵盖了企业的各个方面，是一项繁杂的系统工程。

CIS是软件系统（MI、BI）和硬件系统（VI）的集合，是基本系统和应用系统的集合。所以CIS工程各个部分必须在企业统一的理念指导下，进行统一的规范。标准化地表现出企业整齐划一的形象识别，是CIS工程的关键所在。CIS的成功开发和实施，实际上是与企业的内在结构、运行机制和精神文化紧密相关的。因此，由CIS识别系统工程策划出来的优秀企业形象，是由企业哲学、文化、管理、经营、美学理念综合构成的体系。

3. 差异性

差异性又叫个性，是CIS的最本质特征。企业导入CIS的根本目的，是全方位塑造个性鲜明的企业形象，因此CIS归根结底是一种差异化战略。

4. 竞争性

CIS战略的竞争性，是指成功地导入CIS提高企业的形象力，在竞争日趋激烈的市场经济环境中立于不败之地。

二、CIS的导入时机

企业开发CIS除内部自觉需求与外部市场压力等因素外，由于企业经营状况各异，实施的方式与时机也不尽相同。一般而言最佳导入的时机有以下几个。

1. 新公司设立，合并成企业集团

在新公司成立之初同时实施CIS有益于设定理想的经营理念与情报传达系统。易以系列性、独特性的统一形式在消费市场和大众社会中塑造良好的企业形象。此外，企业合并会给经营环境及社会大众的接受程度产生一定的影响。此时导入CIS可有效地消除社会大众心中的疑虑，对合并后的企业集团产生新的认同与识别。

2. 创业周年纪念

周年纪念肯定了企业所走过的成长历程，肯定了外界公众对企业的信任和好感。此时导入企业CIS系统，对企业迈向更高更远的目标起到了积极的促进作用。尤其在纪念日当天配合公布，可加深前来祝贺的与会嘉宾和社会公众对企业的印象。同时，增进员工向心力与工作士气。

3. 扩大企业营业内容，迈向多角化经营

经营良好的企业会随时代变迁而成长、变化，拓展创业初期的经营内容，迈向多角化经营。加之主导产品比重变化，也会使企业名称或标志等情报信息发生与生产性质、经营内容不相符的现象。只有开发CIS，统一新开发的产品与企业本体关系，才是建立符合企业实态的举措。

4. 进军海外市场，迈向国际化经营

经营初期，企业一般把国内市场作为经营面。当企业不断发展逐步迈向海外市场时，原有的视觉系统已不符合国际市场经营需求。只有开发CIS，重新建立企业形象，才是应对之策。

5. 新产品的开发与上市

为满足消费者不断变化的需求，企业大多致力于新产品的研究开发。新产品开发成功，上市之初也是导入CIS的良好时机。因为，新产品是企业经营不断创新的具体成果，体现着领导先机的时代信息，易令消费者接受新形象、新观念。此时配合实施CIS，可收到促销产品的广告效用和塑造企业形象的双重功效。

6. 改善经营危机，活络事业停滞

当企业面临经营不善的危机或业绩停滞不前的情况时，导入CIS可使内部组织气氛生动化、生产作业制度组织化、对外情报传达信息系统化、视觉识别符号统一化，有助于解决企业经营的诸般困扰。

7. 消除负面印象，统一企业实态与企业形象的关系

当企业经营受客观上或偶发性因素困扰时，会在大众中产生负面印象。为消除消费者心中的阴影，改变企业形象，可导入CIS，以形成耳目一新的清新形象。

小贴士6-3

曾几何时德国奔驰（戴姆勒-奔驰）与美国克莱斯勒两家汽车公司的合并，成为迄今为止世界上最大的工业合并案。但他们新生产的戴姆勒——克莱斯勒汽车在美国销售时却受到了抵制。长期以来“奔驰”都是一种身份的象征——许多国家的领导人、大公司老板都以乘坐奔驰为荣。但由于希特勒也乘坐该车，美国人中占很大比例的犹太人为此而发誓坚决不坐“希特勒”汽车。对于这种负面的心

态影响，企业想出了一条对策，以全新的形貌面市，他们自豪地宣布：你们可以名正言顺地购买戴姆勒-克莱斯勒汽车了，因为正是当年克莱斯勒生产的大量坦克帮助盟军打败了纳粹军队。因此，这种车实际上是“英雄之车”。

此外，企业经营良好时，企业情报传达通畅，企业实态与企业形象一致；如两者之间互有缺损，则情报信息与经营成果相逆。此时导入CIS，可使企业建立正确的经营理念，扮演积极的社会责任角色，并将独特的视觉识别传达给社会大众，获得认同，使二者得到统一。

8. 企业改组或经营高峰更换，创新作风

当企业重要人事改组或经营高峰更换时，企业的组织结构会产生大幅度易动现象，旧有系统已不适宜。为创新风，唤发生机，实施CIS是改变旧形象的最佳途径。

9. 提升品牌与企业的共同性或品牌升格为企业标志

CIS的统整，可加强企业在消费者心中的地位，使企业越发显得坚固、可靠。此外，某些品牌已在消费者心中形成牢固的正面形象时，这时便可将品牌升格为标志，使印象统一化。适时导入CIS，可合理统合二者关系，建立良好形象。

10. 企业情报组织不一，管理系统欠缺

企业成长中，新产品不断产生，风格形式、包装设计规格不一，甚至造成内部作业的烦琐与纷乱。实施CIS，以规格化、统一化、组织化的系统作业，健全内部管理系统的运作程序，统一企业情报的信息传达。

11. 经营理念的重整与再出发

企业过于陈旧而无法适应时代时，必须调整企业精神与经营理念。特别是企业象征——标志等基础要素落伍时，必须重整，使之脱胎换骨，再创新生。导入CIS可使社会大众明显察觉到企业的进步与变化，利于重塑新形象。

12. 竞争产品性格模糊，品牌差异性不明确

由于科技进步，品质原料、生产技术、成本售价均趋于同质化。竞争企业间的差异不明显，易给消费者识别认知时带来疑虑。导入CIS，可以鲜明的视觉识别制造企业间的差异性，塑造企业独特形象，强化市场竞争力，加深社会认同度。

三、CIS导入的关键

据统计总结，导入CIS成败的特别关键在于以下五点。

1. 企业最高领导人要对导入CIS有坚定的意志

导入CIS是关系到企业前途与命运的大事，应由企业最高领导层决定和推动。所以必须先在企业内部各管理层中达成共识，并使各层管理者掌握CIS的基本知识、坚定信念、积极配合，才能借助CIS从根本上解决企业存在的问题，发挥真正的实效。

2. 必须设置热心而又有能力的CIS执行委员会

CIS是全企业的运动，需要全体员工的支持和共同努力。CIS委员会的责任就是协助领导层调动全体员工对CIS热情支持，形成有利气氛。故其成员必须具备优秀的办事能力和

计划推进能力。

3. 员工的认同感是导入 CIS 成功的重要因素

导入 CIS 常要借助外界力量，但主体仍是企业本身。故在导入之初，应由领导层带领作 CIS 宣言，表现出推动的决心，以激发全体员工的士气，并使员工认识到导入 CIS 的必要性以及与自己的切身利益的联系等。从主观上调动士气、形成共识，使员工积极参与到 CIS 中，上下齐心协力，真正做到活化企业内部，调动员工积极性，提升现有企业形象，展现 CIS 特有的魅力。

4. 对 CIS 有正确的认识

（1）CIS 是在运动中发展，并呈螺旋式上升。CIS 一般从理念识别（MI）开始，透过行为识别（BI）和视觉识别（VI）有效地在企业内部、外部进行推广，但具体导入时应结合企业现状，及时补上所缺环节。其导入顺序也不一定完全遵从 MI—BI—VI 模式，可根据具体情况从任何环节入手或互为补充；也可以再度整合、循环往复。

（2）CIS 不仅仅是指 VI。VI 只是 CIS 的一部分，企业形象的建立离不开 MI、BI。如果企业为节省开支、急功近利，在无 MI、BI 时，只作 VI 部分，则不能从根本上解决企业实际问题。因为，没有企业理念，难以从根本上落实企业的"本"。故应正确认识 MI 和 BI 的重要作用，合理应用 VI，才能事半功倍地从根本上树立企业形象。

5. 企业内部和专业 CIS 公司的关系

企业在选择 CIS 公司时，应以设计水准为主要条件，而不应以估价高低为原则。导入 CIS 企业才是主角，CIS 公司担当的只是助产士的角色，两者须积极配合推动，并进行有效沟通，以利于正确进行企业实态分析。此外，两者应密切合作、携手共进。切记：以此压彼、阻碍沟通、不合实际的思想和行为终将导致双方难达共识，使 CIS 的导入难以正常进行。

四、CIS 计划的基本程序

（一）策划准备

1. CIS 策划的准备

以企业经营者为中心的筹划委员会，先研究 CIS 计划，慎重讨论企业必须实施 CIS 的理由，了解实施 CIS 的意义和目的，然后，再决定 CIS 计划的大概范围：是只改良企业标志、象征造型，还是要彻底、重新检讨整个企业理念？

CIS 筹划委员会的成员，一般而言都是从企业内各部门的中级主管中选出，以 5～10 人为最适合。同时，企业还可以请专家来企业演讲，或派人到已经实施 CIS 的企业，听取他人的经验和意见。一旦决定要实施 CIS，就要组织 CIS 委员会，以设计今后计划的预定时间表，并同时决定选择哪一家专业 CIS 公司。

2. 企业现状分析

企业现状分析包括企业内部环境和外部环境。

进行企业内部环境的分析，必须先进行意识调查，即企业最高负责人必须与各部门主管进行会谈，甚至和员工面谈，再进行企业形象调查、视觉审查等活动，找出公司当前面临的问题，使 CIS 计划中的主题明确化。

企业外部环境的分析，是指对现代社会的分析，如当前市场状况的分析、其他企业形象的分析等相关分析活动，以确实掌握本企业在行业中的地位，并探索、检讨企业今后发展的方向。

3. 理念和领域的确定

根据第二阶段对现状的把握，进而重新审视企业理念和事业领域。

以企业的经营意志和社会、市场背景等为基础，预测十年后、二十年后的情况，以确定企业的事业领域。同时，将现存的企业理念和现在、未来相对照，据此而规划出企业的活动范围。

4. 企业结构的调整

根据企业理念、事业领域来审视企业内部的结构后，就必须展开改善企业素质的工作。在外界 CIS 专业公司或咨询人员的协助下，设定企业内的组织和体制以及信息传递系统，以塑造新的企业素质。

5. 表现整合

"表现"包括行动表现和视觉表现两方面。首先，行动表现是指透过企业结构的调整过程，必然会表现出来的新企业活动，关于员工行动方面，可积极推行内部促进运动，展开企业理念浸透计划，使企业整体的行动统一化。其次，企业在视觉媒体上的表现，也必须加以统一。根据统计，在人的生理性情报的摄取机能中，视觉情报约占 80%，所以必须特别重视。

设计表现的综合是传递企业形象的利器，和信息传递的效率化、媒体制作的效率化也有密切关系。

以上五个阶段，只是 CIS 计划的基本程序。CIS 计划中各阶段和程序的配合，依各企业情况而异，企业一定要考虑自身的需要和状况，才能发挥 CIS 的效果。

（二）调查与分析

建立 CIS 的过程，是一连串相当缜密的作业。在这一过程中，必须确立 CIS 的施行步骤，以作为日后实施的依据。而调查与分析，就是 CIS 导入作业的第一步。

1. 企业实态调查

调查的第一步作业，是展开企业实态调查，对于企业目前的实态调查工作，可从企业内部与外部两方面着手。

有关企业内部的调查工作，包括企业经营理念、营运方针、产品开发策略、组织结构、员工调查、现有企业形象等，都需要逐一加以检讨、研判、分析，整理出企业经营的理想定位，再由外部方面进行调查。企业内部调查的重点，主要是和高阶层主管人员的沟通，应以相互信赖和共同发掘问题为基础，将企业经营的现况、内部的组织、营运的方向等正负面问题深入检讨，将开发设计导入正确的方向。

内部员工的认知，也是调查作业的工作重点之一。因为员工的忠诚度、归属感、向心力等意志的贯彻与否，足以决定企业经营的成败。

员工对于内部作业环境、待遇福利、作业流程、管理体制等问题的反映与看法，也是开发新 CIS 最佳的参考资料。因此，进行企业实态调查的工作，必须包括和公司最为密切的员工。

对外方面，有关消费市场与特定对象的分析研究，尤其是竞争厂商情报的收集与分析，是开发作业前调查工作的重要方面。

首先，必须寻找出消费者对于企业现有的产品与服务，具有何种程度的印象；其次，依照市场需求与未来走向设定相应的战略，并兼顾竞争企业的经营战略和形象定位，分析研判其相关经营问题点，采取相应的措施，创造有利的经营环境。

调查工作是否完善、准确，是决定CIS成败的重要关键。因此，凡是想要引进CIS的企业，应先组织优良的调查系统，再根据调查结果进行设计开发作业，确立施行方针。

2. 企业形象调查

塑造良好的企业形象，是CIS作业的主要任务之一。但在展开作业前，必须了解对本企业而言，什么样的企业形象才是良好的？形成信赖感和好感的具体因素又是什么？另外，对目前市场的活动情况及特色，也应仔细研究、分析，进行广泛的调查工作。完备而客观的事前调查，将有助于了解未来CIS作业的方向，不但能提高工作效率，也是CIS成效的有力保证。

企业形象的调查，可以运用“关键语”法：让取样的消费者参考表6－2的24个形象项目，选择适合该企业的关键语。

表6－2　　企业形象项目表

(1) 技术优良	(13) 对新产品的开发很积极
(2) 新鲜感	(14) 善于宣传、广告、促销
(3) 未来性	(15) 具有健康的形象
(4) 积极性	(16) 研究开发能力很强
(5) 企业规模大	(17) 国际竞争力很强
(6) 传统性	(18) 对顾客的服务很重视且周到
(7) 信赖感	(19) 认真考虑消费者问题
(8) 稳定性高	(20) 销售网相当完善
(9) 合乎时代潮流	(21) 希望子女在此公司任职
(10) 公司风气良好	(22) 要购买此公司的股票
(11) 具有现代感	(23) 对社会有贡献并尽社会责任
(12) 经营者很优秀	(24) 对防治公害工作很热心

根据这些关键语，我们可以将构成企业形象的因素归纳为下列七种：

(1) 市场形象：认真考虑消费者问题，对顾客的服务很重视且周到，善于宣传广告、促销，销售网相当完善，国际竞争力很强。

(2) 外观形象：信赖感，稳定性高，传统性，企业规模大。

(3) 技术形象：研究开发能力很强，技术优良，对新产品的开发很积极。

(4) 未来性形象：合乎时代潮流，新鲜感，积极性，未来性。

(5) 经营者形象：经营者很优秀。

(6) 公司风气形象：具有健康的形象，具有现代感，公司风气良好。

(7) 综合形象：一流的企业，国际竞争力很强，对社会有贡献并尽社会责任，对防治公害工作很热心，希望子女在此公司任职，想购买此公司的股票。

3. 用归纳法定位

对市场活动作初步的企业机会的评价，是活用企业形象调查的最普遍情况，广告行销业界称之为定位。

首先，企业应先确认本身在社会分工的体制中所扮演的角色；然后，再将角色内容广泛地让一般民众了解。通过企业的信息传递活动，大众才获得“某某企业是属于某一种行业的企业”的形象，之后就自然地会以此种企业形象来设定自己的行动。

到目前为止所整理出来的调查报告，可以归纳成下列两种报告：一是资料明细报告，这是调查小组所做的第一次报告，说明各个调查的明细资料，当然也包括小组间的比较资料。二是以明确报告为基准的调查概略报告，主要内容是概要列出调查种类、提出简单结论。

小贴士6-4

索尼的名称设计

日本的SONY（索尼）公司原名是东京通信工程公司，在英语中这个名字的译名太啰唆，而它的简称东通工（ttk）人们又不知怎么念，于是公司就不得不改名。那为什么选择SONY呢？公司创始人解释道：新名字的好处是没有含义，用任何语言念出来都很响亮，而且好记，并且它是用罗马字母写成，好多国家的人都觉得它是本国语言，这样认识他们公司和产品的人也就越来越多，这也是SONY发展为大型跨国公司的原因之一。

(三) 企划方案

企业参考事前调查的结果，来重新评估企业理念，构筑新的企业经营战略——也就是形成CIS计划的方针，并作为未来的管理作业的方向，这一连串的构思，统称为总概念。CIS范围的扩大、成就、效果好坏，完全取决于CIS总概念的整理和企划方案。

1. 总概念整理

总概念报告，就是有关CIS的初级企划书，主要是根据企业的具体情况，提出适合于企业的理念，也可说是对企业最高主管的建议书，因此，必须具有解决问题、改善体质、引导方向的功能。

总概念必须能针对调查结果，表达出正确的判断，进而提供有关CIS的活动指向和改良建议，深入浅出地指出未来企业应该具有的形象，并明示往后一连串的CIS作业和管理办法。

总概念的内容大致如下。

（1）调查结果的要点：加以扼要地整理出事前调查的结果，对其中的重点加以解说。

（2）企业的 CIS 概念：包括企业未来的作风、理念、形象、活动领域、方针、重要概念等。总之，必须把企业未来的概念作完整而扼要的叙述。

（3）具体可行的策略：为了具体地表达上述概念，所以应列出实际可行的做法。

（4）CIS 的设计开发要领：具体而详细地记载 CIS 设计开发计划，使它能立刻展开作业。

（5）和 CIS 有关的补充计划：为了顺利达成 CIS 的目标，除了必须设计开发计划外，还得配合企业对内、对外的信息传递计划，以及各种相关计划。

总概念的整理作业，可交由企业内部的专业人士来进行，或是聘请外面的专家，但无论执行者是谁，真正的重点在于内容。

2. 制订企划方案

总概念报告完成后，就必须根据这份报告画出 CIS 的蓝图——也就是企划方案。

CIS 企划方案由三大部分构成：

（1）企业实态的检讨和分析，也就是事前调查阶段。

（2）根据调查结果，展开企划和规划的作业，CIS 的设计开发也属于这部分。

（3）实施管理作业。

企业经营者在推行 CIS 时，应按照上述的三大部分，循序渐进，确实执行，才能真正发挥 CIS 的效果。

在提出 CIS 企划方案的构想之前，企业应先自问一个问题：引进 CIS 的真正目的是什么？是不是认为企业本身存在着某些问题，必须加以改善？换个角度讲，企业已经看出 CIS 能解决自身所面临或即将面临的问题。

因此，企划方案的内容应该清楚地标示出问题和解决办法两大重点，并且对具体的实行步骤、方法和预期成果加以说明，如果能列出企业目前的问题，并加以精彩详细的说明，就会更有说服力。因此，一个完整的“引进 CIS 企划方案”，必须包括下列项目：标题；提案的目的；引进 CIS 的理由和背景；引进计划；CIS 的计划方针；具体的施行细则；CIS 计划的推动、组织、协办者；实施 CIS 计划所需的费用与时间。

在上述的八个项目中有两大重点：提案的目的和引进 CIS 的理由与背景。尤其是引进 CIS 的理由，一定要说明清楚，因为它可能决定了企业对 CIS 系统的运作方向。

3. 执行工作大纲

在事前的调查作业完成之后，CIS 规划的方向就会浮现出来。此时要根据调查结果，拟出具体化的概念，并提出提案内容；在提案内容确定之后，即可研拟 CIS 引进作业的执行工作大纲。

一般而言，执行工作大纲有以下内容：

（1）主题明确化。每一个企划方案都必须有其魅力标题，当然也可以只用“关于本公司 CIS 引进大纲”为主题，但仍以拟订出企业具有代表性的魅力话题较为妥当。例如：“为实现公司业务积极活性化与市场扩大占有率的提升”；或是“迎接创立周年庆纪念”。

另外，在拟订方针时需有充分周密的思虑与研讨，千万不要因为追求流行时髦而导致判断错误，影响企业整体性的发展。

（2）拟订具体实施活动方式。经研讨分析后的结论，认为有必要导入CIS时，则需将主题、着眼点、背景等，一一予以评估，因为在导入作业实施的每一阶段，每项工作都环环相扣，因此在全盘作业大纲分类后，须依需要性拟订各种不同活动方式来配合推动。

（3）编列导入时间预定表。CIS导入作业不是短期的作业，同时，在进行中也必须有许多事项的配合，因此要将作业阶段进行的项目与日程时间进行合理的调配，才能使作业进行的顺畅。

（4）拟订作业组织功能。用什么方式推动与推选出适合人员来执行导入作业，是不可忽视的事。组织机能必须明确化，例如，在内部设置CIS委员会，负责工作任务的有效分配和具体执行等。

另外，CIS导入作业的规划，不妨聘请外界专家协助参与，因为企业形象的塑造是为了获得社会大众的认同与喜爱，如果全部由本企业的人员推动，会受限于企业本身的主观偏好，出现闭门造车的缺陷。

（5）编列经费。通常在企划阶段，对实施作业所需经费的数额是很难掌握的，如果提案对所需经费没有一些具体的评估，实施的可行性就微乎其微了，因此，需要先行研拟出概算的作业项目与经费。

一般而言，所需经费包括调查企划费用、视觉设计费用、各类项目实施作业费用、内外沟通作业费用、评估与管理费用等，可分由上述各项作业内容预估出大概的金额。但通常在进行CIS作业时，项目的或增或减是避免不了的，所以在预估经费时要保留一些弹性。

整体来说，CIS的投资费用大致可分为四部分：一是企业实态调查及企划费用；二是设计开发费用；三是实施管理费用；四是其他费用，如推行计划时的花费、公司内部信息传递的经费，等等。

（四）设计开发

由于CIS是以塑造企业形象为主，彻底掌握视觉上设计系统的一种技法，因此，在此前所做的调查、企划，最后若不能以视觉开发计划的方式来表现，将会失去意义。

在企业的最高负责人批准CIS企划案后，即可展开CIS的作业。此时，企业内部最关心的，当然是导入CIS后企业问题能否解决，以及用什么方法来推行CIS等。因此，企业可能会设置“CIS推行委员会”，并派遣专人来负责此事。

进入CIS的设计开发阶段后，前面各项作业所设定的识别概念、经营理念，都将在这个阶段中转换成系统化的视觉传达形式，以具体表现企业精神。

1. 基本与应用设计

在CIS开发计划上，首先必须从企业的第一识别要素——也就是基本要素的开发着手。基本要素各自的定义和考虑的重点如下。

（1）企业标志。代表企业全体的企业标志。对生产、销售商品的企业而言，是指商品上的商标图样。

（2）企业名称标准字。通常是指企业的正式名称，以中文及英文两种文字定名。以全名表示，或是省略股份有限公司、有限公司的情况亦可。依企业的使用场合，来决定略称和通称的命名方式。

（3）品牌标准字。原则上是以中文及英文两种来设定，足以代表企业产品的品牌。

（4）企业的标准色。用来象征企业的指定色彩（如富士软片的绿色、柯达的黄色等）。通常采用1～3种色彩为主，也有采用多种颜色的色彩体系。可以考虑让这种借以传达企业气氛的色彩常常出现，或利用辅助色彩制造更佳的色彩。

（5）企业标语。对外宣传企业的特长、业务、思想等要点的短句（如声宝的“商标就是责任”，中百超商的“全面提升家庭生活品质”等）。与企业名称标准字、企业品牌标准字等附带组合活用的情形也很多。

（6）专用字体。包括企业主要使用的文字（中文、英文）、数字等专用字体。选择主要广告和SP促销等对外印刷情报所使用的字体，并规定为宣传用的文体。

至于CIS的应用设计，则包括企业章类（如名片、旗帜、徽章等）、文具类（如文件、信封、信纸、便条纸等）、车辆运输工具等，服装制服、企业广告、宣传广告、招聘广告等也是。

2. 设计与开发

CIS的设计与开发，包括下列三点：

（1）设计开发的委托方式：包括总体委托方式、指名委托方式、指名设计竞赛方式、公开设计方式。

（2）设计开发的作业分配方式：包括基本设计要素及基本设计系统，应用设计要素及应用设计系统。

（3）CIS设计开发的程序。

①制作设计开发委托书。

②说明设计开发要领，依调查结果订立新方针。

③探讨企业标志要素概念与草图。

④企业标志设计案的展现。

⑤选择设计案及测试设计案。

⑥企业标志设计要素的精致化。

⑦展现基本要素和系统提案。

⑧编辑基本设计要素和系统提案手册。

⑨企业标准应用项目的设计开发。

⑩一般应用项目的设计开发；进行测试与打样；开始新设计的应用；编辑设计应用手册。

（五）问题及注意事项

很多企业相信CIS是企业活动所不可或缺的，但是在实施CIS的同时，却发现并没有产生预期的效果，推敲其原因，可能有下列几点：

1. CIS和高级主管的管理作业有密切的关系

当员工按部就班地推行CIS计划时，他们会发现一件事实，CIS活动中所发现的企业缺点越多，得罪主管的危险性也越大。这个事实，自然使推行CIS的阻力加大。

一般而言，高级主管不会当面拒绝员工的建议。一个聪明的主管，在了解CIS的重要性后，一定不会责怪提案者的建议或批评。因为，企业的管理层是期盼企业发展和进步的，所以，他们对员工提出的有利于企业的提案，当然会欢迎。况且，CIS 施行成功后，最先受益的还是高级主管。

2. CIS 涉及多种不同性质的科学技术的结合

企业在决定方针、方向、战略之后，活动领域立刻会衍生浓厚的感性问题。因为，包括视觉性的设计开发和判断、选择、适用及调整企业内的工作情绪等，都是需要感性和人性的工作。新的 CIS 提案要得到大家的接受与认同，确实须花费一番工夫。

因此，要使这类理性、感性交杂的作业能顺利进行，并逐渐强化，最后达到使企业内外甚至竞争企业也一致赞美的成功境界，就必须依靠先进的管理技术。

3. 企业本身往往成为推行上的障碍

CIS 是企业本身形象的革新，要使自己由消极转向积极、由老化转向年轻，是不容易做到的。因为，大多数的企业并不知道自己的老化程度。

在 CIS 的科学技术中，“设计”会带来年轻的力量，消灭老化现象，使人有焕然一新之感。换言之，企业可以利用 CIS 设计造型的力量，潜移默化，以独特的、全新的造型来改变自身形象。

CIS 的价值在于它内含的资产价值。CIS 活动，是一种从头到脚彻底改变企业体质的行为。借着新企业形象的推出，改善企业的现况，这样一个充满前景与信心的计划，任何企业应该都不会有拒绝的理由。

也正因为如此，CIS 更需要企业全体员工在意识形态上的改革，所以如何使员工进行自我革新，也是一项极为重要的工作。

企业若能克服上述困难，必然能收到 CIS 所给予的惊人成效，企业远景也必将充满活力与希望。

4. 计划阶段注意事项

CIS 导入计划有它预定的实施期限，其中包括许多复杂的项目，因此，必须循序渐进，才能得到合理有效的结果与良好的视觉设计系统。所以，推行 CIS 作业在计划阶段应注意下列事项：

（1）不可仓促进入实施阶段。在企业确认 CIS 的导入方针前，如果仓促而机械地勉强排定实施计划，反而会产生反面效果。

（2）设计开发作业的时间必须有弹性。CIS 的设计开发作业中，最重要的是在基本设计开发期间，必须由参加设计者充分地检讨。为了能提出优秀的构想，在设计开发作业的最初阶段，必须预留足够的检讨时间。

（3）重视逻辑性，循序推进 CIS 作业。在进行 CIS 计划时，有关企业问题的探究、调查工作及根据调查结果作判断的过程，如果进行得不理想，会对往后内部人员与外界沟通时产生偏差，也会影响 CIS 的成效。因此，不论高级主管如何要求赶工、赶时间，CIS 作业都必须步步为营，重视逻辑性、整合性，循序渐进地推行。

（4）变更公司名称、品牌、商标时，必须尽快办理法律手续，避免 CIS 作业因此被延误。

（5）发现 CIS 计划不合理时，应尽快重新修订。CIS 计划的流程安排，必须考虑前后作业间的关联性。

五、CS 战略导入

CS 战略是一位美国心理学家在 1986 年首次提出的。1991 年，美国营销学会召开了第一次 CS 战略会议，讨论如何以 CS 战略来应付竞争日益激烈的市场变化，自此以后，CS 战略在全球发达国家流行开来。1996 年，当 CS 战略在发达国家盛行 10 年的时候，我国企业开始把目光转向 CS 这张经营战略新王牌。

（一）战略的概念及主要内容

1. CS 战略的概念

CS 战略即顾客满意战略（Customer Satisfaction Strategy），是指以顾客满意为核心、以信息技术为基础而发展起来的一种现代企业管理的观念和手段。要理解 CS 战略，首先必须明确顾客满意（Customer Satisfaction，CS）的概念。所谓顾客满意，是指顾客接受企业有形产品或无形产品后，感到需求满足的状态。顾客满意的指导思想是将顾客需求作为企业进行产品开发或服务设计的源头，在产品设计、价格设定、分销环节建立、售后服务系统设置等方面以顾客需求为导向，最大限度地使顾客感到满意。其目的是提高顾客对企业的总体满意程度，营造适合企业生存发展的内外部环境。

通常，顾客的满意状态可用顾客满意级度（Customer Satisfaction Measurement，CSM）和顾客满意指数（Customer Satisfaction Index，CSI）两个标准来衡量。CSM 是为了表示顾客满足状态的程度所提出的评估衡量方法；CSI 是衡量顾客满意程度的量化指标，由该指标可以直接了解企业或企业产品在顾客心目中的满意级度。值得注意的是，在 CS 理论中，顾客已不是传统意义上的顾客，而是内部员工和外部客户的总和。将内部员工视为顾客，其实就是把企业内部的各种关系都视为买卖关系，即顾客关系。对此，需要明确以下几点：

（1）企业的股东和员工是企业的基本顾客，即企业将投资机会出售给股东，股东花钱购买投资机会；企业将就业机会出售给员工，员工以付出智慧和劳动购买就业机会。实质上形成买卖关系。

（2）按上述逻辑推之，企业的生产部是采购部的顾客，销售部又是生产部的顾客。上述三部门表面上是货物转移关系，但实质上也是一种交易行为，只是这种交易以工资、资金及营业额等形式来体现。

（3）企业各职能部门之间通过提供服务完成内部协作关系，提供与被提供，即构成顾客关系。

（4）在生产环节上，下一道工序是上一道工序的顾客。只有当第一道工序的半成品被第二道工序完全接受之后才实现第一道工序员工的劳动价值或报酬。一旦被拒绝，就不能体现价值或实现报酬。

2. CS 战略的主要内容（如图 6－3 所示）

（1）理念满意（Mind Satisfaction，MS）。是指企业经营理念带给顾客的满足状态，它是顾客满意的思想保障。包括企业经营宗旨满意、经营管理哲学满意、经营价值观满意等。

（2）行为满意（Behavior Satisfaction，BS）。是指企业全部的运行状态带给内外顾客的满足状态。包括企业经营管理的行为机制满意、行为规则满意、行为模式满意等。

（3）视听满意（Visual Satisfaction，VS）。是指企业可视性、可听性外在形象带给顾客的满足状态。包括企业的名称满意、标志满意、标准色满意、标准字体满意等。

（4）产品满意（Product Satisfaction，PS）。是指企业产品带给顾客的满足状态，它是顾客满足的核心。包括企业所提供产品的质量满意、产品功能满意、产品的外观造型满意、产品特色满意、产品价格满意等。

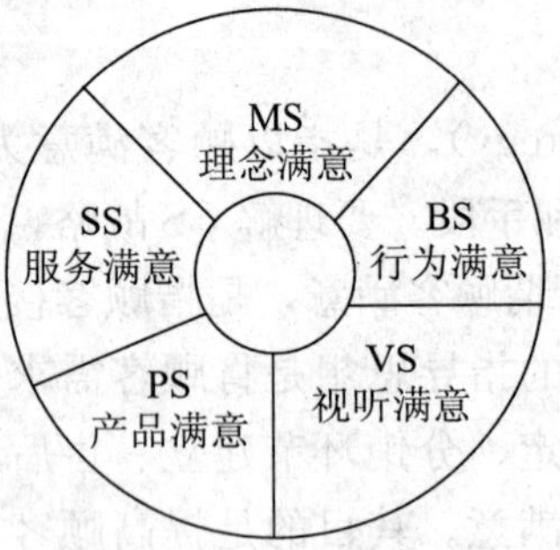

图 6－3　CS 战略的内容

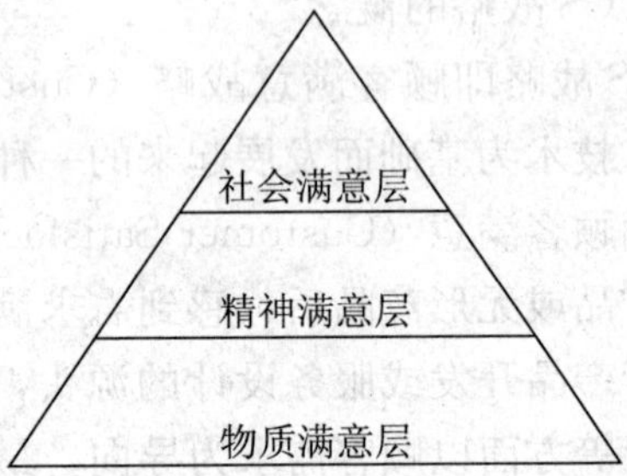

图 6－4　CS 战略顾客满意的三个层次

（5）服务满意（Service Satisfaction，SS）。是指企业服务带给顾客的满足状态。包括售后服务满意、保障体系满意、对顾客方便性满意、对顾客情绪满意等。顾客的五个满意在 CS 战略中又可分为三个层次（如图 6－4 所示）。

①物质满意层。物质满意层是顾客在对企业提供的产品核心层的消费过程中所产生的满意。物质满意层的支持者是产品的使用价值，如功能、质量、设计、包装等，它是顾客满意中最基础的层次。

②精神满意层。精神满意层是顾客在对企业提供的产品形式层和外延层的消费过程中产生的满意。精神满意层的支持者是产品外观、色彩、装潢和售后服务等。

③社会满意层。社会满意层是顾客在对企业提供的产品的消费过程中所体验到的社会利益维护程度。社会满意层的支持者是产品的道德价值、政治价值和生态价值等。

以上三个满意层，具有递进关系。人们首先寻求的是产品的物质满意层，在这一层次获得基本满意后，才会推及精神满意层，而当精神满意层基本满意后，才会考虑社会满意层。

（二）CS 战略与 CIS 战略的差异

1. CIS 战略是以“企业中心论”为出发点和战略重点

众所周知，企业营销观念主要经历了生产观念、推销观念和市场营销观念三个阶段。与生产观念相适应的是理性消费，消费者关注的是产品质量与服务。这一阶段产品与服务的品牌、质量对消费者的吸引力较大；与推销观念相适应的是感觉消费，消费者对产品与服务的评价是喜欢不喜欢，品牌形象对消费者的吸引力更大；与市场营销观念相适应的是感情消费，消费者把满意和不满意作为对产品与服务的主要评价标准，追求产品与服务带来的物质满足、心灵满足和个性满足。这一阶段的个性化、针对性经营对消费者更有吸引力。

依据这种分析，CIS 战略仍然停留在推销观念阶段，重视通过有效的 CIS 战略表达、推展形象，千方百计让顾客识别企业、喜欢企业，进而推销产品与服务，追求的结果是市场占有率和利润最大化，反映的是企业价值，未能跳出“企业主导理念”的思维定势。由于 CIS 所反映的营销文化明显落后于时代，加之很多企业在具体操作中的失误，造成 CIS 有形无魂，只成为企业包装术，其效用不断递减，顾客已经反感令人眼花缭乱的视觉冲击和广告宣传。同时也将企业带进一个陷阱——由重经营变为重形象，由重商品质量变为重商品包装，由重服务质量变为重服务形式，进而形成“一流形象、二流产品、三流市场”的不正常局面。

2. CS 战略以“顾客中心论”为出发点和战略重点

CS 战略把顾客是否满意作为衡量各项经营活动和管理活动的唯一尺度，围绕顾客进行产品开发、生产、销售、服务。这种立足于顾客的营销策略，追求的结果是贡献，反映的是顾客价值，通过为顾客创造价值，实现企业价值。

CS 战略把顾客进行科学分层，即分为忠诚层顾客、游离层顾客和潜在层顾客，把重点放在巩固老顾客（忠诚层顾客）上，不断吸引游离层和潜在层的顾客，在经营中不是毫无目标地去扩大市场，这就保证了企业对顾客研究的细化和服务的针对性。

同时，CS 战略对“顾客满意”强调全过程和差异性，追求顾客在消费了企业提供的产品和服务之后的满足状态，追求在顾客总体满意基础上，提供因人而异的差异服务。另外，CS 战略也强调在满足顾客全方位的需要的同时，满足社会需要，即一方面要满足顾客物质需要和精神需要；另一方面还要维护社会利益、社会道德价值、政治价值和生态价值。这些理念都是与具有高文化属性的市场经济相适应的，反映的是一种积极的企业营销文化。

可以说，CS 战略比 CIS 战略具有更为进步和实用的价值。但并不能因此而简单地认为应由 CS 战略替代 CIS 战略。因为，这不是简单的替代问题，而应是结合，实现优势互补，在建立以顾客为中心的营销文化基础上，以 CS 战略为基本策略，同时吸收 CIS 战略中有效的经营理念和传播手段，实现 CS 战略与 CIS 战略的有机结合，这样的实践效果才会达到最佳。

（三）CS 战略的实施

企业实施 CS 战略，要在 CS 调查和顾客消费心理分析的基础上，建立企业的理念满意系统（MS）、行为满意系统（BS）、视听满意系统（VS）、产品满意系统（PS）和服务满意系统（SS）五大子系统。

1. 理念满意系统（MS）的构建

企业理念满意系统的核心是确立以顾客为中心的企业理念，它具体地表现和反映在企业的经营宗旨、经营方针和经营哲学上，并贯穿于企业的质量观念、服务观念、社会责任观念、人才观念等各种经营理念中。

从 CS 角度设定和概括企业理念，必须体现如下基本点：

（1）企业最基本的价值观是什么。

（2）企业希望成为什么样的企业，社会对企业的努力如何期望、评价。

（3）企业经营如何反映顾客的价值观。

（4）每一个人在企业理念中的定位是什么。

理念满意系统，除了体现上述基本精神外，必须要简洁、通俗易懂，体现“顾客为中心”的精神。

2. 行为满意系统（BS）的构建

（1）行为机制满意，即企业行为系统要获得顾客满意，必须建立一套完善的和行之有效的机制。只有当这套机制正常运行后，行为满意才会发生。企业的行为机制主要包括三大系统：感觉系统，即企业所建立的对内外顾客所发出的关于企业、产品、服务的信息进行全面感知的机制；传入系统，即在顾客信息被接收之后，向企业运行中枢传入并进行加工处理的系统；反馈系统，即对企业行为转换所带给顾客满意级度进行全面调查、了解，检查企业行为的正确与否。反馈信息由感觉系统完成，两者是合二为一的。

（2）行为规程满意，即企业必须建立一整套规范企业行为的规程和制度。包括人事管理规程、生产管理规程、财务管理规程、事务管理规程四项内容。

（3）行为模式满意，企业行为是不能用规程予以规范的，但可采用行为模式予以标准化。行为模式是根据环境需要而形成的稳定的行为结构形式和适应形式。行为模式规范员工的行为，使员工的行为自觉、自愿、自我控制、自我调节，从而展示出企业的行为美、心灵美和个性美，展示企业不凡的气质和高尚的情操，有利于员工形成整齐和谐的相互关系，有利于提高企业内外顾客的满意级度。

3. 视听满意系统（VS）的构建

在CS战略里，将企业CS系统中的视觉识别系统称为视听满意系统，除了强调顾客认识企业直观化、简单化和快速化外，更强调顾客的认可、认同和接受，强调各视听要素带给顾客的满意程度。因此，顾客的认可、认同和接受是影响顾客对企业满意级度的重要因素。

视听满意系统包括：企业名称满意、企业标志满意、企业标准字体满意、企业标准色满意、企业歌曲满意、视觉整合满意。各项满意的目的就是让顾客满意，帮助顾客认识企业、识别企业、监督企业。

4. 产品满意系统（PS）的构建

产品满意是CS战略的核心内容。如果企业不能为顾客提供满意的产品，就不可能求得顾客的满意。产品满意系统就是在这个认识基础上建立起来的。其内容包括：

（1）以顾客需求为导向。即开发新产品必须依据顾客需求方向，因为忽视顾客需求的产品是没有生命力的。因此，在新产品开发方面必须满足顾客的基本需求。

（2）质量仍然是企业永恒的主题。在这方面，不少企业借鉴发达国家的做法，导入ISO 9000质量认证体系。ISO 9000质量认证体系是由国际标准组织（International Organization for Standardization，ISO）制定的一套国际性的质量管理和保证体系。

（3）产品功能满意。产品的功能即产品使用价值，是顾客花钱购买的核心动力，也是顾客需求的根本。这种需求可能是生理的，也可能是心理的或者是物理的等。

（4）产品设计满意。即把顾客需求反映到产品设计上，包括改良和创新设计等。

（5）产品包装满意。即产品包装让顾客满意。

（6）产品价格满意和产品品牌满意也包括在产品满意系统中。

5. 服务满意系统（SS）的构建

服务满意系统，即企业提供的服务让顾客满意。这是因为随着顾客购买能力的增强和需求趋向的变化以及科技进步，服务因素成为了国际市场竞争中取代产品质量和价格的新焦点。美国波士顿的福鲁姆咨询公司在调查中发现，顾客从一家公司转向与之竞争的另一家公司的原因，10 人中有 7 人是因为服务问题。美国马萨诸塞州沃尔瑟姆市一家销售咨询公司调查证实，公司服务质量每提高 1%，销售额即增加 1%，同时调查显示，服务人员怠慢一位顾客，会影响 40 个潜在顾客。

因此，服务满意已成了企业争取顾客、求得生存、发展和壮大的关键。服务满意系统的内容包括要树立“顾客第一”的观念，建立完整的服务指标，服务满意级度的考查和服务满意的行为强化四项内容。

复习思考题

1. 如何进行组织形象的分类？
2. 组织形象的构成有哪些要素？
3. 简述 CIS 的基本特征。
4. CIS 导入的关键有哪些？
5. 简述 CIS 计划的基本程序。
6. CS 战略的主要内容有哪些方面？
7. CS 战略与 CIS 战略的差异表现在哪几个方面？

案例分析

德力西的 CIS 策划

德力西始创于 1984 年，当时企业取名“乐清县求精开关厂”，商标为“乐求牌”，含义是“以质取胜，制造精品”。这在当时温州柳市低压电器假冒伪劣成风的背景下，有着特殊的意义，也标志着企业质量意识的觉醒。其“质量立厂”的经营理念，也为“乐求牌”注入了鲜明的质量创牌内涵。随着企业的发展和经营规模的不断扩大，产品不能仅仅满足于质量，还要提高技术含量、提升产品档次、树立产品形象，逐步走向国际。显然“乐求牌”这个品牌满足不了这个要求，其内涵和外延的发展都受到限制。CIS 专案组在策划定位时从以下几个方面考虑德力西的品牌突破和创新。

1. 整合视觉识别

1991 年，公司启用“德力西”品牌时，其使用的注册商标图案呈圆形，外圈环状文字为德力西集团，内圈底面分三色：底部黑色象征黎明前的大海，中间红色象征灿烂的朝霞，上部浅黄色象征万里长空。居中是“德力西”三字的头一个拼音字母DLX，一气呵成。远远看去，红日跃出海面光芒四射的景色，显示了德力西蓬勃发展，前途似锦的强大生命力。但通过CIS策划前期调研，发现这一商标有很大局限性：一是复杂系数大，记忆点不够集中；二是传统色彩过浓，红日、大海没有个性，冲击力不大；三是创意思维、效果受时空限制，难以和国际接轨。针对上述不足，CIS专案组根据企业国际化发展态势，重新定位、重新整合出个性风格鲜明的全新概念。现在的商标是以“德力西”的中文拼音“DELIXI”为造型基本元素，用红色为标准色。“DELIXI”字母加粗特变后显得结构稳重、简洁大方，具有强烈的现代感和国际性，能够体现德力西集团现代企业的经营理念和品牌文化。“DELIXI”中文拼音下用汉字“中国德力西”组合，配套使用，采用特定的美术字体，风格严谨、稳重，充分体现了标志的可读性、易记性与冲击力，也突出了德力西品牌的个性特征。

2. 提升品牌内涵，培育品牌文化

随着德力西知名度的不断提高，规模的不断扩大，实力的不断增强，CIS专案组认为德力西不能再局限在原有的全力追赶德国的西门子，铸造东方“西门子”的理念上，而应以“德报人类，力创未来，赶超西方”的博大理想为主题理念，率领着企业坚定地迈向世界。德力西更应该从追求利润最大化的经营理念向价值最大化的价值理念转化，要讲求责任、奉献和回报。这一理念为德力西品牌注入了新的崇高的理念灵魂。随后，德力西从七个方面进行了品牌的文化培育：

（1）以规范企业和员工行为为基础，形成一个和谐、有序、文明、高效工作环境的制度文化；

（2）以人力资源开发与管理为核心，创造一个“海纳百川，让蛟龙腾飞；千舟竞发，任群英争先”发展环境的人本文化；

（3）以研发中心、博士后科研工作站为载体，建立科技创新体系，大力开发新品，形成科技创新文化，提高品牌含金量的技术文化；

（4）以ISO 9001和ISO 14001为基础，推行全面质量管理，提高全员质量意识，使质量意识从产品向工作、效率、作风、服务延伸，形成“质量是一种自觉行为”的质量文化；

（5）把“德报人类，力创未来”这一主题理念注入德力西品牌，使员工共同树立“让品质写出德力西人的尊严”的价值观，形成理念文化；

（6）融思想品德、商业道德、社会公德、家庭美德为一体，建立有德力西独特内涵的道德文化；

（7）建立统一的品牌策略体系，树立企业的整体形象，形成系统的形象文化。

3. 规范员工行为

在构建MIS和VIS的基础上，德力西将制订的文化理念、战略理念、经营理念、企业远景、工作行为、管理行为、学习行为、质量保证行为、考核奖惩行为、礼仪行为、视觉元素等，印制成《思想道德行为规范》《礼仪行为规范》《金牌员工规范》等行为规范，人手一本，责任清楚，目的明确，让员工自觉遵守执行，提高效率。

4. 策划效果

德力西CIS策划是将企业的企业战略、经营理念、技术质量、共同价值观、工作作风、行业规范、星级服务等融入品牌，形成独具特色的品牌文化，使德力西从一个不知名的品牌成为中国驰名品牌，为创造世界级品牌奠定了雄厚的基础。

问题：

1. 在德力西 CIS 策划案例中，CIS 战略的构成要素有哪些，它们的关系如何？
2. 结合德力西的成功经验，谈谈 CIS 战略导入要注意哪些问题。

模块七 评估公共关系效果

学习任务

1. 了解评估公共关系效果的意义及内容
2. 掌握评估公共关系效果的标准
3. 熟悉评估公共关系效果的步骤
4. 认识评估公共关系效果的依据
5. 学会评估公共关系效果的方法
6. 了解发展公共关系评估的途径

案例导入

"40 年真情不变" 庆典交响乐

——北京王府井百货大楼企业形象案例

闻名中外的北京王府井百货大楼，是新中国成立以后我国自己引进投资建设的第一家大型国营零售百货商店，因而有"新中国第一信"的美称。1995 年，王府井百货大楼迎来了 40 华诞。40 年过去了，大楼要对辉煌的过去画上个圆满的句号："从零开始二次创业!"

此时，大楼不仅处在由一个单一所有制的国营企业向产权多元化的股份制企业转变期，而且也面临市场上经营多元化、业务形式多样化、目标市场细分化的日趋立体的商业格局。同行的竞争、市场的挑战，大楼人选择了保持优势，再造辉煌的二次创业之路，并在 40 华诞之际由公共关系部策划，推出了"40 年真情不变"系列活动，把企业的庆典活动与塑造企业跨世纪新形象结合起来，借以造势。

一、方案策划

1. 围绕组织形象研究策划方案

要加快企业发展，必须人和、人气旺。设计内部活动以培养内部家庭式氛围为线索，增加内聚力。避免职工在同行横向硬件比较时，而产生"百货小楼"的自卑感和怨气，要提高自豪感和自信心，保持企业员工的旺盛士气。在外部活动设计上：一是与新闻媒介保持多种形式配合，尽可能全面、客观、形象地反映企业历史与现实，使公众迅速而集中地了解企业。特别是实行股份制后企业的发展状况，营造人和的舆论氛围。二是方案策划中作为主体对象的消费者参与内容，促进其深入企业，进一步了解企业对消费者的服务宗旨和一片深情，培养稳定的消费者队伍，争取消费者，赢得市场。这正是商业企业形象塑造的特殊性所决定的。

2. 精心设计系列主题活动

“40年真情不变”的主题，既宣传了大楼是有40年历史的企业，表现了历史资源的再利用，又表达了大楼人“一团火”热情服务恒久不变的真情。庆典交响乐以乐章形式，把有主题、有丰富内容的系列庆典活动比喻为交响乐，在文字标题上避免了过去使用的“节”“月”“潮”等过于俗套的用语，并把分项活动都冠以同类名称，构成统一整体，从而体现企业形象策划的整体系统和一定的文化品位，使形象的历史沉积与形象外延张力有机地结合一体，造成形象的立体效果。

3. 统一领导，系统运作

1995年3月21日，公司成立了40年庆典领导小组，由总经理办公室、工会、公共关系部、业务部、党委宣传部、后勤管理部人员共同组成。公共关系部负责总体策划和企业形象宣传，由党委系统部门负责落实内部庆典工作，外部活动以总经办、公共关系部、业务部为主。

4月中旬，总体策划方案经公司办公会议通过，确定“40年真情不变庆典交响乐”活动，从5月开始至10月结束，共分“回顾篇、展望篇、庆典篇”三个篇章，即三个步骤进行，排出9个乐章并确定时间表和责任部门。至此，各部门的工作重点转向以庆典工作为中心展开，将整体形象塑造、内外部活动、营销、管理四要素紧密结合，调动开发可利用的资源和手段，将企业的个性“一团火”精神为代表的“百大文化”及其真、善、美和诸方面内涵进行新的整合传播，赋予新的内容形式，突出活动对公众心理的震撼力，从而使企业良好形象完整、全面、生动地展现出来，得到进一步的延伸和发展。

二、方案实施

1. 强化主体活动信号

公共关系部把“40年真情不变”作为活动口号和广告语，从楼体包装到购物纪念袋、画册、贺卡乃至各类广告、POP等都使用这句话。并采用红色为宣传主色调，象征“一团火”精神和红红火火的事业。在张秉贵塑像前搭起了背景台，鲜花锦簇，“40年真情不变”巨幅创作画悬挂在楼体正面，宫灯、彩旗和营业员接待顾客时脸上的笑容，使现场到处洋溢着人和业兴的喜庆气氛。为强调庆典交响乐的效果，策划者绞尽脑汁，把庆典和促销相结合，大做宣传广告。如：40不同味，今朝更香甜。千种美食荟萃看得见的爱，听得到的情，各种彩电音响展销相知深情厚意，千种灯具展力求各类活动相互呼应，兼顾社会与经济效益，强调了主体信号和主旨，在浓厚的庆典气氛中强化了企业形象。

2. 情聚一家

百货大楼是全体职工的家，一定意义上也是顾客的家。情聚一家，让家充满爱意与欢乐，给公众以温暖、友爱、奉献的文化感受。围绕这一创意思路，公共关系部制作了“家”字照，组织了“我爱我家”摄影专版活动。

走进百货大楼俱乐部大厅，迎面就是一个高4米、宽3.5米的巨大“家”字，它以红色作底，背景是内圆外方的企业标志。家字是用4000名员工的一寸标准彩色照片镶嵌而成，“家”字照下方写着：40周岁全家合影，你、我、他都是这个家的荣誉成员，让我们为她的更加美好竭尽全力！

“家”字照从5月份开始征集到制作完成，用了近两个月的时间。当“家”字照展现在人们面前，员工争先恐后地找自己在“家”字上的位置，唯恐漏掉，视自己为这个大“家”成员的那种自豪感油然而生，体现了企业团队精神的形象教材作用。

以“家”字照的征集为开场锣，“我爱我家”的摄影活动，则是由员工顾客共同参与，以顾客视大楼为家，职工爱店如家为主题，从300余幅作品中选出获奖作品，刊登在北京晚报摄影专版上，企业人和氛围形象再现出来。

企业40年回顾展，让参观的人领略了企业历史风采，听到了大楼人“咚咚”前进的脚步声；故园40年百名创业者回娘家活动，让新一代大楼人背负起老一辈大楼人的期望，强化二次企业使命感。

3. 强化责任

企业形象如同一个人，光脸蛋漂亮还不够，要有内在气质，还要有好体形和好服饰搭配。多侧面反映企业形象，才能使企业形象有立体感。“六·一”儿童节来临，大楼以少年儿童作目标受众，以“健康的六·一算数竞答”和向山区孩子捐书活动影响成年顾客，旨在唤起全社会的责任感。5月20日～6月1日，大楼为孩子们准备了以1955.9.25、1995.9.25等几组由大楼营业40年起止年月数字组成的算数题，让孩子们把算好的答案和准备向山区孩子捐赠的图书一起送到大楼广场前的捐书台。把有趣的智力游戏与爱心公益活动联系在一起，增加了活动的情趣。为了让大楼人和孩子们共同拥有一个不平凡的“六·一”节活动广告发布后，几天里捐书者源源不断，其中，一位老者代替孙子捐了50多本图书，是捐书最多的人。有的家长说：一直想为希望工程做点事，大楼正好给我们提供了一个献爱心的机会，对孩子也是一次很好的教育。与此同时，大楼员工也全部自愿参加了这次捐书活动。最后共计捐书5万余册，分赠给数所山区学校建立希望图书室。此次京城首家由商业组织发起的捐书献爱心活动，表现了大楼40年庆典仍不忘企业担负的社会责任，突出塑造了企业积极参与社会教育事业的社会责任形象，巩固了与公众的情感联系，达到了促销目的。

4. 服务监督

商业的形象塑造更需要强化的是服务。1995年，在推出“一团火”满意系列工程的基础上，在公共关系部策划的方案中，服务形象被重重地写上了一笔。

“3·15”日，大楼向顾客发放了10万张消费者权益卡，内容包括消费者权益保护法、消费者投诉争议解决法、大楼投诉电话、满意工作实施条例等，把保护权益和监督的武器交给了消费者。

4月，在报纸上公开招聘公众质量监督员。5月正式成立了百货大楼公众质量监督委员会，从上千名志愿者中挑选出的代表各界人士的40名顾客作为正式委员。紧接着召开了成立大会，颁发聘书，按照委员会章程定期召开会议，履行委员职责。大楼公众质量监督委员会的成立表明，大楼把企业的经营行为置于社会公众的监督之下，而且把被动监督变为主动监督，把监督范围从服务扩展到监督服务质量、商品质量、环境质量、管理质量等方面，使公众监督活动制度化、规范化、组织化、公开化。

8月，大楼在《北京日报》刊登活动通知，再次邀请广大消费者监督建议，开展为期5天的"请您为百货大楼支招"活动。这一系列坦诚相见的举动感动了顾客，赢得了消费者的信赖。一位叫王和的老军人将他在1955年大楼开业时购买的珍藏了40年的手表，作为大楼40岁生日礼物亲手赠给大楼，表达他对大楼的深厚感情。

5. 庆典火炬

3月25日的火炬传递仪式把庆典活动推向高潮，也使大楼的企业形象得到了升华。全体员工，包括40年工龄的老职工、青年劳模、消费者代表及市领导共4000余人参加了这次盛典。他们整齐地排列在商场内外，在企业歌曲"一团火之歌"的背景音乐声中，象征着"一团火"精神的火炬在职工手中依次传递着。从总经理传到青年劳模，从一楼传到四楼，从楼内传到楼外广场消费者代表手中，突出了一团火代代相传、二次创业发扬光大的设计主题，气氛庄严热烈。职工们异常激动，有的流下了热泪，有的翘首盼望火炬快点传到自己手里。职工们说："这个生日过得有意义，传递火炬特别神圣，仿佛注入了新的力量。"

庆典活动不仅增加了企业凝聚力，还激发了全体员工为二次创业多做贡献的工作热情。

三、效果评估

1. 1995年大楼获得了开业以来最好的经济效益

1995年，大楼全年销售额达到18.63亿元，实现利润总额1.25亿元。在"40年真情不变交响乐"系列活动中，以总投入70万元的活动费用创造了日销售835万元，月销售1.99亿元的历史最好成绩。

2. 取得了一系列荣誉，树立了良好形象

公司获得中国企业界最高荣誉全国优秀企业金马奖；荣获全国双信优秀单位称号、全国执行物价计量政策法规优秀单位；在内部1995年公布的全国零售商场综合排序中，利润指标位居全国第一名；6月，在北京首次评选的1994年度商业百强中名列榜首；8月，在"北京十佳商业企业""十佳营业员"评选活动中，两名年轻营业员入选十佳，企业位居十佳榜首；公司还进入了中国股票上市公司综合经济实力百强企业行列。

3. 实现了多媒体、多样化的立体效果

方案实行一开始，就受到新闻界的广泛关注，先后参与采访的新闻单位有30余家，记者达400人次以上，其中还包括境外记者。《经济日报》《北京日报》《中国商报》《中国消费者报》《首都经济信息报》等报纸，都在一版头条位置刊登报道了大楼40年成就的文章。有的还发表了系列专题报道，从不同的角度集中反映大楼各个方面情况。中央电视台、北京电视台、中央广播电台、北京广播电台也都在重要时段或频道中播出了40年庆典系列活动的消息或专题。同时，公共关系部抓时机、抓热点、造新闻，如世妇会期间，以新中国第一店女劳模、新中国第一批女飞行员联谊作为题材，增加了新闻报道机会。公共关系部还注意突出广告与新闻配合，与其他媒体联手，形成强大的宣传攻势，较好地树立了企业形象。在各种新闻媒体上，有关活动报道共计320次，几乎达到每天一次的报道密度。

4. 在社会上引起了强烈的反响，赢得了口碑

筹划40年庆典系列，正是本着实现与顾客的真正的情感交流；提出"40年真情不变"

的口号，更表达了大楼人对顾客的永远爱心，因此赢得了顾客的真情反馈。一位参加公众质量监督委员会应聘的顾客在报名信中写道：百货大楼对消费者“40年真情不变”，我愿意“诚意奉献，服务始终，共同开拓，不负众望”。

在“请您为百货大楼支招”活动中，大楼共收到5000余封来信。一位先生写出了不少顾客的心里话：小时候由父母牵手逛大楼，流连于玩具柜台；光阴似箭，长大后和女友牵手光顾大楼，家中大部分商品都是在大楼所购；成家立业后，又牵着儿子的手逛大楼，40年凝聚起来的“牵手情缘”是无法用语言表达的。

1955年以来，大楼共收到顾客表扬信5000余封。一位名叫休斯的美国客人来华旅游期间，光顾了许多商场，最后还是认定了大楼。回国后他委托翻译向大楼买了一件员工工作服以作纪念，并请大楼人书写了“北京王府井百货大楼”的字幅，将它挂在自己家中。他说，大楼会给人带来一种无法形容的亲切感。

大楼的决策者认为，未来的商业竞争重点必将从商品转向服务，谁早认识这点并采取积极对策，谁就占据了主动。服务就是形象。为了迎接挑战，大楼以庆典为契机，推出了塑造形象的系列工程，使其美誉度增强，调整了企业与社会环境的关系，赢得了更多信任感，创造了消费信心，增强了企业凝聚力，为企业更快发展铺平了道路。

分析要点：

庆典业是一项系统工程，有许多文章可以做，不仅仅是讲讲话，吃喝一顿。庆典希望有大量新闻报道，这就需要公共关系人员事先策划出一些值得报道的亮点事情。不能靠人情、关系甚至有偿新闻去争取报道。策划新闻与庆典结合，才是成功的公共关系。

（资料来源：李兴国．公共关系概论．教学案例 http：//www.ygJ.edu.C11）

任务一　了解评估公共关系效果的意义及内容

公共关系效果评估是根据公共关系认知度、美誉度、和谐度所构成的特定的标准，对公共关系的策划、实施及效果进行对照、检查、评价和估计，以判断其优劣的过程。

在公共关系工作程序中，公共关系效果评估是最后一个环节，也是很重要的一个环节，它不仅可以考察组织当前公共关系工作状况，而且可以为组织的下一个阶段的公共关系工作的开展提供参考性的依据。

一、公共关系效果评估的意义

1. 通过公共关系效果评估，可以对组织内部公众起到很好的激励及能力与水平提高的作用

公共关系工作实施的效果往往表现为一个复杂的局面，既涉及公众利益的满足，也涉及公众利益的调整。一般来说，企业内部公众很难对它有全面深刻的了解和认识。所以，当一项公关计划实施后，由有关人员对该项公关计划的目标、措施、实施的过程和所获得

的成就向内部员工宣传，可以使内部公众了解到组织所拥有的良好的社会声誉及在社会中的地位。这无疑使内部公众获得鼓舞，增强他们的自信心和荣誉感，使他们对组织充满信心，自觉将本企业的战略目标与自己的本职工作紧密地联系在一起，并变为一种行动。

2. 通过公共关系效果评估，可以使公共关系工作不断得到完善

公共关系效果评估工作，一方面是肯定成绩，以此来鼓舞全体职工；另一方面，也可以检查和发现公共关系工作中存在的不足，以便汲取经验很好的完善下一步公关活动。如果缺乏对公共关系实践活动进行认真、科学的评估，不能找出活动中存在的问题并分析问题产生的原因和对策，就盲目地调整计划及实施的方法步骤，常常会导致整个公关实践活动的失败。从这个意义上说，公共关系效果评估对后续的公共关系工作将起到借鉴的作用，能使后续的公共关系工作少走弯路，效率更高、更完善。

3. 通过公共关系效果评估，可以展示公关魅力，争取领导的支持

通过公关效果评估，可以使领导层看到公关工作的明显效果，认识到公关活动对塑造组织形象、提高组织效益的作用，从而使他们更加重视公关工作，积极支持组织的各项公关活动，为组织创造良好的公关条件。

4. 通过公共关系效果评估，为组织决策层的其他决策提供依据

组织的其他决策，无不与组织的公共关系状态有关。以企业为例，企业领导层对企业的发展战略进行决策时，他们的依据是什么呢？首先是企业的内部环境与外部环境的实际状况。内部环境的重点是员工的状况，即员工的素质、员工对企业的认同感。其次还有企业文化，也就是内部公共关系状态。外部环境的重点是企业的知名度和美誉度，即社会公众对企业的知晓和认同的程度，也就是外部公共关系状态。我国著名企业青岛海尔集团，现在的发展战略是"创出世界名牌，进入世界500强"，这个重大决策的基础就是青岛海尔集团20多年发展已经形成的独特的企业文化。有着素质优良的职工队伍，在社会上有着很高的声誉。在20世纪80年代初，青岛海尔还是一个濒临倒闭的集体小厂，职工队伍涣散。当时，张瑞敏的发展思路是如何整顿职工纪律，甚至把"不准随地大小便"列入规章制度；20世纪80～90年代，青岛海尔走抓质量、创品牌的道路；20世纪90年代初开始走多元化的道路；20世纪90年代末开始拓展海外市场。我们试想，如果把海尔现在的发展战略放在20世纪80年代，或者是把海尔20世纪80年代的发展思路放在现在，都是贻笑大方的。因为，海尔的每一步发展战略都是结合自身的发展实际制订的。因此，任何组织在制订发展战略时，都应该对自身的公共关系状态做全面的评估，有针对性地制订发展战略。

二、公共关系效果评估的内容

公共关系效果评估的目的，是获得关于公共关系工作或公共关系专项活动过程、工作效率和公共关系效果的信息，并依此总结成功的经验、吸取失败的教训，为制订后续的公共关系工作计划提供依据。因此，公共关系效果评估的内容包括以下三个方面：

1. 公共关系策划过程的评估内容

(1) 背景资料是否翔实、全面。在计划尚未实施前，虽无法评估公关的效果，但应反复审阅计划中有无遗漏的重要项目、提供给新闻界的新闻背景材料是否齐备等。在这个阶

段思考的越周密，越有助于公关目标的实现。

（2）收集的信息是否适合、能否被接受。主要是考虑欲传播出去的信息对目标受众是否合适？有没有意义？看得懂吗？会不会造成误解？他们能否接受？会不会依据信息的指示去采取支持行动等问题，以确保信息能够达到预期的传播目标。

（3）目标公众是否正确完整。活动所确定的目标公众的选择是否恰当，范围是否适宜。

（4）信息的表现形式是否恰当。信息表现形式就是指通过何种方式、媒体来传递信息。表现形式将会影响受众理解及接受的程度，从选用的媒体到图表或文字的陈述等，公关人员应反复论证：面对选定的目标，受众最容易影响他们的表现形式是哪一种？

2. 公共关系实施过程评估的主要内容

（1）信息传递的评估。公共关系实施过程，往往是信息传播的过程。组织要高度重视在信息传递中的资料，这是评估公共关系工作或公共关系专项活动效率、效益的主要内容。评估的方面包括：

①制发信息。公关活动中组织所进行的电视广播次数，向社会发送的信件，发送的新闻稿件、宣传资料等的数量、召开新闻发布会的次数等，总之，就是了解所有信息的制作情况和其他宣传活动的进行情况。

②传播信息。组织信息被媒介采用的次数。通常，报刊索引和广播记录被用来作为检查传播媒介采用信息资料数量的依据；其他活动如展览、公开讲话的次数，也反映出组织为有效利用各种渠道将信息传递给目标公众的努力程度。

③接收信息。主要是接收到信息的目标公众数量及公众的注意度。这里需要注意的是，应将收到的各类公众进行分类统计，从中比较收到信息的目标公众的结构。对于评估来说，公众的绝对数量并不重要，最重要的是这些公众的结构，也就是说，看有多少真正需要这些信息资料的目标公众收到了这些信息资料。通过评估，如果发现目标公众对企业信息资料接触不足，可积极采取补救措施，如可以把这些传播到媒介上发表的材料再复制出来，并将之送达到目标公众中的关键人物手中。

（2）公共关系实施方式的评估。公共关系活动方式是否新颖、是否有创意，直接影响公共关系活动的效果。评估时主要从新闻媒体对活动的注意度，目标公众对组织所开展的活动是否有热情，参与度如何，组织的活动能否在实施时成为所在地的新闻热点等几个方面着手。

3. 公共关系实施效果评估

（1）组织形象的评价。主要从“公关三度”即知名度、美誉度、信誉度的改善和提高入手，详细了解公共关系活动后组织“公关三度”的实际情况。

（2）公众的观点、态度、行为是否朝着对组织有利的方向转变。尤其在“危机公关”中，公众的观点、态度、行为朝着有利于组织的方向转变，对组织的生存具有决定性的影响。主要是统计“有多少人改变了他们对企业的态度”。

（3）组织既定目标的实现程度。主要是通过评估分析“是否达到计划或方案的目标”以及“计划和目标解决了什么问题？”有时评估人员会在这一阶段中发现非预期目标中的意外收获，这些意外的收获也是达到预期目标的另一种表现方式，而且这些意外的收获可纳入下一阶段作为拟订目标时的参考资料。

任务二　掌握评估公共关系效果的标准

公共关系效果评估是一种总结性的评估，是对公共关系活动成效的一次全面结论式的评估。建立正确的评估体系，是确保评估客观性和有效性的基础。公共关系效果评估标准的制定，又因组织的公共关系工作或专项的公共关系活动的目的、内容、方式、对象等不同而不同，必须区别对待。

一、主观标准

主观标准，就是公共关系工作或公共关系专项活动的计划（或方案或策划书）中制订的目标。而目标是经过深入的公共关系调查，经过反复地推敲、筛选后形成的，它是公共关系活动的出发点和归宿点。比如，上海市为申办2010年世博会主办权开展的公共关系活动，该活动的公关目标是“塑造上海国际大都市形象，展现上海魅力，最终夺取2010世博会主办权”。这项活动是否成功，就是根据预期的目标，即最终夺取2010世博会主办权进行判断。如果国际展览局成员国在2002年12月3日国际展览局举行的第132次大会上对2010年世博会主办国进行投票表决，中国没有获得2010年世博会的主办权的话，那么这次活动是不成功的，因为没有实现预期目标。

用既定的活动目标作为公共关系效果的评价标准，具有直接性。目标制订的越具体，评估越容易操作。但是，用目标作为评估依据，有时有一定的局限性。有的大型的公共关系工作或专项的公共关系活动时间周期较长，因而原定的公共关系目标随时间的推移会出现不适应或欠缺。因此，要尽可能用修订后的目标作为评估依据或采用客观标准。

二、客观标准

客观标准，就是以公共关系实践活动的社会效果为标准。用这一标准，既可以判明组织在公共关系工作或公共关系专项活动的计划（或方案或策划书）中制订的目标是否符合实际，又可以判明组织的公共关系活动是否对社会公众产生积极的影响，以及影响的程度。这是一种全面的公共关系效果评估。

1. 是否有利于组织的发展

是否有利于组织的发展是我们考虑一切问题的出发点和检验一切工作的根本标准。组织之所以投入一定的人力、物力开展公共关系工作或策划专项的公共关系活动，都是具有明确的价值目标的，那就是通过塑造组织形象，提高组织的形象力，实现组织的发展。

2. 是否有利于营造良好的组织发展的内外环境

这是组织公共关系评估的最直接客观标准。因为，组织的公共关系的一个重要任务是，通过有效的公共关系活动优化自身生存和发展的环境。北京历时八年申奥，终于获得成功，其意义远远不止承担一项体育赛事那么简单。八年的申奥史，是全国人民凝聚力、民族认同感不断得到增强的历史；是宣传北京、宣传中国的历史；是世界了解北京、了解中国的历史；是世界认同北京、认同中国的历史。这为中国的发展提供了很好的发展环境。

任务三　熟悉评估公共关系效果的步骤

Cutlip 等人针对公共关系的评估提出了十个步骤，公共关系人员从以下步骤中可以清楚地了解到一项公共关系方案的评估工作原则及程序，以便对评估工作有总体的了解。

1. 确定评估目标

统一的评估目标是检验公共关系工作的参照物。有了参照物才能通过比较来检验公共关系计划与实施的结果，才能使评估工作顺利进行，才能找准目标，准确搜集有价值的资料，提高评估效率。

即使这一评估目标更多的是定性的而非定量的，仍需订立一个统一的评估目标。这需要评估人员将有关问题以评估重点、提问要点的形式形成书面材料，保证评估工作顺利进行。另外，还要详细规定调查结果如何运用。

2. 取得高层管理者的认可后，将评估工作纳入公共关系计划中

这一步是公共关系效果评估的一个关键环节。评估不是公共关系计划的附属品或计划实施后的事后思考即补救措施，而是整个公共关系计划的重要组成部分。同时，评估本身又必须投入人力及资金，因此，对评估应该给予足够的重视，在取得高层管理的认可后，对评估的方法、程序等方面予以充分的考虑和周密的筹划。

3. 统一评估意见

我们应认识到，只有公共关系人员实际参与公共关系活动，才能对评估工作有深层的体会与认识。因此，要给他们足够的时间认识效果评估的作用和现实性，并允许他们通过自己的亲身体验加深这一认识。

4. 细化评估项目

评估项目缺少具体化，就无法进行评估工作。因此，在项目评估中，首要的工作就是应该把各个评估的项目予以具体化、可测量化。如谁是目标公众，哪些预期效果将会发生以及何时发生等。同时，项目具体化还可以使公共关系计划的实施过程更加明确化和准确化。

5. 量化评估标准

目标说明了组织的期望结果，评估标准也应该根据目标来选择。即从组织制订的目标，选择最能测知目标达标的评估标准。如果一个组织将“让公众了解自己支持当地福利机构以改善自己的形象”作为公共关系活动的目标，那么，评估这样的公共关系活动效果的标准就不应是了解公众是否知道当地报纸上哪一个专栏报道了这一消息、占用了多大篇幅，而应该了解公众对本组织的认识情况以及观点、态度和行为的变化，总之评估的标准必须视方案所拟订的目标来加以确定。

6. 选择最佳途径

调查并非总是了解公共关系效果的最佳途径，有时组织经营的活动记录也能提供这一方面的大量材料。有些情况下，小范围的试验也是十分有效的。在搜集有关评估资料方面没有绝对唯一正确的最佳途径。在这一方面，方法选择取决于评估的目的、提问的方式以及前面已经确定的评估标准。

7. 完整记录执行的细节

这些资料能够充分反映公共关系人员的工作方式和工作效果，尤其重要的是反映计划的可行程度，哪些策略是有效的、哪些策略是无力的或者无效的、哪些环节衔接比较紧密、哪些环节还有疏漏或欠缺等。

8. 使用评估结果

评估的主要目的之一，是作为下次计划的参考依据，作为顺利推动下次公共关系方案的重要支持。这样，由于评估结果的运用，问题确定及形势分析将会更加准确，公共关系目标将会更加符合组织发展方向的要求。

9. 制作评估报告

以适当的方式，将评估情况告知决策层，这应该成为一项制度。其作用是一方面可以保证组织管理者及时充分地掌握公共关系方案的运作情况，有利于进行全面的协调；另一方面也可说明公共关系活动与组织目标保持一致及其在实现组织目标过程中的重要性。

10. 丰富专业知识

从公共关系的策划、执行、资源整合管理到效果评估，让公共关系人员对这一活动及效果有了更多的理解与认识，效果评估的成果又进一步丰富了公共关系专业知识的内容。通过具体效果评估所得到的资料，经过抽象化分析，可以得到对指导这一活动有普遍意义的思想、方法与原则。这些原则与知识，不断丰富着公共关系行业的理论与实际内容。

任务四　认识评估公共关系效果的依据

公共关系评估的依据主要有媒体情况、企业内部资料、企业外部资料几方面：

一、媒体情况

通过观察新闻媒体对企业的报道情况，可以分析企业形象，测量出公共关系活动效果。用来作为评估依据的有：

1. 报道的数量

大众传播媒介报道的次数越多、篇幅越大、出现频率越高，引起公众注意和兴趣的程度就越高。

2. 报道的质量

大众传播媒介对企业公共关系工作的成就、经验、发展情况报道越多，效果越好，越有利于塑造组织的良好形象。

3. 媒介的影响力

一般来说，发行量大、覆盖面广、权威性强的新闻传播媒介，其影响力亦大，能提高公共关系活动效果。但公共关系主管在重视新闻媒介的发行量、覆盖面、权威性的同时，还应当重视是否面向目标公众。

4. 资料的使用方法

无论是正面报道还是负面报道、是全面报道还是摘要报道、是重要报道还是一般报道、是主要版面还是次要版面、是黄金时间还是一般时间，这些差别均会使报道的效果产生差异，从而影响到公共关系活动效果。

5. 报道的时机

新闻界报道的时机是否及时、适时，是否能配合企业的实际发展，也会影响企业公共关系活动的效果。

二、企业内部资料

企业内部资料包括以下几类。

一是公共关系人员从企业经营管理过程中观察到特定时期内公共关系目标达到的程度与效果。

二是企业成员以亲身体验，从各个不同的角度，对公共关系活动的成效作出评价。

三是业务人员及产品销售人员通过自己的经营销售活动，对公共关系工作的效果进行评价。

四是股东对企业的公共关系活动的效果也会有较客观的评价。

五是企业内部的各种资料，如资金平衡表、统计报表、财务活动分析以及公众的来信、来访记录、企业各种会议记录等，都是检验与分析评价公共关系效果的重要资料。

三、企业外部资料

企业外部资料非常广泛，但最直接的最有价值的有以下五类。

1. 消费者与用户

对企业来说，消费者与用户是公共关系活动的主要对象，公共关系目标直接、间接地与消费者和用户相联系，因此，消费者和用户的反映应是评估公共关系效果的重要资料。

2. 相关企业

企业在生产经营中有许多经营伙伴，如原料供应者、产品经销者等，他们与企业交往频繁，与企业生产经营密切相关，并且与大批消费者和用户发生关系，相关企业的信息反馈是评估公共关系效果的重要资料。

3. 主管部门

通过上级主管部门对企业行为的支持程度，反映出公共关系的社会效果。

4. 社区公众

社区公众是企业的左邻右舍，企业与社区公众由于地域上的接近而关系密切，易相互了解，企业可从社区公众那里较快的得到反馈信息，这也是公共关系效果评估的重要依据。

任务五　学会评估公共关系效果的方法

公共关系效果评估实际上是对整个公共关系活动过程的评估。它可以随着公关工作的进展，根据要求随时评估，根据评估的内容不同而采取不同的评估方法。常用方法如下。

1. 公共关系工作总结法

这是实际工作中最常用的方法。通过总结，检查和了解公共关系目标的实现程度，各部门的配合协调情况，取得哪些成就，存在哪些差距。在工作总结中一般分两种情况，公共关系工作按年度的总结，公共关系专项活动按活动完成的周期总结。

2. 公共关系调查法

公共关系调查法如访谈法、观察法、问卷法等，在第二模块已述及。公共关系调查用在公共关系工作程序之首，是为公共关系策划提供依据；而用在公共关系工作程序的最后阶段，是为公共关系效果评估提供依据。单纯地从一次公共关系工作或活动上看公共关系调查则具有两种不同的职能，但如果把公共关系工作看成是连续不断的行为，那么公共关系调查所起到的作用则是相同的，因为公共关系评估的结论，正是为后续的公共关系策划提供依据。

3. 民意测验法

这是由公共关系活动的对象通过亲身感受而对公共关系活动给予评定的方法。主要是选择一定数量的调查对象，用问卷、表格、访谈的方式，了解他们对一定问题的意见、态度和倾向，再加以分析、统计及说明，借以了解公共关系活动产生的效果。如，日用化学品厂推出一项旨在宣传普及美容知识的公共关系活动，在这次公共关系活动中，该厂特意举办了一个美容技巧培训班。为了评估这次公共关系活动的实施效果，公共关系人员可以请参加这个美容技巧培训班的学员评定他们对这次公关活动的满足感，估量自己所学到的知识和技能，评价该次活动是否提高了他们的美容知识等。这种方法的缺点是：有时可能产生不真实的测量结果，尤其是向调查对象提出一些比较敏感的问题时更是如此。例如，有多少学生会承认他们根本没有完成老师分配的阅读任务。因此，采用民意测验法要特别注意问卷或提问的方式，对敏感的问题宜采用灵活、委婉的方式进行调查。

4. 专家评估法

这是由各学科、各领域的专家会同公共关系人员组成专门的评议组，对公关效果进行评估、接受质询、予以论证。专家评估法的价值，完全取决于专家所具备的专业知识，如果他们对公共关系活动所涉及的某些领域的知识不足，那么他们也无法作出正确的评估。因此，采用专家评估法时，一定要聘请那些在该项公共关系活动所涉及的知识领域里名副其实的专家。专家评估法的具体步骤如下。

(1) 由主持人拟订调查项目并给出评估标准。

（2）邀请相应数额的公共关系专家、管理专家、心理传播专家、社会学家。

（3）请专家以不记名方式，独立地拟订项目，发表意见。若意见分散，则将上一轮意见汇集整理，再反馈给每一位专家，请他们重新发表意见，直至意见趋于一致。

（4）分析、研究专家的意见，得出代表大多数专家意见的结论，作为专家集体对公共关系效果的权威性评估。

5. 实施人员评估法

公共关系计划的实施人员经常自行对公共关系计划和实施的进展情况进行评估。这种评估能够及时充分地利用实施过程中的实际情况，对该项活动的影响效果进行判断。实施人员的评估也有缺陷，主要是实施人员对其实施计划可能会尽量隐恶扬善，从而无法看出公共关系活动的真实影响。另外，实施人员忙于实施任务，没有更多的时间和精力进行评估研究。

在进行实施效果的评估时，应注意到：一项公共关系活动总是处于一定的社会环境之中，它所产生的影响，可能是公共关系活动本身引起的，也可能是受到其他社会因素的作用。理想而科学的评估，最好能尽量排除公共关系活动本身之外的因素，显示出公共关系活动真正的影响力。公共关系活动之外的影响因素有以下几种情况：

（1）没有公共关系活动影响，公共关系的目标公众也会产生自身的变化。这正像有些病人不用吃药也能康复一样，在测定药物的效力时，就应排除病人本身的恢复能力。

（2）大规模的社会变动的影响。其变化的作用之大，连公共关系活动本身也受其左右。如经济滑坡、市场疲软的困扰，使得公共关系促销活动无法达到正常时期所期望达到的效果。如一项旅游公共关系计划可能因地震、火灾等自然灾害而失败。

（3）公共关系计划实施中的偏差。如果实施人员的步调不一致，目标公众对公共关系活动的接受程度也就会有差别；大众传播媒介信息的内容不一致，致使目标公众得到不同的信息，从而引起不同的效果。

6. 实验法

用以上方法可了解公共关系活动是否产生了效果，但不能证明如果没有这些活动，这种效果就不能够产生。要解决这个问题，还需要使用实验法。在公共关系效果评估实验中常采用以下两种方法：

（1）测量法。即选取一定对象，用比较的方法对其变化进行度量。常用的方法有三种：一是单组测量法。随机选一组被实验者，在实验前后分别测量被实验者，然后比较两者的差异。如果实验前后的成绩不同，就说明实验条件对被实验者产生了影响。二是后测法。随机选两组被试者，使两组的条件尽量对等，一个作实验组，一个作控制组，在实验前不对其进行测量，施加条件后再进行测量比较，看两者成绩是否有差异。三是复杂的前测、后测法。这种方法是对实验组和控制组分别进行前测、后测实验，然后把两组的成绩放在一起比较，从中发现实验条件所起的作用。

（2）非均衡控制法。这是在不能随机选取被试者时所使用的一种方法，如人们为改善企业内部领导与员工的关系而进行的一系列公共关系活动，但人们不一定能找到两个条件完全相同的工厂进行比较研究，因而只能在非均衡条件下进行实验，评估结果。

7. 反馈直接统计法

反馈直接统计法，是通过企业销售额和利润等数据的统计，来描述公共关系绩效的一种方法。现代企业的销售额及利润的增减受市场环境和企业内部因素的影响很大，不完全是公共关系活动的结果。但是，在一定时期内借助公共关系活动，其市场效果还是明显的。在这种情况下，就可采用反馈直接统计法。如知名度和美誉度低的企业，虽有优质的产品，但销售仍受到限制，一旦加强公共关系活动之后，企业的销售额迅速上升，提高了经济效益，这时则可用一定时期的销售额、利润率说明公共关系活动的效果。

任务六　发展公共关系评估的途径

一、公共关系评估面临的困难

良好的公共关系评估必须同时具备两个条件：适当的评估标准和适当的评估方法。但是，由于公共关系活动涉及的公众广泛而众多，问题复杂而多变，使公共关系评估常常遇到许多障碍，面临许多难题。

1. 公共关系目标存在不确定性问题

公共关系评估必须以明确的公共关系目标为依据。但是，由于各方面的原因，要使公共关系目标具有很高的确定性并不是一件简单的事。主要表现在：其一有些公共关系活动具有多重目标，而且有些目标之间还存在着矛盾，在实施过程中，目标还可能发生变更而被修正。其二人们还习惯用模糊的不太确定的形式来表达和说明公共关系目标，以此增加某种应变能力。这些情况都会给衡量和评价公共关系活动完成目标的程度造成很大的困难。

2. 有关人员存在抵制情绪

任何类型的公共关系评估都包括了对计划制订过程和实施过程的优劣功过的评判，因此，在对存在问题的公共关系活动进行评估时，有时会受到有关人员的阻挠和抵制。这时，一些决策者为了避免引起有关人员的反对而给自己带来压力，就会取消公共关系评估，或是隐瞒一些存在的问题。

3. 信息系统存在不完备问题

信息是进行公共关系评估研究和分析的基础，没有足够的、适用的信息，公共关系评估就很难进行。长期以来，有些部门和人员不重视信息管理、信息系统不完备，造成了信息收集和分析的混乱，使公共关系评估成了少米或无米之炊。

4. 支出存在混乱问题

不同的公共关系活动项目有不同的资金来源，但有时项目的资金来源彼此纠缠在一起，统支统付，以致无法清楚地区分一笔经费支出属于何种项目，归于哪个公共关系活动之下。这样就使得公共关系活动的成本不易确定，影响评估的进行及评估的结果。

5. 评估存在难以发挥其影响力的问题

对评估的结果，特别是对有争议的公共关系活动进行评估的结果，往往也会引起争论。

在一般情况下，对评估结果不满意的人可能会提出：公共关系的影响有时是长期的、广泛的，不能用一时一事的情况和一两项简单的标准给予否定，另外，评估本身也存在着失误的可能性。总之，评估的结论如果被人们所忽视或受到抵制、批评，那么，它就很难发挥自己应有的作用了。

二、发展公共关系评估的途径

由于公共关系评估面临着很多困难和问题，评估在许多国家的公共关系过程中都是一个薄弱环节。但随着公共关系实践的发展，人们越来越清楚地认识到在发展和完善公共关系计划的制订与评估的过程中，公共关系评估占有重要的地位。发展公共关系评估的途径需要通过改进公共关系评估活动本身来解决。这些途径主要包括以下几个方面。

1. 明确公共关系工作的目标

明确公共关系要依靠在制订计划阶段对公共关系活动的方案、环节、方法、步骤的分析和对目标的确定。这时则需要回答下列问题：

（1）公共关系活动的目标公众是谁？这些目标公众的特点是什么？公共关系活动通过何种传播媒介来影响这些目标公众？

（2）公共关系活动所期望发生的变化何时产生？追求的公共关系目标是长期的、中期的还是短期的？是立竿见影的还是循序渐进的？

（3）公共关系活动的目标是单一的变化，还是一系列的变化？这些变化对所有的目标公众具有相同的作用，还是对不同的人有不同的作用？

（4）公共关系活动追求的是单一的成效，还是多方面的成效？有无衡量公共关系活动的特定标准？

（5）哪些手段和方法可促使公共关系活动成功？公共关系活动的成功是源于目标公众的合作还是对他们的制裁？

上述方法只是提供了一般性的意见，在评估实践中，还需要针对具体的公共关系活动，根据不同的目标特点，灵活地选择适用于该目标的特定方法。

2. 选择公共关系评估的项目

在进行公共关系评估之前要对项目进行选择，下述情况都是选择的标准：

（1）公共关系活动与社会环境的变体之间具有明显的因果关系。这种因果关系如果不明显，那么评估的设计与对项目评估结果的解释就会比较困难。

（2）具有价值，又能在短期内产生效益的项目。一个项目如果能在相当短的时期内实现，其评估就比较容易，成本也较少。反之，则较难评估。

（3）决定项目效益的因素可以得到控制。有些公共关系活动的变化，其决定因素超出了人们控制的范围，对这类项目进行评估，可以使人们发现问题之所在，但实际解决问题时就会束手无策。

（4）进行项目评估的结果具有推广价值。如果一项公共关系活动的评估条件不成熟或不具备，活动本身也不具备推广的价值，那么该项目不宜进行评估。

3. 健全公共关系信息系统

所谓公共关系信息系统，就是收集、整理、加工和使用信息，为公共关系的计划、实施和评估服务的系统。

有效的信息系统应当确保公共关系活动中的各个环节都及时得到所需要的全部信息。但是，一方面要避免信息不足，使活动缺乏依据；另一方面又要防止信息过多，加重相关人员负担，降低效率。另外，还应保证信息系统的有效性且要合理地控制信息流动，提高信息交流与传递的效率。必须明确确定合理的信息流程，根据不同层次和范围的需要，分级传递，避免信息传递到不相干的部门，同时，也应尽量减少信息传输的环节和层次。

4. 重视对评估结果的解释和利用

评估是为了获得反馈的信息，利用其结果作为改进工作的依据。但是，对一项评估结果常常产生误解，如在评估过程中发现并没有取得活动的期望结果，这时人们常常不能正确地确定其原因。因此，对于评估结果的解释必须持谨慎的态度。那么，究竟应该如何对评估的结果进行解释呢？如果在评估中发现并没有取得活动的期望结果，则需要作如下三种解释：

(1) 公共关系活动出现了战略上的失误，即可能只从自己的一方情况出发，没有充分考虑到外界环境的各种复杂因素以及它们对组织公共关系活动的综合影响力量。

(2) 准备工作不充分和公共关系活动实施过程中的偏差，造成期望结果没有出现。

(3) 评估本身的失误。可能所期望的结果已经出现，但是由于评估测定样本选择得不恰当或使用方法不当而没有测定出来。因此，在评估中必须采用一系列科学先进的调研方法，仅仅运用传统的调整方法进行效果评估往往不能得到预期效果。

复习思考题

1. 你是怎么理解公共关系效果评估的意义？
2. 简述公共关系效果评估的十个步骤。试分析如何做好每一步？
3. 公共关系效果评估的方法有哪些？
4. 公共关系评估面临哪些困难？
5. 如何发展公共关系评估？

案例分析

海浪“斗智不斗力”“草船借箭”得三赢

1. 项目背景

在2001年元旦与春节的购物旺季，成都市场奶品行业的几个企业杀红了眼。有些企业的盒装利乐奶零售价下浮了30%左右；超市里500ml利乐奶枕头包的零售价从2.8元/袋降到了2元/袋，还买6送1。为了争夺市场份额，几家企业流着血、拼着命。

海浪公司是投资规模只有竞争对手几十分之一的一家奶品公司。虽然每年的销售收入、利润总额都出类拔萃，但残酷的竞争毕竟会对规模相对较小的企业造成巨大冲击。为了不让企业伤元气，又在竞争中成为大赢家，海浪决定“斗智不斗力”，来一招“草船借箭”。于是，一个既让利，又增收的超值服务工程诞生了。

2. 项目调查

海浪公司作了广泛的市场调查，分析研究了消费者的特征，得出海浪的订户均为市内中等富裕家庭的结论。这些家庭因为收入比较高，没有过多的生计困扰，消费中对接触到的产品品牌相对更重视一点，在文化、教育等方面的需求也相对比较高。围绕这一消费特征，海浪开始了它的“借箭”行动。

3. 项目策划和实施

海浪和《西南商报》、普尔斯马特成都店、宝洁公司等几十家企业进行合作，联合组建“海浪服务舰队”，共同捆绑式地服务于消费者。例如，在元旦和春节订奶的用户，除了由海浪公司送奶员直接上门送奶、送报外，还可以免费获得一定数量的报纸赠送；金额达到一定数量的用户，可以免费获得沙宣、潘婷或其他类物品的赠送；另外，海浪用户可以参加幸运用户抽奖，中奖者可以获得超值物品赠送，还可以在海浪的合作者《西南商报》上免费刊发一些诸如征婚、交友、寻物的个人信息等。

4. 项目评估

这些活动的展开，不但有利于消费者，而且使海浪与其他合作企业的资源，都得到了更充分的利用。以与《西南商报》合作为例，海浪巧妙地与合作企业实现了双赢。

第一，报纸由海浪公司的送奶员送。而海浪公司的送奶网络早已完成了CI工程的导入，送奶员淳朴、可靠的道德形象早已深入人心，与普通的报纸发行员不可同日而语。

所以，海浪与报纸合作，不仅使报纸更引起了居民的注意，而且也使海浪服务的内涵进一步扩大。更重要的是，海浪的网络与报纸的网络由此相互融为一体。无论是报纸还是海浪，都在一定程度上拓展了服务网络的范围。

第二，海浪公司的送奶员在发送报纸的同时，可顺手接受订单。在通常情况下，媒体广告引发购买意愿后，如果听任消费者去商场购买，消费者极有可能临时改变主意。海浪的这一做法，很好地避免了这种传统广告策略的不足。在接触消费者的过程中，抓住消费者心动的那一刻签好订单，不给竞争者留下一点机会。

第三，可节约费用。媒体广告的反复刺激，需要消费者经历一个从认识反应到态度反应再到行为反应的过程，才能获得效果。而海浪可以一次搞定。对于《西南商报》来说，养活一支发行队伍，需要有大的业务量作支持。与海浪公司合作后，海浪公司的送奶队伍可以顺便送报，有无送报的酬劳无所谓，这使《西南商报》节约了大量费用。

海浪在实现与合作企业双赢的同时，也创造了实实在在的与顾客双赢。在一个半月的时间中，顾客从海浪联合舰队得到超级服务，使他们支付的购奶款大多数被抵消，少数消费者所获得的回报甚至几十倍于所支付的奶款。海浪真正地做到了让利到底，让消费者喝奶不花钱。这样一来，面对实际价格已经趋于零的海浪产品，竞争对手以贷款换来的巨幅降价变得毫无意义了。

而且，像海浪这样的让利不仅没有降低公司的正常利润，反而有所增加。就是说，海浪的降价可以无休止地进行下去，可以把实际降价进行到底，而那些流着血的降价者终有血流尽的那一天。

（资料来源：何春晖．中外公关案例宝典．杭州：浙江大学出版社，2003：103－105.）

问题：

海浪公司的这一公关活动的巧妙之处在哪里？你能想出更好的策略吗？

模块八　认识商务礼仪

学习任务

1. 了解现代商务礼仪对个人及组织的作用，建立并改善个人第一印象
2. 理解商务礼仪的特征及原则，加深对商务礼仪的认识
3. 掌握商务礼仪的构成要素，学习如何塑造专业的商务形象
4. 通过学习通用商务礼仪，帮助建立及维护良好的商务关系
5. 通过学习通用国际惯例，增加商业机会
6. 了解商务礼仪的学习方法，帮助学好商务礼仪

案例导入

中国长江医疗设备厂准备引进大输液管生产线，欲与美国客商约瑟先生合作。经过一天的详细考察，约瑟先生对该企业的发展和管理都很满意，他同意与范厂长长期合作，双方决定第二天正式签订合作协议。看天色还早，范厂长请约瑟先生到无菌车间参观。看见车间秩序井然，约瑟先生赞许地点着头。突然，范厂长感到嗓子不适，本能地咳了一声，走到车间的墙角吐了一口痰，然后连忙用鞋底擦去，油漆地面留下一块痰迹。

第二天一早，翻译送来了约瑟先生留下的信，信中写道："尊敬的范先生，我十分佩服您的才智和精明，但是，您在车间里吐痰的一幕使我彻夜难眠。恕我直言，一个厂长的卫生习惯可以反映一个工厂的管理素质。况且，我们今后生产的是用于治病的输液管。贵国的成语说得好：人命关天！请原谅我的不辞而别，否则上帝会惩罚我……"

任务一　了解商务礼仪的基本概念

一、中国礼仪的起源与发展

礼仪的历史是漫长而久远的。它随着人类社会的产生而产生，随着经济的发展、社会的进步而不断前进。

原始社会，人们对许多自然现象无法解释，就把天、神作为宇宙间最高的主宰者，对之顶礼膜拜，进行祭祀，这时就产生了最早的也是最简单的以祭天、敬神为主要内容的"礼"。

奴隶社会，"礼"开始打上阶级的烙印，礼的含义也有所变化。在周代，礼除了用于祭

祀之外，还作为治国之本。孔子认为“为国以礼”。由此可见，周礼不仅内容已大为增加，而且还包含着社会政治制度的结构形式和社会生活行为规范。礼已成为阶级统治的工具，成为社会等级制度的表征，成为区分贵贱、尊卑、顺逆、贤愚的准则。

封建社会，礼仪逐渐成为统治阶级进行封建统治的工具，有些还以法律的形式固定下来，形成“礼制”，成为束缚人们行为的工具。

辛亥革命在推翻了封建帝制的同时，也结束了封建礼制，“五四”新文化运动使中华民族开始了新文化建设征程。

民主革命时期，中国共产党领导的人民军队区别于国民党部队的显著标志之一就是讲“三大纪律，八项注意”。其中的说话要和气、买卖要公平、不许打人骂人、不许调戏妇女、不虐待俘虏，等等，都是适应当时斗争需要的纪律，也可视为公德、礼仪的组成部分。当时在各解放区均形成了一种新型的人际关系和新的道德风尚。人心的向背，决定了共产党领导的新民主主义革命的胜利。当时的社会公德和风尚，实质上具有社会主义公德与礼仪规范雏形的性质，我们今天别具一格的、世人景仰赞扬的社会主义新风尚，正是在此“雏形”的基础上壮大和发展起来的。

小贴士8–1

斯诺遇到的“尴尬”

斯诺在其《西行漫记》中曾经记述了这样一个耐人寻味的生动故事：

我坐下来和驻扎这里的交通处的一部分人员一起吃饭……像平常一样，除了热开水以外，没有别的喝的，而开水又烫得不能进口。因此我口渴得要命。

饭是由两个态度冷淡的孩子侍候的，确切地说是由他们端来的……他们最初不高兴地看着我，可是在几分钟后，我就想办法惹起了其中一个孩子的友善的微笑。这使我胆子大了一些，他从我身边走过时，我就招呼他：“喂，给我们拿点冷水来。”

那个孩子压根儿不理我，几分钟后，我又招呼另外一个孩子，结果也是一样。

这时我发现戴着厚厚玻璃眼镜的交通处长李克农在笑我。他扯扯我的袖子，对我说：“你可以叫他‘小鬼’，或者可以叫他‘同志’，可是，你不能叫他‘喂’。这里什么人都是同志。这些孩子是少年先锋队员，他们是革命者，所以志愿到这里来帮忙。他们不是佣人。他们是未来的红军战士。”

正好这个时候，冷水来了。

“谢谢你，同志！”我道歉地说。

那个少先队员大胆地看着我。“不要紧，”他说，“你不用为了这样一件事情感谢一个同志！”

我想，这些孩子真了不起。我从来没有在中国儿童中间看到这样高度的个人自尊。

从斯诺1936年6月刚刚进入陕北抗日根据地采访时碰到的这件小事中，不难看出，在革命队伍内部人与人之间建立起了真正的、平等的、亲密的同志关系，以及在此基础上形成的道德观念和礼仪规范，为尔后建立崭新的社会主义的人际关系、礼仪规范等，奠定了坚实的基础。

新中国成立以后，随着社会制度的彻底变革，逐步地变私有制经济为公有制经济为主导的经济体系，人与人的关系也出现了前所未有的变化。在人民内部，合作代替了对抗，互助、互利代替了尔虞我诈，建立起真正平等的、亲密的同志关系，由此而建立起的礼仪规范，为世人所称赞，人们至今仍对20世纪50年代良好的社会风尚留有深刻的印象。在人际和社会交往的过程中，真正做到只有分工不同，没有高低贵贱之分。诚挚相处，互谅互让；舍己救人，助人为乐蔚然成风，不少地方真正形成路不拾遗、夜不闭户；敬老、爱幼、尊贤的优良礼貌传统，得到充分的弘扬。不少外国友人对此惊叹不已。

改革开放以来，人们对礼仪重新进行了文化审视和理性思考，在汲取了西方文明优秀成果的基础上，使东西方文化和东西方礼仪有机地交融，逐步地完善和发展。

二、礼仪的含义

礼仪是人们在各种社会交往中，为了相互尊重，在仪表、仪态、仪式、仪容、言谈举止等方面约定俗成的、共同认可的规范和程序。

从广义的角度看，它泛指人们在社会交往中的行为规范和交际艺术。

从狭义的角度看，通常是指在较大或隆重的正式场合，为表示敬意、尊重、重视等所举行的合乎社交规范和道德规范的仪式。

三、商务礼仪的含义

商务礼仪是指人们在从事商务交往中应遵守的交往艺术。

商务礼仪与一般的人际交往礼仪不同，它体现在商务活动的各个环节之中。对于企业来说，从商品采购到销售，从商品销售到售后服务等，每一个环节都与本企业的形象息息相关。因此，企业的每一个成员，如果能够按照商务礼仪的要求去开展工作，对于塑造企业的良好形象，促进商品销售，将会起到十分重要的作用。

四、商务礼仪的作用

当今社会，商务礼仪之所以普及，之所以被重视，主要是因为它能够内强素质，外塑形象。其具体作用有如下几方面。

1. 有助于提高商务人员的自身修养

在商务交往中，商务礼仪往往是衡量一个人文明程度的准绳。它不仅反映着一个人的交际技巧与应变能力，而且还反映着一个人的气质风度、阅历见识、道德情操、精神风貌。因此，在这个意义上，完全可以说礼仪即教养，而有道德才能高尚，有教养才能文明。这也就是说，通过一个人对礼仪运用的程度，可以察知其具有的教养水平、文明程度和道德水准。

小贴士8-2

修养的作用

有一批应届毕业生22个人，实习时被导师带到北京的国家某部委实验室里参观。全体学生坐在会议室里等待部长的到来，这时王秘书给大家倒水，同学们表情木然地看着她忙活，其中一个还问了句：“有绿茶吗?.天太热了。”秘书回答说：“抱歉，刚刚用完了。”林晖看着有点别扭，心里嘀咕：“人家给你倒水还挑三拣四。”轮到他时，他轻声说：“谢谢，大热天的，辛苦了。”秘书抬头看了他一眼，满含着惊奇，虽然这是很普通的客气话，却是她今天唯一听到的一句。

门开了，部长走进来和大家打招呼，不知怎么回事，静悄悄的，没有一个人回应。林晖左右看了看，犹犹豫豫地鼓了几下掌，同学们这才稀稀落落地跟着鼓掌。部长挥了挥手：“欢迎同学们到这里来参观。平时这些事一般都是由办公室负责接待，因为我和你们的导师是老同学，非常要好，所以这次我亲自来给大家介绍一些情况。我看同学们好像都没有带笔记本，这样吧，王秘书，请你去拿一些我们部里印的纪念手册，送给同学们作纪念。”接下来，更尴尬的事情发生了，大家都坐在那里，很随意地用一只手接过部长双手递过来的手册。部长脸色越来越难看，来到林晖面前时，已经快要没有耐心了。就在这时，林晖礼貌地站起来，身体微倾，双手握住手册，恭敬地说了一声：“谢谢您!”部长闻听此言，不觉眼前一亮，伸手拍了拍林晖的肩膀：“你叫什么名字?”林晖照实作答，部长微笑点头，回到自己的座位上。早已汗颜的导师看到此景，才微微松了一口气。

两个月后，毕业分配表上，林晖的去向栏里赫然写着国家某部委实验室。有几位颇感不满的同学找到导师：“林晖的学习成绩最多算是中等，凭什么选他而没选我们?”导师看了看这几张稚嫩的脸，笑道：“是人家点名来要的。其实你们的机会是一样的，你们的成绩甚至比林晖还要好，但是除了学习之外，你们需要学的东西太多了，修养是第一课。”

由此可见，学习商务礼仪、运用商务礼仪，有助于提高个人的修养，有助于“用高尚的精神塑造人”，真正提高个人的文明程度。

2. 有助于塑造商务人员的良好形象

个人形象对于商务人员十分重要，因为，它体现着一个人的精神风貌与工作态度。商务工作向来以严谨、保守而著称，假如一名商务人员在商务交往中对个人的仪容、表情、举止、服饰、谈吐等形象掉以轻心，那么就会直接影响其所在企业的形象。正像一位举世知名的公共关系大师曾经说过的那样：“在世人眼里，每一名商务人员的个人形象如同他所在企业生产的产品、提供的服务一样重要。它不仅真实地反映了每一名商务人员本人的教养、阅历以及是否训练有素，而且还准确地体现着他所在企业的管理水平与服务质量。"

商务人员在日常的工作和生活中，要塑造好、维护好自身形象，就必须懂得商务礼仪。一个商务人员即使知识再多、专业能力再强，如果不懂得商务礼仪，那么在商务活动中要树立起良好的个人形象，也是非常困难的。

小贴士8-3

外交职务的任命

美国第25任总统威廉·B. 麦金利的好朋友查尔斯·G. 道斯曾经讲述过这样一件事：

多日来，总统一直为任命一个重要的外交职务而犯难——他要在两个同样有才干的候选人中选出一个，然而始终举棋不定，难以拍板。突然他回忆起一件事，此事竟如此清晰地浮现在眼前：一个风雨交加的夜晚，总统搭乘一辆市内有轨电车，坐在后排的最后一个位子上，电车停在下一站，上来一位洗衣老妇人，挽着一个沉重的篮子，孤零零地站在车厢的过道上。老妇人面对着的是一位具有绅士风度的男子，该男子举着报纸将脸挡住，故意装着没看见。总统从后排站起来，沿着过道走去，提起那一篮子沉甸甸的衣物，把老妇人引到自己的座位上坐下。该男子仍然举着报纸低着头，对车厢里发生的一切似乎什么也没有看见。总统顺便朝那男子瞅了一眼，那张脸庞深深地印入了脑海。

这男人不正是总统要任命的两位候选人之一吗？总统果断地作出决定：取消该人的任命资格，而另一位则理所当然地成为了外交官。

查尔斯·G. 道斯说：这位候选人永远不会知道，就是这一点点的自利行为，或者说缺少那么一点点的仁慈之心，就毁坏了他良好的形象，因此失去了他一生雄心勃勃梦想实现的东西。

3. 有助于塑造良好的组织形象，从而提高企业的经济效益

良好的组织形象是任何组织一直在追求的目标，组织形象的塑造处处都需要礼仪。比如：你想和某一单位联系业务，当你拨打对方办公室电话竟无人接听或铃响五六声之后才有人接时，也许你会对该单位产生一种印象：工作效率不高，制度不健全，员工素质差等。如果，当你一拨通电话，就听到对方和蔼可亲的问候，得体的称谓，礼貌的语言，简捷干练的回答，热情的接待，你立即会有一种亲切之感。

因此，企业中的每一个工作人员，在与他人接触的过程中，其仪容仪表、言谈举止、礼貌礼节等是塑造组织形象的基础工程。任何不讲究礼仪的组织，都不可能获得良好的社会形象。

4. 有助于商务人员改善人际关系

商务人员在商务活动中，难免要碰到不畅快的事情，有时客户还不高兴。如果处理不

当，不但会影响商务人员的形象，而且还会影响企业的形象。商务礼仪就能起到化解矛盾、消除分歧的作用，使商务活动的双方能够相互理解，达成谅解，从而妥善地解决商务纠纷。

5. 有助于沟通交流

礼仪与礼貌，用现代人的眼光看，它是一种信息传递，它可以以闪电般的速度把你的尊重之情准确地表达出来并传递给对方，使对方立即获得情感上的满足，与此同时，礼貌又反馈回来——对方以礼貌回敬。于是双方热情之火点燃了，支持与协作便开始了。

商务活动是双向交往活动，交往成功与否，首先要看双方是否能够沟通，或者说，是否能取得对方的理解。交往的对象是人，而不是物，他们有自己的思想、情感、观点和态度。由于立场不同、观点不同，人们对同一个问题会有各自不同的理解和看法，这就使交往双方的沟通有时变得困难。若交往双方不能沟通，不仅交往的目的不能实现，有时还会导致误解，给企业造成负面影响。因此，商务礼仪旨在消除差异，使双方相互接近，达到情感沟通。

任务二　理解商务礼仪的特征与原则

一、商务礼仪的特征

1. 规范性

规范性就是标准化要求。商务礼仪的规范是一个舆论约束，与法律约束不同，法律约束具有强制性。你讲不讲规范，是你这个人懂不懂规范的问题；你讲不讲规范，是你这个单位有没有规范的问题。在国际交往中是很强调规范性的。如吃自助餐要多次少取，就体现了珍惜粮食，不浪费的文明思想。

2. 时效性

商务活动的时机很重要，如果时过境迁，就会失去良机；如果说话做事恰到好处，问题就会迎刃而解。有的商务人员坚持“不见兔子不撒鹰”，结果，对方被拖垮，从而失去一次成功的商业合作机会。

3. 对象性

对象性就是跟什么人说什么话。如引导者和客人的顺序，客人认识路时，领导和客人走在前面；不认识路时你要在左前方引导。再如，宴请客人时优先考虑的问题是“要问对方不吃什么，有什么忌讳的”，因为不同民族有不同的习惯，我们必须尊重民族习惯。

4. 技巧性

如总经理和董事长在台上的标准位置怎样排列的问题。应按三项基本原则，即前排的人高于后排，中央高于两侧，左侧高于右侧。但左右的确定是有技巧的，是当事人之间的位置来讲的，与别人没有关系，是传统做法。然而涉外交往和商务交往是讲国际惯例的，国际惯例正好相反，右高左低。

二、商务礼仪的原则

1. 接受对方

所谓接受对方就是宽以待人，不要求全责备。具体地说，你跟别人打交道时，如果不是原则问题，不是大是大非的问题，不要和客人争执。要有这样一个理念：客人永远是正确的，交谈时不要打断别人；不要轻易地补充对方；更不要随意更正对方谈话的内容。

2. 重视对方

要欣赏的重视。比如，接过名片一定要看；客人来了要说："坐、请坐、请上坐"；要善于使用尊称，如行政称呼、技术职称、泛尊称。

3. 赞美对方

美国著名的学者乔治·枚奥先生说："尊重别人就是尊重自己，发现别人的优点，实际上就等于肯定自我。那说明你宽容，说明你谦虚，说明你好学"。所以，我们在国际交往中，要善于赞美他人。但是，赞美他人的时候一定要注意实事求是，要夸到点子上，如"你讲得很棒。

任务三　熟悉礼仪的构成要素

随着时代的变迁、社会的进步和人类文明程度的提高，商务礼仪也在不断推陈出新，内容更完善、更合理、更加丰富多彩。总体说，商务礼仪的构成要素主要有以下几个方面。

一、礼节

礼节是人们在交际过程中逐渐形成的，约定俗成的和惯用的各种行为规范之总和。礼节是社会外在文明的组成部分，具有严格的礼仪性质。它反映着一定的道德原则的内容，反映着对人对己的尊重，是人们心灵美的外化。现代商务礼节主要包括：介绍的礼节、握手的礼节、打招呼的礼节、鞠躬的礼节、拥抱的礼节、亲吻的礼节、举手的礼节、脱帽的礼节、致意的礼节、作揖的礼节、使用名片的礼节、使用电话的礼节、约会的礼节、聚会的礼节、舞会的礼节、宴会的礼节，等等。

当今世界是个多元化的。不同国家、不同民族、不同地区的人们在各自生存的环境中，形成了各自不同的价值观、世界观和风俗习惯，其礼节从形式到内容都不尽相同。

二、礼貌

礼貌是指商务人员在社会交往过程中良好的言谈和行为。它主要包括口头语言的礼貌、书面语言的礼貌、态度和行为举止的礼貌。礼貌是人的道德品质修养的最简单、最直接的体现，也是人类文明行为的最基本要求。在现代社会，商务人员使用礼貌用语，对他人态度和蔼、举止适度、彬彬有礼、尊重他人已成为日常的行为规范。

三、仪表

仪表指商务人员的外表，包括仪容、服饰、体态等。外表属于美的外在因素，反映人的精神状态。仪表美是一个人心灵美与外在美的和谐统一，美好纯正的仪表来自于高尚的道德品质，它和人的精神境界融为一体。端庄的仪表既是对他人的一种尊重，也是自尊、自重、自爱的一种表现。

四、仪式

仪式指行礼的具体过程或程序。它是礼仪的具体表现形式。仪式是一种比较正规、隆重的礼仪形式。商务人员在社会交往过程中或是组织在开展各项专题活动过程中，常常要举办各种仪式，以体现出对某人或某事的重视，或是为了纪念，等等。常见的商务仪式包括开业或开幕仪式、闭幕仪式、欢迎仪式、入场仪式、签字仪式、剪彩仪式、揭匾挂牌仪式、颁奖授勋仪式、宣誓就职仪式、交接仪式、奠基仪式、捐赠仪式等。仪式往往具有程序化的特点，这种程序有些是约定俗成的。在现代商务礼仪中，有些程序是必要的，有些则可以简化。因此，仪式也大有越来越简化的趋势。但是，有些仪式的程序是不可省略的，否则就是非礼。

五、礼俗

礼俗即民俗礼仪，它是指各种风俗习惯，是礼仪的一种特殊形式。礼俗是由历史形成的，普及于社会和群体之中并根植于人们的观念之中，在一定的环境经常重复出现的行为方式。不同国家、不同民族、不同地区在长期的社会实践中形成了各具特色的风俗习惯。“十里不同风，百里不同俗”，不但每一个民族、地区，甚至一个小小的村落都可能形成自己的风俗习惯。

任务四　认识国际商务礼仪通则

国际商务礼仪通则是对国际交往惯例的高度概括，对国际社会交往具有普遍的指导意义。认真了解和掌握国际商务礼仪通则，对于人们学好各国礼俗能够起到事半功倍的作用。

一、不卑不亢

不卑不亢，是涉外礼仪的一项基本原则。它的主要要求是：每一个人在参与国际交往时，都必须意识到自己在外国人的眼里，是代表着自己的国家，代表着自己的民族，代表着自己的所在的单位。因此，其言行应当从容得体、堂堂正正。在外国人面前既不应畏惧自卑、低三下四，也不应狂妄自大、放肆嚣张。在实事求是的前提下，要敢于并且善于对自己及自己的国家进行正面的评价或肯定。另外，还应注意对任何交往对象都要一视同仁，给予平等的尊重与友好，不要对大国小国、强国弱国、富国穷国亲疏有别，或是对大人物和普通人有厚有薄。

二、信守约定

信守约定的原则，是指在一切正式的国际交往之中，都必须认真而严格地遵守自己的所有承诺。说话务必要算数，许诺一定要兑现，约会必须要如约而至。在一切有关时间方面的正式约定之中，尤其需要恪守不怠。在涉外交往中，要真正做到信守约定，应做到：必须慎于承诺、认真遵守、说明原委。

三、尊重隐私

所谓个人隐私，在一般意义上是指某一个人出于个人尊严或者其他方面的特殊考虑而不愿意对外公开、不希望外人了解的私人事宜或个人秘密。世界上许多国家，人们对个人隐私问题非常重视。保护公民个人隐私，往往是法律所赋予公民的基本权利之一。不得打探个人隐私，被视为做一个现代人文明的重要标志之一。

目前，尊重个人隐私已经逐渐成为一项国际社会交往的惯例。尊重个人隐私，主要是指我们在涉外交往时，一定要注意对交往对象的个人隐私权予以尊重，即凡涉及对方个人隐私的一切问题，如收入支出、年纪大小、恋爱婚姻、健康状态、个人经历、政治主张、生活习惯、所忙何事、家庭住址等都应该自觉地、有意地予以回避。做到：莫问隐私、保护隐私。

四、女士优先

所谓女士优先，是国际社会公认的一条重要的礼仪原则，它主要用于成年的异性进行社交活动之时。女士优先的含义是：在一切社交场合，每一名成年男子都有义务主动而自觉地以自己的实际行动去尊重妇女、照顾妇女、体谅妇女、保护妇女，并且想方设法、尽心尽力地为妇女排忧解难。倘若因为男士的不慎而使妇女陷于尴尬、困难的处境，则意味着男士的失职。男士们唯有奉行女士优先，才会被人们看做是有教养的绅士，反之，在人们眼里则会成为莽夫粗汉。

在国际社会活动的具体实践中，运用女士优先的原则，应注意其适用范围。只有在其适用范围之内，女士优先原则才会生效。一旦超出其特定范围，女士优先便不起任何作用。在确定女士优先原则的适用范围时，关键是要把握好其地区差别、场合差别与个人差异。

五、求同存异

在涉外交往中，经常会面临一个非常实际的问题：同样一件事情，在不同国家、不同地区、不同民族，往往存在着各不相同的处理方式。面对同一难题，来自不同国家、不同地区、不同民族的人们，通常会给出截然不同的答案。这是由于人们的思维方式与风俗习惯不同使然。

一方面，求同存异就是要求我们在国际社会活动中承认个性，坚持共性。另一方面则要坚持遵守惯例。所谓惯例，在此是指有关国际交往的习惯性做法，而不应以我为尊，另搞一套，强人所难。作为国际社会的基本守则之一，坚持求同存异，有三项具体要求：承认差异，入乡随俗，区别对待。

六、以右为尊

在正式的国际社会交往中，如果需要将人们分为左右而进行并排排列时，依照国际礼仪的普遍惯例，应以右为尊。即以右为上，以左为下；以右为尊，以左为卑；以右为客，以左为主。不仅如此，在国际社会交往中，对出席活动的国家、团体人士的位次按某些规则和惯例进行排列，这种排列的先后次序被称为礼宾次序。为使国际社会交往顺利进行，必须讲究礼宾次序。那么就应注意：礼宾次序的依据及具体要求。

在各类国际社会交际中，大到政治磋商、商务往来、文化交流小到私人接触、社交应酬，凡确定礼宾次序必须从其总的原则出发，这一总的原则就是以右为尊，即一般以右为大、为长、为尊；以左为小、为次、为卑。

任务五　掌握商务礼仪的学习方法

一、加强道德修养

道德品质：也称品德或德行，它是社会道德现象在个人身上的具体体现，是指一定的社会的道德原则和规范在个人思想行动中所表现出的某种比较稳定的特征和倾向。与道德品质的修养和礼仪行为的养成有着密切的联系，两者是相辅相成的。礼仪行为从广义上说就是一种道德行为，处处渗透和体现着一种道德精神。一个人想要在礼仪方面达到较高的造诣，离开了道德品质方面的修养是不可能的；一个人要形成一种高尚的道德品质，就应该从日常礼仪规范这一基础的层次做起。

二、提高文化素质

礼仪学是一门综合性的专门学科，它和公共关系学、传播学、美学、民俗学、社会学等许多学科都有密切关系，一个人只有具备广博的文化知识，才能深刻理解礼仪的原则和规范。只有具备较高的文化层次，才能更加自如地在不同场合具体运用礼仪。因此，要提高自己的礼仪修养，必须有意识地广泛涉猎多种科学文化知识，使自己具备见多识广的综合知识素养，提高文学、艺术欣赏能力，提高审美能力。这样，就会有意无意地按照美的规律来认识生活和改造周围的环境，同时，在人际交往中，自己的言行也更具美感。

三、主动接受商务礼仪教育

世界各国的礼仪风俗千种万类，我国的各个民族礼节习俗也是各不相同。在涉外工作和商务工作中，如对其他国家或某一具体活动的礼仪知识不了解，只凭以往的经验办事，轻则闹笑话，重则影响工作效果，甚至造成误解。我国几千年的文明，各个历史阶段都有浩繁的有关礼仪的知识，我们应该注意收集、学习和领会各种礼仪知识，以便在实践中运用，久而久之，不但自己在礼仪方面博闻多识，而且在礼仪修养的实践上也能有所提高。

四、自觉养成文明习惯

礼仪是人们交际活动中的一种行为模式。这种行为模式只有通过长期的自觉练习，变成自身一种自动的动作，形成习惯，才能在交际活动中更好地发挥作用。礼仪修养实际上就是人自觉用正确的思想战胜不正确的思想，用良好的行为习惯纠正不良行为习惯的过程。检验一个人的礼仪修养如何，很重要的一条标准就是看他是否已把交际礼仪规范变成自身个性中的稳定成分，是否能在各种交际场合自然而然地遵循交际礼仪的要求。

在商务礼仪的教育中，要认真组织受教育者进行行为演练，使他们通过严格的训练，掌握调节行为的能力，自觉地养成良好的行为习惯。

五、积极参与社会实践

学习商务礼仪，仅仅只是从理论上明白商务礼仪的含义和内容是远远不够的，如果能经常在实践中运用它，即在文明气氛较浓的环境中接受感染和熏陶，对于人们自觉增强文明行为、培养礼貌的行为、涤荡各种粗俗不雅的不良习惯、提高礼仪修养水平，是大有好处的。俗话说，“习惯成自然”。

只要能在实习职业岗位上，时时处处自觉从大处着眼、小处着手，以礼仪的规范来要求自己的言谈举止；在社交场所多听、多看、多学，通过各种人际交往的接触强化，不断提高自己的礼仪修养，你就能够成为文明礼貌的人。

小贴士8-4

小细节的象征

一位先生要雇一个没带任何介绍信的小伙子到他的办公室做事，先生的朋友挺奇怪。先生说：“其实，他带来了不止一封介绍信。你看，他在进门前先蹭掉脚上的泥土，进门后又先脱帽，随手关上了门，这说明他很懂礼貌，做事很仔细；当看到那位残疾老人时，他立即起身让座，这表明他心地善良，知道体贴别人；那本书是我故意放在地上的，所有的应试者都不屑一顾，只有他俯身捡起，放在桌上；当我和他交谈时，我发现他衣着整洁，头发梳得整整齐齐，指甲修得干干净净，谈吐温文尔雅，思维十分敏捷。怎么，难道你不认为这些小细节是极好的介绍信吗？”

复习思考题

1. 简述商务礼仪的作用。
2. 商务礼仪的原则有哪些？
3. 国际商务礼仪有哪些具体的通则？

案例分析

5万元学礼仪值不值

潍坊市某医院花了5万元请来专业礼仪老师对医护人员进行礼仪培训，在医院内外引起了波澜。部分职工表示不可理解：医院生存的关键在于医院医疗质量，礼仪培训这种形象工程没必要搞！也有人说，5万元搞礼仪培训是把钱往水里扔，要是发给职工每人还能有60元。

尽管有不少异议者，医院还是按计划进行了为期4天的医护人员礼仪培训，效果出人意料。经过培训后，医生、护士的站、坐、言、行都有了很大的转变，体现了高素质的医疗服务。

问题：

1.5万元学礼仪值不值？为什么？

2. 读了这个案例后你受到什么启发？

模块九　培养个人基本礼仪

学习任务

1. 了解仪容仪表的含义、基本要求及原则
2. 面部修饰化妆的基本程序以及面部化妆礼仪需注意的问题
3. 熟悉发型修饰依据的原则及应注意的问题
4. 熟悉身体局部修饰的基本要求和方法
5. 熟悉站姿、坐姿、蹲姿、走姿的基本礼仪
6. 熟悉眼神、笑容、手势的基本礼仪
7. 掌握男士西服着装规范和女士西服套裙着装规范
8. 鞋袜、手表、眼镜、帽子、头巾、手镯、手链的佩戴要求
9. 了解男士饰品与女士饰品的佩戴要求

案例导入

如此吃相

姜某是某市财政局干事。一次，他与同事一道外出参加宴会，因为举止有失检点，从而招致了大家的非议。

宴会开始时，姜某还能正襟危坐，斯斯文文地用餐。过了一会儿，为了吃得畅快，姜某便开始一而再、再而三地减轻自己身上的“负担”。他先是松开自己的领带，接下来又解开领扣、松开腰带、卷起袖管，到了最后，竟然又悄悄地脱去自己的鞋子，并将脚踩在座椅上。尤其令人感到不解的是，姜某在吃东西时，总爱有意无意地咂巴滋味，吃得訇然作响，并且其响声“一波未平，一波又起”，“一浪高过一浪”。姜某在宴会上的此番作为，不仅令他身边的人瞠目结舌，也让他的同事无地自容。

现代人生活在社会交往日益密切的地球村落，人们比以往更加注重自己的着装打扮，因为这些简单小事如同一扇扇窗口，真实地反映着一个人的经历、精神状态、内在文化素质和审美情趣的高低与雅俗。

任务一　培养仪容仪表礼仪

一、仪容仪表的含义

仪表是人的外表，包括仪容、服饰、姿态和风度，是一个人教养、性格内涵的外在表现。整洁大方的仪表，不仅能展示自己的个性魅力，更能体现出对他人的一种礼貌。在个人整体形象中具有显著地位。良好的社交仪态表现在对细节的严格要求上，它如同阳光、空气和水，在社交中使人有如沐春风的感觉，将取得语言所不及的效果；而失礼的穿着与仪表，不仅有失身份，更显得缺乏修养，是人们在社会交往中的大忌。

仪容通常指人的容貌，是个人仪表的重要组成部分，由发式、面容以及人体所有未被服饰遮掩的肌肤所构成。不同的仪容修饰不仅能表现出个人的审美修养、生活品位和个性气质，更体现一个人的精神状态、文明修养程度和对个人、社会的尊重。所以，随着现代文明程度的不断提高，仪容礼仪也越来越多地受到了人们的重视。

二、仪容仪表的基本要求

(一) 要有注重仪容仪表的强烈意识

爱美之心，人皆有之。成功的交往一般是从良好的第一印象开始的，而第一印象的形成往往取决于对方仪表所传递出的信息。同样一个人，同样的场所，当他分别以西装革履、风度翩翩或衣衫褴褛、委靡不振的面貌出现时，势必形成判若两人的印象，所触及的目光、所受的待遇必是截然不同的。

(二) 要经常检点自己的容貌举止

人际交往过程中，一个人如果能随时保持端庄得体的仪容仪表，处处注意自己的容貌举止，注重培养彬彬有礼的风度，就能始终保持光彩动人的形象。

(三) 保持整洁的形象

要塑造良好的自我形象，整洁卫生是前提。讲究个人卫生，保持衣着整洁是仪表美的基本要求。在社交场合，不管一个人的形体如何动人、肌肤怎样美丽、服饰何等高档，如果以肮脏邋遢、汗臭扑鼻的形象出现，必然会大杀风景，使形象黯然失色。因此，在日常生活中，只要有条件，就必须勤于梳洗，讲究卫生，尤其是在社交场合，务必要穿戴整齐，精神振作。另外，还要正确认识自己，不要盲目地赶时髦，要注意装扮适宜，举止大方，态度亲切，秀外慧中，个性鲜明。

三、仪容仪表修饰的原则

要展示仪容美，适当的面部修饰美化是十分必要的。但是，要使面部修饰美化达到最佳效果，必须遵循以下原则。

1. 洁净

面部干净清爽公认的标准是：无灰尘、无泥垢、无汗渍、无分泌物、无其他一切被视为不洁之物。要做好这一点，必须养成平时注重个人卫生的良好习惯。按照常规，外出归来、午休完毕、流汗流泪、接触灰尘之后，都应及时洗脸。

2. 卫生

主要是要求注意个人面容的卫生清洁状况。如果面部的卫生状况不佳，是极易令人产生厌恶情绪的。

3. 自然

面部修饰化妆的目的是给人清洁、健康、漂亮的印象，所以美容要真实、自然、恰到好处，要符合自己的年龄、身份和职业，要符合礼仪场合。如出席肃静庄重的礼仪场合，不宜化妆；出席轻松愉快的社交礼仪活动，化妆浓淡以稳重高雅为宜；白天要化淡妆，外出旅行或平时工作、一般会友，以淡雅为宜；晚间舞会化妆可稍浓艳。同时，要切忌人为整容，如秀眉、隆鼻、纹唇、垫腮、割双眼皮、吸脂等，不但没有必要，而且也不实际。

4. 适度

面部化妆要适度，要根据自己的特点，采用不同的化妆方法表现不同的风格。如白领职业女性，化妆时底色应选用与肤色近似的色彩，腮红与口红的颜色应该接近，涂抹要适度，注重自然，强调淡雅，以表现职业女性干练、文静和聪慧，给人以稳健的印象。

5. 协调

化妆时除了要注意粉底霜、眼影色、胭脂、口红等颜色与个人的皮肤颜色、服装颜色协调，还应注意与年龄相符合，与身份职业相一致，与季节、时间相协调，与所要表现的风格相一致。一般情况下，女士总希望把自己的面容化得白一点儿，但要注意化妆后不可明显改变自己的肤色，而应与自己原有肤色恰当结合。

6. 个性。化妆要因人而异，因形不同，努力通过化妆进行自我形象塑造，扬长避短，充分展现自己的气质和性格，为了使自己面部存在不符合一般审美标准的部位具有个性美，应该有针对性地进行修饰化妆。

四、面部修饰化妆

（一）面部修饰化妆的基本程序

1. 清洁面部

面容清洁和皮肤保养是仪容美的关键，是讲究礼仪的基本要求。化妆前要用温水清除面部表层的污垢、污渍等不洁之物，在全面化妆前应再用清洁霜深层清洁一次，用清水洗净，然后涂上护肤类化妆品。皮肤越洁净，妆面效果越好。

2. 保养皮肤

就是保持面部皮肤的洁净、润泽并富有弹性。正确的皮肤保养，有助于面容的娇美。不过，不同的皮肤性质和特点应该采用不同的保养措施。如干性皮肤在用玫瑰浸泡的水中应加入几滴蜂蜜，沾湿整个面部，再用手拍至干燥，这样每晚反复 2～3 次，能够滋润面部，使之光滑细腻；中性皮肤，晚上用冷水洗脸后，再用热一点的水蒸气蒸脸片刻后轻轻抹干；油性皮肤洗脸时要在热水中加入几滴白醋，能有效地清洁皮肤上过多的皮脂、皮屑和尘埃，可使皮肤显得光洁美观。

3. 基面化妆

基面化妆又叫打粉底，目的是调整皮肤颜色，使皮肤干滑。化妆时，可根据自己的皮肤特点选择合适的粉底，并根据面部的不同部位，分别敷上深浅不同的粉底霜（如苍白脸色的肤色使用象牙色或粉红色的粉底；乳黄色皮肤用茶色或金褐色粉底；棕色皮肤可以用颜色稍深的粉底，再使用适当的亮光剂），以增强脸部的立体效果，使脸部皮肤看上去透明光滑、有光泽、健康滋润。

4. 定妆

为了固定底色和使妆色柔和，要用粉饼或散粉定妆，粉的颗粒越细越自然越好。粉色可根据本人的肤色而定。但不要太白，否则会让人有“挂霜”的感觉。粉要涂得薄些，而且要均匀。

5. 眉毛整饰

整饰眉毛时应根据个人的脸形特点，确定眉毛的造型。画眉应从内眼角的眉端开始，经眉峰在眉毛的 2/3 处一直画到眉尾为止。一般是先用眉笔勾画出轮廓，再顺着眉毛的方向一根根地画出眉形，最后把杂乱的眉毛拔掉。女士的眉形切忌过宽（如图 9－1 所示）。

6. 眼部修饰

画眼线主要是为了突出眼睛的轮廓，增强眼睛的外观效果。画眼线要注意上下眼线的区别，一般是上眼线要比下眼线画得长一些、粗一些、深一些。用黑色眼线笔或眼线液沿睫毛根部由外眼角向内眼角方向画出眼线，随后可戴上黑色的假睫毛，使眼睛显得生动温柔（如图 9－2 所示）。

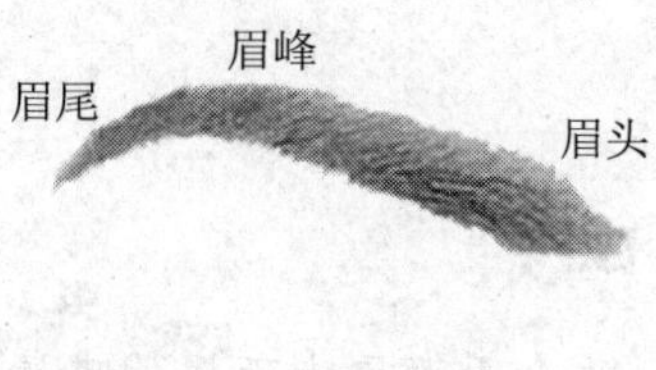

图 9－1　画眉的基本方法

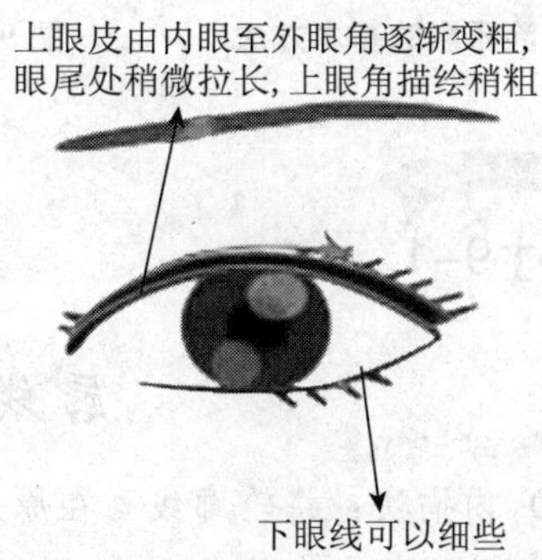

图 9－2　画眼线的基本方法

涂眼影要从眼角开始，刷到眼梢，再反手往前、往上，刷匀整个眼睑位置。重点在于上眼睑，涂眼影时要从上眼睑边缘贴近睫毛处逐渐到眉毛下缘，着色要由深到浅，然后用眼影刷轻轻扫开，并巧施亮色以加强眼睛的立体感。在贴睫毛的部位及两个眼角的部位涂重些（如图 9－3 所示）。

7. 睫毛修饰

先用睫毛夹使睫毛卷曲，然后用睫毛刷把睫毛膏均匀地涂抹在睫毛上，但不宜抹得过厚，否则会让睫毛粘住，给人以造作之感。睫毛膏的正确使用能增强眼睛的魅力（如图 9－4 所示）。

8. 脸颊修饰

腮红一般可以打在笑肌上，但要根据不同的脸形和不同肤色采用不同的腮红，应以颧骨为中心，直到和底色自然相连，使脸形显得长一些。正常脸形的人可以同时用棕、粉红、淡红偏黄三种颜色的腮红，棕色涂在颧骨下的阴影部位，粉红色涂在颧骨处，淡红偏黄颜色涂在颧骨之上和眼外角及眼下部位。颜色的选用要根据肤色而定，肤色白皙者，可先用淡一些或亮一些的颜色，如浅桃红、浅玫瑰红；肤色较暗者，腮红可深一些或暗一些。

9. 嘴部修饰

涂抹口红时先要根据不同年龄、场合、职业、季节选择不同的颜色，再根据嘴唇的大小、形状、厚薄，用唇线笔勾出理想的唇线，然后涂上口红，唇边要涂深一些，唇内则可浅一些，唇线要略深于口红色，口红不得涂于唇线外，唇线要干净、清晰，轮廓要明显（如图 9－5 所示）。

图 9－3　涂眼影的基本方法

图 9－4　睫毛的修饰方法

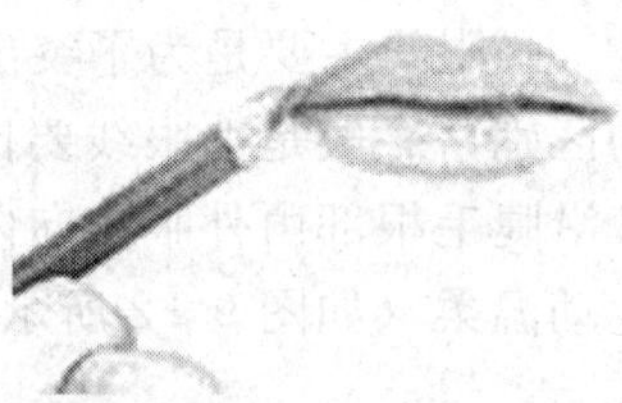

图 9－5　唇线的画法

小贴士9-1

唇线的几种画法

（1）内描法：将轮廓线画在原来唇梢的内侧，适合于双唇大而厚的嘴唇。

（2）外描法：在唇的稍外侧描轮廓线，使唇部丰满起来，适合于薄而小的嘴唇。

（3）直线法：按照唇形轮廓描出带锐角的直线，适合于双唇大小适中的嘴唇。

（4）三分之一唇线法：这种唇形，起伏深，给人以感情丰富的感觉。

（5）二分之一唇线法：上唇山形最高处恰在口角和中心线中间，其高度与相应位置的下唇厚度相同，上下唇轮廓线匀称，是大众化的唇形。

(6) 三分之二唇线法：上唇山形高峰在唇中央到口角三分之二的地方，给人以宽广优美的感觉。

10. 检查化妆效果

化妆后要全面检查一下局部和总体效果，整体化妆与衣着、发型是否相宜；与自己的年龄身份、气质是否相称。若发现不合适宜的修饰痕迹，应及时进行补妆和矫正。

（二）面部化妆礼仪需注意的问题

1. 不宜当众化妆

化妆要注意时间和地点，不能随时随地进行化妆，更不能在大庭广众之下化妆、补妆，这是没有教养的失礼行为，也会给人以轻浮的感觉。如果确有必要补妆，也应在化妆间、卧室、洗手间或无人处进行。切忌旁若无人地自我表演。

2. 不要非议他人化妆

由于不同国家、不同民族文化传统、个人审美情趣、肤色各异，每个人的面部化妆不可能是完全一样的，所以切不可评价、议论他人化妆的得失。

3. 不要借用他人化妆品

每个人对化妆品的使用有着个人的习惯，别人用起来会觉得不方便。同时，化妆品有可能传播病毒，所以，借用别人的化妆品，不仅不礼貌，而且不卫生。

4. 要适时补妆

在工作过程和社交活动过程中，可能会由于出汗用餐等各种原因，造成面部妆面受损，应该及时自察妆容和补妆，维护好妆面的完整性，不要出现残妆现象。

五、发型修饰

发型修饰就是通过梳理使头发起掩盖、衬托、填充的作用，力求使各种不够匀称的脸形变得和谐一些，通过修、剪、吹、烫、染等技巧，修剪出一种适合自己的庄重、简约、典雅、大方的发型，给人以美感。端庄的发型能给人一种潇洒飘逸和充满活力的青春感觉，是提升人的气质与魅力、展现仪容美的关键要素。

（一）在选择合适的发型时要考虑的问题

1. 根据年龄选择发型

一般情况下，少年应以自然美为主，不宜烫发染发；青年人的发型可以多种多样，但不可怪异；中年人宜选择整洁、简单、大方文雅的发型；老年人则应选择庄重简洁、朴实大方的发型。

2. 根据发质选择发型

有些发型可能从年龄、身材、脸形等方面都适合自己，但如果发质不合适也不会收到良好的效果。如直而硬的头发容易修剪整齐，应以修剪技巧为主，避免花样复杂。而那些细而软的头发不容易整理成型，适合小卷曲的波浪式发型。

3. 根据脸形选择发型

恰当的发型设计可以起到修饰脸形的作用，所以不同的脸形应选择不同的发型。

小贴士9-2

脸形与发型

一般来说，脸形分为圆形脸、鸭蛋脸、方形脸、三角形脸及倒三角形脸五种（如图 9-6 所示）。

（1）圆脸或脸形较短者，可选择不留“刘海”的长发式，将额前头发梳高，并设法使两边头发遮住两颊，使脸部看起来显长不显宽。

（2）脸形偏长者，即鸭蛋脸形，应该选择有“刘海”的中长发式，两侧头发要蓬松遮颊，以减少脸的长度。

（3）方脸形的人可让头发披在两颊，两侧的头发可以稍长一些并烫一下，以曲线美掩盖棱角，使脸部看上去圆润些。

（4）三角形脸的人发型应尽可能增加额头两侧头发的厚度，采用侧分发型掩盖尖窄的额头。

（5）倒三角形脸的人发型应尽可能隐藏过宽的额头，增加脸下部的丰满度。

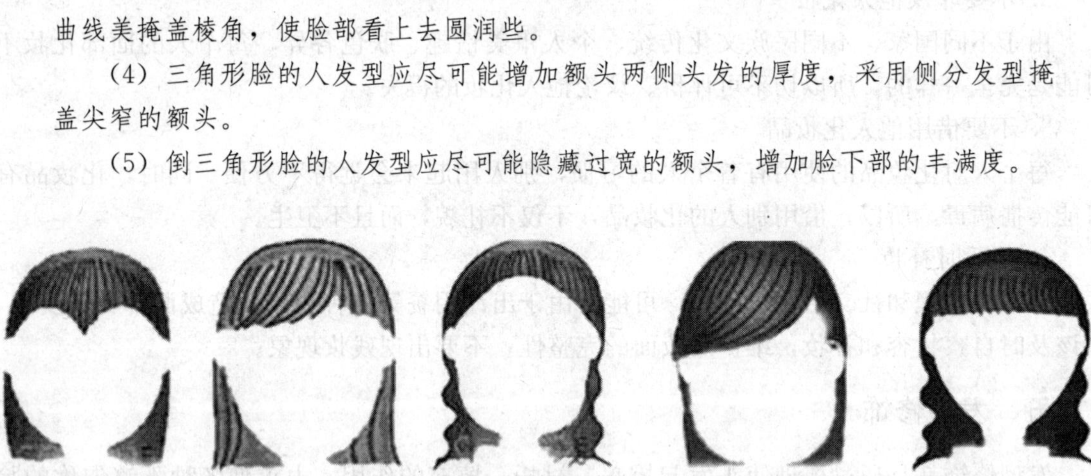

圆形脸的无刘海式长发　　鸭蛋脸的刘海式中长发　　方形脸的蓬松式烫发　　三角形脸的侧分发型　　倒三角形脸的刘海式长发

图 9-6　脸形与发形

4. 根据身材选择发型

根据自己的身材选择合适的发型也是很重要的。身材较高的人选择中长发或长发为宜，可把头发梳理成蓬松式；体形高瘦的女士不宜留短发，而应留长发、直发、大波浪曲发，以显得飘逸大方；若体形高且胖的人，头发轮廓应以椭圆形为宜；身材矮小的人不宜留披肩长发，而应留短式发型或梳盘发，以显得活泼精神；体形矮胖的人以留短发或盘发为宜；胖瘦适中标准体形的人发型选择的空间相对大些，一般各式长短发型均适宜。脖颈粗短的人，应设计高而短的发型；脖颈细长的人以选择齐颈搭肩、舒展或外翘的发型为宜。

5. 根据职业选择发型

从业人员选择发型应与个人的角色、身份和职业性质相吻合。一般而言，从业人员的发型要前不遮眉，发不过肩，不可以披头散发，遮挡脸部，长发要束起，工作场合不允许染彩发，也不允许在头发上滥加装饰之物。政治家、企业家、学者在无特殊的情况下，选择大方的中短发型不仅给人以端庄、稳重之感，而且能体现个人的礼仪修养；商界男士可选择青年式、背头式、分头式、平头式等发型；职业女性不要留披肩发，刘海不要过低，不要染红、黄色，一般以齐耳的直发或微长稍曲的发型为宜；服务行业男性发型要前不遮眉，侧不遮耳，后不及领，不可留怪异发型，也不可烫卷发和染发；服务行业女性最规范的发型是盘发、束发，披肩发也可以。

6. 根据性别选择发型

无论男女，发型选择的要点是：与脸形、体形、年龄、职业、服装相协调。青年女性的发型主要考虑能显示青春活力的发型，长短、曲直适宜；中年女性应选择中长发型，以体现高雅脱俗的气质；老年女性的发型以整洁、简朴为佳。男士的发型要符合美观大方、整洁实用的原则。

（二）发型修饰应注意的问题

1. 发部整洁

对任何人而言，在人际交往中，其头发的整洁与否，都会直接影响他人对自己的评价。如果不注意头发的整洁，往往会给人留下邋邋遢遢、委靡不振的印象。

以下三点是保持发部整洁的基本做法。

（1）勤于梳洗，避免不洁。头发的清洗，应当三天左右进行一次为宜。

（2）定期修剪，避免凌乱。通常情况下，男士应半月左右理发一次，女性可根据个人情况而定，但最长不应超过一个月。

（3）认真梳理，保养头发。认真梳理头发可以促进头部的血液循环，有助于保养头发，更有助于保持自己美好的形象。一头杂乱无章、“不守规矩”的头发，会给人留下做事大大咧咧、有始无终的印象。

2. 根据头发类型选择发型

（1）“钢发”。此种头发粗而硬、富有弹性。拥有“钢发”的人，无论男女都不适宜留长发。

（2）“绵发”。此种头发发丝细软、弹性较差。这种类型的头发可以梳成任意发型。

（3）“油发”。此种头发油脂较多、抗侵蚀力强、弹性不够稳定。拥有这类头发的人，宜选择便于清洗的发式。若留短发，宜修剪出层次。

（4）“沙发”。此种头发容易干燥、蓬松。可留长发亦可留短发，但不宜梳成平直的短发；若要烫发，则需做成较大的波纹。

（5）“卷发”。指自然形成蜷曲状的头发。拥有“卷发”的人梳长发，可以展现自然风貌。

六、局部修饰

（一）眼部

1. 保洁

眼部保洁最重要的是要及时除去眼角上不断出现的分泌物。如果患有眼病，应自觉回避社交活动，免得使人近之难过，避之不恭，让人提心吊胆。

2. 修眉

如果感到自己的眉形不好看，可以进行必要的修饰，但不提倡“一成不变”的眉形塑造。

3. 眼镜

不论是矫正视力、保护眼睛，还是追求时尚，人们常常会佩戴一副眼镜。但在社交场合或工作场合佩戴眼镜应注意三点：一是眼镜的选择除了实用外，还应注意质量是否精良，款式是否适合自己；二是应随时对眼镜进行矫正和清洗；三是不应在社交和工作场合佩戴墨镜，否则，会让人“不识庐山真面目”，有拒人于千里之外的嫌疑。

（二）耳部

1. 卫生

每个人的耳孔里，会有一些分泌物及粉尘秽物出现，即所谓的耳屎，当别人站立于自己身体一侧时，这些不洁之物有可能会映入对方的视野之中。因此，一定要注意提早清洁，但也不要在人前进行操作。

2. 耳毛

随着年龄的增长，耳孔周围会长出一些浓密的耳毛，特别是上了年纪的人，耳毛长得较快，甚至还会长出耳孔。因此，一旦发现应急时修剪。

（三）鼻子

1. 清洁

平时应注意保持鼻腔清洁，不要让污垢长期堆积于鼻孔内。切勿当众擤鼻涕、挖鼻孔、吸鼻子，也不要乱弹乱抹鼻垢。如果确实需要，应尽量在无人时进行，并以手帕或纸巾辅助，且不要搞得声响大作。

2. 鼻头

鼻子的周围，容易积存一些脂肪或泥垢，因此，平时应认真清洗，切勿形成黑头。一旦形成，可用专门的美容鼻贴处理。

3. 鼻毛

如同耳毛，鼻毛也会长出鼻孔，有碍观瞻。因此，应注意检查，一旦发现，应及时修剪，千万不要置之不理，或者当众用手去揪拔。

（四）口部

1. 护理

牙齿洁白，口腔无味是护理的基本要求。要做好这一点，一要坚持每天定时刷牙。刷牙时要做到“三个三”：即每天刷牙三次，每次刷牙在饭后三分钟进行，每次刷牙时间不应少于三分钟。二要经常采用漱口液、洗牙等方式保护牙齿。三要注意在重要应酬之前忌食烟、酒、葱、蒜、韭菜等。

2. 异响

交际场合除了应有的谈笑之声外，应避免发出诸如咳嗽、哈欠、喷嚏、吐痰等不雅之声。

3. 胡须

如果没有特殊的宗教信仰或民族习惯，切忌胡子拉碴地出现在公共场合。女性若因内分泌失调而长出类似胡须的汗毛，应及时清除或治疗。

（五）颈部

颈部属于面容的自然延伸部分，因此，它的修饰也很重要。修饰颈部，一是要注意颈部皮肤过早老化，与面部产生较大反差；二是要保持清洁卫生。不要只顾面部干净，脖子、脖后、耳后却藏污纳垢，肮脏不堪。

（六）手臂

正常情况下，手臂是人际交往中使用最勤、动作最多的部分，被人们视为社交场合的“第二张名片”。因此，手臂的修饰，跟面部的修饰同等重要。

1. 手掌

（1）清洁。日常生活中，手是接触人和物最多的地方，手部干净与否，会给人以深刻的印象，特别是从事服务行业的人员，手部的干净更是至关重要。

（2）指甲。指甲应定期修剪，不要无故留甲过长，这样既不美观，也不方便。修剪指甲，应以其不超过手指指尖为宜，应尽量做到“三天一修剪，每天一检查”。

（3）死皮。如果发现手部有死皮，应及时修剪，但不宜当众操作，更不要用手撕或用牙咬。

（4）伤残。手部要精心保养，不要让它带有伤残。如果皮肤粗糙、红肿、皲裂，应急时护理；如果生疮、发炎、变形、破损应及时就诊，同时要避免与人接触。

（5）艳甲。在工作岗位或社交场合，一般不要涂抹彩色指甲油，或为指甲进行艺术装饰。

2. 臂部

（1）裸露。社交礼仪规定，在非常正式的场合，人们不应穿着半袖装或无袖装，不应将肩部裸露在衣服之外。非正式场合则无此限制。

（2）艺术加工。工作或交际活动中，不宜在手臂上刺字、刻画等艺术加工。

（3）汗毛。因个人生理条件的不同，有的人手臂上长有过浓、过长的汗毛，如果有碍观瞻，最好采用适当的方法进行脱毛。腋毛属于个人隐私，不宜在外人或异性面前展露。女士应尤其注意。如果打算穿着暴露腋窝的服装，则务必要先行脱毛。

（七）腿部

在社交中，人们常有“远看头，近看脚，不远不近看中腰”的观察他人的习惯，因此，一个人的下肢尽管不是个人形象的主要代表，但也不应任其自然。

1. 脚部

（1）裸露。严格地说，正式场合是不宜光脚穿鞋子的，拖鞋、凉鞋、无跟鞋等也不宜登大雅之堂。在非正式场合光脚穿鞋子时，要确保其干净、清洁。

（2）清洁。因双脚易出汗并产生异味，因此，要注意每天洗脚、换袜子。鞋子也应勤于更换，否则，也有可能使其内部发生霉变，同样产生异味。

（3）趾甲。脚趾甲要勤于修剪，不仅要注意令其长度适中，外形美观，还应注意去除死皮，使之洁白无瑕。

2. 腿部

（1）在正式场合，男士不应穿短裤，女士不可穿短裤或超短裙。越正式的场合，对女性裙装长度的要求越严格，一般情况，女士的裙长应在膝部以下。

（2）女士在正式场合穿裙子时，不宜光着大腿不穿袜子，尤其不允许将光着的大腿暴露于裙子之外。

（3）成年男子腿部汗毛大都过重，如果在正式场合露出一截汗毛腿，是非常不雅观的。如果女士因内分泌失调导致腿部汗毛过浓过黑，应穿深色丝袜遮掩，或将其脱去。

【案例 9－1】

战国时期的思想家、政治家和教育家孟子，是继孔子之后儒家学派的代表人物，被后世尊奉为仅次于孔子的圣人——“亚圣”。

有一次，孟子的妻子看到室内无人，便将两腿叉开坐在房间里休息。孟子推门进来，看到妻子这样坐着十分生气。孟子一声不吭地走出去，看到母亲便对母亲说：“我要将妻子休回娘家去。”孟母问他：“这是为什么呢？”孟子说：“她既不懂礼貌又不懂仪态。”孟母又问：“你凭什么这样说？”“她双腿叉开坐着，所以要休她。”孟子回道。原来，古人称这种双腿向前叉开坐为箕踞，箕踞向人是非常不礼貌的，“那你是怎么知道的呢？”孟母问。孟子便把刚才的一幕说给母亲听。孟母听完后说：“如果是这样的话没有礼貌的人不是你妻子，而应该是你。难道你忘了《礼记》上是怎么教人的？进屋前，要先问一下里面是谁；上厅堂时要高声说话，以提醒别人；为避免看见别人的隐私，进屋后眼睛应向下看。卧室里休息的地方，你不出声，不低头就闯了进去，失礼在先，怎么能责怪别人没礼貌呢？”一席话说得孟子心服口服，再也没提什么休妻子回娘家的话了。

任务二　培养仪态服饰礼仪

仪态是指一个人在日常生活中身体所呈现的姿态与风度，它包括举止行为、神态、表情等，不同的仪态显示人们不同的精神状态和文化教养，从而形成不同的气质与风度。它是映现一个人涵养的一面镜子，也是构成一个人外在美的主要因素。

俗话说：“站有站相，坐有坐相。”就是要求人们站、坐、行都要守其礼仪规范。如果说人的相貌是无法选择的，那么气质风度则是可以通过礼仪约束潜心培养的。

一、站姿礼仪

站姿是人们平常所表现出的最基本的姿态，是一种静态的身体造型。优美典雅的站姿是展现人体动态美的起点，是培养一个人仪态美的基础。

小贴士9-3

不同的站姿所反映的心理特征

心理学家测定得出的结论是：双腿并拢站立者，给人的印象是可靠、意识健全、脚踏实地而且忠厚老实，但表面上有时显得有点冷漠；两腿分开尺余，脚尖略朝外偏的站姿，表现出站立者果断、任性、富有进取心，不装腔作势；双腿并拢站立，一脚稍后，两足平置地面，则体现出站立者有雄心，性格暴躁，是个积极进取、极富冒险精神的人；站立时一脚直立，另一脚则弯置其后，以脚尖触地，则说明站立者情绪非常不稳定，变化多端，喜欢不断地刺激与挑战。

站立姿势还有正面与侧面之分。相比较而言，正面姿态所反映的特征，是人们通过学习和对自身经验的总结、积累而形成的；而侧面姿态，一般被认为是仍然保留着出生时的原始的姿态倾向和特征，表现出原始的感情和幼年、少年时代的心理活动以及与生活有关的心理倾向。如那种挺胸直背、身体后仰、膝盖绷直的侧面姿态，就是一种充满力量和紧张的姿态，暗示着站立者积极努力地适应现实的倾向。

（一）正确的站立姿势

站立时，应头正颈直，双眼平视前方，嘴唇微闭，下腹微收，挺胸直腰，双肩保持水平，两臂自然下垂，手指并拢自然微屈，左右手中指分别压在左右裤缝，腿膝伸直，下体自然挺拔，脚跟并拢，两脚尖张开夹角45°，身体重心落在两脚之间。站立后，竖看要有直立感，即以鼻子为中线的人体应大体成直线；横看要有开阔感，即肢体及身段应给人以舒展的感觉，侧看要有垂直感，即从耳与颈相接处至脚的踝骨前侧亦应大体成直线，给人以一种挺、直、高的美感（如图9-7所示）。

男士在正式场合站立时，身体重心应放在两脚中间，不要偏左或偏右；双脚与肩同宽而立；双手可自然下垂，必要时可双手在体前交叉。男子应站得英俊洒脱，挺拔舒展，精神焕发（如图9-8所示）。

女士在正式场合站立时，身体重心应在两足中间脚弓前端位置，双脚呈“V”字站立；手自然下垂或向前向后交叉放置。女子应站得秀雅大方，亲切和善，姿态优美，一展贤良淑女的形象（如图9-9所示）。

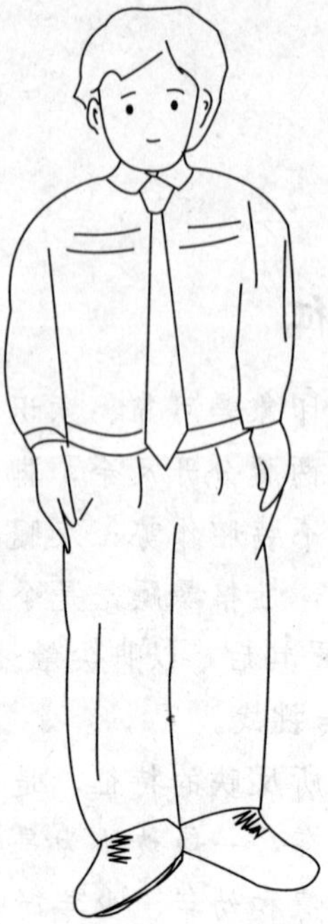
图 9-7

图 9-8

图 9-9

(二) 注意防止不良站姿

站立时应克服不雅的站姿，包括站立时弯腰驼背、身体倚门靠墙或靠柱、左右摇晃、歪头斜脖、撅臀曲腿、双脚交叉、叉腰斜立等。不雅的站姿给人以懒惰、轻薄、乏力、不健康的印象，有损交际形象。

二、坐姿礼仪

坐姿是人际交往中最重要的人体姿势，端庄优美的坐姿，会给人以文雅、稳重、自然大方的美感。坐姿要求"坐如钟"，即坐相要像钟那样端正。落座应该挺胸直腰，落落大方，端庄稳重。

(一) 坐姿的基本规范

人的正常坐姿，在其身后无依靠时，上身应正直而稍向前倾，头平正，两臂贴身自然，两手随意放在自己的腿上，两腿间距和肩宽大致相等，双脚自然着地。背后有依靠时，背部轻挨靠背，但不要整个背部后仰。在正式社交场合，或有尊长在场时，要正襟危坐，臀部只坐椅子的 2/3，上身与大腿之间、大腿与小腿之间均呈直角，不能随意把头靠在沙发背上，显出懒散的样子；就坐以后不能两腿摇晃抖动，或者跷二郎腿。座位前面无遮挡时，男子双脚不要超过肩宽；女子双脚应当并拢，特别是穿裙子时更要注意（如图 9-10 所示）。

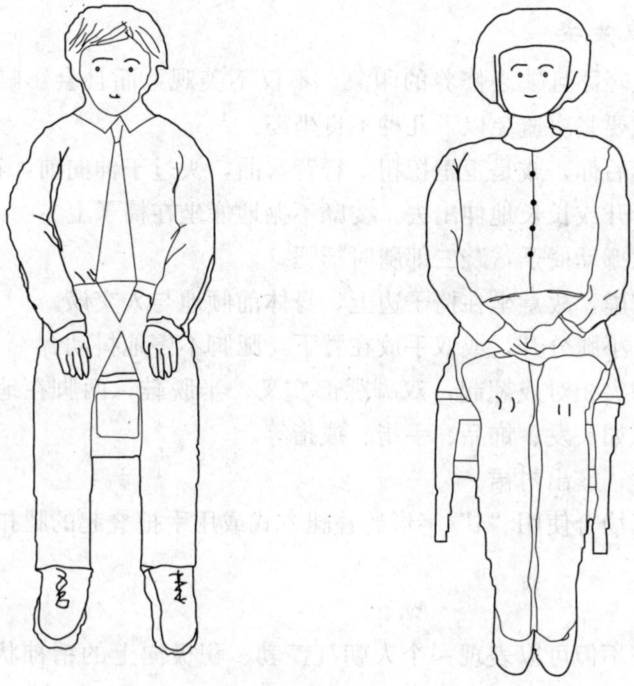

图 9-10

小贴士9-4

不同坐姿所反映的心理特征

心理卫生专家经测定认为：坐时翘起一条腿的人显示出他相当自信，但个性懒散，不好幻想，任何私人问题或烦恼都不能使之困扰，信心形之于外；坐时双腿并拢，双脚平放地上的人则表现出坦率、开放和诚实的特征，具有洁癖和守时的习惯，喜欢有规律的生活，按照时间表行事会觉得比较自在；坐时双腿向前伸，双脚在踝部叉起，则反映出坐者希望成为中心人物，比较保守，凡事喜欢求稳，作风不拘于传统；坐时两膝并拢，两脚分开约大半尺，则说明坐者对周围事物非常敏感，观察细致，深谙人情世故，能体贴别人，也能原谅别人，多愁善感；坐时双腿在膝部交叉，一脚勾在另一脚后面，则显示出逗人喜爱，非常得人缘，个性好静，容易与别人相处，不善夸耀或虚饰。心理学家还测出，坐下后摸嘴巴的人，往往情绪不安，猜疑心较重；摸膝者往往以为将有好事临身，自负之心颇高；摸下巴者，则是为某种事而烦恼；坐下来就不断抓头发的人，性子较急，喜欢速战速决，情意不一，容易见异思迁；坐下后喜欢摸额的人，能言善辩，说服力强，这种人往往比较狡诈。

（二）杜绝不良坐姿

不良的坐姿给人轻浮且缺乏修养的印象，不仅不美观，而且会影响身体发育，是失礼和不雅之举动。因此要坚决避免以下几种不良坐姿：

（1）就座时前倾后仰，或是歪歪扭扭，脊背弯曲，头过于伸向前，耸肩。

（2）两腿过于叉开或长长地伸出去，委靡不振地瘫坐在椅子上。

（3）坐下后随意挪动椅子，跷二郎腿时摇腿。

（4）为了表示谦虚，故意坐在椅子边上，身体前倾地与人交谈。

（5）大腿并拢，小腿分开，或双手放在臀下，腿脚不停地抖动。

（6）就座时，脚尖相对或翘起，双脚踝部交叉，半脱鞋，两脚在地上蹭来蹭去；不停地摆弄手中的东西，如头发、饰品、手指、戒指等。

（7）女士入座时，露出衬裙。

（8）男士在礼仪场合使用“4”字形的叠腿方式或用手把叠起的腿扣住的方式。

三、走姿礼仪

潇洒优美的走姿不但可以表现一个人朝气蓬勃、积极向上的精神状态，而且可以向人展现自己高雅的风度和良好的修养。所以，练就优美的走姿显得尤为重要。

（一）正确的走姿规范

行走时上身挺直，头部端正，下颌微收，双肩齐平，双目平视，抬头挺胸，收腹立腰提臀，重心稍向前倾，两臂自然下垂，手掌心向内，并以身体为中心前后摆动，前摆约 35°角，后摆约 15°角，手掌朝向身体。精神饱满，表情自然，面带微笑，步态优美，步伐稳健，动作协调。一般男士行走速度每分钟 110 步左右，女士每分钟 120 步左右（如图 9－11 所示）。

图 9－11

（二）矫正不良走姿

走路最忌内八字和外八字，忌弯腰驼背，歪肩晃膀。走路时不可大甩手，扭腰摆臀，大摇大摆，左顾右盼。双腿不要过于弯曲或走曲线；步子不要太大或太小。不要脚蹭地面、双手插在裤兜或后脚拖在地面上行走。男士的走姿应注意不要像小脚女人走路一样，一步一挪。不要像闲人一样迈着八字步，那会给人委靡不振的感觉。不正确的走姿，会影响一个人的形象，应及时给予矫正。

四、蹲姿礼仪

蹲姿是人的身体在低处取物、拾物或整理自己鞋袜时所呈现的姿态，它是人体静态美和动态美的结合。蹲是由站、立的姿势转变为两腿弯曲和身体高度下降的姿势。为了使蹲姿得体，应该注意蹲姿的基本规范。

（一）蹲姿的基本礼仪

当需要拾捡低处或地面物品时，应走到其物品的左侧；当面对他人下蹲时，应侧身相向；当需要整理鞋袜或整理低处物品时，可面朝前方，两脚一前一后，一般情况是左脚在前，右脚在后，目视物品，直腰下蹲。上体要正直，单腿下蹲。女士若穿低领上装，下蹲时应注意用一只手护着胸口（如图 9－12 所示）。

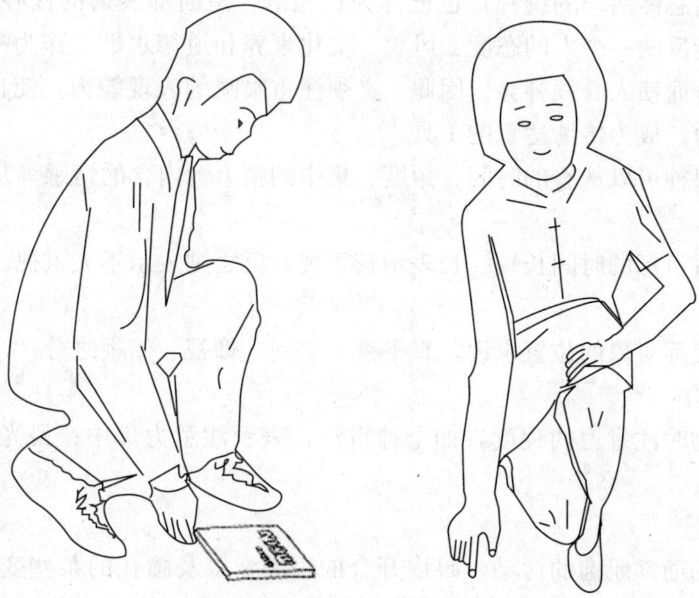

图 9－12

（二）矫正不良蹲姿

1. 切勿突然下蹲

当自己在行进中需要下蹲时，切勿速度过快，否则会令人产生突兀惊讶之感。

2. 不要离人太近

在下蹲时应注意与身边的人保持一定的距离，以防彼此迎头相撞或产生不必要的误会。

3. 不可弯腰撅臀

在大庭广众之下下蹲时，切不可直腿弯腰撅臀或双腿下蹲，尤其是身着裙装的女士绝不可采用这种蹲姿，以避免个人隐私暴露在外。

4. 不要平行下蹲

两腿左右分开平行下蹲，即便是直腰下蹲，也有伤大雅，对他人也是一种失礼、不敬的行为。

5. 方位不能失当

在他人身边下蹲时，最好要与之侧身相向。正面面对他人或背部面对他人下蹲，都是不礼貌的。

五、面部表情礼仪

所谓表情主要是指面部情感体验的反应，是人们内心世界的外在表现，它反映着人们的思想、情感及心理活动与变化，是人们评价仪表美和仪态美的重要依据。其中，眼神和笑容是面部表情中最重要的两个方面。

（一）眼神礼仪

眼神是对眼睛总体活动的统称，也被称为目光语，是面部表情的核心，是人体最重要的体态语言，它能反映一个人的态度、风貌、文化素养和道德水准。作为一种无声的语言，有时胜过有声语言而使人心领神会。因此，必须注重眼睛的表现能力，使自己的眼神灵活、晶亮，富于感染力，成为传情达意的工具。

把握和理解眼神可以从看的时间、角度、集中的精力、内含的情感等几方面来观察。

1. 看的时间

是指眼睛观看目标的时间长短。长表示较重视，反之则表示不太重视。

2. 看的角度

从行为者与交际对象的位置来说，有平视、斜视、仰视、俯视之分。

3. 集中的精力

是指眼睛观物时注意力的程度，如全神贯注，表示注意力集中；目光游移不定，则表示注意力不集中。

4. 内含的情感

是指眼睛周围面部肌肉的运动，眼皮开合的程度，以及瞳孔的某些变化所反映的内心情感。眼睛周围肌肉的运动较放松，表情就较柔和；反之，就较生硬。眼皮的开合：瞪大眼睛表示惊愕、愤怒；眯着眼睛表示快乐、欣赏；眨眼睛表示调皮，不解等。瞳孔的变化：当人们看到有趣的或心中喜爱的东西时，瞳孔就会扩大；而看到不喜欢的或厌恶的东西时，瞳孔则会缩小。

小贴士9-5

老人和骑马人

很多年前的一个寒夜，在弗吉尼亚州东北部，一个老人等在渡口准备乘船过河，寒冷的北风使他的身体变得麻木和僵硬。看来他的等待似乎是徒劳的。

突然，远远地传来马蹄声，他似乎看到了希望，怀着急切的心情等待着。马蹄声近了，骑马人过来了，他打量着从他身边过去的几个骑马人，满眼的期待。骑马人一个一个地过去了，老人站在雪中僵直得像一尊塑像，没有请求帮助。眼看最后一个骑马人将要擦身而过了，老人突然看着那个人的眼睛说："先生，您能否允许一个老人和您同乘一匹马前行?"骑马人勒住了自己的马，仔细打量了一眼几乎冻僵的老人，然后答道："请上来吧!"看见老人根本无法移动他那冻得半僵的身体，骑手跳下马来，帮助老人上了马。骑手不仅把老人驮过河，而且一直把他送到要去的地方。

在老人下马的时候，骑手好奇地问道："先生，我注意到，您让其他几个人过去而没有请求帮助，当我经过时您却向我提出了请求，我很奇怪这是为什么。在如此一个寒冷的夜晚，您却等在这里并截住最后一个骑手，如果我拒绝您的要求并把您留在那里，会是什么结果?"

老人慢慢地下马，以一种惊奇的目光看着骑手，回答说："我已经在这里等了很长一段时间，但我以为我能看出谁更具有美好的品德，"老人继续说道："我仔细观察了那几位骑手，发现他们根本就无视我的存在，说明他们并不关心我的处境，这时候就是我请求他们帮助也无济于事。但是当我看到您，看到您眼睛中流露出的仁慈和同情，我知道，我可以请求您的帮助，并相信，您一定会在我最需要帮助的时候伸出友爱之手的。"

那些暖人肺腑的话语深深地触动了骑手，他告诉老人："您的评价把我形容得太伟大了。我以前过于忙自己的事情，所以我对别人的安慰和帮助太少了。"

说完这些，那名骑手——托马斯·杰斐逊总统调转马头，踏上了通往白宫的路。

（二）笑容礼仪

笑，即脸上露出愉快的表情或发出欢喜的声音。它在人际交往中具有非同寻常的意义。人总是会笑的，或莞尔微笑，或捧腹大笑，或破涕而笑，或回眸一笑，也有强颜欢笑、暗自苦笑的，不同的笑表达着不同的心态和感情，传递着各种信息，而使人与人之间彼此缩短心理距离，并能创造出交流和沟通的良好氛围。

俗话说："出门看天色，进门看脸色。"在人际交往中，真诚微笑会产生思想上和情感上的强烈共鸣。为了更好地在社会交往中表达自己的情感，微笑应该符合以下几个要求。

1. 发自内心

发自内心、自然适度的微笑，才是内心情感的自然流露，才能笑得自然亲切、温柔友善、恰到好处。

2. 声情并茂

微笑要做到表里如一，使笑容与自己的举止、谈吐相呼应。

3. 适时尽兴

微笑要注意适时尽兴，指向明确，不可以笑得莫名其妙，更不可在不明对方意图、听不懂对方语言的情况下贸然微笑。

4. 表现和谐

笑要由眼睛、眉毛、嘴唇、表情等方面协调完成，防止生硬、虚伪的假笑和笑不由衷。

5. 亲切庄重

微笑不宜发出笑声，特别是女士更要注意克制，切不可在公共场合"咯咯"地笑个不停，更不能不分场合表现出显然不合时宜的微笑和大笑。

6. 始终如一

在交际、服务场合，必须将微笑贯穿于交际、服务的全过程，要做到对所有的宾客一视同仁，微笑服务。

六、手势礼仪

手姿（也称手势）是指人们在社交活动中表达思想、传情达意时，两手所呈现出的各种动作和体位姿势。它常被人们用来表达自己的思想和愿望，是最有表现力的一种"体态语言"。

（一）手势礼仪总体原则

手势是由手势的速度、力度、幅度和弧度四部分构成。所以，手势的运用应该注意遵循以下原则。

1. 速度适中

手势速度不宜过快，如果手势过快，不但会给人不稳重、不和谐的感觉，而且难以让人有一个心理过渡，容易造成紧张感。

2. 力度适宜

手势力度大可以表现出果断和坚定的信心。手势力度小可以显示优柔细腻。切忌力度过大的手势，会给人造成惊异感，也缺乏美感和艺术感。手势力度轻重适宜才能产生"柔中带刚"的美感。

3. 动幅适度

手势动幅过大过多，会显得张扬浮躁；过小则会显得暧昧不大器；手势生硬则会使人敬而远之。若要表达理想、希望等积极肯定的思想感情，动幅可高于肩部。若要表达叙事和说明等比较平静的思想，动幅应该控制在肩部至腰之间。若要表示否定的意思，动幅应在腰部以下。但无论两臂如何挥动，两腋都要微微夹住，手肘尽量靠近自身，两臂横动不可超过两尺半。

4. 弧度优美

手势弧度越优美，越能体现出对他人的敬意。所以，手势运动轨迹要与语言表达、面部表情相协调。

（二）手势禁忌

在社交场合，手势的使用不宜过于简单重复，也不宜过多、过大、过快和过高。在交谈中不能用食指指向对方，更不能在别人面前指指点点。在与女士交流时应注意手势运用的分寸。女士更应注意手势优雅。在陌生的场合或不熟悉的人面前切不可出现捻指手势。手势点到就行，适可而止，多余的手势难免会给人留下装腔作势、缺乏涵养甚至歇斯底里的感觉。特别要注意避免一些与交往礼仪不和谐的手势，如与人交谈时当众挠头皮、掏耳朵、抠鼻子、咬指甲、剔牙齿、双手抱头、摆弄手指、手插口袋、用手指人等。

小贴士9-6

一次不愉快的合作

美国新泽西州的一家塑料机械公司收购了德国的一家同类公司，为了熟悉双方的产品，两公司互派工程师到对方公司。在双方见面相互握手时，美方工程师的另一只手斜插在衣服的口袋里，德方工程师的手指轻轻地按了对方的手一下，他们之间好像有些冷淡。

一天，美方工程师和德方工程师共同在噪声轰鸣的车间试一台机器，美方工程师大声说："加压。"德方工程师马上将压力增强，同时大声问："怎么样？"美方工程师伸出手掌，做了一个"OK"的手势。没想到，德方工程师看到这一手势一下子呆住了，脸色变得很难看。突然，德方工程师放下手中的工具，气呼呼地走了，把莫名其妙留给了美方工程师。

七、服饰礼仪

古今中外，服饰作为一种"无声的语言"，能够很好地体现社会文化。它既可以反映一个民族的文化素养、精神面貌和物质文明的发展程度，又能反映一个人的社会地位、阅历修养、性格气质、爱好追求和审美情趣。得体的服饰可以把人体的韵律衬托得更加光彩照人，可以将女性的天生丽质和男性的健康潇洒展示得更加淋漓尽致。所以，根据不同的时间、不同的场合、不同的目的，精心挑选、搭配和组合着装，能够充分展示个人的仪表美，增强自己的交际魅力，给人留下良好的印象。

（一）男士着装

1. 男士西服的穿着

西装是交往和工作中最合乎时宜的职业装。西装的选择要求做工精细、落落大方，西装不需要准备太多套，但面料宜选择上乘、不起皱、品质好的。深蓝色、深灰色通常为中高层人士所喜爱，最常见的社交西装多为藏蓝色、黑色。中度蓝色或灰色适合中下级人士。

西装有单排扣、双排扣之分。双排扣西装一般要求把扣子全部扣好，不可以把扣子全部都打开。单排扣三粒扣子的只系中间一粒，两粒扣子的只系上面一粒，下面的扣子不系或是上下均不系。在较正式的场合，一般要求把上面的扣子系上，坐下的时候应该解开，西装上面的口袋不可用来插笔，只起装饰作用，而且多用来放装饰手帕。

西装的标准穿法是，在西装上衣之内，除衬衫外最好不要再穿其他衣物。在冬季寒冷难忍时可在衬衫里加纯色且不带扣的保暖内衣或羊绒衫。西装不穿时要用衣架挂起来，防止变形；西装洗干净后，要烫平。

2. 男士衬衫的穿着

一般来讲，正装衬衫以无任何图案为佳。面料以纯棉制品为主，同时，最好是单色。在应酬中，海蓝色或白色衬衫应是男士们的首选。

正装衬衫必须为长袖衬衫。不管天气多热，在正式场合，只要你穿西装就必须穿长袖衬衫。穿有胸袋的衬衫时，应尽量不往胸袋里放东西或少放东西。

男士在自己的办公室里，可以脱下西装上衣，直接穿着长袖衬衫，打着领带。如果外出，一定要把西装外套穿起来，那是一种礼貌和尊重的象征。

3. 男士领带的佩戴

西装、领带、衬衣三者的色调应该是和谐的，而领带是三者中最醒目的。领带的主色调一定要与衬衫有所区别，要与外衣是同色系，颜色要比外衣更鲜明。单色、条纹、圆点、细格、规则图案，都是最常规的。如果不是特殊嗜好，最好不要用鲜红色的领带。领带的扎法有好几种，原则是衬衣的领角越大，领带结扎得越大；领角越尖，领带结扎得越小；领角中庸，相应领带结也应适中。

领带打好后，必须长短适度。标准的长度是领带打好之后，下端正好盖住皮带扣。依照惯例，打领带时可不用任何配饰，即便使用领带结，也不宜令其处于外人视野之内，而只宜将其夹在领带打好后的“黄金分割点”上，即衬衫自上而下的第三至第五粒纽扣之间。

男士在上班场合，以打领带为好。在参加宴会、舞会、音乐会时，一般不打领带。在其他休闲场合通常是不必打领带的，打领带必须注意与之配套的服装。一般而言，穿西装套装必须打领带；穿单件西装时，领带则可打可不打；在非正式活动中穿西装背心时，可以打领结；不穿西装的时候，例如穿夹克、猎装、毛衣、短袖衬衫时，通常不宜打领带。

小贴士9-7

西装、领带、领结的起源

西装起源于100多年前的欧洲。据说西装上装原来是渔民的穿着，他们终年与海洋为伴，在海里谋生，穿着敞领少扣的衣服，在海上捕鱼劳动才会方便，后来，逐渐演变成如今的样式。在西装中，最为考究的当属背后开岔的燕尾服，但它原是中世纪欧洲马车夫的装束。马车夫穿上后幅开岔的衣服，是为了骑马方便。

当然，往昔渔民和车夫的服装，断然不如今日的质地和款式。

领带据说是古时候的日耳曼人发明的。古时候的日耳曼人居住在深山老林里，茹毛饮血，披着兽皮取暖御寒，为了不让兽皮掉下来，他们常在脖子上系一条草绳，绑住兽皮，这样一来，风也不能从颈间吹进去，既保暖又防风，这就是最原始的领带。后来他们脖子上的草绳被古代西方人发现，逐步完善成了领带。真正使领带成为上流社会时尚的是法国国王路易十四。17 世纪时，有一支南斯拉夫克罗地亚骑兵队走在巴黎闹市街头，他们个个穿着笔挺整齐的制服，而脖颈上都系着一根布条，这引起了崇尚时髦的巴黎人的极大兴趣，随即争相模仿。有一天，一位法国大臣上朝，脖颈上系了一条白绸巾，还在前面打上一个漂亮的扣结，路易十四看见了，十分欣赏，并当即宣布以领结为高贵的标志，下令凡尔赛的上流人士都得如此做。从此，系领带打结的习俗便流传下来。

（二）女士穿着

1. 女性的社交服饰

女性在社交活动中应当注意着装。因为，着装得体与和谐的服饰会给人增添一种无形的魅力。社交服饰最基本的原则是协调，即服装的色彩、款式等要和体型、身份、季节、年龄、活动场所等和谐。

服装的色彩分三类：暖色调（红、橙、黄等）给人以温和、华贵的感觉；冷色调（紫，蓝、绿等）往往使人感到凉爽、恬静、安宁、友好；中间色（白、黑、灰等）给人以平和、稳重、可靠的感觉。一般来说，色彩搭配可以采用以下几种方法：根据色彩明暗度的不同来搭配，即把同一颜色按深浅不同进行搭配，形成一种和谐的美感。用相近的颜色搭配，如橙与黄、蓝与绿的搭配等，但在搭配时要在明暗度或鲜艳程度上加以区别。

服装与活动场合是否协调，直接影响交际的效果，所以，着装应该比较严格地和所要活动的场所协调。旅游时着装，宜选 T 恤配运动装式的弹力牛仔、全棉休闲长裤或腰部有松紧带的宽敞裙子。运动时着装，可穿棉质翻领衫或防风服配针织长裤，最好穿棉线袜平底鞋。赴宴会时着装，可穿黑色的服装，因为这种颜色的服装给人庄重和稳重的感觉。如果女士穿长裙或晚礼服，长裙最好是用无花边布料做成的，这样才不致显得过分华丽，而且能凸显自然温柔的气质。

2. 女士套裙的穿着

女士套裙要用不起皱、不起毛、不起球，而且悬垂挺括、手感好的面料制作。色彩应当以冷色调为主，因为，冷色更能体现着装者的端庄与稳重。女士的套裙上衣不宜过长，下裙不宜过短。通常套裙的上衣最短可以齐腰，而裙子最长则可以达到小腿的中部，上衣的袖长以恰好盖住手腕为好。上衣和裙子均不可过于肥大或包身。

女士在正式场合穿套裙时，上衣的衣扣必须全部系上。不要将其部分或全部解开，不要当着别人的面随便将上衣脱下，更不要将上衣披在身上或者搭在身上。裙子要穿得端端正正，上下对齐。应将衬衫下摆掖入衬裙裙腰与套裙裙腰之间，切不可将其掖入衬裙裙腰之内。

套裙上不宜添加过多的点缀。女性在穿套裙时，既不可以不化妆，也不可以化浓妆。衬衫应轻薄柔软，色彩与外套和谐，但不能太过透明以免显露内衣的轮廓。衬裙应为白色或肉色，不宜有任何图案，裙腰不可高于套裙裙腰而暴露于外。鞋子宜为皮鞋，以棕色或黑色牛皮鞋为主要选择对象。所选袜子尽量是轻薄的尼龙丝袜或羊毛袜，切不可将健美裤、九分裤等裤装当成袜子来穿。

3. 女士的着装禁忌

女士在公众场合露面时，在着装上应避免出现“过于暴露、过于透明、过于短小、过于紧身”四种错误，否则会为他人所轻视或耻笑。

小贴士9-8

国际通行的TPO原则

T（Time）表示时间，即穿着要应时。不仅要考虑到时令变换、早晚温差，而且要注意时代要求。特别是随着社会的发展，人们的着装要求和理念也会发生一定的变化。尽量避免穿着与流行样式色彩格格不入的服装。

P（Place）表示场合，即着装要因地制宜，要有现场感。比如，工作场合一般宜穿庄重的服装，穿休闲服就不大得体；穿着泳装出现在海滨、浴场是司空见惯的事情，如果穿着上班会令人哗然；礼服是正式场合的着装，如果穿着它去参加运动，难免会贻笑大方。

O（object）表示着装者和着装目的，即穿着要应己。就是说穿着不要盲目追赶潮流，而要根据自己的工作性质、社交活动的具体要求、形象特点、气质、年龄等来选择服装。服饰穿戴要塑造出与自己身份、个性相协调的外表形象。

（三）鞋袜的穿着

鞋子和袜子被称做腿部时装和脚部时装。鞋袜的选择要注意与整体装束搭配，其颜色应当与上衣、裤子及皮带等保持一致，这样才能体现出穿着的整体美。

俗话说：“脚下没鞋穷半截”，可见鞋子对人整体形象的影响是相当大的。鞋在整体着装中具有重要地位，它不仅能映衬出服装的整体美，更重要的是它还能增加人体本身的挺拔俊美。一双得体的鞋子，能为全身的服装添色增辉。在正式或半正式场合，男性一般穿着没有花纹的黑色平跟皮鞋，女性一般穿着黑色半高跟皮鞋。露脚趾的皮凉鞋是绝对禁止在礼仪场合穿着的。同时，在礼仪场合，必须保持鞋面光亮明净。

袜子的穿着也是重要一环。在礼仪场合，绝不能赤足穿鞋。正式或半正式场合，男性应着中长筒袜子，颜色以单色、深色为好，略带条纹、方格图案的也可以；女性应着肉色长筒丝袜，配长裙、旗袍最为得体。长筒袜的长度一定要高于裙子下部边缘，且留有较大余地，否则一走动就露出一截腿来，极为不雅。

（四）手表与眼镜的佩戴

1. 手表

手表曾经是一种品位的象征。佩戴需要和自我风格协调。银及金属质感的外型显得时尚、大方，完全迎合现今瞬息万变的生活模式需求。

2. 眼镜

眼镜的佩戴应给人匀称协调的感觉。在选择眼镜时，要充分考虑到自己的脸形和肤色。长脸形的人宜用宽边略方的眼镜架，以使脸形显得稍短。短脸形的人应选用无色透明框边的眼镜架，以拉长脸形。圆脸形的人宜用稍带棱角的方形镜架。面部的线条柔和圆润，应选择轻巧别致的镜架。皮肤较黑的人，应选择较为明亮的镜架，塌鼻梁的人应选戴高鼻托的眼镜，高鼻梁则宜用低鼻托的眼镜。

（五）帽子与头巾的佩戴

1. 帽子

女性对于帽子的选择，既要考虑到实用性，又要考虑到装饰性。选择帽子必须讲究以下搭配原则。

（1）要与服装色彩相协调，要有整体感，能衬托出女性的风度与个性。

（2）要与脸形相适应，圆脸形的女性适合戴宽边且较高的帽子，脸窄的人适合带窄边的帽子。

（3）要与身材的高矮相协调，个子较矮的女性最好不要选择宽沿平顶的帽子，身材修长的女性尽量不戴窄沿圆顶的帽子。

（4）要和身份、地位相符合。帽子戴得端正，显得正派；帽子稍向前倾斜，则显得时髦；帽子稍微歪斜一点，帽檐向下压，显得很俊俏；帽檐压过眼睛，显得很忧郁。

2. 头巾

在现代人的生活中，头巾基本上不再是御寒之物，它更多的作用是作为服饰成为一种装饰品，并且不分春夏秋冬。

从美学的观念讲，选戴头巾主要是根据服装的花色和风格来定。大的原则是尽量与服装取同一色系。比如，服装若为鹅黄色，则头巾宜用咖啡色；藏青色的套裙可搭配鲜红色头巾。同时，选择头巾还应与肤色相配，如肤色较黑，选乳白、粉红头巾会显得妩媚；若肤色白皙，戴棕色或蓝色头巾会显得端庄文雅。

（六）男士饰品的选择

一般来说，男士不应佩戴任何首饰之类的装饰品。但是，适当的饰品有时也可以衬托男士的阳刚之美，不失为一种“不经意”的选择。

1. 领带夹

领带夹的主要作用是把领带固定在衬衣上，免得领带摆动。使用领带夹要求同领带要大致协调，例如：红领带宜于配饰红宝石或无色锆石领带夹；绿领带则宜于配饰翡翠或碧玺领夹；黑领带则可以配黑欧泊或黑耀石领夹。一般来说，无色透明的钻石、锆石、黄玉、水晶等可以搭配任何一种服饰色彩，被誉为万能领带夹。

2. 腰带

腰带有装饰美化人体的作用。通过系腰带可以调节人们对人体上下身的视觉；腰带的色彩和宽度，可以调节人们对腰身粗细的视觉。

男士使用的腰带一般以黑色或棕色皮革制品为佳。中年人可以使用较宽的腰带，但腰带不宜过长。

3. 皮包

男士的公文包可选用棕色、黑色等，不宜使用印满图案或广告的公文包，包中可放置钥匙、笔、通信录、名片盒、电子记事本和手机等物品。

（七）女士饰品的佩戴

1. 项链

女性佩戴的项链要与脸形相搭配。脸部清瘦且颈部细长的女性，戴单串短项链，脸部就不会显得太瘦，颈部也不会显得太长。脸圆而颈部粗短的女性，最好戴细长的项链，如果项链中间有一个显眼的大型吊坠，效果会更好。椭圆形脸的女性最好戴中长度的项链，这种项链在颈部形成椭圆形状，能够更好地烘托脸部的轮廓。颈部漂亮的女性可以带一条有坠的短项链，以突出颈部的美丽。一般来说，上了年纪的人以选择质地上乘、工艺精细的黄金或白黄金的项链为好，而年轻人应选用质地好、颜色好、款式新的项链为佳。

2. 耳环

女性佩戴耳环也有很大的讲究，身材短小的女性，戴蝴蝶形、椭圆形、心形、圆珠形的耳环，显得娇小可爱。而方形脸的女性则适宜佩戴圆形或卷曲线条吊式耳环，以缓和脸部的棱角。圆形脸的女性戴上“之”字形、叶片形的垂吊式耳环，在视觉上可以造成修长感，显得秀气。三角形脸最好戴上窄下宽的悬吊式耳环，使瘦尖的下颚显得丰满些。戴眼镜的女性不适宜戴大型悬吊式耳环，贴耳式耳环会令她们更加文雅漂亮。

肤色较白的女性，可选择颜色鲜艳一些的耳环；若肤色为古铜色，则可选用颜色较淡的耳环；如果肤色较黑，选带银色耳环效果最佳；若肤色较黄，以古铜色或银色的耳环为好。

3. 戒指

女性的戒指应与指形相搭配。手指短小的女性，应选用橄榄形、梨形和椭圆形的戒指，指环不宜过宽，这样才能使手指看起来较为修长。手指纤细，宜配宽阔的戒指，会使玉指显得更加纤细圆滑。手指丰满且指甲修长，可选用圆形、梨形及心形的戒指，也可选用大胆创新的几何图形。

戒指也应与体型肤色相搭配。身材苗条、皮肤细腻者，宜戴嵌有深色宝石，戒指圈较窄的戒指。身材偏胖、皮肤偏黑者，宜戴嵌有透明度好的浅色宝石、戒指圈较宽的戒指。

4. 手镯与手链

手镯与手链是一种套在手腕上的环形装饰品，它在一定程度上可以使女性纤细的手臂与手指显得更加美丽。

女性在戴手镯时应注意如果只带一个手镯，应戴在左手上；戴两个时可每只手戴一个，也可都戴在左手，这时不宜戴手表；戴三个时应都戴在左手上，不可一手戴一个，另一个手戴两个。手链一般只戴一条。但手镯与手链不是必要的装饰品，最好不戴。

5. 胸针

胸针是女性不可或缺的配饰，无论是艳丽的花朵襟针或是细致闪烁的彩石胸针，只要花点心思配上简洁服饰，就足以令人一见难忘。粉红色花胸针，其形态或娇艳欲滴或清丽脱俗，代表着不同气质的妩媚。襟花扣在线条明朗的毛绒大衣或柔软的针织毛衣上，女性的温婉娇媚油然而生，令人心花怒放。

【案例 9－2】

请另谋高位

一次，某公司招聘文秘人员，由于待遇优厚，应者如云。中文系毕业的小李同学前往面试，她的背景材料可能是最棒的：大学四年中，在各类刊物上发表了 3 万字的作品，内容有小说、诗歌、散文、评论、政论等，还为六家公司策划过周年庆典，英语表达也极为流利，书法也堪称佳作。小李五官端正，身材高挑、匀称。面试时，招聘者拿着她的材料等她进来。小李穿着迷你裙，露出藕段似的大腿，上身是露脐装，涂着鲜红的唇膏，轻盈地走到主考官面前，不请自坐，随后跷起了二郎腿，笑眯眯地等着问话。孰料，三位招聘者互相交换了一下眼色。主考官说："李小姐，请回去等通知吧。"她喜形于色："好！"挎起小包，飞跑出门。其结果是："请另谋高位。"

思考题：李小姐的应聘为什么会失败？

复习思考题

1. 仪容仪表礼仪的含义及基本要求有哪些？
2. 面部修饰化妆的基本程序及应注意的问题有哪些？
3. 身体局部修饰都有哪些要点？
4. 阐述走姿、蹲姿、坐姿、站姿的基本礼仪规范。
5. 阐述眼神及笑容的基本礼仪要求。
6. 手势礼仪的总体原则是什么？
7. 各国手势礼仪有何区别？
8. 男士西装的选择需注意哪些问题？
9. 男士西装着装应如何选择衬衫？
10. 阐述女士套裙的着装规范。
11. 阐述女士着装中的禁忌。
12. 什么是服饰的 TPO 原则？
13. 如何正确佩戴项链、戒指、耳环？

案例分析

十二次微笑

在某次航班上，一位乘客用左手指着手表说道："怎么回事，有你这样服务的吗？你看看，都过了多久了？水还没有送来！"空姐手里端着水，心里感到很委屈，但是，无论她怎么解释，这位挑剔的乘客都不肯原谅她的疏忽。

接下来的飞行途中，为了弥补自己的过失，每次去客舱给乘客服务时，空姐都会特意走到那位乘客面前，面带微笑地询问他是否需要水，或者别的什么帮助，然而，那位乘客余怒未消，摆出一副不合作的样子，并不理会空姐。

临到目的地前，那位乘客要求空姐把留言本给他送过去，很显然，他要投诉这位空姐，此时空姐心里很委屈，但是仍然不失职业道德，显得非常有礼貌，而且面带微笑地说道："先生，请允许我再次向您表示真诚地歉意，无论您提出什么意见，我都会欣然接受您的批评！"那位乘客脸色一紧，嘴巴准备说什么，可是没有开口，他接过留言本，开始在本子上写了起来。

等到飞机安全降落，所有的乘客陆续离开后，空姐本以为这下完了，没想到，等她打开留言本，却惊奇地发现，那位乘客在本子上写下的并不是投诉信，相反，这是一封热情洋溢的表扬信。

是什么使得这位挑剔的乘客最终放弃了投诉呢？在信中，空姐读到这样一句话："在整个过程中，你表现出的真诚歉意，特别是你的十二次微笑深深打动了我，使我最终决定将投诉信写成表扬信！你的服务质量很高，下次如果有机会，我还将乘坐你们的这趟航班。"

问题：

1. 是什么原因使得这位挑剔的乘客最终放弃了投诉而改成了表扬呢？
2. 如果你是乘务员你将会怎么处理这件事呢？

模块十　培养商务社交礼仪

学习任务

1. 了解制订接待计划与前期沟通礼仪、住宿安排、送客礼仪、随遇交谈礼仪
2. 理解洽谈地点选择与布置原则
3. 掌握不同谈判地点的优缺点、谈判现场布置的技术要点
4. 学会接站礼仪、入场礼仪、会谈气氛的把握与控制
5. 熟练掌握见面礼仪、引导陪同、排列宴席的桌次和席次礼仪要点
6. 熟悉宴请组织和赴宴基本礼仪
7. 通过学习，能够正确安排谈判座位次序

案例导入

翻译林娟于上午7：50带领外方人员到达公司会议室。公司陈总走上前去，和布朗先生一行一一握手，其他人则在谈判桌原地起立挥手致意。陈总请外方人员入座，服务员立即沏茶。下面是陈总（A）和布朗先生（B）在正式谈判之前的寒暄、介绍、致辞。

A：昨天在现场跑了一天，一定很累吧！

B：不累。北京的城市面貌很美。来北京的第二天就开始旅游，这样的安排简直太好了。

A：北京是一座千年古都，有很多不同于西方的文化古迹和自然景观，如长城、故宫、颐和园、天坛。

B：东方文化对我们来讲的确十分神秘。有时间的话，我们首先想去参观长城，当一回好汉；其次去一趟故宫，体验一下中国的皇帝和美国的总统有什么不同的待遇。

A：好的。那我们就言归正传，尽早完成谈判。

首先，我代表中国开发的全体员工对美国机械代表全体成员表示热烈的欢迎。

参加今天技术交流的各位昨天都已经认识了，就用不着我一一介绍了。我方对技术交流十分重视，特地请我公司顾问、中国农业大学教授、乳制品机械专家张教授参加。（张教授起立，点头致意）

中国是一个巨大的、正在高速增长的市场。随着人民生活水平的不断提高，普通百姓对高档乳制品的需求越来越大。我公司四年前引进的年产4000吨奶粉生产线已经远远不能满足市场的需求，而且产品档次亟待提高。因此，我们决定今年再引进一套年产8000吨奶粉的生产线。

美国机械是国际知名的食品机械生产厂家，其质量得到中国用户的一致好评。我们相

信，我们和美国机械的合作一定能够取得双赢的结果。

现在热烈欢迎布朗总经理讲话。

B：我们十分高兴来到美丽的、充满活力的北京。我们对你们为本次谈判所做的细致的准备工作表示感谢。特别是国际知名的张教授能在百忙之中参加今天的技术交流，我们感到十分的荣幸。

美国机械的主要产品为仪器机械，其中以乳制品设备尤为著名。从1985年开始，我们已经向中国境内的企业（包括一些外资企业）提供了15套乳制品生产线。随着我们在中国的客户越来越多，我们于2004年在上海建立了一个制造、维修中心，从而可以为中国的用户提供更加便利、经济的售后服务。和20年前相比，我们的产品不仅质量更加可靠，而且价格更加便宜、服务更加周到。我们相信有远见的中国开发商一定会选择我们的设备。

现在，请我公司的技术副总、技术专家鲍尔·史密斯先生向大家介绍我公司产品的性能。

任务一　培养商务接待礼仪

迎来送往也就是接待中常见的社交活动，也是商务谈判中的一项基本礼仪。接待可分为正式接待和非正式接待。这里讲的是正式的商务接待，其含义是在人际交往中，东道主一方对前来本单位或本部门接洽工作的人员所进行的招待和服务。接待服务有一系列的礼仪和规范。

一、接待准备相关礼仪

（一）接待礼仪的基本规则

1. 平衡

同一时间、同一地点、同一场所，接待不同单位、部门的客人，干杯、祝酒、让座，前后排列就是礼宾次序。礼仪的平衡，就是不能厚此薄彼。

2. 对等

来而不往非礼也，身份对等，是商务礼仪的基本原则之一。其基本含义，是指我方作为主人，在接待客户、客商时，要根据对方的身份，同时兼顾对方来访的性质以及双方之间的关系，安排接待的规格，以便使来宾得到与其身份相称的礼遇，从而促进双方关系的稳定、融洽与发展。

在商务往来中贯彻身份对等的原则，是为了更好地确定宾主双方都能够接受、都能够感到满意的接待标准，也是为了充分地表达东道主对来宾的尊重与敬意。当然，有的企业为强调自己对宾主双方特殊关系的重视和对来宾的敬重，特意打破常规提高对来宾的接待规格，也是可行的，但不宜多用。

3. 惯例

在商务活动中，为了以礼接待商界同人，要遵循商务礼仪约定俗成的惯例和规范。

（二）商务接待的准备

从接到来客通知后，接待工作就开始进入准备工作阶段。这是整个接待工作的重要环节，可成立接待小组。一般应从下面几个方面来准备。

1. 了解客人的基本情况

接到来客通知时，首先要了解客人的国籍、民族、信仰、爱好、单位、职务、姓名、性格、性别、人数等。其次要掌握客人的意图，了解客人的目的和要求以及在住宿和日程安排上的打算。最后要了解客人到达的日期、所乘车次、航班和到达时间，再将上述情况及时向主管人员汇报，并通知有关部门和人员做好接待的各项准备工作。

2. 确定迎送规格

迎送规格应当依据被迎送者的身份和目的、己方与被迎送者之间的关系以及惯例决定。主要迎送人的身份和地位通常应与来者相差不多，以对等为宜。对较重要的客人，应安排身份相当、专业对口的人士出面迎送；亦可根据特殊需要或关系程度，安排比客人身份高的人士破格接待。除此之外，均宜按常规接待，由公关部门派遣有礼貌、言谈流利的人员接待。

3. 布置接待环境

良好的环境是对来宾的尊重与礼貌的表示。接待室的环境应该明亮、安静、整洁、幽雅。应配置沙发、茶几、衣架、电话，以备接待客人进行谈话和通信联络之用。室内应适当点缀一些花卉盆景、字画，增加雅致的气氛。还可放置几份报刊和有关本单位或公司的宣传材料，供客人翻阅。

4. 做好迎客安排

与行政或公关部门联系，按时安排迎客车辆；预先为客人准备好下榻饭店、宾馆的客房、膳食及会址等；若对所迎接的客人不熟悉，需准备一块迎客牌，写上“欢迎×××先生（女士）”以及本单位的名称；若有需要，还可准备鲜花等。主方应与有关部门协同商定松弛有度的，最好细化到24小时制的详细活动日程，为客人准备有关的文字与图片资料，将之传真给客方，征询其意见。

（三）讲究礼宾次序

礼宾次序所要解决的是多边商务活动中的位次和顺序的排列问题。在正式的商务活动中，礼宾次序可参考下列四种方法。

（1）按照来宾身份与行政职务、团队级别的高低顺序排列。一般适用政务交往。商务中接待几个来自不同方面的代表团时，确定礼宾次序的主要依据是各代表团团长职务的高低。

（2）按照来宾的姓氏笔画或拉丁字母或拼音字母排列。在国内的商务活动中，如果双方或多方关系是对等的，可按参与者的姓名或所在单位名称的汉字笔画多少或拉丁字母或拼音字母排列。以姓氏笔画排序为例，具体排法：首先，按个人姓名或组织名称的第一个字的笔画多少，依次按由少到多的次序排列。比如，当参加者有丁姓、李姓、胡姓时，其排列顺序就是丁、李、胡。当两者第一字笔画数相等时，则按第一笔的笔顺点、横、竖、撇、捺、弯勾的先后关系排列。当第一笔笔顺相同时，可依第二笔，以此类推。当两者的第一个字完全相同时，则用第二字进行排列，以此类推。

（3）按照英文字母的先后顺序排列。在涉外活动中，则一般应将参加者的组织或个人按英文或其他语言的字母顺序进行排列。具体方法：先按第一个字母进行排列。当第一个字母相同时，则依第二个字母的先后顺序排列；当第二个字母相同时，则依第三个字母的先后顺序排列，以此类推。但每次只能选一种语种的字母顺序排列。

（4）按其他先后顺序排列。按照有关各方正式通知东道主自己决定参加此项活动的先后顺序，或正式抵达活动地点的时间先后顺序排列，适用于各类非正式交往以及不需要排列座位的情况。

小贴士10-1

公关现场接待要点

（1）待客三声：即来有迎声、问有答声、去有送声。

（2）使用基本的礼貌用语：也就是通常所说的“规范五句”或“文明十字”——问候语“您好!”、请求语“请”、感谢语“谢谢”、抱歉语“对不起”、道别语“再见”。

（3）三到：眼到，即目中有人，注意注视对方的部位，注意注视对方眼睛的时间；口到，即一般要讲普通话，但也要因人而异、区分对象，讲对方听得懂的话；意到，即表情要自然表情，要和客人互动，落落大方，不卑不亢。

二、迎候礼仪

在商务往来中，对于如约而来的客人，特别是贵客或远道而来的客人，表示热情、友好的最佳方法，就是要指派专人出面，提前到达双方约定的或者是适当的地点，恭候客人的到来。

（一）对于本地客人的迎候礼仪

对于来自本地的客人，接待人员一般应提前在本单位的大门口或办公楼下迎候客人。待客人的车辆驶近时，应面带微笑，挥起右臂轻轻地晃动几下，以示“我们在此已经恭候多时了，欢迎您的光临”之意。若来宾德高望重或是一位长者的话，则我方的接待人员应在对方的车子停稳之后，疾步上前，为之拉开车门。同时，伸出另一只手挡住车门的上框，以协助对方下车。在来宾下车之后，我方的迎候人员应依照身份的高低，依次上前，与对方人员一一握手，并同时道一声“欢迎光临!”或是“欢迎，欢迎!”。若双方此刻到场的人员较多，则我方应有专人出面，按照有关礼仪规范，为双方人员引见、介绍。

（二）对于来自外地或海外的重要客人的迎候礼仪

对远道而来的客人，应做好接站工作。接站礼仪要注意以下几点。

1．确定迎接时间

迎候人员应当准确掌握对方抵达的时间，在对方乘坐的交通工具到达之前抵达机场、车站或码头等候，以示对对方的尊重。客人经过长途旅行，如果一下飞机、轮船或火车就看见有人在等待，心情会感到十分愉快。如果是初来乍到，则能因此而获得安全感。如果接待方迟到了，对方会感到失望和焦虑不安，即使事后解释，也很难改变对接待方失礼的印象。

2. 确定迎接地点

一般为对方所乘坐的交通工具的停泊之处。

3. 确定迎接人员

一般情况下由接待方相应身份的人员前去迎接；特殊情况可先派一般工作人员前往接人，然后在接待方场所或客人下榻之地举行专门的迎接仪式。

4. 必要时使用接站牌

考虑初次见面或迎接地点人多嘈杂等，可事先准备接站牌，上书“欢迎（恭迎）××先生（女士）”既保证接待顺利，又增加客人的自重、自豪感，使双方在感情上更加接近。

三、见面礼仪

（一）称呼与寒暄礼仪

接到来访的客人后，应正确称呼对方，主动热情地寒暄问候并表示欢迎，并将自己的姓名、职务及其他有关事宜进行简单的介绍。如果接待人员的身份低于来客，应说明是“受×××总经理（或与客人职务相当者）委托”，接过客人的皮箱、行李。手提小公文包或女士随身携带的小包则不必。

1. 称呼礼仪

称呼应根据具体情况和国内外的习惯灵活运用，根据对象的性别、年龄、身份、关系亲密程度等，分为尊称和泛称。

尊称是指对人尊敬的称呼，在初次见面和正式场合经常被采用，如贵方、贵公司、贵姓等。

泛称是对人的一般称呼。正式场合的泛称有：姓＋职务/职称/职业、姓名＋同志/先生/女士/小姐。

2. 寒暄礼仪

寒暄，是社会交往中双方见面时为了沟通彼此的感情，创造友好与和谐气氛，以天气冷暖、生活琐事及相互问候之类为内容的应酬话。较常见的寒暄形式有以下四种类型。

（1）致意型：表达人们相互尊重、相互致意和相互祝愿的情谊，是最常见的寒暄形式。如，“旅途辛苦了！”

（2）问候型：以一种貌似提问的话语表达一种对人关心和友好的态度。如，“休息得好吗？”

（3）攀认型：在交往过程中，寻找契机，挖掘双方的共同点，从情感上靠拢对方。如，“李先生祖籍福建，这么说我们还是同乡呢！”

（4）敬慕型：对初次见面者表示敬重、仰慕，是一种热情有礼的表现。如，“见到您，不胜荣幸！”

小贴士10-2

称呼、敬称与谦称

称呼：

对男士泛称先生；

对女士泛称夫人（已婚）或小姐（未婚）；

对尊敬的人可称阁下，但在美国、德国没有阁下的称谓，可在职务后加先生；

对专业的人士（医师、教授、律师等），可在职称后面加先生。职称中没有副职，副教授在学术界一直被称为教授；

姓名后加上一个称谓就可以了。

敬称：

以辈分体现，叔叔、伯伯、阿姨、哥哥、姐姐、大姐；

在已知对方的身份时加上令、贤、尊、高等字，如，贤侄、令尊、令严，令慈等；

以职业相称，如李老师、王大夫、张律师等；

以职务相称，如处长、校长、乡长、经理等；

以老、大、小相称，如老张、老李、大作家，郭老、钱老等；对位次低的可在对方姓氏前加“小”，以示亲切，如小王、小贾等；

直接称呼对方的姓名，对位次低的人可直呼其姓名，不带姓会更显亲切。

谦称：

表示自己不聪明，如鄙人、愚弟、愚兄等；

用辈分低来称呼，如自称为小弟、小侄等；

用地位不高的说法来称呼，如自称为卑职，称自己的妻子为内人，称自己的孩子为小女、犬子，称自己住处为寒舍、敝宅等。

（二）引见礼仪

在引导对方客人去本方领导办公室的路途中，工作人员要讲究行进礼仪（见下文）。引见时要注意以下要点：在进领导办公室之前，要先敲门，并对客人说：“这里就是××领导的办公室。”得到本方领导允许后，再带客人进去。如果领导办公室的门是向外开的，把门拉开后，请对方客人先进去。如果门是向里开的，要推开门自己先进去，按住门，再请对方客人进去。把对方客人介绍给本方领导时，要注意措辞，应用手示意，“这位是我单位××领导（官衔），这是××单位的××经理或先生。”介绍时，切记不要用手指指对方。介绍顺序同下文。

（三）介绍礼仪

介绍是社交场合中相互了解的基本方式，得体正确的介绍礼仪十分重要。在社交场合中，无论你是介绍还是被介绍，能够正确运用介绍的礼节，都会使对方对你产生良好的第一印象。

通常有两种介绍方式：一是第三者作介绍；二是自我介绍。

1. 居中介绍

例如，一般先说："王总，请允许我向您介绍我公司的销售经理张某。"然后再说："小张，这位是××公司的王总。"

又称做第三者介绍或替他人作介绍。它是指由介绍者作为第三者来为彼此不相识的双方相互进行介绍。居中介绍架起了陌生人间相互了解的桥梁。

在一般较为正式的谈判场合，不分男女老幼，习惯把前来迎送的人员介绍给来宾，把社会地位较低的人引见、介绍给社会地位较高的人。

先称呼某人，是表示对他（她）的一种敬意。作为被介绍者，应当站起来，并正面地看着对方，显示出有礼貌并乐于结识对方的诚意。介绍完毕，一般应与对方握手致意，并说声"您好"、"幸会"之类的客套话。

为别人作介绍时要注意：

（1）介绍者的身份。即"谁当介绍人"的问题，家里来了客人，一般女主人做介绍人；而在一般商务情况下，为他人介绍时，介绍者应由下列身份者担任：与被介绍双方相识者（如对口人员）、社交聚会中的主人、商务往来中的专职接待人员（如公关、文秘、办公室主任等）、在场之人中地位最高者如本单位职务最高者、应被介绍人一方或双方要求者。

（2）掌握介绍顺序。即"把谁介绍给谁"的次序问题，主要遵循的原则是"尊者居后"，即为他人介绍时，介绍顺序是：先把主人介绍给宾客（宾主双方不止一人时，仍先介绍主人，后介绍客人，在介绍一方时按职务高低排序）；先把年纪轻的介绍给年长的；先把职位低的介绍给职位高的；先把男士介绍给女士。在双方的地位和年龄差不多时，应该先把与自己关系疏的介绍给关系密的。

（3）征得双方的同意。一般在会议或谈判间隙的随遇而谈或宴会时，如果一方想认识另一方，一般会请第三方做居间介绍。则介绍人应先向双方打招呼，征得双方的同意，要先了解双方是否有结识的愿望，不要贸然行事。最客气的介绍方法是以询问的口气问："张先生，我可以介绍李先生与您认识吗？"或"您想认识××公司的李先生吗？"或"请让我介绍你们认识一下好吗？"如对方同意，再正式介绍。介绍时应本着"尊者优先了解情况"的规则进行。

介绍认识之后，不要马上走开，直到双方谈得比较融洽时，才可以找借口离开。

（4）注意介绍方式。常用的介绍方式有四种：一是简介式，即只提及彼此双方的姓名或者姓氏，其他内容则留待被介绍者自己接下来见机行事。二是标准式，即将双方的单位、职务、专业与姓名一并道来，它适用于正式场合。三是引见式，即当一方认识另一方，而不为对方所认识时，由介绍者将前者引见给后者。至于后者的情况，则可以略表不谈。四是强调式，即为了加深被介绍者双方之间的相互印象，而对其中的一方或者双方的某一方面的情况加以特别地介绍。

在非正式场合所作的介绍不必过分讲究正式介绍的规则，如果大家都是年轻人，就更可以轻松、随便一些。如介绍人可先说“让我来介绍一下”，然后就作简单的介绍。也不必遵循先介绍谁、后介绍谁的次序，最简单的介绍方式是直接报出被介绍者各自的姓名，当然也可加上“这位是”、“这就是”之类的话以加强语气。采用这种较为随便、朋友式的介绍方法，可使被介绍者感到自然、亲切。

介绍时要做到口齿流利，发音清楚、实事求是，措辞可以敬重些，但不能过分。作介绍时，一般不要称其中的一方为“我的朋友”，不要用手指指点点，应注意手势动作得体。

2. 集体介绍

集体介绍是为他人介绍的一种特殊情况。它指的是由介绍者为两个集体之间或者个人与集体之间所作的介绍。

（1）集体介绍的顺序。介绍集体时，亦有顺序上的尊卑先后之别。在一般情况下，集体介绍同样应当遵守“尊者优先了解情况”的规则。比如说，替两个团体进行介绍时，通常应当首先介绍东道主一方，随后方可介绍来访者一方。至于具体介绍的内容则有两种：一是只作整体介绍。即只介绍双方集体的情况，而不具体涉及个人情况。二是介绍个人情况。在介绍集体时涉及个人情况，一般讲究“双方对等”，即在恪守“尊者优先了解情况”规则的同时，对双方的个人情况均应予以介绍，在具体介绍各方的个人情况时，则应当由尊而卑，依次进行。

（2）注意事项。在宴会、舞会或普通集会上，由于来宾较多可不必逐一进行介绍，主人只须介绍坐在自己旁边的客人相互认识即可，其余客人可自动和邻座聊天，不必等主人来介绍。

3. 自我介绍

在较小范围的业务洽谈中，或人数多、分散活动而无人代为介绍的时候，双方也可以采取自我介绍的方式。

自我介绍是在没有中介人的情况下，自己把自己介绍给其他人，以便使对方认识自己。它是树立个人形象的一种重要方法与手段，是跨入社交圈、扩大工作面、结交更多朋友的好方法，也是社会交往的一把钥匙。在商务活动中，自我介绍也可以用名片、介绍信、工作证等作为辅助手段，增强对方对自己的信任程度。

（1）自我介绍的种类。介绍自己时，应当根据具体的情况而在内容上有所区别，即遵循“内容有别”的原则，就具体内容而论，有三种介绍自己的形式：一是应酬式，即对不想结识的，只介绍自己的姓名；二是交流式，即除了介绍自己的姓名之外，还须同时介绍自己所在的具体单位、所担负的具体职务或者所学习的具体专业，其目的是使他人对自己的基本情况有所了解，注意第一次介绍单位部门时，使用全称，不要用简称；三是答问式，即根据交往对象所提出来的具体问题来选择自我介绍的基本内容，有问有答，答其所问。

上述三种自我介绍的形式各有其适用的场合：应酬式自我介绍适用于面对泛泛之交的人；交流式自我介绍适用于面对意欲结交之人；答问式自我介绍则主要适用于在自我介绍时兼以答复他人的询问。

（2）自我介绍的注意事项。自我介绍时，本人要镇定，充满信心，微笑要亲切自然，眼神要友善坚定，目光应始终注视对方；应适当提高嗓音，吐字要清楚，说话时语速不要太快，以免别人听不清；先向对方点头致意，得到回应后，再向对方介绍自己的姓名、身份、单位；如果对方有两人以上，最好环视大家，以显示出对对方的尊重。切忌边自我介绍边四处张望目光不集中，这样会令人感到态度冷淡，有失礼貌；自我介绍要根据交往目的来决定介绍内容的繁简以及介绍语言和方法。在不了解对方是否愿意认识你时，你不妨先请问对方的尊姓大名，如对方立即回答了，说明愿意与你交往。此时，你便马上介绍自己，以使交往顺利进行下去。

自我介绍要特别注意以下几点。一是要掌握时机。一般来讲，干扰较少时、对方有兴趣时、初次见面时，都适合于进行自我介绍。二是注意自我介绍顺序。三是先递名片再做介绍。这样的好处在于能够少说很多话，同时加深对方印象。最好在递名片时说些表示谦恭的话。此外，自我介绍时宜注意以下要点：长话短说、废话不说；要亲切、自然、随和；切忌过分热情或过分冷淡；要主动，不要等着别人注意自己；要注意和多层次的人相识，不要只想结识有特殊身份的人；如果遇到某个过去虽然认识，但一时忘记了姓名的人，不必提醒人家回忆，最恰当的方法，就是及时作一次自我介绍。

（四）握手

握手是国内外通用的交际礼节，一般是在相互介绍和会面或离别时进行，表示友好、祝贺、感谢或相互鼓励之意。如因客人身份、国籍、民族原因等，还可行鞠躬礼、举手礼、拥抱礼、吻手礼等。

在我国，一般商务社交情况下行握手礼。握手时应注意以下几个方面的礼节。

1. 握手的次序

（1）不同身份的人握手次序：不同身份的人握手的次序要遵照“尊者居前”的原则，由地位高者如女士、长辈、上级先伸手。一般是主方、职务高的或年长者先伸手，以表示对客方、职务低的或年少者的关心和重视，而客人、职务低的或年少者见面时可先问候，待对方伸出手后再握手，同时面带笑容，身体微欠，或用双手握住对方的手，以表示敬意和尊重。

（2）拜访与离别时的握手次序：在登门拜访时，一般应是主人先与客人握手，以表示欢迎和对拜访者的感谢。但在离别时，应该客人先伸手握手，以表示对主人接待的感谢和打扰的歉意，嘴里一般说“打扰了，请留步”等寒暄语言，这时，主方切不可先伸手去与客人握手，否则容易造成不欢迎客人继续谈话或催促对方离开的误会。

（3）异性之间的握手次序。在异性谈判人员之间，一般来说，男性不要主动与女性握手，以免失礼或尴尬。如果女性主动先伸出手，做出握手的表示，男性应在判断准确后可以使握着的手上下摇晃几下，表示热烈、真诚的感情。应当注意，如果握手的时间过短、彼此两手一经接触后即立刻松开，所表明的意思是双方完全出于客套、应酬或没有进一步加深交往的期望。

2. 握手的方式

正确的握手方式是：笔直站立着，用右手稍稍用力握住对方的手，然后身体略微前倾，全神贯注注视着对方，以表示尊重。

3. 握手的表情

握手时应面含微笑，不能不苟言笑；要同时寒暄；专心致志，注视对方不能敷衍了事或看别人。毫无表情或表情呆滞、冷淡，则会引起对方的不悦、猜疑，造成不信任感，最终可能会影响双方和谐的气氛。

4. 握手的力度

握全掌稍许用力并上下摇晃，可表示出握手者对对方感情较深，有时还表现深切地谢意和较强的自信心；握手不可过猛，或抓着不放，或用两个手“手套式”地握，否则，会使对方难以接受，感觉到你可能不怀好意，或在示威；如毫无力度，只握指尖、一碰就放，常使人感到缺乏热情和诚意，有冷落对方之嫌，轻则见笑于人，重则破坏交往效果，有碍交往的持续。

5. 握手的时间

双方握手的时间一般以3～6秒为宜，异性握手时间以1～3秒为宜。如果双方个人间的关系十分密切或熟识，握手的时间可适当延长。

小贴士10-3

握手礼仪禁忌

不要用左手相握，尤其是和阿拉伯人、印度人打交道时要牢记，因为在他们看来左手是不洁的；

在和基督教信徒交往时，要避免两人握手时与另外两人相握的手形成交叉状，这种形状类似十字架，在他们眼里这是很不吉利的；

不要在握手时戴着手套或墨镜，只有女士在社交场合戴着薄纱手套握手，才是被允许的；

不要在握手时另外一只手插在衣袋里或拿着东西；

不要在握手时面无表情、不置一词或长篇大论、点头哈腰，过分客套；

不要在握手时仅仅握住对方的手指尖，好像有意与对方保持距离；

不要在握手时把对方的手拉过来、推过去，或者上下左右抖个没完；

不要拒绝和别人握手，即使有手疾、汗湿或手弄脏了，也要和对方说一下“对不起，我的手现在不方便”，以免造成不必要的误会；

不要坐着与人握手；

不能在与别人交谈中漫不经心地与另一个人握手；

严禁在他人头顶上与对方握手；

不能在餐桌或食物上握手，如果就餐时，应离开座位与对方握手。

（五）名片的使用

名片是商务人员重要的交际工具，是个人身份的代表。在某种程度上说，名片是现代人的自我介绍信，社交场合的联谊卡，不会使用名片的人是没有现代意识的人。

1. 名片在社交场合的作用

(1) 介绍自己。初次与交往对象见面时，除了必要的口头自我介绍外，还可以用名片作为辅助的介绍工具。这样不仅能向对方明确身份，而且还可以节省时间，强化效果。

(2) 结交他人。在人际交往中，基层公务员如欲结识某人，往往可以本人名片表示结交之意。因为，主动递交名片给初识之人，既意味着信任友好，又暗含“可以交个朋友吗?”之意。在这种情况下，对方一般会“礼尚往来”，将其名片也递过来，从而完成双方结识交往的第一步。

(3) 保持联系。大多名片都有一定的联络方式印在其上。利用他人在名片上提供的联络方式，即可与对方取得并保持联系，促进交往。

(4) 通报变更。基层公务员如果变换了单位、调整了职务、改动了电话号码或者乔迁新居后，都会重新制作自己的名片。向惯常的交往对象递交新名片，就能把本人的最新情况通报对方，以一种更简单的方式避免联系上的失误。

其实在社交场合，尤其是国际社交场合，人们往往以名片代替一封简洁的信函，此即名片的特殊用途。具体做法是：在社交名片的左下角写上一行字或一句短语，然后进入信封寄交他人。如果是本人亲自递交或托人带给他人，要用铅笔书写；如果采用邮寄方式，则应用钢笔书写。

名片代替信函使用时，往往有不同的使用方法和注意事项。

(1) 充当礼单。以私人身份向他人馈送礼品时，可将本人的社交名片充当礼单，置于礼品包装之内。但最好是将其装在一个与名片大小相当的信封里，信封上写收礼者姓名，信封可以不封口。名片上可根据实际情况简单留言。

(2) 介绍相识。基层公务员如欲向自己相识之人介绍某人，亦可使用名片。具体做法是：在自己名片的左下角写上“p. p.”，然后在后面附上被介绍人的名片，并由被介绍人交给对方，或直接邮寄给对方。在把名片交给被介绍人之后，基层公务员应当先用电话告诉对方：有人将拿着自己的名片去见对方，否则就会使对方有点摸不着头脑，而被介绍者也会因为对方没接到任何通知而感到尴尬。

(3) 简短留言。基层公务员如拜访某人不遇，或需要向某人传达某事而对方不在时，可留下自己的名片，并在名片上简单写上具体事由，然后委托他人转达。

(4) 拜会他人。基层公务员在初次前往他人工作单位或私人居所进行正式拜访时，可先把本人名片交于对方的门卫、秘书或家人，然后由其转交给拜访之人，意即“我是×××，我可以拜访您吗?”在对方确认了拜访者的实际身份后，才决定双方是否见面。

2. 名片的内容

名片不该印名言警句之类的无关项目。不同内容的名片适用不同用途，使用者最好亲历亲为。

社交名片，一般只印姓名，若应对泛泛之交，顶多再印籍贯、字号；商务即公务名片，应在名片左上角以较小字体列明归属（如单位全称、所在部门、企业可识别图案），在名片正中以较大字体列明称谓（如姓名、行政职务、技术职称和学术头衔），在名片右下角以较小字体列明联络方式（如邮政编码、办公室座机号码、手机号码详细通信地址，随着办公自动化的普及，还可提供e-mail、传真、公司网址等）。集体名片实际是公务名片的一个变种，它通常是指某一政府部门，尤其是那些对外交往较为频繁的政府部门，其主要成员集体对外使用的名片，有时也在展览会等场合使用的；集体名片在基本内容构成上与其他公务名片没有任何区别，可印公司名称、公司对外联络号码、通信地址等。其特殊之处在于在名片上列出某一集体的每一位主要成员的具体称呼，并按职务高低自上而下依次排列。使用集体名片不仅可以节省费用，而且还有助于维护和宣传集体。

3. 递送名片

将本人的名片递交给他人时，通常要注意以下五个方面的礼仪。

（1）有备而至。参加重要的人际交往活动之前，应当有意识地准备好自己的名片，并且将其置于易于取拿之处，以备不时之需。最为得体的做法是将名片装入专用的名片盒、名片夹或名片包之内，然后将其放入自己的上衣口袋或随身携带的包、袋。

（2）讲究时机。一般来说，递送名片多在初次见面进行自我介绍之后，但是，并非做过自我介绍之后就一定要递送自己的名片。将自己的名片递送给对方，除了希望对方进一步对自己有所了解之外，还含有对对方表示重视、希望结交对方、与对方保持联络之意。把自己的名片递送给熟人，仅见于本人的单位、地址或联络方式发生变更之后。

（3）考虑顺序。两人交换名片时，应当遵守“尊者优先了解情况”的规则，即双方之中地位较低者应当首先把自己的名片递交给地位较高者；一人将本人的名片递送给多人时，要么应当由尊而卑依次而行，要么应当由近而远依次而行，在圆桌上按顺时针递交，不讲任何顺序是不适当的。

（4）态度恭敬。名片应双手呈递，并且在态度上显得恭恭敬敬，使对方感到你对他很尊敬。具体来讲呈递名片要注意：起身站立，主动走近对方，以双手或右手递上名片，将名片正面面对对方。

（5）语言提示。按照常规，在递上本人名片的同时，应当对对方微笑，并略道谦恭之语。可以说“请多关照”、“请多指教”、“希望今后保持联系”。当然，说“这是我的名片”也未尝不可。

小贴士10-4

商务人员个人形象

高丽是个热情而敏感的女士，在中国某化妆品公司任副总裁。有一天，她接待了来访的某化妆品公司主管营销的张经理。张经理进了高丽的办公室，面带微笑对高丽说：“我是……”说完就用一只手把自己的名片递给了高丽。高丽接过名片客气地对他说：“很高兴您来为我们公司介绍这些产品。这样吧，让我先看一看这些材料，再和您联系。”张经理在几分钟内就被高丽请出了办公室。几天内，张经理多次打电话，但秘书的回答是：“高总不在。”

到底是什么让高丽这么反感呢？高丽在一次形象课上提到这件事："首次见面，他留给我的印象是不懂基本的商务礼仪，他的位置低于我，怎么会用一只手递名片给我呢？那几秒钟，他就留给我一个极坏的印象。让我感觉不到对我的尊重，他对我们的会面也并不重视。作为一个公司的销售经理，居然不懂得基本的握手方式，他显然不是那种经过高级职业训练的人。而公司能雇用这样素质的人做销售经理，可见公司管理人员的基本素质和层次也不会太高。

4. 接受名片

接受他人递送过来的名片时，亦应认真遵守相关的礼仪规范。

(1) 认真接受。名片者，具名之物也。因此，在接受他人名片时态度是否认真，往往会被同对方是否尊重直接联系在一起。接受别人名片时，要表现出自己的认真友好之意，就必须注意：起身站立；迎向对方；以双手或右手捧接，要以不低于胸部的位置收下，并认真拜读。

(2) 口头道谢。当他人将名片递送给自己，尤其是当对方首先递上名片时，理当口头向对方致谢或是告知对方"非常荣幸"。

(3) 专心通读。为了表示对递上名片者的尊重，在接过名片后，务必牢记"接受名片，一定要看，通读一遍"这12个字。可做默读状，合适时可念出。这样做至少有三个好处：表示对对方的重视；可以及时了解对方的具体情况；可以当面请教不清楚的地方。

(4) 妥为存放。对方给自己名片，是将自己重要的信息毫无保留地交给你，是对你的充分信任和尊重，对待名片应像对其主人一样尊重和爱惜。接过名片后得体的做法，是在通读他人的名片之后，即将其收入名片盒、上衣衣兜随身携带的包或袋以及桌子的抽屉之中，绝不要放在裤兜里。客人走后，可在名片上记上初次见面的时间等，便于记忆。绝不能揉玩别人的名片。

(5) 有来有往。收到他人递上的名片之后，亦应当立即回递上自己的名片。有来而无往，难免会令对方不快。倘若尚无名片的话，则可直言相告，或者告诉对方："改日再补。"

5. 名片索取

在一般情况下，你想得到对方的名片，但他却并未给你，那最好不要直截了当地说："请您给我一张名片。"而应该以请求的口吻说："如果没有什么不便的话，能否请您留一张名片给我？"若对方确实已没有名片，一般会婉言说明的。

根据交换名片的礼仪，索取他人的名片，大体上共有如下四种常规方法：

(1) 交易法：主动递上本人的名片。

(2) 建议法或激将法：遇到保护性强的，可询问："不知可否有幸和您交换一下名片？"

(3) 谦恭法：适合面对专家学者社会贤达，有地位、有身份的人或者是长辈索要名片时，可询问对方："听了您的演讲后，颇受启发，以后还得向您请教，不知以后如何向您请教？"

(4) 联络式：向平辈之人或者是晚辈或上级对下级索取名片时，可询问对方"希望以后可以保持联络，怎样联络比较方便？今后如何与你联系？"

以上四种索取他人名片的具体做法，各有各的适用对象。前两种做法主要适用于携带名片之人，后两种做法则主要适合于未带名片者采用。应当说明的是，不论他人以何种具体方式向自己索取名片，都尽可能地不要加以回绝。交换名片时的规范用语如下表所示。

交换名片的规范用语

向别人索要名片时	你想出示名片时	拒绝出示名片时	接受他人的名片时
·你有名片吗 ·你能给我一张名片吗	·这是我的名片，如有问题，打电话给我	·对不起，我的名片都用光了 ·我忘带了	·谢谢（浏览一下名片再放好）

四、行进中的位次礼节

行进中的位次礼节，是指人们在步行的时候位次排列的顺序要求。如主方邀请客方来访，主方在接站时见面简单相互介绍，主方安排专用交通工具，接客人应坐的坐位，陪同驶往下榻地点或主方单位之后，主方派人陪同、接待的级别等。

（一）乘车礼仪

办公室的公务人员在陪同领导及客人外出时，或接来访或谈判的客人到公司或住宿处时，很多时候是要乘车的，乘车的座位次序也分尊卑，要注意相关礼仪。

乘坐轿车首先存在着上下车的次序问题，一般情况下让客人先上车、后下车。当然，如果很多人坐在一辆车上，那么谁最方便下车谁就先下车。乘车时，陪同人员要先打开车门，请客人上车，并以手背贴近车门上框，提醒客人避免磕碰，待领导、客人、女士坐稳后再关门。如果接待两位贵宾，主人或接待人员应先拉开后排右边的车门，让尊者先上，再迅速地从车的尾部绕到车的另一侧打开左边的车门，让另一位客人从左边上车；只开一侧车门让一人先钻进去的做法是失礼的。一般车的右门为上、为先、为尊，先开右门，关门时切忌用力过猛。乘车时应请客人坐在主人的右侧，待其落座后关好车门，然后主人从左侧车门上车，避免从客人膝前穿过。车停后陪同人员要先下车打开车门，再请客人下车。

在乘车的座位上也很有讲究，我国一般是：右为上，左为下，前为下，后为上。陪同客人时，要坐在客人的左边。如果客人上车后坐到了主人的位置上，那就不必请客人再移位。如有翻译人员，可坐在司机旁边。当然，如为了让宾客顺路看清本地的一些名胜风景，也可以说明原因后，请客人坐在左侧。但同时应向客人表示歉意。需要强调的是，即使是为了让客人欣赏风景，也不要让客人坐司机旁的位置，尤其是接待港、澳、台地区和外国客人时更应注意这一点，否则，会弄巧成拙、事与愿违。当然，最重要的是弄清楚其中的“上座”是哪个座位。这个问题比较复杂，因为不同情况有不同的讲究。

轿车里的位次礼仪。大体上有三种情况：

1. 公务交往乘车座次安排礼仪

参与活动的车辆归属于单位，驾驶司机一般是专职司机。有司机时司机后右侧为上位，左侧为次位、中间为第三位、前坐最小。因为后排比前排安全，右侧比左侧上下车方便。

公务接待时，副驾驶座一般叫随员座，由秘书、翻译、保镖、警卫、办公室主任或者导引方向者坐。九人座车以司机右后侧为第一位，再左再右，以前后为序。

2. 社交应酬乘车座次安排礼仪

工作之余，三五好友外出吃饭娱乐，这时一般车辆的归属是个人的，开车的人是车主。车主开车时，上座是副驾驶座，表示平起平坐。在这一情况下让上宾坐后座是不礼貌的。当然，如果主人的丈夫或妻子一同前往时，副驾驶还是应该留给他（她）。

3. 接待重要客人乘车座次安排礼仪

接待高级领导、高级将领、重要企业家时人们会发现，轿车的上座往往是司机后面的座位。因为，该位置隐秘性比较好，而且是车上安全系数较高的位置。

（二）行进礼仪

在引导客人去本方人员办公室的路途中，公务人员要走在客人左前方数步远的距离。遇有上楼梯、转弯或上电梯时，应回头用手示意，并告诉客人："请这边走"。如电梯内有专人服务应请客人先上。如电梯内没有人服务，则应自己先进去，到达后再请客人走进电梯。在陪同客人去见本方人员的这段时间内，不要只顾闷头走路，可以随机讲一些得体的话。也可以向客人介绍一下本单位的大概情况。

行进时要特别注意行进的次序礼仪。常规做法分两种情况：与客人并排行进时的做法；与客人单行行进时的做法。并排行进的要求是"中央高于两侧，内侧高于外侧"，一般要让客人走在中央或者走在内侧。当与客人单行行进时，即一条线行进时，标准的做法是"前方高于后方"，以前方为上，如果没有特殊情况的话，应该让客人在前面行进。在商务活动中，接待人员陪同客人，负责引导时应走在客人左前方一两步远的地方和客人的步速一致，以示尊重，便于引导；但如果是领导视察或客人认路，陪客应在客人左后侧；如果是主陪陪同客人，那主陪要并排在客人左前方，双方的随行人员应走在客人和主陪人员的后边。

如果陪客人、外宾参观访问，陪同人员应提前 10 分钟到达；遇到路口、转弯处、进出门户或上下楼梯时，引导人员应用手示意方向并加以提示。与女士同行时，男士应走在路的外侧，女士走在贴近建筑物的一侧，所谓"把墙让给客人"；在不能并行的情况下，男士要走在女士的后面；在电梯上楼梯口与女士相遇，不管认识或不认识，都要主动让女士先行；外出时，要主动帮助女士拿一些笨重的背包及脱下的外衣，只是不用帮她拎随身的小包。当参观结束后，应将客人送至宾馆，然后再告别。

（三）上下楼礼仪

上下楼梯时位次排列要注意以下两点。

首先，单行行进。上下楼梯时，因为楼道比较狭窄，并排行走会阻塞交通，所以，若没有特殊原因，应靠右侧单行行进。

其次，单行行进时要注意以前方为上。一般情况下，应该让客人走在前面，把选择前进方向的权利让给客人或者是地位高的人。不过需要强调的是，如果陪同接待的客人是一位女士，而女士又身着短裙，在这一情况下，接待陪同人员要走在女士前面，不要让女士先上楼梯，因为女士穿着短裙先上楼梯有可能会出现"走光"的问题，这是不允许的。再者，如果客人不认路，也还是要由引导人员在前。

（四）引导出入电梯的礼仪

1. 出入专人驾驶的电梯的礼仪——陪同人员后进后出

电梯如有专人服务，应请客人先进，到达时请客人先行，即陪同人员后进后出，客人先进先出。

2. 出入无人驾驶的电梯的礼仪——陪同人员先进后出

目前很多大公司的办公楼中都有升降式电梯，它们一般无人值守。出入无人值守的电梯时，标准化的做法应该是陪同者先进后出。而被陪同者一般要后进先出。因为，电梯门口的按钮是升降钮，而电梯里的按钮则是开关钮。陪同者先进后出，就是为了控制开关钮，不使它夹挤客人。

（五）引导出入房门的礼仪

没有特殊原因，出入房门的标准做法是“位高者先进或先出房门”。如门朝外开，应请客人先进；如门往里开，陪同人员应先进去，扶住门，然后再请客人进入。但是如果有特殊情况，比如需要引导，室内灯光昏暗，男士和女士两人单独出入房门，那么标准的做法是陪同接待人员要先进去，为客人开灯开门，出的时候也是陪同接待人员先出去，为客人拉门引导。

五、住宿安排礼仪

迎接客人之后，应将其直接送至下榻处，尽可能妥善安排，使客人有宾至如归之感；对于客方的住宿标准尽量一致，不一致时给出合理理由。在客方办完住宿手续后，陪同客人进入其房间，检查一下客房设施是否完好，于客人起居有何不便，主动征询一下客人的意见，再给客人奉上茶水或咖啡等饮料，同时及时向客人提供备好的书面材料，如活动日程表、旅游风景资料、本地风土人情介绍等，向客人介绍餐厅用膳时间及主要的接待安排，了解客人的健康状况及服务要求等。若无其他需要，迎接人员不必久留，稍坐之后即应告辞，以便让客人更衣、休息和处理个人事物或准备有关事宜，不应急于安排活动。分手前应约好下次见面的时间及联系方法等。

一般来讲，在客人抵达当天，应当为其设便宴接风。因此，迎送人员在告辞时，应将接风之便宴的时间安排告知对方，请其届时在客房内等待我方人员前来引导。

六、期间活动协调礼仪

前面工作告一段落，活动进入主要日程，如谈判开始、参观旅游出发等，这时，公共关系部门接待人员最应注意的是办事的诚意与效率。因为，客人的主要目的是此行任务顺利、快速而圆满地完成。尤其今天人们共认“时间就是金钱”的信条，所以，公共关系接待人员要牢记办事拖拉就是慢怠和失礼，要争取用最短的时间办出最好的效果，使客人满意而去，建立起良好的关系，否则，其他一切接待工作的努力都是无意义无成效的。

在业务活动或谈判的间隙，一般要安排一些期间活动，如参观游览、观看文艺演出、联谊娱乐活动等。己方业务中与对方密切接触者应尽量全体陪同，若负责人或主要人员不能参加，应做出解释。参观游览时，己方应有1～2人在前引导，其余人杂散在对方人员中陪同，己方人员还应向对方人员做介绍、讲解，融洽参观游览的气氛。

有时客人比较多，游览的地方比较多或远时，期间活动还要和旅行社合作。这时，我方要对旅行社的业务能力做严格挑选，在活动期间要密切与旅行社的带队负责人联系，始终把活动看做是己方的一项工作，不能撒手不管。

七、馈赠礼品

商务活动中，为表示对客人的谢意，体现双方的友谊，或赢得客人更多的友情等，有些组织常赠送客人以不同的礼物。馈赠礼品既是商务谈判中的一种润滑剂，同时它也是一种背景文化的展示。尽管这种赠礼的目的完全是从公务关系的本质出发，希冀与其他社会组织建立良好的沟通渠道，这与有些组织和个人奢望送礼来“投桃报李”有本质区别，它一方面能加深与对方的感情，促进与客户的关系；另一方面也可能由于文化差异而犯禁忌，所以要好好把握。

作为公务人员，事前应考虑周全，熟谙赠礼和收礼的方法和技巧。

1. 明确赠礼的性质

是为生日、高升、喜庆而赠礼，还是为初次见面、欢送迁移而赠礼或是逢年过节而赠礼，在选购和送出之前必须明确。

2. 注意礼品的选择原则

一是宣传性，能够代表企业形象，体现产品、服务价值；二是纪念性，睹物思人，寓意友谊地久天长；三是独特性，遵从“人无我有，人有我优，人优我新”，如代表性设施或产品的精美模型等；四是便携性，要考虑到客人长途携带的问题，在于精而不在于多。

一般要送标志性的礼品，如具有国家、民族、地方特色的或者有关自己企业技术特点的礼品。

3. 注意选送礼品的禁忌

在我国日常交往中，恋人之间不送伞、剪刀、梨等；不给老人送鞋、钟等。在商务交往中，有几种类型的礼物不应送：一是现金、有价证券、天然珠宝和贵金属首饰，因为那样有行贿之嫌；二是有碍对方民族习俗、宗教禁忌、个人忌讳的东西；三是药品和营养品；四是有违社会公德的物品；五是带有明显广告宣传标志的物品；六是易于引起异性误会的物品；七是涉及国家机密或商业秘密的物品；八是法律法规禁流通的物品。

小贴士10-5

犯禁忌的后果

1992年，中方一批专家组成的代表团，去美国采购约3000万美元的化工设备和技术。美方自然想方设法令中方谈判者满意，其中一项是在第一轮谈判后送给中方每人一个小纪念品。纪念品的包装很讲究，是一个漂亮的红色盒子，红色代表发达。可当中方高兴地按照美国人的习惯当面打开盒子时，每个人的脸色却显得很不自然——里面是一顶高尔夫帽，但颜色却是绿色的。第二天，代表团就找了个借口，离开了这家公司。

4. 要掌握好赠送的时间

送礼品应讲究时间，如对方生日、结婚时应当送上以示道喜；对高升、录取发榜之后，送上以示祝贺；逢年过节之前送上以示祝愿，这都是适时的赠送，会使对方牢记、感激和喜悦。送礼一般在刚见面或临分手时比较适宜。送礼时，应落落大方，双手捧礼品，边送边说上几句问候的话。

5. 要选择赠礼的适当场合

初次在办公室或公开场合见面就送上一份礼，会有行贿之嫌。而在庄严场合或大庭广众面前，赠送女性衬衣、丝袜或食品之类的礼品，会给对方以俗气、尴尬的感觉。在礼仪场合，宜送大方、体面、高雅的礼品，书籍、花束等便是上乘的选择；而在小范围或个别场景下，赠送吃、穿、用等生活礼品也会受到欢迎。

6. 要注意礼品的选择原则和细节

一份名贵的礼品，并不就是好礼品；一份价钱低廉的礼品，也不一定不成敬意。随着社会文明程度的提高，人们对礼品的选择更注重于它的社会意义、思想意义、情感意义和纪念意义。如一束鲜花、一张贺卡都是公务活动中赠礼的佳品。但在选购赠送贺卡时，必须仔细地读一读卡片上印的句子；用中、英两种文字印制的，尤其要了解其准确意义后才能使用，否则用错对象会被对方引为笑柄。此外，不论贺卡上是否印了赠送者的姓名，都应该亲笔写上几句问候的话而不是只有铅字的冷冷的贺卡。鲜花的赠送更有讲究，在社会的不断发展过程中，人们赋予了鲜花以各种各样的象征意义，而且会这种象征意义已为大众所公认。送上一束鲜花，就等于表述了相应的语言。因此公务人员以鲜花为礼品赠送时，应该首先了解这束花的象征意义及这种象征意义是否符合你想表达的含意，是否符合你想表达的思想，是否符合对方的特点和场景，否则不仅给对方带来不快乐，而且会弄巧成拙。

当选购好礼品后，还有一个重要细节，使礼品更出色一些，在礼品送出之前做一番最后的处理，让对方一看就感受到其中包含着赠送者的精心和诚意。礼品上如有价格标签的，必须拿掉，然后选择对方喜爱的包装纸、缎带或利用其他材料作些点缀。假如赠礼者很多，不妨在礼品上再附上一张小的签名片。

7. 接受礼品的礼仪

一要落落大方；二要注意是否当面打开并感谢；三是如果实在不能接受礼物时，要当面以合适的、不伤害对方感情的理由说明情况。在美国，收到礼品时应当场打开，然后对礼品大加赞赏（即使你不喜欢），并对送礼者表示感谢；而在日本，除非应送礼者请求，否则当面打开礼物是不礼貌的。

小贴士10-6

各国风俗对送礼的影响

同样一份礼品，不同的收礼者会有不同的反应。如送俄罗斯或法国人一瓶名酒，他会很高兴；而送给阿拉伯人同样的名酒他会面呈难色，甚至拒绝。因为伊斯兰教不允许喝酒。赠送日本友人一份带有服务单位标记的礼品，他会愉快地收下，并留作纪念；而对英国人来说则不屑一顾。赠送绿色领带给沙特阿拉伯人会大受欢迎，因为绿色是穆斯林喜欢的颜色；但赠送给捷克人则意味着断绝关系，因为绿色在那里是毒药和毒素原料的象征。如赠送姑娘一只逗趣的小动物，她会爱不释手；而赠予一个性格内向的长者，他会嗤之以鼻，不予理会。欧美人较重视礼物的意义，而不在意价值，礼太重则有贿赂之嫌；而在亚、非、拉国家，礼太轻则不受欢迎。在我国，送礼以双数为吉祥，在日本则以奇数表示吉利。

八、送客礼仪

以商务谈判活动为例，迎接为谈判礼仪的序幕，关系到以后谈判的氛围和进程；欢送为谈判礼仪的闭幕，关系到双方的信任信用、协议的贯彻维护以及继续合作和谈判等。迎送均应善始善终，不可虎头蛇尾。俗话说得好“编筐编篓，全在收口”。送客是接待工作最后一个环节，处理得恰当与否，会影响整个接待工作效果，搞得不好会前功尽弃，送客应注意以下两点：

一是当客人告辞时，应起身与客人握手道别。对于本地客人，一般应为之送行至本单位楼下或大门口，待客人远去后再回单位。如果是乘车离去的客人，一般应走至车前，接待人员帮客人拉开车门，待其上车后轻轻关门，挥手道别，目送车远去后再离开。

二是对于外来的客人，应提前为之预订返程的车、船票或机票。送别人员应事先了解对方离开的准确时间，提前到达来宾住宿的宾馆，陪同来宾一同前往机场、码头或车站；主人应专程前往下榻处话别或前往机场、码头或车站送行。送别时，应与客人一一握手，祝愿客人旅途平安并欢迎再次光临。将客人送上车、船或飞机后，送行人员应面带微笑，挥手告别，待车、船或飞机离开后，直到看不见对方时，方可返回。

任务二　培养商务洽谈礼仪

在商务洽谈过程中，除了要坚持洽谈原则和掌握洽谈技巧外，最应注意的就是洽谈礼仪的运用。商务洽谈礼仪，即商务谈判礼仪，是商务人员在商务洽谈过程中所必须遵守的，用来维护个体、组织形象和对洽谈对手表示尊重与友好的惯例以及形式。它直接影响洽谈的进程与成效，因此尤其重要。良好的礼仪风貌，不但有利于实现公司的预期目标，而且可给对方留下难忘的良好印象，便于以后长久的合作。

一、主座商务洽谈的接待准备和迎送工作礼仪

主场洽谈是在我方所在地进行的，故在礼仪上习惯称为主座洽谈。为确保洽谈顺利进行，我方（主方）通常需要做一系列准备和接待工作。其具体内容及相关礼仪，请参见模块十任务一“培养商务接待礼仪”，此处不赘述。

二、客座洽谈的礼仪

客场洽谈是在对方所在地进行的，在礼仪上习惯称为客座洽谈。通常洽谈程序、日程安排等均由主方确定。因此，客方在选择方面受限制较大，再加上对异乡的文化背景、社会风俗等情况不熟悉，心理情绪上也需调整适应。在客座洽谈时，有一点需要谨记“入乡随俗、入境问禁、客随主便”，对一些非原则性问题采取宽容的态度，以保证洽谈的顺利进行。要明确告诉主方自己代表团的来意目的、成员人数、成员组成、抵离的具体时间、航班车次、食宿标准等，以方便主方的接待安排；除洽谈的日程外，也可自行安排食宿、交通、访问、游览等活动，但要提前声明；洽谈期间，对主方安排的各项活动要准时参加，通常应在约定时间的五分钟之前到达约定地点；对主方的接待，在适当的时间以适当的方式表示感谢。

小贴士10-7

某四星级宾馆承接了一大型国际商贸洽谈会的接待任务，为迎合各经贸代表团的不同要求，工作午餐采用自助餐的形式，方便宾客们各取所需。开幕式那天中午，自助餐厅虽然人头攒动却也秩序井然，突然，日本经贸团的几个领导成员情绪激动地离开餐厅，并声称要带团退出洽谈室。经了解，原来是因为酒店没有为他们安排专门的就餐区。

三、洽谈时间的选择

在洽谈开始之前，应合理确定洽谈的时间、地点，准确掌握双方人员名单，并及早通知有关人员和有关单位作好必要的安排。洽谈时，主人应提前到达。

1. 洽谈时间的内涵

洽谈时间的内涵有两重性：一指洽谈可以开始的时间；二指洽谈应当结束的时间。

2. 确定时间的原则

（1）互利原则，又称利益均衡原则，除非特定情况，不能指望牺牲一方利益达成洽谈目标，这一原则要求洽谈力求安排在互利时间展开，这是一种积极的、进取的、建设性的

洽谈姿态，有利于双方取得共识、达成协议。

(2) 于己有利原则，在互利时间难以实现即双方时间难以兼顾的情况下，应力争在己方时间洽谈，力避在他方时间洽谈。为此，可实施诱导策略以充分利用己方时间，如在一系列非正式场合或与对方预接触之中，明知对方洽谈条件不成熟而承诺利益让步和优惠措施，然后采取速战速决的策略，以较小代价取得最大的洽谈成果。

3. 坚决不可选定的洽谈时间

洽谈时间适当与否，对洽谈是否获得成功影响颇大，因此，洽谈者进行洽谈决策时，不能对洽谈时间的选择掉以轻心。出现下列情况中的任何一种，绝不可将其择定为洽谈时间：

(1) 双方准备均严重不足，在这种情况下应坚决拒谈。

(2) 洽谈人员，特别是主谈人员身体、情绪状况不佳，如患病、疲惫、烦躁、情绪低落、心理负担沉重等，应推迟洽谈。

(3) 不利的自然条件状况，如不利的气候、季节、天气、洽谈地点等，特别是这些原因已对己方洽谈人员形成了不利影响的状况下，应改变洽谈时间。

(4) 在己方洽谈紧迫程度很高的状态下，往往给对方造成许多乘虚而入的机会，应适当提前或推后进行，并采用种种方法隐蔽己方的紧迫性。

四、洽谈场所的选择和布置

(一) 洽谈地点的选择

洽谈地点的选择，往往涉及一个洽谈的环境心理因素的问题，它对于洽谈效果具有一定的影响，有利的地点、场所能够增强己方的洽谈地位和洽谈力量。

人类是一种具有“领域慰”的动物，和自己拥有的事物有着密不可分的联系，他的才华与能量的释放与自己所处环境是密切相关的。美国洽谈学家泰勒尔和他的助手们曾经做过一个有趣的实验，结果表明许多人在自己家的客厅里与人谈话，比在别人客厅里更能够说服对方。因为人们有一种常见的心理状况，即在自己“所属领域”的洽谈行为，无需分心于熟悉环境和适应环境，所以洽谈的成功概率就高，反之，在自己不熟悉的环境中进行洽谈，往往容易变得无所适从，结果导致洽谈的失利。

所以，选择洽谈地点应遵循的原则是：在条件具备的状况下，应力求主场洽谈；在各方面条件不利但洽谈又必须举行的状况下，必须以充分的准备与计划进行客场洽谈；确立中立地点必须经过双方的协商认可。

1. 选择在主场洽谈

日常洽谈活动，最好能争取在己方地点进行。在自己熟悉的地点与对方洽谈的优势很多，各方面都感到比较习惯，可以随时向上级领导或专家请教，在生活起居、饮食睡眠上都不受影响，而且处于东道主的身份，处理各种洽谈事务都比较主动。

2. 选择在客场洽谈

一般来说，只有在下列情况下，洽谈者才到客场去洽谈：必须亲自检验查看洽谈对手的某些资料时；己方及其产品必须对外开放，寻找新的市场和合作伙伴时；有助于在多轮洽谈交锋中，把决定性的一轮洽谈放在对己方有利的场所时；即使洽谈在客场进行，对于洽谈结果也不会有很大的影响。

如果洽谈地点必须选择在异地，洽谈人员也应有相应的对策，如洽谈前必须有充分的休息和适应时间，预先订好房间，携带必需的资料和计算机等设备工具，得以保持洽谈者从容和舒适的工作状态，也减少己方失去“场地优势”带来的不利影响。

3. 选择在中立地洽谈

如果洽谈双方利益对立尖锐、关系紧张，则选择中立地点，既明智又必要。中立地点洽谈的优越性在于：它可以缓和双方关系，清除双方紧张心理，促成双方寻找共同点和均衡利益，较之主客场洽谈，更能充分体现公平原则，能够最大限度地避免干扰，使双方人员在平静心理的主导下冷静思考，于洽谈有积极的促进作用。当然，其不足之处也是明显的：双方均不能充分利用自己的有利因素与便捷条件；双方的信任感需经较长时间的努力方能建立和提高；同时某些时候，中立地点会对洽谈双方产生某种神秘的心理氛围，形成不利影响。

（二）洽谈环境的选择

洽谈地点的选择除了主场、客场、中立地点等外，还要注意洽谈环境的选择。

首先，绝不选择在任何娱乐场所进行洽谈，因为这些场所根本不具备洽谈的气氛；其次，洽谈场所的选择从环境来说，应该满足以下要求。

1. 交通、通信设施方便齐全

洽谈室所在地交通、通信方便，便于有关人员来往，便于满足双方通信要求；生活设施良好使双方在洽谈中不会感觉到不方便、不舒服；医疗卫生、保安条件良好，使双方能精力充沛、安心地参加洽谈。

2. 环境优美安静

环境嘈杂、喧闹，易使人心情烦躁，反应迟钝，从而干扰信息的传递和双方情感的沟通。因此，必须采取措施，有效地控制噪声的产生与传递。如墙壁采用吸音材料，地面铺放地毯或地板砖；房间不应临街，不在施工场地附近。另外，应保持室内绝对安静，确保周围没有电话铃声、脚步声等噪声干扰，使宾主的会谈能在安静的环境中顺利进行。

3. 采光合理

无论自然光还是人工采光，都应做到光源充足，光线柔和，光色和谐。利用自然光源即阳光，应备有窗纱，以防强光刺目；使用人造光源时，要合理配置灯具，使光线尽量柔和，选购的灯具造型要力图与整个洽谈室环境的搭配相互协调。

4. 室内空气清新湿润

室内最好能使用空调机和加湿器，以使空气的温度与湿度保持在适宜的水平上。温度在20℃，相对湿度在40%～60%之间最合适。一般情况下，至少要保证空气的清新和流通。必要时可使用香料，散发淡雅的芳香，增添和谐气氛。如果使用电风扇，不要对着客人直吹，因为，那是不礼貌的。

作为东道主应当主动征求客方人员的意见，尽量使客方满意。

（三）不同类型洽谈场所的布置

在洽谈场所布置时，首先要选择和确定洽谈场所的总体色调，一般而言，洽谈场所的总体色调应以暗色、暖色为主，如暗红色、褐色或暗黑色，同时可以引入一些亮色进行调整，如绿色植物、鲜花、蓝色的背景、银白色的茶具等；其次，谈判场所室内的家具、门窗、墙壁的色彩选配应协调、美观；最后，室内装潢应美观典雅，不必过分追求豪华，装饰主要通过对墙面、地面、用具摆设的装修，以及工艺品和盆景花卉的点缀，陈设安排应实用美观，留有较大的空间，以免产生压抑感，要力求创造一个使主客心情愉悦地交流信息和情感环境。

除了注意以上问题外，不同类型的洽谈场所的布置要求也有所不同。比如，采用电话洽谈、网络洽谈等方式洽谈，洽谈场所内就要有功能完备的电话机、传真机、可视频语音上网的电脑等；洽谈室可以选择公司（或租用商厦）的洽谈室、会议室，小规模洽谈可在会客室进行；而较为正规的、大型的洽谈，最好安排三类房间作为洽谈场所，即主谈室、密谈室和休息室。

1. 主谈室布置

应在房间中间设置与谈判人数相配的整洁的谈判桌；如任何一方需要展示谈判资料，应备有标准化的黑板或白板、投影仪、电脑、宣讲台等；主谈室一般不宜装设电话，以免干扰洽谈进程，泄露有关的秘密；主谈室也不要安装录音设备，录音设备对洽谈双方都会产生心理压力，难以畅所欲言，影响洽谈的正常进行，如果双方协商需要录音，也可配备；谈判人数较多，相距较远时，要安放麦克风、音响；室内自然温度不合适时，应开设空调设备调控温度。

2. 密谈室布置

密谈室是供洽谈双方内部协商机密问题单独使用的房间。它最好靠近主谈室，有较好的隔音性能，室内配备黑板、桌子、笔记本等物品，窗户上要有窗帘，光线不宜太亮。作为东道主，绝不允许在密谈室安装微型录音设施偷录对方密谈信息。作为客户在外地对方场所洽谈，使用密谈室时一定要提高警惕。

3. 休息室布置

休息室是供洽谈双方在紧张的洽谈间隙休息用的，休息室应该布置得轻松、舒适，以便能使双方放松一下紧张的神经。室内最好布置一些鲜花，播放一些轻柔的音乐，准备一些茶点，以便于调节心情，舒缓气氛。

（四）洽谈座次礼仪

在商务洽谈中，双方对自己的面子十分在意，因此安排洽谈者的座次是一个比较突出敏感的问题，是一件礼仪性很强的大事。在洽谈中要想获得对方的合作获取的某种效果，座位的安排大有学问。适当的座次安排，能够充分发挥洽谈人员最佳的信息传播功能，使双方的言语交往与非言语沟通收到最佳的效果。一个敏锐的洽谈行家，会有意识地安排洽谈人员的座次位置，并借以进行对己方最有利的洽谈。

1. 洽谈座次礼仪总规则

洽谈中的座位次序包含两层含义：一是洽谈双方的座次位置；二是洽谈一方内部的座

次位置。总体来说，洽谈座位的安排也要遵循国际惯例，讲究礼节。安排洽谈座次时，首先要考虑“位次排列四规则”，即内外有别、中外有别、外外有别、场合有别。其次，按照国际惯例，洽谈座位安排次序总体遵循“面门为上、居中为上、前排为上、以右为上、以远为上”的“位次排列五规则”。

2. 洽谈桌摆放及座次安排主要类型

通常可安排以下三种方式就座。

(1) 长方形或椭圆形洽谈桌——双方各居洽谈桌的一边，相对而坐。在商务洽谈中，一般使用长方形或椭圆形洽谈桌，洽谈桌应该是长而宽绰、明镜而考究的，双方的主谈者应该居中坐在平等而相对的位子上，其他洽谈人员一般分开两侧而坐。这种座位的安排通常显示出正式、礼貌、尊重、平等。

具体来说，按照国际惯例，若洽谈桌横放，以正门为准，正面对门为上座，应属于客方，背面对门为下座，属于主方（如图 10－1 所示）；若洽谈桌竖放，窄的一端面向正门，则以入门的方向为准，右侧为上，属客方，左侧为下，属主方（如图 10－2 所示）。双方主谈人（首席代表）各在己方一边居中而坐，即首位，如有翻译人员则安排主谈人右侧紧靠的座位上，其余人员则遵循右高左低的原则，依照职位或分工高低自近而远地分别在主谈人两侧就坐。座位不够时可在后面安排加座。

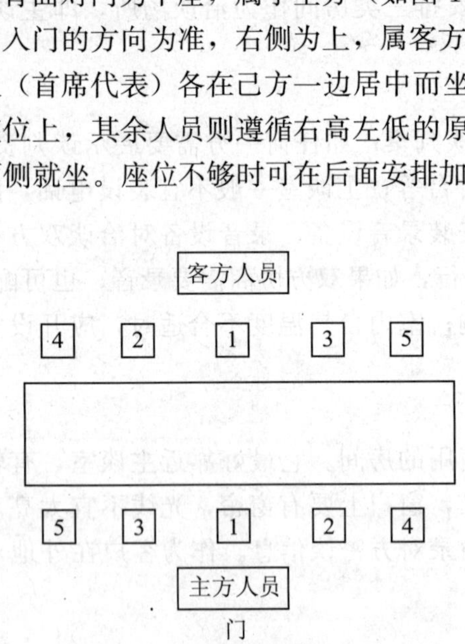

图 10－1　长方形或椭圆形洽谈桌横放时的座次排列

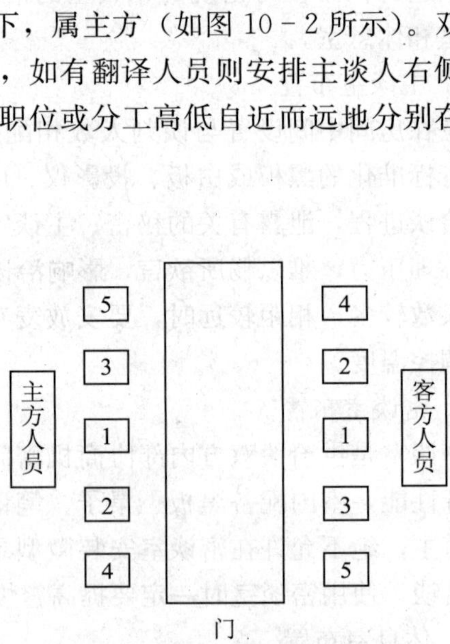

图 10－2　长方形或椭圆形洽谈桌竖放时的座次排列

这种座位安排方法适用于比较正规、比较严肃的洽谈。它的好处是双方相对而坐，中间有桌子相隔，有利于己方信息的保密，一方洽谈人员相互接近，有助于首席洽谈代表能够与其他成员交换意见、传递信息、研究应付对策，也可形成心理上的安全感和凝聚力。它的不利之处在于人为地造成双方对立感，容易形成紧张、呆滞的洽谈气氛，对融洽双方关系有不利的影响，需要运用语言、表情等手段缓和这种紧张对立气氛。

(2) 圆形洽谈桌——各方的主谈者应该围坐于圆桌相应的位置。如果是多边洽谈，不分首席，一般采用圆形洽谈桌（如图 10－3 所示），圆桌通常较大，也可分段而置，国际惯例上称为“圆桌会议”。各方的主谈者应该围坐于圆桌相应的位子，翻译人员及其他洽谈工作人员一般围绕各自的主谈者分列两侧而坐，也可坐于主谈者的身后。和长方形桌一样，采用圆形桌洽谈时，也应该注意座位的朝向。一般习惯认为面对门口的座位最具影响力，西方人往往习惯认为这个座位具有权力感，中国人习惯称此座位为“上座”；而背朝门口的座位最不具影响力，西方人一般认为这个座位具有从属感，中国人习惯称此座位为“下座”。多方之间一般按照相对地位高低来安排。

与长方形洽谈桌不同，圆形洽谈桌通常给人以轻松自在感。所以，在一些轻松友好的会见场所，一般采用圆桌。

(3) 马蹄形洽谈桌——双方人员混杂交叉就座于沙发。小型的洽谈，也可不设洽谈桌，对方直接在会客室围成一圈的沙发上混合就座，双方主谈人在中间长沙发就坐，主左客右，译员在主谈人后面，双方其余人员分坐两边（如图 10－4 所示）。

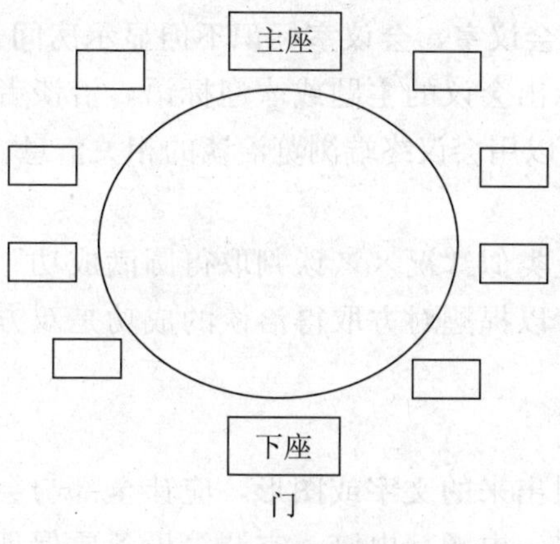

图 10－3　圆形洽谈桌的座次排列

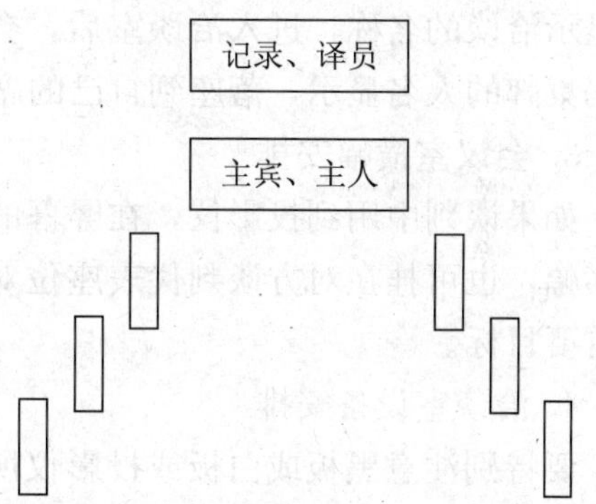

图 10－4　马蹄形洽谈场地座次排列

这种就座方式适合于双方比较了解、关系比较融洽的洽谈。它的好处是双方不表现为对立的两个阵营，有利融洽关系、活跃洽谈气氛、减轻心理对立情绪。不利之处是双方人员被分开，每个成员有一种被分割被孤立的感觉。同时，也不利于己方洽谈人员之间协商问题和资料保密。

3. 洽谈座次礼仪的其他注意事项

无论是双边洽谈还是多边洽谈，桌子和椅子的大小应该与环境和洽谈级别相适应：会议厅越大，或谈判级别越高，桌子和椅子通常也应相应较大、较宽绰；反之，就会对洽谈者心理带来压抑感或不适。

如果在洽谈中想通过座位的安排暗示权力的高下，较好的办法是在座位上摆名牌，指明某人应当就座于某处，这样就可对每个人形成某种影响力。按照双方各自团体中地位高低的顺序来排座，也是比较符合社交礼仪规范的。

（五）洽谈场所布置的其他细节问题

洽谈场所的布置，除了以上主要问题外，还有以下一些细节，看似平常琐碎，但如果不加注意，也会对洽谈产生影响。

1. 欢迎横幅的设置

在单位大门口、住宿宾馆门口显眼的位置，应设置布质的或绸质的带字横幅，如“热烈欢迎某某公司洽谈代表”。

2. 指示牌的安排

指示牌一般有木质的、不锈钢质的也有用电子屏设置的。指示牌一般是在企业内部从大门到会议室的通道上，或从对方代表所住的宾馆的楼层的电梯间到洽谈会议室的主要结点，特别是拐弯处、岔路口置放。指示牌要做的比较显眼，一般包括会议名称、会议室地点、时间、参与方单位名称，可以用不同字体字号显示，也可标方向箭头，也可在“指示牌”旁安排礼仪引导人员，这样，如洽谈人员众多，或有个别洽谈代表不方便随主方引导员一起到达洽谈会场，这些指示牌就能够在引导对方洽谈人员准确、及时到达洽谈现场起到关键作用，也会给对方留下良好印象。

目前，新兴的“数字指示牌”已用于会议场所包括洽谈场所，洽谈代表从进入建筑物开始，首先沿着会场方向牌的指示，找到所参会的会议室，会议室标识不但显示房间号码，还显示洽谈的名称，进入洽谈室后，会议横幅显示出会议的主题或欢迎标语，洽谈者按照数码桌牌的人名显示，落座到自己的席位，并且可以用会议终端浏览洽谈的相关信息。

3. 会议室横幅安排

如果谈判中用到投影仪，在屏幕的上方应挂上类似“祝××谈判取得圆满成功”内容的横幅，也可挂在对方谈判代表座位对面的墙上，以提醒对方取得洽谈的成功是双方共同的首要目标。

4. 洽谈室设备安排

要特别注意黑板或白板或投影仪所显示或投射出来的文字或图形，应让全部与会洽谈者都能看清楚，而且麦克风、音响、投影仪、灯光、电源、电脑、空调等设备要保证工作正常，应准备就绪以便随时启用。

5. 辅助文具安排

不管对方是否自己准备，正式的谈判主方都应该为每个谈判代表准备好至少两只削好的铅笔、足够的纸张、计算器等文具。如果洽谈中还涉及画图，也要准备好画图工具。这些工作也可以在租赁洽谈室时交由酒店负责。

6. 茶水饮品安排

一般情况下，洽谈进行中的饮品多为咖啡、茶水或者矿泉水。一般咖啡是在长时间洽谈的时候准备，冬天的时候多数上热茶，夏天可加冷饮，矿泉水一般应准备高档小瓶装的。

7. 休息时间水果与糕点安排

洽谈的时间安排如果预计会超过两个小时，就必须在中间安排休息时间。一方面是因为要为洽谈者考虑到上洗手间的问题；另一方面，如果当洽谈进展不顺利，洽谈出现较为激动的场面不利于洽谈进行时，则主方可以提议休息一会缓和气氛；除非想使用疲劳战术，否则都应在长时间洽谈中间安排休息。

在休息的时间可以安排大家用一点时令水果或糕点及茶水饮品。注意水果要质量上乘、个头较小，适合短时间每个人食用；糕点要带独立包装，多准备几样；要准备独立小包装即冲即饮型茶、咖啡、饮料、一次性纸杯和杯托以及热水。

8. 姓名

如洽谈者之间彼此并不熟悉，则可事先准备姓名卡片。

五、入场到正式洽谈前的礼仪

1. 东道方迎接

主方应准确掌握谈判日程安排的时间，要先于客方到达洽谈地点。当客人到达时，主人应在正门口迎接，也可在洽谈室门口迎接，或由工作人员在大楼门口迎接，引进会谈室，主人在洽谈室门口迎候。

2. 介绍、落座及洽谈前致辞

双方由主谈人介绍各自成员，相互握手、问候、致意。然后由客方先进入洽谈室或宾主双方同时进入洽谈室，在既定的位置同时入座，主方人员待客方落座后再坐下。

重要的洽谈，在正式开始前，会举行双方作简短的致辞，互赠礼品，然后通常安排合影后再入座。

3. 合影

合影时一般由主人居中，主人右手为上，主客双方按顺序排列合影。第一排人员既要考虑身份，也要看能否都摄入镜头。一般两端由主方人员把边。合影完毕，双方入座开始洽谈。这时，除洽谈班子成员外，一般工作人员即应退出，在洽谈过程中也不要随便出入。

六、商务洽谈进程中的谈吐礼仪

商务洽谈当然离不开“谈”，洽谈的过程无疑也是交谈的过程。在洽谈中注意谈吐的礼仪，不仅能增进双方的了解、友谊和信任感，会使洽谈内容更富人情味，而且还能促进洽谈更加顺利有效地进行。

交谈并非只限在洽谈桌上，还有洽谈之余，如洽谈中间的间歇时间或离开洽谈席之后的闲谈。遵从交谈礼仪未必一定会使洽谈成功，但肯定可以为以后的交往留有余地。若违背了交谈礼仪原则必定会造成许多不必要的麻烦，甚至给达成的协议造成威胁或直接导致洽谈破裂。商务洽谈时的洽谈礼仪主要包括以下几方面。

1. 寒暄

在尚未正式进入洽谈内容时，相互之间的寒暄要注意所谈的话题、范围等。一般应选择容易引起双方共鸣又和正题无关的中性话题来谈，比如近期较流行的文艺节目或体育活动、个人的爱好与兴趣、以前相互合作的情形等。这一类的谈话往往可以起到沟通情感、创造良好洽谈气氛的作用。

2. 洽谈的距离

在洽谈中，谈话者应保持相对固定的距离，站着应在半米左右，坐着以桌宽为准。双方各自在陈述观点和态度时，位置基本不变。

如果双方有了争执，则易逼近对方发表己见；双方意见无法趋同时，又容易有意拉大双方的空间距离，以表达不满情绪。这两种情形都是富有经验的洽谈者应避免的情况。

3. 洽谈的语气

在洽谈中，准确把握语气，既是促成洽谈的需要，也是洽谈中应遵循的礼仪。用审问式的威胁性语气和对方讲话，往往激起对方的逆反心理，不利于洽谈的达成。最好的方法是多采用询问性语气，凡事都应看起来是在商量，而不是谁命令谁。

4. 谈话语速

洽谈中说话的速度要平稳，以中速为宜。过快，对方听不清、记不住、弄不懂，且给人以急躁的感觉；过慢，则让人觉得吞吞吐吐，欲言又止，缺乏干练果断的利索劲儿，进而对其工作能力产生怀疑。控制语速的原则就是快而不失节、慢而不失流畅，并适时观察对方的反应加以调整。

5. 谈话声调

一般地讲，升调表示惊讶与不满，降调表示遗憾与懊丧，平调显示信心和力量。声调波动也可反映洽谈者的思想和感情。在阐述立场时，尽量控制声调，避免过于尖厉、高亢、粗鲁、刺耳的音色。声调中要表现出自己坚定的信心。

6. 谈话态度

初谈时态度要谨慎。因为在洽谈伊始，说话过多，可能会使对方认为言过其实，故意炫耀；说话过少，又可能会使对方觉得缺乏诚意；过于坦率，有时可能伤害到对方的自尊；过于委婉，又可能会给对方留下油滑、缺乏合作诚心的印象，并会使对方产生戒心。应恰当地掌握各自所占用的时间，不能向任何一方倾斜。随着洽谈的深入，在双方增进了解的基础上，渐渐可转入比较随意的佳境。洽谈中的寒暄用语、开场用语、交谈用语、结束用语等，都应注意谈吐的礼貌文明，既充满自信，又不显得自傲；既热情友好，又不卑不亢；既据实争辩，又适度退让，以达到双赢的最佳结果。

当洽谈一方有问题要向对方查询时，事先要准备好有关问题，选择气氛和谐时提出，态度要开诚布公，切忌气氛比较冷淡或紧张时查询，言辞不可过激或追问不休，以免引起对方反感甚至恼怒。但对原则性问题应当力争不让。对方回答查问时不宜随意打断，答完时要向解答者表示谢意。

7. 谈话的内容

除与洽谈相关的问题外，双方还可以就其他一些问题展开谈话。但谈话的内容一般不要涉及疾病、死亡等不愉快的事情，也不要谈荒诞离奇、耸人听闻、黄色淫秽等事情。不要问及对方人员个人的私事，不要对某人评头论足，不要与对方谈论宗教问题，尊重对方的风俗习惯、文化传统等。

男士一般不参与女士圈的议论，也不要与女士无休止地交谈而引人反感。与女士交谈不要询问其年龄、婚姻状况等，更不要随便开玩笑。

七、商务洽谈中应注意的其他礼仪

商务洽谈活动中礼节性会见，因其性质决定，时间不应太长，所以会见的双方应掌握分寸，言简意赅，多谈些轻松愉快、说一些相互问候的话，避免单方面冗长的叙述，更不可有意挑起争论。在会见中，如果人员较多，亦可使用扩音器。

在别人交谈时如确实需要插话，应先打招呼，切忌突然打断对方，更忌出言不逊伤害对方。另外，在社交场所是禁止吸烟、禁止大声喧哗的。

主谈人交谈时，其他人员应认真倾听，不可交头接耳，或翻看无关的材料。不允许打断他人的发言，或使用人身攻击的语言。

双方人员入座后洽谈正式开始，这时，非洽谈人员应全部离开洽谈室；在洽谈进行中，双方要关闭所有的通信工具（或调到静音），工作人员也不要随便进出。

洽谈中，主方应提供茶水、咖啡等饮料，服务人员添续水不能影响洽谈进行，最好在休会或一方密探时进行。

双方（多方）经过充分的洽谈磋商，就洽谈项目达成书面协议，在合同签署时，应举行郑重其事的签约礼仪，其礼仪规范请参见模块十二任务五相关内容。

洽谈结束后，主方人员应将客方人员送至电梯口或大楼门口上车，握手告别，目送客人汽车开动后再离开。

任务三　培养商务宴请礼仪

一、宴请组织礼仪

宴请主人一般要在门口迎接客人。客人握手后，由工作人员引到休息厅，无休息厅可直接入宴会厅，但不入座。休息厅内应有相应身份的人员照料，由招待人员送饮料。主宾到达后，由主人陪同进入休息厅与其他客人见面。如其他客人尚未到齐，可由其他迎宾人员代表主人在门口迎接。主人陪同主宾进入宴会厅，全体客人就座，宴会即可开始。吃完水果，主人与主宾起立，宴会即告结束。主宾告辞，主人送至门口，主宾离去后，原迎宾人员顺序排列，与其他客人握别。工作人员应提前到现场检查准备工作。

（一）确定宴请的目的、范围和对象

1. 确定宴请的目的

宴请的目的即宴请的缘由。宴请的目的多种多样，既可以为某人，也可以为某件事。如为某人某团赴约谈判；为某展览、展销、订货会的开幕、闭幕。总之，由单位举行的宴请，一定要有明确的目的，并服务于某一件事。宴请的中心目的是促进公司的发展。因此，没有任何目的的宴请，或者宴请的目的难以服人的，都会对组织宴请的单位造成不良的影响。

2. 确定宴请的范围和对象

要明确邀请哪些行业的哪些人、多少人，己方有多少人出席作陪。确定宴请的对象，主要取决于宴请的目的、主宾的身份、公司惯例等多方面因素，不能只顾一面。宴请范围确定后，就可草拟具体宴请名单。

注意：宴请的邀请人数要确定，以利于安排座位。如果不能肯定，宁可多准备一些，撤掉多余的座位总比临时加座好。

（二）确定宴请形式

商务活动中举行宴会是经常的事，综合考虑被宴请者的重要程度、商务活动的进程及工作内容等，商务宴请的种类和形式较多，但以宴会、招待会、茶会及工作餐为主。

1. 宴会

根据宴请的重要程度和接待规格的不同，宴会可以分为国宴、正式宴会、便宴会、家宴。根据宴请的不同时间，又可以分为早宴、午宴、晚宴。

（1）国宴：是国家元首或政府首脑为国家的庆典或为外国元首、外国政府首脑的来访而举行的宴会。这是规格最高、最隆重的宴会。宴会厅内悬挂国旗，安排乐队演奏国歌和席间乐曲。席间，宾主要致祝酒词。

（2）正式宴会：除不挂国旗、不奏国歌以及出席规格外，正式宴会与国宴基本相同。有固定的规格和程序，宾主均按身份就座。对服饰、餐具、酒水、菜道数、餐桌陈设、服务员的装束和礼仪等方面，都有较严格的要求。席间一般有正式的致辞或祝酒。一般有三个确定，即人员确定（包括人数，位次，桌次等）、菜单确定（最好餐桌上人手一册）、时间确定（一般情况下，大型的正式宴会最好是晚宴）。

（3）便宴会：属非正式宴会，分午宴或晚宴。一般晚宴较午宴隆重些。近年来也有利用早餐（饮早茶）的形式举行便宴的。这类宴会形式简便，礼仪没有严格的规定，不排坐席，不做正式讲话，随便亲切，适用于日常相互间的友好往来。菜肴和酒水亦略简，可以根据大家的喜好来决定。便宴可以在餐厅举行，也可以在家里举行。

（4）家宴：是在家中设宴招待客人。这种形式亲切友好。往往由主妇亲自下厨，家人共同招待。

在商务谈判中，上述宴会形式都可以选用。小型的正式宴会和便宴比较切合实际。必要时，设宴家中，更突显亲切感。

2. 招待会

招待会是指各种较为灵活的不备正餐，但准备有食品和酒水饮料的宴请形式。招待会期间不排座位，宾客自由活动。一般在客人人数较多且不易准确确定的情况下，可以考虑用酒会或招待会的形式；开幕、交接庆典、纪念会、产品发布会、朋友互相介绍、远行饯别等均可为之。常见的有冷餐会、酒会两种形式。

（1）冷餐会：即自助餐，其特点是不排座位，菜肴以冷食为主，也可有热菜，供客自取。客人可以自由活动，也可以多次取食，酒水可以放在桌上，也可由招待端送。冷餐会可在室内或庭院、花园等地举行。可设小桌、椅子自由入座，也可不设椅子站立进餐。举办时间在中午 12 时至下午 2 时或下午 5 时到 7 时。冷餐会有三大优点：可以招待更多的客人，即无论室内室外、客厅或餐厅，只要有位子都可以在冷餐会上派上用场；缺乏人手招待时也毫不受影响，客人可自己拿取食物；不受任何正宴礼仪的约束，无论是用餐前还是用餐中，客人都可以自由活动。

目前，冷餐会已成为社交活动中很盛行的一种款待客人的方式。在商务洽谈中也可以用这种形式宴请客人或对方人员。

（2）酒会：又称鸡尾酒会。这种宴请形式活泼，便于广泛接触交谈。招待品以酒水为主，略备小吃。不设座椅，仅设桌、茶几，以便客人随意走动。酒会举行的时间亦较灵活，中午、下午或晚上均可。

3. 茶会

这是一种简单的招待形式。举行的时间多在下午 4 时左右。茶会通常设在客厅，而不用餐厅。厅内设茶几、座椅，不排座次。茶会对茶叶和茶具的选用应有所讲究，一般用陶瓷器皿，而不用玻璃杯。在商务洽谈中大多采用茶会形式招待对方。

4. 工作餐

这是现代交往中经常采用的一种非正式宴请形式，利用进餐时间边吃边谈问题，便于加强交流、洽谈业务、增进感情或交换意见等。这类活动一般只请与工作有关的人员。工作进餐按时间可分为工作早餐、工作午餐和工作晚餐。商务洽谈中，因日程安排不开时可采用这种形式，而且这种形式往往能缓解某些对抗，促进问题的解决。有时，一次进餐可以促成一笔生意、达成某项协议，因此工作餐是职业人员最常用的进行业务和联系工作的活动方式。

上述宴请形式的选择，很大程度上取决于习惯做法和需要。如果是礼节性的宴请，采用正式宴会的形式会比较妥当；庆祝性、纪念性、娱乐性的宴请则以冷餐会、酒会形式更有气氛；而商量要事的则采用工作餐形式最为恰当。目前，各种商务活动中的宴请工作都在简化，范围趋向偏小，形式更加简便。酒会、冷餐会被广泛采用。

（三）确定宴请的时间选择

宴请的时间对主、宾双方都应适宜，尤其是来宾方是否方便，切勿勉强从事。一般不要选择对方的重大节假日，有重要活动或有禁忌的日子；世界各地的用餐时间各不相同，如宴请的外宾，还须对用餐时间作出调整。

（四）宴请次数

一个洽谈周期，宴请一般安排 3～4 次为宜。接风、告别各一次，中间视洽谈周期而定1～2次。

（五）宴请地点选择

一般来讲，正式的隆重的宴请活动宜安排在高级宾馆或大厦内举行。其他可按宴请的性质、规模大小、形式、主人意愿及实际可能而定。原则上选定的场所要能容纳全体人员。一般说来，宴请不宜在新餐馆举行，公司宴请宜在固定的几家不同档次的宾馆或饭店。

注意：如果你对所选的餐馆并不十分熟悉，即使有可靠的消息说明它相当不错，也应该预先考察一下。如果是正式宴会，还得考虑会厅的布置与装饰，是否需要横幅、是否需要鲜花或者宴会间放一些与气氛相适宜的音乐。

（六）发出邀请及请柬格式

1. 发出邀请

商务谈判中，宴请时应先征求对方的意见。口头当面约定较方便，也可用电话联系。正式宴请时，一般都发请柬，这既是礼貌，也是提醒客人备忘之用。请柬一般提前一到两周发出，有些地方还需要再提前，以便被邀人及早安排。

2. 请柬格式要求

请柬的内容包括活动形式、举行的时间、地点、主人的姓名。请柬行文不加标点，所提到的人名、单位名、节目名等都应用全称。中文请柬行文中不提被邀请人姓名，其姓名写在请柬封面上。请柬可以印刷也可以手写，但手写字迹要美观清晰。请柬信封上被邀请人的姓名、职务书写要准确。

请柬可以横排也可以竖排，其中竖排是最为常用的形式，它符合中国人的文化传统。因此，在购买已印制好的请柬时，可根据对方的具体情况选择合适的请柬版式。另外，在书写请柬时，还应注意字体的大小疏密、排列等问题，务必做到美观大方。

小贴士10-8

请柬例文评析

【范文一】

×××女士/先生：

兹定于9月12日晚7：00—9：00在市政协礼堂举行中秋茶话会，届时敬请光临。

此致

敬礼！

××市政治协商会议

2000年9月10日

评析：

这是政协邀请有关人士中秋聚会发出的请柬，既庄重严肃，又显得喜庆和对知名人士的尊重。时间、地点和具体内容在短短的一句话中全部表达出来，显得简洁明确。

【范文二】

××电视台：

兹定于五月四日晚八时整，在××大学学习堂举行“五四”青年诗歌朗颂会，届时恭请贵台派记者光临。

××大学团委会

五月二日

评析：

这是以团体的名义发出的请柬，所不同的是该文的请邀对象不是要作为客人参加会议或聚会，而是要前往进行采访工作。这份请柬实际还起到了提供某种新闻信息的作用。语言上也是用语不多，却将所要告知的信息全部说出，简洁明快，不拖泥带水。

（七）宴请桌次安排

如果参加宴请的人数较多，一桌难以安排，也可排多桌。两三桌、四五桌，甚至十几桌、几十桌都可以。桌次多的大型宴会，则有必要正式排列桌次，常将桌次排列在请柬上写明，或入席前通知，并摆桌次牌，以便于受邀请的人对号入座；桌次不多的，有的将桌次与座席排列画成图，张贴于宴会厅前，供来宾在入席前查看。大型宴会最好有人引导，以免混乱。如桌次多，第一桌称为主宾桌，人数可适当安排得多一些。十几人到二十几人均可。用大桌时，桌中央可以鲜花制篮填空。

总体来说，排列桌次的具体讲究为：面门为上（内侧为上、以远为上）、以右为上、居中为上、临台为上（见图 10－5～图 10－13 所示）。

面门为上（内侧为上、以远为上），即当餐桌距离餐厅正门有远近之分时，一般以距离门较远的餐桌，即靠近内侧的餐桌为上桌。以右为上，即当餐桌有左右之分时，应以位于右侧的餐桌为上桌。注意，此刻的左右，是按面门为上的规则来确认，是当事桌之间的左右。居中为上，即多张餐桌排列在一起时，通常以居中央的餐桌为上桌。临台为上，即如果室内有表示位置高低的明显的标志物，如婚宴仪式的前台、主席台、西式客厅的壁炉等，则越靠近标志物，靠近前台位置越高，位置相等的，则右高左低。

许多时候，这四条规则往往是交叉使用的。除此之外，在排列桌次的时候，还应注意，桌次高低的排列，以离主桌位置远近而定。即首先确定主桌，主桌通常正对门，离门最远，或是处于场地的中间；其他桌次的位置是，离主桌越近的位置越高；位置相同，右高左低；竖排是上高下低。

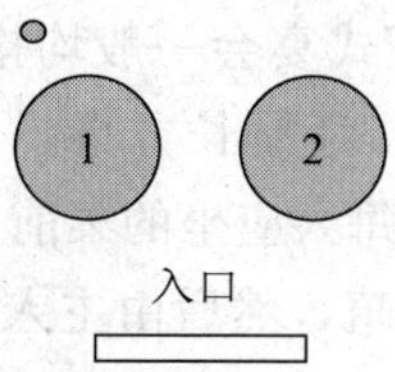

图 10－5　两桌桌次安排 A

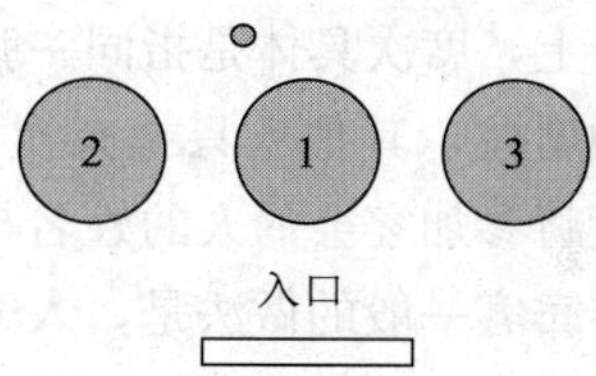

图 10－6　三桌桌次安排 A

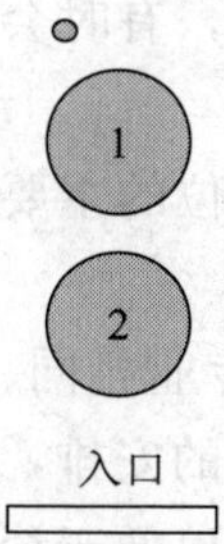

图 10－7　两桌桌次安排 B

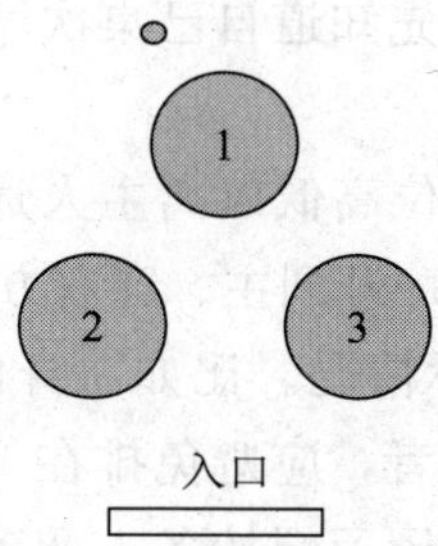

图 10－8　三桌桌次安排 B

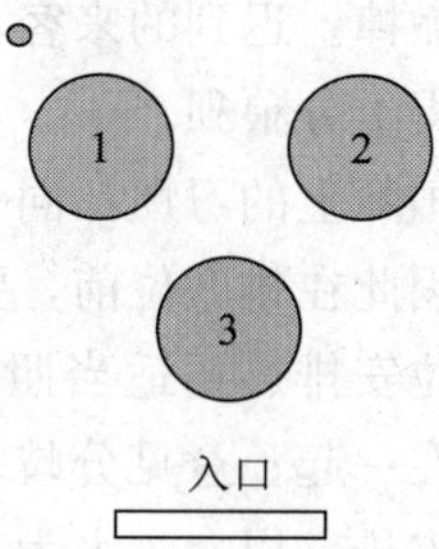

图 10－9　三桌桌次安排 C

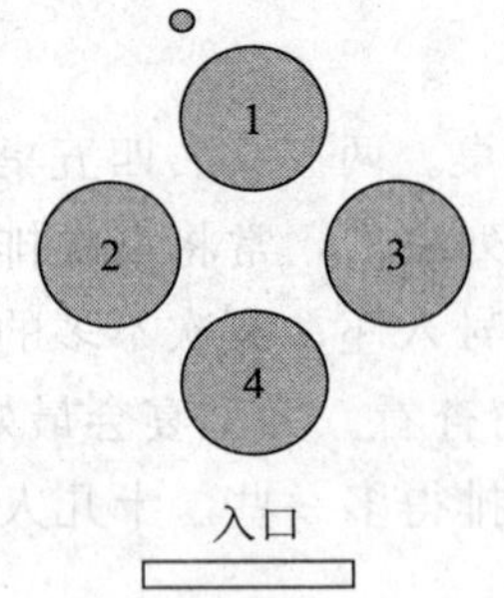

图 10－10　四桌桌次安排 A

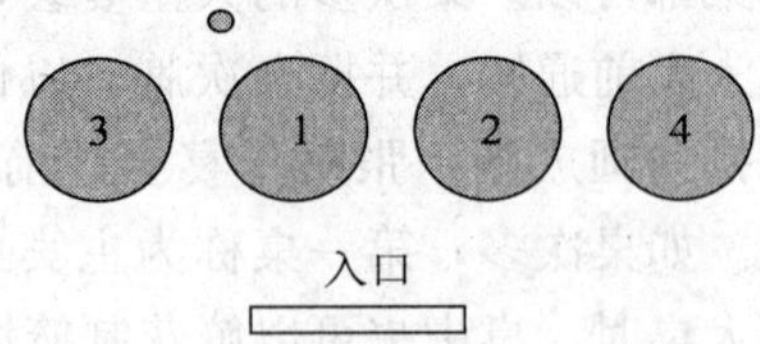

图 10－11　四桌桌次安排 B

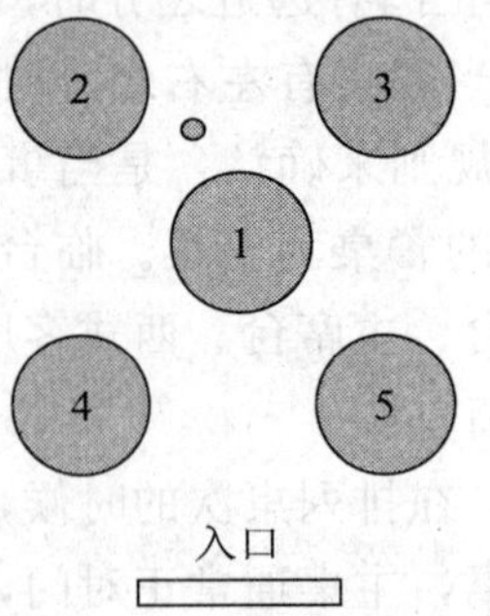

图 10－12　五桌桌次安排 A

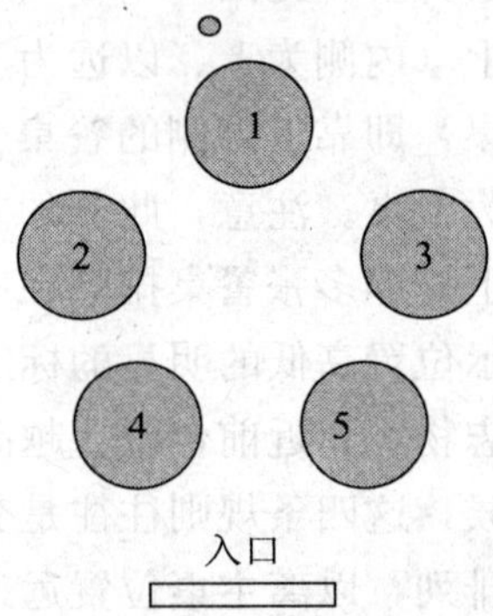

图 10－13　五桌桌次安排 B

（八）宴请座次安排

在宴会上，席次具体是指同一张餐桌上席位的高低。正式宴会一般均排席位，也可只排部分人的席位，其他人只排桌次或自由入座。不论圆桌，还是长方桌，也不论是一桌、多桌，一般将参加宴会的人的姓名与职称写在名签上，摆在每人应坐的桌前。

对主要宾客一般的做法是，入席前先在客厅内休息、寒暄，然后由主人陪同引导入席。一般来宾或陪客，则应在宴会前了解一下自己的桌次和席次，免得宴会开始还没有找到自己的座位。大型的宴会常有几十桌，甚至二三百桌之多。往往在宴会开始后，将座次序号的牌子撤掉。迟到的来客，如不能预先知道自己桌次席位的大概位置，有时会因找不到座位而弄得十分狼狈。

按国际上的习惯，同一桌上，席位高低以离主人远近而定。排席位的主要依据是礼宾次序。因此在排席位前，要按礼宾次序开列主、客双方的名单。

席位安排还要适当照顾各种实际情况。比如，身份大体相当、专业相同、语言相同，可以排在一起；意见分歧、关系紧张者，应避免排在一起等。男女宾的安排，按外国习惯是穿插安排，以女主人为准主宾。我国习惯按各人职务、身份排列，以便于谈话。如果夫人出席，通常与宴会女主人排在一起。即男主宾坐在男主人右上方，其夫人坐在女主人右上方。如果宴会主人的夫人不出席，可请其他身份相当的妇女作第二主人。

安排宴会座次，要根据国内外不同的习惯酌情确定。

中餐宴会上席次安排的具体规则为：面门为主为上（在一般情况下，主人之位应当面对餐厅正门，需要设第二主人时，应令其在第一主人对面就座）、主宾居右，以右为上（主宾一般挨着主人，并在其右侧就座。除主人与主宾之外，双方的其他就餐者应分为主左客右，分别在主人、主宾一侧依其身份高低顺序就座）、好事成双（每张餐桌上用餐者的具体人数宜为双数）、各桌同向（除主桌之外的各张餐桌，应采用与主桌一致的排位方式）。上述四条规则，通常会交叉在一起使用，而很少单独使用（见图 10－14、图 10－15）。

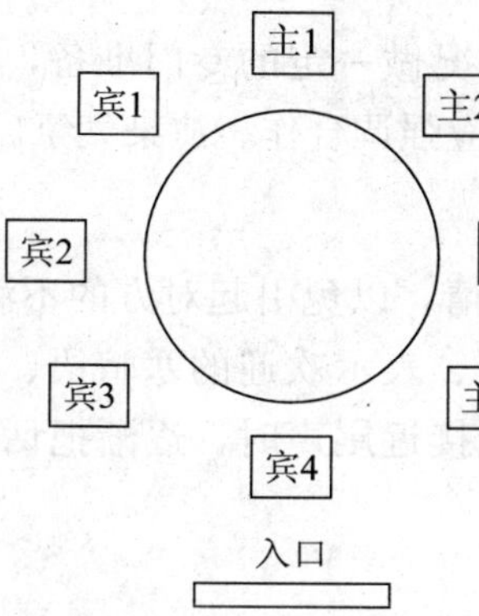

图 10－14　中餐单主位圆桌位次

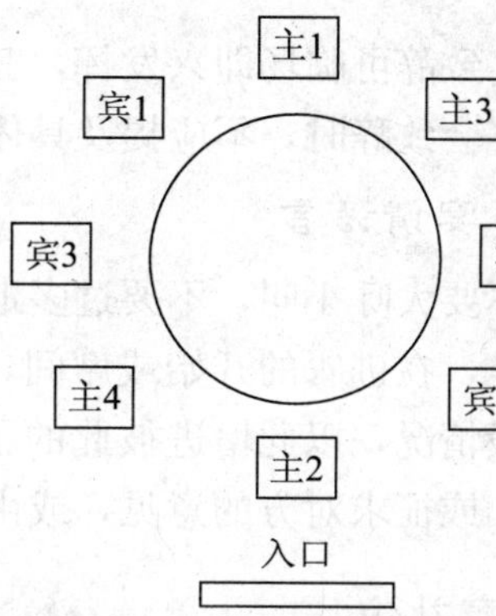

图 10－15　中餐双主位圆桌位次

西式餐桌座次的具体规则为：男女主人对坐两端或中间，男主宾坐女主人右侧、女主宾坐男主人右侧，男女宾客分坐对面，男女宾客尽量间隔坐（见图 10－16）。

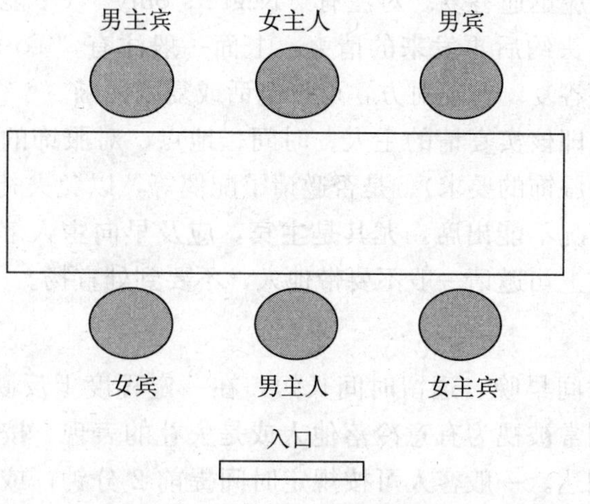

图 10－16　西餐座次排列

（九）订菜

宴请的酒菜应根据宴请形式和规格及规定的预算标准而定。选菜不以主人的爱好为准，主要考虑主宾的爱好与禁忌。一般都备有精致的菜谱，分别放在第一主人及第二主人的下手，上菜的先后与菜谱相符。如果宴会上有个别人有特殊要求，也可以单独为其上菜。无论哪种宴请，事先都应列菜单，并征求主管负责人的同意。

一般情况下，荤素搭配要合理、菜肴品种要多样化，切忌全是高档菜，费用过高；也不要全是家常菜，不够尊重；尽量采用酒店的特色菜，以精致、干净卫生、可口为宜。

西餐宴请的菜肴与中餐不同。一般菜肴道数不多。其选料、丰盛程度及可口美味诸方面，实在无法与中餐相比。西餐一开始先喝汤，然后陆续上两三道菜，这些菜或是肉类与蔬菜搭配，或水产品（如鱼类）与蔬菜搭配，之后就是甜点、冷饮（如冰激凌）等。至于咖啡，可离席而饮。西餐常以生菜（即色拉）、奶酪配之。

（十）宴请致辞

接风便宴致辞可临场即兴发挥，其余的应针对不同情况做一定的专门准备，特别是在告别或答谢宴会致辞时，不应提及具体商务内容及问题，应强调合作、渲染气氛。

（十一）宴请语言

在席间不要大呼小叫，不要过多地谈及商务方面的事情，以免引起对方的不满或猜测。正确的做法是，在进餐的开始或席间，多谈论一些问候语、表示欢迎的寒暄语、本地的风土人情及一般情况，以此增进彼此的了解和友谊。在宴会接近尾声时，逐渐把话题引向有关日程安排，或征求对方的意见，或由双方商订。

二、赴宴礼仪

（一）应邀

接到宴会的邀请，能否出席要根据邀请方的具体要求，尽早地、尽快地答复对方，以便主人安排。答复对方时可打电话，也可复以便函。对注有 R. S. V. P.（请答复）字样的请柬，无论出席与否均应迅速答复。对注有“Regrets only”（不能出席请复）字样的，则不能出席时才复。经口头约后再发来的请柬，上面一般注有“To remind”（备忘）字祥，只起提醒作用，可不必答复。答复对方，可打电话或复以便函。

接到请柬后，应立即核实宴请的主人、时间、地点、对服饰的要求（国外许多正式宴会在请柬上注明对客人服饰的要求）、是否邀请了配偶等，以免失礼。接受邀请后不要随意改动。万一由于特殊情况不能出席，尤其是主宾，应及早向主人解释、道歉，必要时要亲自登门表示歉意。若被上司邀请一般不要带他人，不要到处宣扬。

（二）出席时间

出席宴请，抵达时间早晚、逗留时间长短，在一定程度上反映出对主人的尊重与否。迟到或逗留时间短，则常被视为有意冷落他人或是失礼的表现。按时出席宴请是礼貌的表示。身份高者可略晚到达。一般客人可按规定时间提前 2 分钟，或延后 2 分钟内到达。不可提前太多，也不要迟到太多。出席鸡尾酒会的时间略灵活。

抵达宴请地点，先到衣帽间，脱下大衣和帽子，然后前往主人迎宾处，主动向主人问好。如果吉庆活动，应表示祝贺。如有带礼物，应在就餐前送予主人。

（三）入座

应邀出席宴请活动，应听从主人安排，即所谓客随主便。要先弄清自己的桌次、座次再入席，不要乱坐。如邻座是年长者与妇女，应主动为其拉开椅子，协助他（她）们先坐下。

（四）敬酒与饮酒

作为主宾参加宴请，应了解对方的敬酒习惯，即为何人敬酒、何时敬酒等，以便做必要的准备，一般得事先准备一些祝福的话，你能记住的适用于各种场合的引语，或者其他一些适合于不同场合的言辞。祝酒词不要太长，也不要酒后开玩笑，而且还要让主人先祝酒。如果主人没有祝酒的意思，而你却想带个头，那么你事先一定要礼貌地征得主人的允许。而如果你不喝酒精饮料，你可以在祝酒时小嘬一口意思一下。但一定注意，“敬酒不劝酒”的基本原则。

敬酒，一般是主人和主宾先碰杯，然后主人顺时针方向依次与其他客人碰杯，以及客人之间相互碰杯。人多时也可以同时举杯示意，不一定碰杯。祝酒时注意不必交叉碰杯。

在主人和主宾致辞、敬酒时，其他人应暂停进食，停止交谈并注意倾听，不要借机抽烟等；遇到主人和主宾来桌前敬酒时，应起立举杯；碰杯时，要目视对方致意，并说祝愿的话语；身份低或年轻者与身份高及年长者碰杯时，应稍欠身点头，杯沿比对方杯沿略低则表示尊敬；宴会上互相敬酒，表示友好，活跃气氛，但切忌喝酒过量，否则会失言失态。

小贴士10-9

东西方饮鸡尾酒的习惯差异

东方人的“鸡尾酒时间”，通常是和朋友一起喝上两杯饮料，一般需要一小时的时间。饮料可以是可乐、果汁、清水、葡萄酒和啤酒，有时会在饮料里加许多冰块。但只在很偶然的时候才会在饭后来点烈酒或令人兴奋的饮料。

在欧洲，饮料往往会被简化为一份。可能是因为那里的葡萄酒是和饭菜一起上的。在许多国家，人们以他们自己的葡萄酒感到特别的自豪，因此，你与其要求喝你喜欢的加利福尼亚葡萄酒，还不如和当地人一起体验这种自豪的滋味。晚餐过后，再来点白兰地或令人兴奋的饮料。这里冰块用的很少，所以如果你喜欢加大量的冰块，那你就不得不自己去点，而且还可能一次又一次地去点。

（五）进餐

进餐应在主人招呼后才开始。进餐取菜时，自己食盘内不要盛得太多。如遇本人不能吃或不喜欢的菜，当服务员上菜或主人劝菜时，不要拒绝，可取少量放在盘内，并及时致谢。对不合口味的菜，切勿显出难堪的表情。主人为表示尊重和热情，可以向客人介绍菜品，但要注意遵循“让菜不夹菜”的原则。

进餐时要文雅，吃东西时不要发出声音，要闭嘴嚼。食物太热时，待稍凉后再吃，切勿用嘴吹。遇有鱼刺、骨头、硬壳等，不要直接外吐，应用筷子取出（吃西餐时，应吐在叉上），然后放在骨盘内，不要放在桌上。剔牙时，用手或餐巾遮口。用过的牙签等细小物品最后也都应放进食盘里面。

小贴士10-10

吃西餐的礼仪

1. 吃西餐时须注意刀叉的使用

就餐时“左叉右刀”，右手持刀，左手持叉，将盘子内的食物切成小块，然后用叉送入嘴内。欧洲人使用时不换手，即从切割到送食均以左手持叉。美国人切割后，则把刀放下，换右手持叉送食入口。

2. 就餐时按刀叉顺序由外往里取用

每道菜吃完后，将刀叉并拢平排放在盘内，以示吃完。如未吃完，则摆成八字或交叉摆，刀口应向内。使用刀叉时尽量不发出大的响声。注意不要挥动着刀叉与别人谈话。

3. 喝汤、喝茶或喝咖啡的礼仪

喝汤时，用汤匙在汤盘里由内往外舀起送入嘴，即将喝尽时，可将盘向外略托起。喝茶时，用右手拿杯把，左手端盛杯的小碟。喝咖啡时，应用小茶匙搅拌方糖，而不是用来舀饮。一经饮过，不宜将茶匙放入杯中。

（六）交谈及其他席间礼仪

无论是做主人、陪客或宾客，都应与同桌人交谈，特别是左右邻座。邻座如不相识，可先自我介绍。

在社交场合，无论天气如何炎热，不能当众解扣脱衣。小型便宴，如主人请客人宽衣，男宾可脱下外衣搭在椅背上。

正式宴会中，吃饭过程是不吸烟的，一般应等饭后喝茶或咖啡的时候吸烟。

在宴会上，上鸡、龙虾、水果时，有时送上一个小水盂（铜盆、水晶玻璃缸），水上漂有玫瑰花瓣或柠檬片，供洗手用。洗时两手轮流沾湿手指头，轻轻涮洗，然后用餐巾或小毛巾擦干。

（七）离席礼仪

宴会中确实有事需要提前退席，应向主人说明后悄然离去，或事先打招呼，届时离去。一般吃完水果后，宴会即结束。此时，主人应向主宾示意，让其做好离席的准备，然后从座位上起立，这是让全体起立的信号。一般以女主人的行动为准，女主人邀请全体女宾退出宴会厅后，男宾可留下或到休息厅吸烟和饮用烈性酒。

宴会后，应礼貌地向主人握手道谢。通常是男宾先与男主人告别，女宾先与女主人告别，然后交叉再与其他人告别。除主人特别示意作为纪念品的东西（如一朵小鲜花或宴会菜单等），各种招待用品，包括糖果、水果、香烟等，都不要拿走。遇此，可说一两句赞扬小礼品的话，但不必郑重示谢。有时在出席私人宴请活动之后，往往致以便函或名片示谢。

三、商务用餐需注意的细节问题

1. 餐姿

餐桌前的坐姿和仪态都很重要。身体与餐桌之间要保持适当距离，太远不易处理食物；太近则易使手肘过弯而影响邻座。理想的坐姿是身体挺而不僵，仪态自然，既不呆板，也不轻浮。在餐桌上一个劲“埋头苦干”的人，比狼吞虎咽更令人感到不快。用餐时一般不要把桌面弄得非常凌乱。

适度的文雅与细心，可以防止餐桌上许多不快之事发生，且能获得众人的赏识与尊敬。

2. 餐巾

进餐前用餐巾纸擦拭餐具是极不礼貌的陋习。如发现不洁餐具，可要求服务员调换。

餐巾须等主人动手摊开使用时，客人才能将它摊开置于膝盖上。

餐巾的主要作用是防止油污、汤水滴到衣服上，其次是用来轻擦嘴边的油污。但不可用它擦脸、擦汗或除去口中之食物。餐纸亦同。

用餐完毕时或用餐离席，将餐巾放于座前桌上左边，不可胡乱扭成一团。

3. 餐具

中餐宴请外国客人时，既要摆碗筷，也要放刀叉，以中餐西吃为宜。

切带骨或带壳食物时，叉子一定要把食物叉牢，刀要紧贴叉边下切，以免滑开。切菜时，不要用力过猛撞击盘子发出声响。不易叉的食品，可用刀将其轻轻推上叉。

除喝汤外，不用匙进食。汤用深盘或小碗盛放时，喝时用汤匙由内往外舀起送入嘴中，即将喝尽可将盘向外略托起。

不要在谈话过程中挥舞盛有食物的勺子或叉子。

手拿杯子时不要翘起手指；不要把勺子留在杯子里，否则，不仅看上去不雅观，也可能导致意外。

握筷姿势应规范，进餐需要使用其他餐具时，应先将筷子放下，筷子应放在筷子架上，不可放在杯子或盘子上，否则容易碰掉。用餐过程中，已经举起筷子，但不知道该吃哪道菜，这时不可将筷子在各碟菜中来回移动或在空中游移。

宴会进行中，由于不慎，发生异常情况时，如用力过猛使刀子撞击盘子发出声响，或餐具摔落，或打翻酒水等，要沉着应对。可向邻座人说声：“对不起。”掉落餐具可由招待员另送一副，若打翻的酒水等溅到邻座人身上，应表示歉意，并协助擦掉。如果对方是妇女，只要把干净餐巾或手帕递上即可，由她自己擦。

4. 其他细节礼仪

正餐中不易当众用牙签剔牙，可用餐巾掩嘴；同席客人尚在咀食时应避免向其问话或敬酒；席间如无主人示意抽烟，须先征得邻座同意，否则，不宜抽烟；进餐时应尽量避免打喷嚏、长咳、打哈欠、擤鼻涕；无法抑制时用手帕掩口，并避免对人；请别人帮忙传递东西时，要经常说“请”和“谢谢”；加醋或酱油等调味品之前应先对饭菜略作品尝。

另外，主人为了便于工作和进食，还常常采用自助餐的形式来招待客人，吃自助餐时应注意以下礼仪：进餐厅后，先看一圈，对菜点的摆布和服务设施有个了解，这样取菜时可做到心中有数。取用每种菜点时都不要贪多，大家都爱吃的东西更如此，宁可吃完后再取，也勿取满满一盘让人笑话，甚至吃不完造成浪费。取菜时要有秩序，顺序排队，不要挤在一起取菜。人多时可礼貌地在一旁等一会儿。取菜点时要依菜点原来摆放的顺序取，不要在盘中翻来找去，这样既不文明，又不礼貌。热菜、冷食要分开放入自己盘中，切勿堆成一团。取到自己盘里的菜点，即使不爱吃，也绝不能再倒回去，可剩在盘中，放在桌边上，待服务员取走。尽量做到吃什么取什么，吃多少取多少，不够再取，避免浪费。如不小心取多了菜点而没吃完，可待服务员收盘时道声“对不起”。

复习思考题

1. 宴请形式一般有哪些？
2. 请设计一份邀请函。
3. 宴请桌次和座次安排时分别应遵循怎样的原则？

案例分析

礼仪纠错

晚七点，宾主方各五人相聚凤凰大酒店，参加商务宴请。客人到来时，为整齐起见，我方洽谈代表全部戴着白手套先向客人伸手相握表示欢迎，并依次向对方洽谈代表介绍了自己。众人落座后，我方人员按顺时针方向向洽谈对手递交了名片。其中，技术部陈部长站起来走到赵女士面前，单手把自己的名片正方向对着她递了过去，同时说“认识您很高兴”，随后赵先生又单手接过赵女士递过的名片，看完顺手将其放进裤兜。七点半，宴会正式开始，席间，主方非常热情，不断给客人夹菜，频频劝酒。

问题：

请列出你认为这一过程中存在的五个明显错误的商务礼仪行为，并说明正确的做法。

模块十一　培养商务办公礼仪

学习任务

1. 理解并掌握打电话、接电话的礼仪
2. 理解并掌握商务会议开始前的准备礼仪、会议进行中的服务礼仪
3. 理解并掌握公文礼仪特点及办理、写作礼仪

案例导入

小刘的公司应邀参加一个研讨会，该次研讨会邀请了很多商界知名人士以及新闻界人士参加。老总特别安排小刘和他一道去参会，同时，也让小刘见识见识大场面。小刘早上睡过了头，等他赶到会场，会议已经进行了二十分钟。他急急忙忙推开了会议室的门，“吱”的一声脆响，他一下子成了会场上的焦点。刚坐下不到五分钟，肃静的会场上又响起了摇篮曲，是谁在播放音乐？原来是小刘的手机响了！这下子，小刘可成了全会场的明星……没过多久，小刘不得不另谋高就了。

不管是参加自己单位还是其他单位的会议，都必须遵守会议礼仪。因为在这种高度聚焦的场合，稍有不慎，便会严重有损自己和单位的形象。

任务一　培养电话礼仪

在商务交往中，普普通通的接打电话，实际上也是在为通话者所在的单位、为通话者本人绘制一幅给人以深刻印象的电话形象。

所谓电话形象，即人们在通电话的整个过程之中的语言、声调、内容、表情、态度、时间感等的集合。它能够真实地体现出个人的素质、待人接物的态度以及通话者所在单位的整体水平。

与日常会话和书信联络相比，接打电话具有即时性、经常性、简捷性、双向性、礼仪性等较为突出的特点。所谓即时性、经常性、简捷性、双向性都不难理解，而所谓礼仪性却不能够不为之“正名”。

电话的礼仪性特点，直接与前面提到过的“电话形象”密切相关。它是指不论是打电话还是接电话，都必须以礼待人，克己而敬人。假如不注意在使用电话的过程中讲究礼貌、先敬于人，无形中将会损害自己的人际关系。

使用电话通信，有主动地拨打电话与被动地接听电话之别。从礼仪方面来讲，拨打电话与接听电话时有着各自不同的标准做法。

一、打电话礼仪

在打电话时，对一个人的电话形象影响最大的，首推语言与声调。从总体上来讲，打电话时，语言应当简洁、明了、文明、礼貌。

在通话时，声音应当清晰而柔和，吐字应当准确，句子应当简短，语速应当适中，语气应当亲切、和谐、自然。

有一点务必请注意，打电话时，嘴部与话筒之间应保持3厘米左右的距离。这样的话，使对方接听电话时，才能听得最清晰。

打电话时所使用的语言，应当礼貌而谦恭。应尽快地用三言两语把要说的事情说完。应遵循“通话三分钟”原则。

打电话时，每个人开口所讲的第一句话，都事关自己给对方的第一印象，所以应当慎之又慎。

打电话时所用的规范的“前言”有两种。第一种适用于正式的商务交往中，要求用礼貌用语把双方的单位、职衔、姓名一一道来。其标准的“模式”是：

您好！我是×××公司××部副经理×××，我要找×××分公司经理×××先生，或者是副经理×××先生。

小贴士11-1

在可能的情况下，尽量选择对方合适的时间打电话。

准确核实或熟记对方的电话号码、联系地址、姓名。

第二种适用于一般性的人际交往，在使用礼貌性问候以后，应同时准确的报出双方完整的姓名。其标准的“模式”是：

您好！我是×××。我找×××。

如果电话是由总机接转，或双方的秘书代接的，在对方礼节性问候之后，应当使用“您好”、“劳驾”、“请”之类的礼貌用语与双方应对，不要对对方粗声大气，出口无忌，或是随随便便将对方呼来唤去。

得知要找的人不在，可请代接电话者帮助叫一下，也可以过后再打。无论如何，都不要忘了说话要客客气气的。

在通话时，若电话中途中断，按礼节应由打电话者再拨一次。拨通以后，须稍作解释，以免对方生疑，以为是打电话者不高兴挂断的。

当通话结束时，别忘了向对方道一声“再见”，或是“早安”，“晚安”、“谢谢”、“打扰您了”，等等。按照惯例，电话应由拨电话者挂断。挂断电话时，应双手轻放。

选择适当的通话时间，上班时间不在电话中谈私事，下班时间不在电话中谈公事；在办公室里打电话，应遵循工作生活的作息习惯，一般要在八点以后打电话，最好不要选择在临近下班时间打电话；过早或过晚不宜打电话；与国外友人通话时，还要考虑他们的时差和生活习惯，电话接通后，要询问对方是否时间合适，有无妨碍。

查清双方电话号码后再正确地拨号。万一弄错了，应向接电话者表示歉意，不能将电话一挂了事。拨号后，如只有铃响，没有接听，应耐心等待片刻，待铃响过六次后再挂断。否则，如对方正巧不在电话旁，匆匆赶来接时，电话已挂断，这是失礼的。

二、接听电话礼仪

在接听电话时，亦有许多具体要求。在通电话的过程中，接听电话的一方显然是被动者，尽管如此，商界人士在接听电话时，亦须专心致志、彬彬有礼。

在接电话时，首先要注意自己的态度与表情。虽说通电话是一种“未曾谋面”的交谈，表面上看，商务人员接电话时的态度与表情对方是看不到的，但是，实际上对于这一切对方完全可以在通话过程中感受的到。

电话铃声一响，就应立即跑过去接电话，并且越快越好。在国外，接电话有“铃响不过三遍”一说。

接听电话时必须保持足够耐心、热情。注意控制语气、语态、语速、语调，语言亲切简练、礼貌、和气。不可表现出不耐烦，或者催促对方赶快说完，这样是非常不礼貌的。

接电话时，态度应当殷勤、谦恭。在办公室里接电话，尤其是外来的客人在场时，最好是走近电话，双手捧起话筒，以站立的姿势，面含微笑地与对方友好通话。不要坐着不动，一把把电话拽过来，抱在怀里，夹在脖子上通话。不要拉着电话线，走来走去地通话；也不要坐在桌角、趴在沙发上或是把双腿高抬到桌面上，与对方通话。

凡事应有分寸。接电话时，速度快、态度好、姿势雅，就是合乎礼仪的分寸。

小贴士11-2

无论来电者是谁，我们在接听电话时都不能说任何可能损害自己领导、同事、公司、部门形象的话，在回答来电者提出的问题时，例如：你经理去哪了？我们更需注意维护领导的形象，不能让自己的回答成为信息的来源。

在正式的商务交往中，接电话时拿起话筒所讲的第一句话，也有一定之规。接电话时所讲的第一句话，常见的形式有：

第一种，是以问候语加上单位、部门的名称，或是问候语加上部门名称。它适用于一般场合，例如：“您好！×××人事处。请讲。”或者“你好！组织部。请讲。”后一种形式，主要适用于由总机接转的电话。

第二种，是以问候语直接加上本人姓名。它仅适用于普通的人际交往。例如：

"您好！×××。请讲。"

第三种，是以问候语加上单位、部门的名称以及个人的姓名。它最为正式。

"您好！××××公司人事部×××。请讲。"

需要注意的是，在商务交往中，不允许接电话时以"喂，喂"或者"你找谁呀"作为"见面礼"。特别是不允许一张嘴就毫不客气地查问对方，一个劲儿地问人家"你找谁"，"你是谁"，或者"有什么事儿呀"?

在通话中，不要对着话筒打哈欠，或是吃东西。也不要同时与其他人闲聊。不要让对方因此感到在受话人的心中无足轻重。

结束通话时，应认真地道别。而且要恭候对方先放下电话，不宜"越位"抢先。

任务二　培养公文礼仪

公文是公务文书的简称，它是指机关、团体、企事业单位在处理公务或联系工作时所形成的具有特定格式的书面文字材料的总称。单位的指示、决定、通知、请示、批复、报告、公函等均属公文范畴。公文是实现公务活动目标的有效手段，使用公文可以起到互通信息、联络感情的作用。公文在具体操作过程中渐渐形成的一些约定俗成的格式和规则就是我们所讲的公文礼仪。

一、公文的类型

我国现行的法定公文，是按国务院的有关规定进行分类的。国务院办公厅 1993 年 11 月 21 日发布修订《国家行政机关公文处理办法》（1994 年 1 月 1 日起施行）中明确规定，我国现行的法定公文分为 12 类 13 种。

（1）命令。适用于依照有关法律规定发布行政法规和章程；宣布施行重大强制性政策措施；奖惩有关人员；撤销下级机关不适当的决定。

（2）议案。适用于各级人民政府按照法律程序向同级人民代表大会或人民代表大会常务委员会提请审议事项。

（3）规定。适用于对重要事项或重大行动做出安排。

（4）指示。适用于对下级机关布置工作，阐明工作活动的指导原则。

（5）公告、通告。公告适用于向国内外宣布重要事项或者法定事项。通告适用于在一定范围内公布应当遵守或者周知的事项。

（6）通知。适用于批转下级机关的公文，转发上级机关和不相隶属机关的公文；发布规章；传达要求下级机关办理和有关单位需要周知或者共同执行的事项；任免和聘用干部。

（7）通报。适用于表彰先进，批评错误，传达重要精神情况。

（8）报告。适用于和上级机关汇报工作，反映情况，提出意见或者建议，答复上级机关询问。

（9）请示。适用于向上级机关请求指示、批准。

（10）批复。适用于答复下级机关请示事项。

（11）函。适用于不相隶属机关之间相互商洽工作、询问答复问题；向有关主管部门请求批准等。

（12）会议纪要。适用于记载和传达会议情况和议定事项。

二、公文礼仪的特点

与一般应用文相比，公文从内容到形式都有其显著的特点。公文礼仪的特点则是由公文自身的性质和特点派生而来的。

（一）格式固定化

公文的格式包括标题、主送机关、正文、附件、发文机关、发文日期、报送单位、文件版头、公文编号、机密等级、紧急程度、阅读范围等项。为了维护公文的严肃性，便于公文的处理，国务院办公厅要求有关单位对公文的种类、格式、行文规则、处理都必须严格按照国家有关规定，绝不允许自作主张，任意违反。对公文不讲格式，随意乱造，从礼仪角度看，就是一种不尊重收文者、阅读者的表现。

（二）行文关系化

公文的关系应以原有的行政关系、职能关系、隶属关系为依据，除特殊情况外，应一级一级依次行文，不应越级行文，以免破坏正常的行文关系。拟制涉及部门职权的公文，主办单位要主动会同有关部门进行协商，在取得一致的意见后联合行文。平地或不相隶属的单位之间，只能使用平行文，不能使用下行文或上行文，以体现相互间的尊重与平等。另外，抄、送、发的关系应明确。

（三）辞章逻辑化

提高公文写作技巧、写作水平也是讲究礼仪的具体表现。文书写作中的词语组合要严密精确，易产生歧义的词语尽可能少用或不用。在一篇具体的文书中，应该写什么，不应该写什么；哪些禁止写，哪些可以写；如何措辞，如何称呼，采用何种语气，等等，都要和公文内容相一致。同时，还要考虑对方能否接受，会作出何种反应。文书语言中的不得体，不仅失礼，对问题的解决可能还会产生某些负面作用，故应多加注意。

三、公文礼仪的规则

公文在编制和处理的过程中是否能按公文礼仪规则行事，直接影响着工作效率的高低，同时，也反映着对他人的尊敬与否。

概括地说，公文在编制和处理的过程中应遵循的基本礼仪规则有以下九项。

（1）各级国家行政机关的行文关系，应根据各自隶属关系和职权范围确定。

（2）政府各部门在自己的权限内，可以互相行文，可以同下一级人民政府的有关业务部门互相行文；也可以根据本级政府授权和有关规定，对下一级直接行文。

（3）向下级机关的重要行文，应抄报直接上级机关。

（4）凡部门之间未对有关问题协商一致时，一律不得各自向下行文。

（5）政府各部门可以联合行文。

（6）各级国家行政机关不得越级请示。因特殊情况，必须越级行文时，应抄报越过的机关。

（7）请示的公文，一般应一文一事。除领导直接交办的事项外，请示不要直接送领导个人，也不要同时抄送同级和下级机关。

（8）受双重领导的机关上报公文，应根据内容写明主报机关和抄报机关，由主报机关负责答复请示的问题。上级机关向受双重领导的下级机关行文时，应同时抄送另一上级机关。

（9）经过批准在报刊发表的国家行政机关公文，应视为正式公文依照执行。如不另行文，应在报刊发表时注明。

四、公文办理礼仪

公文办理的基本礼仪要求涉及的内容很多，范围也较广，具体包括以下 15 项内容：

（1）公文办理一般包括登记、分办、批办、承办、催办、拟稿、审核、签发、缮印、用印、传递、归档、销毁等程序。

（2）凡需办理的公文，文书部门应根据内容和性质，送领导人批示或送交有关业务部门办理。对于紧急公文，文书部门应提出办理时限。

（3）凡涉及其他部门或地区的问题，主办机关应主动与有关部门或地区协商、会签。上报的公文，如有关方面意见不一，要如实反映。

（4）已送领导人批示或交有关业务部门办理的公文，文书部门要负责检查催办，以防漏办和延误。

（5）公文写作中要符合国家政策、法律，人名、地名、数字、引文要准确属实，时间是要用具体的年月日，数字书写一般用汉字，同一公文中的数字写法要前后一致，使用简称时必须先用全称，并加以说明。

（6）各级行政机关下发的公文，由机关领导人签发。重要的或涉及面广的，由正职或主持日常工作的副职领导人签发。有的公文，可由秘书长或办公室主任根据授权签发。

（7）各级领导人审批公文要认真负责，文件主批人要签署自己的意见、姓名和时间。

（8）拟写、签发公文时应使用黑色钢笔或毛笔。

（9）各级国家行政机关的办公室在将公文送领导人签发之前，应认真做好审核工作。审核重点：是否需要行文，公文内容、文字表述、文件使用、格式等是否符合有关规定。

（10）上级机关的发文，除绝密或注明不准翻印的以外，经下一级机关的秘书长或办公室主任批准，可以翻印、转发。翻印，要注明翻印的机关和时间。

（11）传递秘密公文时，必须采取相应的保密措施，确保文件安全。

（12）公文办完后，应根据文书立卷、归档的有关规定，及时将公文定稿、正文和有关材料整理立卷。

（13）公文立卷应根据其特征、相互联系和保存价值分类整理，保证齐全、完整、正确反映本机关的主要情况，便于保管、查找和利用。

（14）立好的案卷，应按照有关规定定期向档案部门移交。个人不得保存存档的公文。

（15）没有存档价值和存查必要的公文，经过鉴别和主管领导人批准，可定期销毁。销毁秘密公文，要进行登记，有专人监督，以保证不丢失、不漏销。

小贴士11-3

接受邀请的回函

海天集团：

天马公司董事长文理先生非常荣幸地接受海天集团总裁王希斌先生的邀请，将于2009年8月8日下午18时准时出席本市金都大酒店举行的海天集团成立十周年庆祝酒会。谨祝周年志喜，并顺致敬意。

天马公司

二零零九年八月五日

拒绝接受邀请的回函

尊敬的王希斌先生：

非常抱歉，由于本人明晚将飞往北京洽谈生意，故无法接受您的邀请，于2009年8月8日下午18时出席本市金都大酒店举行的海天集团成立十周年庆祝酒会，恭请见谅。谨祝周年志喜，并顺致敬意。

文理 敬上

二零零九年八月五日

五、公文写作礼仪

尽管公文的种类众多、形式各异，然而不论何种公文，在写作上均应符合一定的礼仪规范。

1. 实事求是，讲求实效

公文是为解决公务的实际问题而制发的，因此，公文写作首先应考虑拟定公文的制发是否有其必要，是否有助于关键问题的解决，是否能够真正取得理想成效，这就是“实事求是，讲究实效”的基本要义之所在。对那些不能很好解决实际问题的公文，能不发的就应坚决不发，能少发的绝不多发。有的单位对上级发下来的文件，只满足于“照抄、照转”，而不结合本单位的实际，提出切实可行的解决意见和办法，也可视为一种不负责任、不实事求是的表现。要使公文真正能够有效地解决实际问题，公文的内容就必须符合实际情况，如实反映事物的本来面目和客观规律。否则，不是形成瞎指挥，给工作带来损失；

就是一纸空文，造成不必要的人力、财力、物力的浪费。

2. 依法办事，保证质量

公文写作还必须依法办事，保证质量。首先，公文的性质特点决定公文本身就具有一定的法律效力和行政约束力。因此，公文的作用欲真正得以发挥，公文的内容就必须符合国家的法律、法令，符合党和政府的方针政策及有关规定。尽管一般公文都是按照领导指示、根据领导意图而制发的，撰写者也应自觉依法维护公文的严肃性，不得盲目行事。其次，公文是一种具有特定体式的文书，故必须严格按其特定的体式写作，不得随意行文。公文的语言必须简洁、明了，不能产生疑义、歧义。此外，一般文书的写作基本要求如重点突出、观点鲜明、结构严谨、条理清楚等，对公文写作同样重要。唯有如此，才能维护公文的规范性，才便于公文的处理，才不至于影响工作的正常进行。

3. 按部就班，有条不紊

凡事按照既定的方案有序地进行方能达到预期的目标，公文写作自然也不例外。公文的性质特点决定了公文必须严格规范写作，不得自行其是。因此，动笔之前应首先明确发文的主题和目的，即弄清楚发文的缘由、发文的对象等问题；写作的具体要求同时也应一并明了。正式行文前先列出提纲，经过再三斟酌，认为确能反映发文主题和目的之后，方可正式提笔起草。不论起草哪一类的公文，除了不偏离主题、组织好有关材料外，还应对所写文字进行反复斟酌、认真修改，以防患于未然。有些人无法独立起草的重要文件则应与有关人员共同商讨、反复修改，做到认真细致、不厌其烦。尤其值得一提的是，公文的写作，绝不是个人的私事。为了对工作负责，对单位以及国家、人民负责，写作者必须本着严肃认真的态度来完成各类公文的起草工作，不得有半点马虎。

任务三　培养会议礼仪

一、会议准备礼仪

许多重要的会议，都是在政治上、思想上、组织上做了长时间的准备才成功的。准备阶段的主要工作有以下几项。

1. 会议筹备组的建立

组织一个高效率的会议筹备组，选好一个干练、认真的筹备组负责人，是会议成功的先决条件。会议筹备组的负责人，应是本单位比较有影响的人物，不但有较强的组织才能，而且有一定的凝聚力；不但自身各方面能力较强，而且能以身作则，关键时候可以带领会议筹备组全体人员突击某项工作。如果允许，筹备组的负责人最好是会议主持人。会议筹备组应下设两个小组：秘书小组与会务小组，前者主要负责文字宣传准备，后者主要负责除文字宣传以外的所有工作，即从会前的准备、会议开始的接待、会议中间的服务、直至会后的送行，等等。会议筹备组的主要负责人和两个小组的负责人要及时沟通信息，在总的日程安排下，作详细的准备工作及日程进度计划，以确保会议准备工作的完善。

2. 会务准备

会务准备工作由会务小组负责，会务准备的内容很多，主要有：

（1）拟好会议通知。会议通知必须定明开会的时间、地点及会议主题和会议参加者等内容。会议时间一般不应选择在重大节日和假日，因为这些日子是与会者的休息日。为了使会议参加者能对自己的工作做好安排，有的会议通知还应写明闭会时间。发会议通知要提前一定的时间，以便会议参加者有所准备。根据会议的内容和参加者的地区范围，会议通知可采用张贴的方式，也可使用邮寄的方式。邮寄会议通知时应在信封上注明“会议通知，收到急转”的字样，以免中途耽搁。对外地的会议参加者，有关食宿费和差旅费等问题都应一一写明，以免造成不必要的麻烦。

（2）安排好会场。会场的大小，要根据会议内容和参加者多少而定。会场的布置也要和会议的内容相称。在一些大型会议的广场或门口还应张贴“欢迎”之类的告示。如果会场不易寻找，应在附近安设路标以作指引。会标应在主席台上方，一般红底白字或黑字，字要端庄大方。两侧或四周可布置一些带有鼓动性、号召性的标语。座位的安排应根据会议的类型，选择办圆形会场排列或正方形、长方形、对称形、凹字形等座位排列。摆设方面，应根据会议类型摆设，烘托会议气氛。如庆祝会应布置得喜气洋洋；座谈会、协商会应体现和谐、平等的气氛。布置还要注意颜色的明亮效果和花草、盆景的安排。另外，音响、灯光要和开会气氛相协调，开会前要检查音响、灯光，以防出现问题。

（3）其他准备。根据会议的需要，决定会议是否需要组织参观、小型便宴等活动，并提前做好相应的准备。

（4）做会务预算。会议的预算一般包括：场地租用费、会场布置费、印刷品费、文书用品费、交通费、电话费、茶点饮料费、礼品费等。

小贴士11-4

不论会议召开的原因是什么，都必须创造良好的会议气氛，即一种使人们能够从实际出发发表自由意见和批评的气氛，从而提高利用时间和信息、材料的效率。

二、会议组织礼仪

1. 工作性会议礼仪

工作性会议是由不同方面的人聚集在一起，为达成同一目标、得到统一结论而召开的会议。工作性会议的礼仪主要有以下几个方面：

（1）目的。工作性会议的通知，一般不宜使用请帖的格式，通知中应该写明会议的目的。如有必要，还应写明会上计划讨论的事项，以便会议参加者准备资料。

（2）会议应适于讨论。工作性会议主要是为讨论工作而召开的，如果会场太大、座位安排太疏散，则不易集中人们的注意力。一般来说，工作性会议的会场座位安排宜采用“圆桌形”，使会议的主要参加者围圆桌而坐，有利于提高会议的效果。

(3) 既服从多数又尊重少数。在工作性会议的进行过程中，有时需要对少数人的意见也应该给予尊重，这是因为有时少数人的意见可能是正确的，同时，正视有不同意见存在也有助于使决策更加周密。

会议程序一般为：宣布会议开始；核对法定人数；宣读会议记录；宣读报告；处理报告；处理提议；提出新任务。

2. 例会组织礼仪

例会是指有固定时间、固定地点、固定人员参加的制度性会议。例会的内容主要是传递信息或讨论工作。例会的礼仪主要有以下几点：

(1) 与会者应准时到会。例会是制度化的会议，一般不发通知和告示。因此，参加者应该准时赴会。如遇到特殊情况不能赴会，应请有关合适人员代为参加，或者事先请假，以免其他参会者无端等候。对例会的主持人来说，如有特殊情况需要取消或者推迟会议，更要在事先通知有关人员，以免让很多人徒劳往返，浪费时间。

(2) 座位安排应紧凑。通常，会议室正中间要设有圆桌或长桌，会议参加者应围桌而坐。坐得集中紧凑，便于会议参加者发言与倾听别人的发言。

(3) 会议的时间不宜过长。例会的基本风格应该是“短小精炼”。会议主持者要尽可能避免出现冷场的情况。在讨论工作时，也应抓住实质性的问题。如果对某一问题争论不休，主持者应考虑另择时间专门开会解决。如果经常把例会开成“马拉松”式的长会，又要所有的人“作陪”，就不合例会的礼仪。

3. 报告会的组织与礼仪

报告会是邀请某领导干部、专家学者或其他有关人员作专题报告的会议。较常见的有形势报告会、学术报告会、劳模报告会或英模报告会等。作专题发言的，通常是一人，有时也可以是多人。报告会的礼仪，主要有以下几点：

(1) 选好报告人。举行报告会，应在条件允许的情况下，选择与会议主题相关的造诣较高、体会较深、影响较大的人作报告人。这样，既可以不使报告人勉为其难，又能使听会者颇有收获。

(2) 向报告人介绍情况。选定报告人后，举办者应将参加报告会的听众情况简要向报告人作介绍，并针对具体情况提出要求。这样便于报告人事先有针对性地做好准备工作，并对自己讲话的内容、范围、深浅程度有所了解。

(3) 对报告人要以礼相待。对报告人的邀请、迎送及招待应周到、热情。报告人作报告时，会议主持人应在场作陪，并仔细倾听报告。如需要录音录像，必须事先征得报告人的同意。

(4) 注意“对话”方式。有的报告会，听众可以向报告人提问题，双方可以进行对话。听众主动提出问题的，应将问题写在纸条上，由主持人转交给报告人，以利于报告人俟机回答；如果报告人主动要求主持人和听众提问题，应注意维护会场秩序，切勿一哄而起。

4. 座谈会的组织与礼仪

座谈会是邀请有关人员参加交谈，讨论某个或某些问题，以达到沟通信息、联络感情的目的。座谈会的礼仪，主要有以下几点：

（1）及时通知并说明内容。通知应及时发送，注明会议时间、地点、座谈内容，并且写上举办座谈会的单位或部门名称。如果用电话通知，最好找到参加者本人，并报告其详细内容。如托人转告，应把要点告诉转告者，以便会议参加者有备而来。

（2）创造出融洽、热烈的气氛。在座位安排上，会议主持者最好和会议参加者围圈而坐。开会时，主持者应事先讲明会议宗旨，以便参加者能有目的地积极思考如何发言。如果参加者与主持者互相不熟悉，主持者应先作自我介绍，有必要时也可请参加者互相介绍，以融洽会议气氛。如果开始时有些冷场，主持者可引导大家广开言路，然后逐步接近座谈主题。

（3）鼓励插话与争论。为了使会议气氛活跃、热烈，可以鼓励大家采取你一言我一语的插话和争论方式进行座谈。这样，才能使与会者知无不言、言无不尽，才能听到与会者发自肺腑的心声。

小贴士11-5

参会纪律要求

参加大型的或正式的会议，如果有正装，应该穿着正装。要比规定开会时间早到五分钟左右，而不要开会时间到了，才不紧不慢地进会场，这样会影响会场的气氛。开会期间，应该表现出一副认真听讲的姿态。开会也算是在工作，认真听讲的姿态不仅表现你的工作态度，也是对正在发言者的尊重。那种趴着、倚靠、打哈欠、胡乱涂画、低头睡觉、接打电话、来回走动以及和邻座交头接耳的行为，是非常不礼貌的。在每个人的发言结束的时候，应该鼓掌以示对他讲话的肯定和支持。

5. 讨论会的组织与礼仪

讨论会是就某一专门问题而召集有关人员参加探讨的会议，目的在于沟通信息、互通情况、求同存异，从而加深对探讨问题的认识。讨论会的礼仪，主要有以下几点：

（1）适当控制会议规模。讨论会的规模可大可小，应视会议内容而定，应请与讨论问题有关的人士参加，不应该无针对性的兴师动众。

（2）创造畅所欲言的环境。不论是学术性的还是非学术性的讨论会，畅所欲言才能发现真知灼见。

（3）会议纪要应全面客观。有的讨论会，在会后需要写会议纪要，拟写时要做到客观、准确和全面。如果厚此薄彼，那么一方面不能反映讨论会的实际情况；另一方面又是对某些人的不尊重。

小贴士11-6

会议日程是会议的各项活动在会议期间每一天的具体安排。在会议日程中，会议的各项活动安排按上午、下午、晚上逐日列出，是参会者了解会议组织、参加会议活动、了解会议情况的重要依据。在制作时，可采用文字形式或表格形式。

6. 其他形式会务工作中的礼仪

除了前文所谈的传统形式的会议之外，还有像电话会议、庆祝会、纪念会等其他形式的会议。

（1）电话会议。由于其及时、迅速的特点，目前已被党政机关和管理部门广泛利用。会务工作人员在电话会议召开时，需要做好以下各项工作：一是事先发出会议通知，及时通知有关单位和人员，要求其按时到开通电话会议的场所听会。二是提前与电话管理部门联系，确定开会具体时间，保证开会时的线路畅通。三是主会场的组织人员要落实与会领导和有关负责人的名单，以及发言人讲话稿。四是会前要检查各地分会场的到会情况并及时报告会议主持人。五是所使用的电话应加保密设备。

（2）社会活动。社会活动是各党政机关领导人工作中较常见的内容，办公室应对这类活动进行合理、妥善的安排，以促进各项工作，同时，又应排除那些不必要的活动对领导人工作和精力的干扰。在这方面，应该掌握以下几个原则：一是要主动协助领导把好审核关，对邀请领导人参加的各项社会活动有所控制，不要安排他们参加那些不应该参加和不重要的活动。二是对需要参加的各项社会活动，办公室在协助领导进行合理安排的同时，应综合考虑工作及领导人的精力情况，切忌把各项社会活动过多地集中到某个人或某些人身上。三是要认真做好领导人已决定参加的社会活动的组织服务工作。包括落实具体时间、地点、准备讲话稿，等等。

小贴士11-7

需要住宿的会议，还要考虑以下因素：

要求会议场所同时具备开会、住宿的设施，即具有开会、用餐、通信、安全、卫生等条件；提前预订便于提供会议场所的一方提前安排，以保障会议如期举行；严格掌握会议接待标准，根据会议规格、经费和国家有关规定认真执行；取得会议设施提供方的配合。

三、会后工作礼仪

1. 整理会议记录

会后必须对现场记录进行整理，以更正现场记录中由于紧张而造成的字迹不清、语言文字不规范等问题，保证会议记录的真实、清晰、准确、完整和规范，最后成为会议文件之一或编发会议报告的依据。

2. 安排与会人员离会

这包括为与会人员结算钱款，回收需要回收的会议文件等。对于外地与会者，还应提前登记并代购返车（船、机）票。

3. 会议文件的立卷归档

会议文件必须在会议结束后归入卷内，其排列序一般是：会议通知、会议纪要、会议议题及有关文件。对修改过的文件，立卷时应将原稿放在前面，然后将修改稿依次排在后面。大型会议完整的会议案卷，应包括以下部分：会议正式文件，如决定、计划等；会议参阅文件；会议安排的发言稿；会议上的讲话记录；其他有关材料。

4. 会议新闻报道

重要会议往往要邀请记者到会。办公室或会务组应及时向新闻记者提出宣传会议精神的要求和建议。根据各种会议的不同情况，会议可发布新闻消息，或进行典型报道。新闻报道稿通常由会议工作人员与新闻记者共同编写，以示及时、准确地反映会议精神。新闻稿件在发布前应送领导人审核，以免出现差错。

5. 会务工作总结

这是会务工作的最后一件事，一般由会议领导人员召集会务人员和工作人员来进行。有时还要写出会务工作的总结报告。

小贴士11-8

怎样提高会议效率

一是改进会议方式。对于一般性会议，可以召开无会场会议，比如运用现代通信设备：电视、广播、电话、互联网举行会议，可以大幅度降低会议成本。二是集中主题。一次会议上不管安排几项会议内容，都要使会议主题明确，这样既方便讨论，又方便执行。三是压缩内容。应围绕会议主题，删掉那些可有可无的内容。四是限定时间。对于会议的起止时间、发言时间、讨论时间，事先都要明确规定，并且严格执行。五是领导示范。会风的端正，领导的示范是必须的。和自己无关的会议，不应该参加；准时参加会议，并严格遵守会议礼仪；提倡无会场会议；带头控制发言时间等。

复习思考题

1. 打电话时，应注意的礼仪规范是什么？
2. 会议前的准备礼仪是什么？
3. 公文礼仪特点有哪些？

案例分析

李丽是海天公司职员，一天，办公时间时，她接到华谊公司职员王美的电话，因为两人平时经常有业务来往，非常熟悉，并建立了良好的私人友谊，王美想通过私人关系向李丽借去年上级部门下发的某文件。李丽非常爽快地答应了。之后，她又询问王美的孩子感冒是否好了，还打不打点滴了，晚上咳嗽是否还厉害等问题。接着，她又问王美的经理是否在办公室，说自己的经理要与其联系业务。王美说："我们经理在，他正在和比克公司的叶经理商谈下一步的合作项目，等会儿他忙完，我请他和你们经理联系好吗?"其后，又聊了一会儿，整个通话时间达到15分钟。

问题：

1. 按照电话礼仪标准，李丽在办公时间、办公室打电话有哪些失礼之处?
2. 王美错在哪里?

模块十二　培养商务会务与仪式礼仪

学习任务

1. 了解发布会、展览会、签字仪式、剪彩仪式、赞助会、茶话会的礼仪常识
2. 掌握商务会议的筹备过程及参与者与组织者的礼仪要求
3. 能结合实际设计相关商务活动

案例导入

2008年8月8日，是某市新建丽天大酒店隆重开业的日子。

这一天，酒店上空彩球高悬，四周彩旗飘扬，身着鲜艳旗袍的礼仪小姐站立在店门两侧，她们的身后是摆放整齐的鲜花、花篮，所有员工服饰一新，面目清洁，精神焕发，整个酒店沉浸在喜庆的气氛中。

开业剪彩典礼在店前广场举行。

上午11时许，应邀前来参加庆典的有关领导、各界友人、新闻记者陆续到齐。正在举行剪彩之际，天空突然下起了倾盆大雨，典礼只好移至厅内，一时间，大厅内聚满了参加庆典人员和避雨的行人。典礼仪式在音乐和雨声中隆重举行，整个厅内灯光齐亮，使得庆典别具一番特色。

典礼完毕，雨仍在下着，厅内避雨的行人，短时间内根本无法离去，许多人焦急地盯着厅外。于是，酒店经理当众宣布："今天能聚集到我们酒店的都是我们的嘉宾，这是天意，希望大家能同敝店共享今天的喜庆，我代表酒店真诚邀请诸位到餐厅共进午餐，当然一切全部免费。"霎时间，大厅内响起雷鸣般的掌声。

虽然，酒店开业额外多花了一笔午餐费，但酒店的名字在新闻媒体及众多顾客的称颂中迅速传播开来，接下来酒店的生意格外红火。

任务一　培养新闻发布会礼仪

新闻发布会，又称"记者招待会"，是政府、企业、社会团体或个人等召集各新闻机构的记者宣布有关重要信息，并回答记者提问的一种专题活动。组织在与社会各界公众的交往中，会遇到许多错综复杂的问题和重要的事件，有些问题非召开新闻发布会不能解释清楚。通过新闻发布会的双向沟通，以及记者借助大众传媒介向公众传递真实、权威、清晰的信息，表明组织的某一立场和态度，以取得公众的理解和支持，树立组织的良好形象。

现代公共关系的基本原理告诉我们，一个组织的良好形象是建立在知名度、可信度和美誉度的基础上，而这三者又都是依靠媒体而生存的。而且，知名度仅只是一种低层次的要求，要获得更高的可信度和美誉度，则不仅要让人知道，而且要让社会公众信赖，再由信赖上升到赞誉，这就必须要利用新闻媒介进行可靠的传播。正因为这样，当今社会的各种组织机构，都想尽办法利用机会和新闻媒介建立联系，制造种种新闻来展示自己良好的社会形象。所以，企事业单位适当地、不失时机地召开新闻发布会，既是传播工作的一个重要内容，又是协调与新闻界的关系，争取新闻界作客观报道以进一步树立组织良好社会形象的一次公共关系活动。

一、新闻发布会的特点

新闻发布会发布消息，形式郑重、规格隆重、可信度较高。

(1) 新闻发布会上，记者可以多方面、多角度地进行提问，以便能更好地发掘消息，了解组织。

(2) 新闻发布会上发布新闻，无论在深度还是在广度上都较其他发布方式更为优越。

(3) 新闻发布会对发言人和主持人的要求很高，要求他们既要全面掌握组织的有关政策和信息，又要反应灵敏，表达严密。

(4) 新闻发布会必须具备恰当的新闻“由头”和最佳契机。即首先应明确新闻发布会的主题是什么？发布什么样的消息？这一消息是否有新闻价值？是否有必要召开新闻发布会等。当确认了开新闻发布会的必要性之后，就应慎重选择恰当的召开时间。最佳的契机，首先要及时，不能拖延，否则当“新闻”变成“旧闻”，就失去了价值；其次要注意避开重大节日和社会活动，以吸引和方便广大记者和公众参与。

二、新闻发布会礼仪

(一) 发布会的筹备工作

筹备新闻发布会，要做的准备工作很多。其中，最重要的是要做好主题的确定、时空的选择、人员的安排、材料的准备等各项具体工作。

1. 主题的确定

决定召开一次新闻发布会之后，即应首先确定其主题。新闻发布会的主题，指的是新闻发布会的中心议题。主题确定是否得当，往往直接关系到本单位的预期目标能否实现。一般而言，新闻发布会的主题大致上共有三类：一类是发布某一消息；一类是说明某一活动；还有一类则是解释某一事件。

具体而言，本组织开业、扩建、合并或者关闭，组织创立的周年纪念日、经营方针发生改变或是推出新举措、新产品、新技术或者新服务面世，组织的首脑或高级管理人员发生变动，组织遭遇重大事故，组织遭到社会的误解或者批评，等等，是新闻发布会的常规主题。

2. 时空的选择

新闻发布会的时空选择，通常是指其时间与地点的选择。对这两个问题不加重视，即便主题再好，新闻发布会也难以取得预期的效果。

一般来说，一次新闻发布会所使用的全部时间，应当限制在两个小时以内。具体而言，在选定举行新闻发布会的时间时，还须谨记以下四个方面的细节问题：一是要避开节假日；二是要避开本地的重大社会活动；三是要避开其他单位的新闻发布会；四是要避开与新闻界的宣传报道重点撞车或相左。只讲紧迫性、时效性，而忽略了上述问题，往往只会使自己徒劳无功。

通常认为，举行新闻发布会的最佳时间，在周一至周四的上午 10 点至 12 点，或下午的 3 点至 5 点左右。在此时间内，绝大多数人都是方便与会的。之所以将周五排除在外，主要是因为周末随之而至，此刻人们忙于各自的事情，对新闻报道往往不予关注。

新闻发布会的举行地点，除可以考虑本单位本部所在地、活动或事件所在地之外，还可优先考虑首都或其他影响巨大的中心性城市。必要时，还可在不同地点举行内容相似的新闻发布会。举行新闻发布会的地点，应具备交通方便、条件舒适、面积适中等条件，本单位的会议厅、宾馆的多功能厅、当地最有影响的建筑物等，也可酌情予以选择。

3. 人员的安排

在准备新闻发布会时，主办方必须精心作好有关人员的安排。与其他会议所不同的是，新闻发布会的主持人、发言人选择是否得当，往往直接关系到会议成败。因此，安排新闻发布会的人员，首先就要选好主持人与发言人。

按照常规，新闻发布会的主持人大都应当由主办单位的公关部部长、办公室主任或秘书长担任。主持人应具备的基本条件是：仪表堂堂，年富力强，见多识广，反应灵活，语言流畅，幽雅风趣，能够把握大局，善于引导提问，并且具有丰富的主持会议的经验。

在一般情况下，新闻发布会的发言人是会议的主角，对他的基本要求包括：修养良好，思维敏捷，博闻强识，善解人意，能言善辩，彬彬有礼，在社会上口碑较好，与新闻界关系较为融洽等。

除了要慎选主持人、发言人之外，还须精选一些本单位的员工负责会议现场的礼仪接待工作。依照惯例，礼仪接待人员应具备端庄的相貌、优雅的举止。

为了宾主两便，主办单位所有正式出席新闻发布会的人员，均须在会上佩戴事先统一制作的姓名胸卡。其内容包括姓名、单位、部门与职务。

4. 材料的准备

在准备新闻发布会时，主办单位通常需要事先委托专人准备好如下四个方面的主要材料。

(1) 发言提纲。它是发言人在新闻发布会上进行正式发言时的发言提要。它既要紧扣主题，又必须全面、准确、生动、真实。

(2) 问答提纲。为了使发言人在现场正式回答提问时表现自如，不慌不忙，事先可对有可能被提问到的主要问题进行预测，并就此准备好合理的答案，以使发言人心中有数，必要时予以参考。

(3) 宣传提纲。为了方便新闻界人士在进行宣传报道时抓住重点、资讯翔实，主办单位可事先精心准备一份以有关数据、图片为主的宣传提纲，并且打印出来，在新闻发布会上分发给每一位与会者。在宣传提纲上，通常应列出单位名称及联络电话、传真号码，以供新闻界人士核实之用。

(4) 辅助材料。假如条件允许，可在新闻发布会的举办现场预备一些可强化会议效果的形象化视听材料，例如，图表、照片、实物、模型、沙盘、录音、录像、影片、幻灯、光碟等，以供与会者利用。在会前或会后，有时可安排与会者进行一些必要的现场参观或展览、陈列参观。应当注意的是，切勿弄虚作假，泄露商务秘密。

(二) 媒体的邀请

在新闻发布会上，主办单位的交往对象自然以新闻界人士为主。在事先考虑邀请新闻界人士时，必须有所选择、有所侧重。一般而言，在这一问题上，有以下三个侧重点必须认真予以考虑：

1. 是否邀请新闻界人士参加

商界向社会各界主动传播信息的方式并非只有举行新闻发布会一种。如发送新闻稿、邀请参观现场，也可以发挥相同的功效。假如采用后两种方式即可发挥预期的作用，那么新闻发布会往往是可以不举办的。如果“新闻”不新，或是新闻界人士毫无兴趣，而硬是一相情愿坚持要开新闻发布会，弄得无人到场，可就洋相百出了。

2. 应当邀请哪些方面的新闻界人士参加

决定召开新闻发布会之后，邀请哪些方面的新闻界人士与会的问题就显得很重要了。实际上，这一问题又可分为两个方面。

(1) 邀请新闻界人士先要了解其主要特点。目前，新闻媒体大体上分为电视、报纸、广播、杂志等四种。它们各有所长，各有所短。电视的优点是：受众广泛，真实感强，传播迅速；其缺点是：受时空限制，不容易保存。报纸的优点是：信息容量大，易储存查阅，覆盖面广；其缺点是：感染力差，不够精美。广播的优点是：传播速度快，鼓动性极强，受限制较少；其缺点是：稍纵即逝，选择性差。杂志的优点是：印制精美，感染力强，易储存查阅，覆盖面广；其缺点是：周期较长，读者相对较少。了解了上述各种新闻媒体的主要优缺点，并在对其邀请时加以考虑，才不至于走弯路。

(2) 在邀请新闻界人士时必须有所侧重。新闻发布会邀请新闻单位的具体数量自有讲究。基本的规则是，宣布某一消息时，尤其是为了扩大影响，提高本单位的知名度时，邀请新闻单位通常多多益善。而在说明某一活动、解释某一事件时，特别是当本单位处于守势时，邀请新闻单位的面则不宜过于宽泛。不论是邀请一家还是数家新闻单位参加新闻发布会，主办单位都要尽可能地优先邀请那些影响巨大、主持正义、报道公正、口碑良好的新闻单位派员到场。此外，还应根据新闻发布会的具体性质，确定是要邀请全国性新闻单位、地方性新闻单位、行业性新闻单位同时到场，还是只邀请其中的某一部分。如拟邀请国外新闻单位到会，除了要看有无实际需要外，还需遵守有关的外事纪律，并且事先报批。

3. 协调主办单位与新闻界人士相互关系

如前所述，新闻界人士是新闻发布会上的主宾。主办单位如欲取得新闻发布会的成功，就必须求得对方的配合，并与之协调好相互关系。主办单位，特别是主办单位的主要负责人与公关人员在与新闻界人士打交道时，一定要注意以下几点：

(1) 要把新闻界人士当做自己真正的朋友对待。对对方既要尊重友好，更要坦诚相待。

(2) 要对所有与会的新闻界人士一视同仁。不要有亲有疏、厚此薄彼。

(3) 要尽可能地向新闻界人士提供对方所需的信息。要注重信息的准确性、真实性与时效性，不要弄虚作假，爆炒旧闻。

(4) 要尊重新闻界人士的自我判断。不要指望拉拢、收买对方，更不要打算去左右对方。

(5) 要与新闻界人士保持联络。要注意经常与对方互通信息，常来常往，争取建立双方良好的合作关系。

(三) 现场的应酬

在新闻发布会正式举行的过程之中，往往会出现种种这样或那样的确定和不确定的问题。

为确保新闻发布会的顺利进行，应注意会议程序要安排得详细、紧凑，避免出现冷场和混乱局面。同时，与会者还应注意各种礼节、礼仪。

1. 签到

新闻发布会的入口处要设立签到处，安排专人负责签到、分发材料、引入会场等接待工作。接待人员要热情、大方，举止文雅。

2. 会议开始

主持人将召开新闻发布会的目的、将要发布的消息或要公布的事情经过、真相作一简要介绍。主持人应根据会议主题调节好会议气氛，当记者的提问离会议主题太远时，要善于巧妙地将话题引向主题，当会议出现紧张气氛时，应能够及时调节、缓和，切实把握好会议的进程和时间。

3. 领导人发言

领导人在会上发言时，要突出重点，具体而恰到好处，语言要生动、自然，吐字要清晰，切忌啰唆冗长。具体来说，应做到以下几点：

(1) 要注意相互的配合。不论是主持人还是发言人，在新闻发布会上都是一家人，因此两者之间的配合默契必不可少。要真正相互配合好，一要分工明确，二要彼此支持。

(2) 要注意讲话的分寸。在新闻发布会上，主持人，发言人的一言一语，都代表着主办单位。因此，必须对自己讲话分寸予以重视。下述四点，尤为重要：

①要简明扼要。不管发言还是答问，都要条理清楚、重点集中，令人既一听就懂又难以忘怀。在发布会上有意卖弄口才、口若悬河，往往是不讨好的。

②要提供新闻。新闻发布会，自然就要有新闻发布。新闻界人士就是特意为此而来的，所以在不违法、不泄密的前提下，要善于满足对方在这一方面的要求。至少，也要在讲话中善于表达自己的独到见解。

③要生动灵活。在讲话之际，讲话者的语言是否生动，话题是否灵活，往往直接影响到现场的气氛。面对冷场或者冲突爆发在即，讲话者生动而灵活的语言，往往可以使之化险为夷。因此，适当地采用一些幽默风趣的语言、巧妙的典故，也是必不可少的。

④要温文尔雅。新闻记者大都见多识广，加之又是有备而来，所以他们在新闻发布会

上经常会提出一些尖锐而棘手的问题。遇到这种情况时，发言人能答则答，不能答则应当巧妙地进行闪避，或是直接告之以无可奉告。无论如何，都不要对对方恶语相加，甚至粗暴地打断对方的提问。吞吞吐吐、张口结舌，也会给人以不好的印象。唯有语言谦恭敬人、高雅脱俗，才会不辱使命。

4. 回答记者提问

领导人在回答记者提问时，要准确、自如，不要随便打断记者的提问。对于不愿透露或不好回答的事情，不应吞吞吐吐，要婉转、幽默地向记者做出解释。遇到不友好的提问，应该保持冷静，礼貌地阐明自己的看法，不能激动发怒，以免引出负面报道。

5. 会议结束

新闻发布会结束后，主办人员要向参加者一一道别，并感谢他们的光临。对于个别记者有特殊要求时，有关人员还应耐心地予以答复。新闻发布会后，主办单位还应及时收集到会记者做出的报道，检查是否达到了举办新闻发布会的目的，对不利于本单位的报道，应予以更正、说明。

（四）善后的事宜

新闻发布会举行完毕之后，主办单位需在一定的时间之内，对其进行一次认真的评估善后工作。一般而言，需要认真处理的事情有如下三项：

1. 了解新闻界的反应

新闻发布会结束之后，应对照一下现场所使用的来宾签到簿与来宾邀请名单，核查一下机关新闻界人士的到会情况。据此可大致推断出新闻界对本单位的重视程度。对到会的新闻界人士来讲，也有两件事必做不可：一是要了解一下与会者对此次新闻会的意见或建议，尽快找出自己的缺陷与不足；二是要了解一下与会的新闻界人士之中，有多少人为此次新闻发布会发表了新闻稿。

2. 整理保存会议资料

整理保存新闻发布会的有关资料，不仅有助于全面评估会议效果，而且还可为此后举行同一类型的会议提供借鉴。需要主办单位认真整理保存的新闻发布会的有关资料，大致上可分为两类：一类是会议自身的图文声像资料，它包括在会议进行过程中所使用的一切文件、图表、声音、录像等；另一类则是新闻媒介有关会议报道的资料，主要包括在电视、报纸、广播、杂志上所公开发表的涉及此次新闻发布会的消息、通信、评论、图片等。具体上可以分为有利报道、不利报道、中性报道三类。

3. 酌情采取补救措施

在听取了与会者意见、建议，总结了会议的举办经验，收集、研究了新闻界对于会议的相关报道之后，对于失误、过错或误导，都要主动采取一些必要的对策。对于在新闻发布会后出现的不利报道，特别要注意具体分析，具体对待。这类不利报道大致可分三类：一是事实准确的批评性报道；二是因误解而出现的失实性报道；三是有意歪曲事实的敌视性报道。对于批评性报道，主办单位应当闻过即改，虚心接受。对于失实性报道，主办单位应通过适当途径加以解释、消除误解。对于敌视性报道，主办单位则应讲究策略、方式的前提下据理力争，立场坚定，尽量为自己挽回声誉。

小贴士12-1

国家电网公司刘振亚总经理在2005年电力可靠性指标发布会上的讲话

各位领导、同志们、朋友们：

很高兴参加2005年全国电力可靠性指标发布会。这次会议正值电力可靠性管理中心成立20周年，借此机会向电力可靠性管理中心以及从事电力可靠性事业的所有专家、学者和工作人员表示衷心的感谢和祝贺。

下面我谈三点意见：一是可靠性管理为电力安全经济运行做出了重要贡献。二是坚持团结治网，确保电力系统安全可靠运行。三是积极采取措施，提高电网的供电可靠性。

任务二　培养展览会礼仪

展览会礼仪，通常是指商界单位在组织、参加展览会时，所应当遵循的规范与惯例。在一般情况下，展览会主要涉及展览会的特点、展览会的组织与展览会的参加等三个方面的大问题。

一、展览会的特点

1. 复合型

展览会通常要同时运用讲解、交谈、介绍材料、宣传手册、录像、广播、幻灯等多种传播媒介来传递信息，而且对新闻单位也有独特的吸引力。它能够综合多种传播方式的优点，产生显著的沟通效果。

2. 直观性

展览会是一种非常直观、形象和生动的传播方式，置身于展览会，能够产生真实可信、观之有物、言之有据的感觉，符合眼见为实的公众心理，能够有力地增进公众对组织的了解和信任。

3. 沟通性

展览会给组织提供了与公众进行直接双向沟通的机会。这种直接沟通在让组织了解自己的同时，也了解了公众。而且，展览会提供了实物、图片和文字，使公众可以仔细分析和品评；讲解员的介绍和答复，更可以解决各种疑问，使公众心服口服。

二、展览会的组织礼仪

一般的展览会，既可以由参展单位自行组织，也可以由社会上的专门机构出面张罗。

根据惯例，展览会的组织者需要重点进行的具体工作，包括以下几项。

1. 参展单位的确定

一旦决定举办展览会，由什么单位来参加的问题，通常是非常重要的。按照商务礼仪的要求，主办单位事先应以适当的方式，对拟参展的单位发出正式的邀请或召集。

邀请或召集参展单位的主要方式为：刊登广告，寄发邀请函，召开新闻发布会等。不管是采用其中任何一种方式，均须同时将展览会的宗旨、展出的主要项目、参展单位的范围与条件、举办展览会的时间与地点、报名参展的时间与地点、咨询有关问题的联络方法、主办单位拟提供的辅助服务项目、参展单位所应负担的基本费用等，一并如实地告之参展单位，以便对方据此加以定夺。

对于报名参展的单位，主办单位应根据展览会的主题与具体条件进行必要的审核。切勿良莠不分，来者不拒。

当参展单位的正式名单确定之后，主办单位应及时地以专函进行通知，使被批准的参展单位尽早有所准备。

2. 展览内容的宣传

为了引起社会各界对展览会的重视，并且尽量地扩大其影响，主办单位要为其进行大力宣传。宣传的重点应当是展览的内容，即展览会上的展示陈列之物。

对展览会，尤其是对展览内容所进行的宣传，主要可以采用下述几种方式：

一是举办新闻发布会；二是邀请新闻界人士到场进行参观采访；三是发表有展览会的新闻稿；四是公开刊发广告；五是张贴有关展览会的宣传画；六是在展览会现场散发宣传性材料和纪念品；七是在举办地悬挂彩旗、飘带或横幅；八是利用升空的彩色气球和飞艇进行宣传。以上八种方式，可以只择其一，亦可多种同时并用。

为了搞好宣传工作，在举办大型展览会时，主办单位应专门成立对外进行宣传的组织机构。其正式名称，可以叫新闻组，也可以叫宣传办公室。

3. 展示位置的分配

对展览会的组织者来讲，展览现场的规划与布置，通常是其重要职责之一。在布置展览会现场时，基本的要求是：展示陈列的各种展品要围绕既定的主题，进行互为衬托的合理组合与搭配。要在整体上显得井然有序、浑然一体。

展览会的组织者要想尽一切办法充分满足参展单位关于展位的合理要求。展览会的组织者可依照展览会的惯例，采用下列方法对展位进行合理的分配。

（1）对展位进行竞拍。由组织者根据展位的不同，制定不同的收费标准，然后组织一场拍卖会，由参展者自由进行角逐，由出价高者拥有自己中意的展位。

（2）对展位进行投标。即由参展单位依照组织者所公告的招标标准和具体条件，自行报价，并据此填写标单，而由组织者按照“就高不就低”的常规，将展位分配给报价高者。

（3）对展位进行抽签。即将展位编号，然后将号码写在纸签之上，而由参展单位的代表在公证人员的监督之下，每人各取一个，以此来确定其各自的具体展位。

（4）按“先来后到”分配。所谓按照“先来后到”进行分配，即以参展单位正式报名的先后为序，谁先报名，谁便有权优先选择自己所看中的展位。

不管采用上述何种方法，组织者均须事先将其广而告之，以便参展单位早作准备。

4. 安全保卫的事项

（1）在举办展览会前，必须依法履行常规的报批手续。此外，组织者还须主动将举办展览会的详情向当地公安部门进行通报，求得其理解、支持与配合。

（2）举办规模较大的展览会时，最好从合法的保安公司聘请一定数量的安保人员，将展览会的安保工作全权交予对方负责。

（3）为了预防天灾人祸等不测事件的发生，应向声誉良好的保险公司进行数额合理的投保，以便利用社会的力量为自己分忧。

（4）在展览会入口处或展览会的门券上，应将参观的具体注意事项正式成文列出，使观众心中有数，以减少纠葛。

（5）按照常规，有关安全保卫的事项，必要时最好由有关各方正式签订合约或协议，并且经过公证。这样一来，万一出了事情，大家就好“亲兄弟，明算账”了。

5. 辅助的服务项目

主办单位为展览会的组织者，有义务为参展单位提供一切必要的辅助性服务项目。

由展览会的组织者为参展单位提供的各项辅助性项目，最好有言在先，并且对有关费用的支付进行详尽的说明。

具体而言，为参展单位所提供的辅助性服务项目，通常主要包括下述各项：一是展品的运输与安装；二是车、船、机票的订购；三是与海关、商检、防疫部门的协调；四是跨国参展时有关证件、证明的办理；五是电话、传真、电脑、复印机等现代化的通信联络设备；六是举行洽谈会、发布会等商务会议或休息之时所使用的适当场所；七是餐饮以及有关展览时使用的零配件的提供；八是供参展单位选用的礼仪、讲解、推销人员等。

三、展览会的参加礼仪

参展单位在正式参加展览会时，必须要求自己全部派出的人员齐心协力、同心同德，为大获全胜而努力奋斗。在整体形象、待人礼仪、解说技巧等三个主要方面，参展单位要予以特别的重视。

1. 要努力维护整体形象

参展单位的整体形象，主要由展示之物的形象与工作人员的形象两个部分所构成。对于两者要给予同等的重视，不可偏废其一。

展示之物的形象，主要由展品的外观、展品的质量、展品的陈列、展位的布置、发放的资料等构成。进行展览的展品，外观上要力求完美无缺，质量要优中选优，陈列上要既整齐美观又讲究主次，布置上要兼顾主题的突出与观众的注意力。而用以在展览会上向观众直接散发的有关资料，则要印刷精美、图文并茂、资讯丰富，并且注有参展单位的主要联络方法，如公关部门与销售部门的电话、电报、电传、传真以及电子邮箱的号码，等等。

2. 要时时注意待人礼貌

不管是宣传型展览会还是销售型展览会，全体工作人员都要将待人礼貌放在首位，并且落实在行动上。

展览会一旦正式开始，全体参展单位的工作人员应各就各位，站立迎宾。不允许迟到、早退，无故脱岗、东游西逛，更不允许在观众到来之时坐、卧不起，怠慢他们。

在任何情况下，工作人员均不得对观众恶语相加，或讥讽嘲弄。对于极个别不守展览会规则而乱摸乱动、乱拿展品的观众，仍须以礼相对，必要时可请保安人员协助，但不允许对对方擅自动粗，进行大骂、扣留或者非法搜身。

3. 要善于运用解说技巧

解说技巧，此处主要是指参展单位的工作人员在向观众介绍或说明展品时，所应当掌握的基本方法和技能。具体而论，在宣传性展览会与销售性展览会上，其解说技巧既有共性可循，又有各自的不同之处。

在宣传性展览会与销售性展览会上，解说技巧的共性在于：要善于因人而异，使解说具有针对性。与此同时，要突出自己展品的特色，要在实事求是的前提下扬长避短，强调"人无我有"之处。在必要时，还可邀请观众亲自动手操作，或由工作人员为其进行现场示范。此外，还可安排观众看与展品相关的影视片，并向其提供说明材料与单位名片。通常，说明材料与单位名片应常备于展台之上，由观众自取。

在宣传型展览会上，解说的重点应当放在推广参展单位的形象上。时时刻刻都应大力宣传本单位的成就和理念，以便使公众对参展单位给以认可。

而在销售型展览会上，解说的重点则必须放在主要产品的介绍与推销之上。按照国外的常规说法，解说时一定要注意"FABE"并重。其中，"F"指展品特征，"A"指展品优点，"B"指客户利益，"E"则指可资证明的证据。就是要求其解说应当以观众利益为重，要在提供有力证据的前提之下，着重强调展品的主要特征与主要优点，以争取使观众觉得言之有理、乐于接受。不过，争抢、尾随观众兜售展品，弄虚作假，或是强行向观众推介展品，则不可取。

小贴士12-2

在第四届多媒体展览会上，一个泰国展商的展位布置较大，却门庭冷落，工作人员无所事事。而邻近展位的LG电脑，既有专业人解说、表演，又有几位小姐有序地发放资料礼品，使展位门庭若市。同样是参加展览会，最终的结果却有明显不同。其实在反差的背后反映的是两家参展商展览礼仪企划的水平。

展览礼仪企划即是通过专业策划公司的精心策划，为参加展览会的公司提供最完美的参展活动设计方案。它包括硬件的展位、展台布置，以及与之配合的各种声、光、电效果；软件的宣传促销活动、展览礼仪模特的培训及包装等。策划的目的是使公司的优势最大限度地表现出来。公司参加展览会的主要目的无非是提高公司的知名度，吸引客户，洽谈合作，在客户心目中树立自己良好的品牌形象。但是要达到这些目的的前提条件必须是：先把尽可能多的人吸引到展位前。因此，展览礼仪企划是必不可少的。

任务三　培养赞助会礼仪

对于商界而言，积极地、力所能及地参与赞助活动，本身就是进行商务活动的一种体现，而且也是自己协调本单位与政府、社会各界的公共关系的一种重要手段。所以，赞助一向颇受商界的重视。

为了扩大影响，商界在公开赞助活动时，往往会专门为此而举行一次一定规模的正式会议。这种以赞助为主题的会议，即为赞助会。赞助会礼仪，一般指的是在筹备、召开赞助会的整个过程中所应恪守的有关礼仪规范。欲使赞助会取得成功，遵守赞助会礼仪是十分必要的。

一、赞助的目的

赞助作为一项专题活动，要有明确的目的。

一是通过赞助来做广告，促使企业通过新闻媒介的广泛报道，增强广告的说服力和影响力，从而扩大企业的社会影响。

二是关心和支持社会公益事业，树立为社会做贡献的良好企业形象。

三是通过资助社会公益事业，为企业的发展创造良好的社会环境，从而扩大企业的社会影响。

四是通过赞助证明企业的经济实力，赢得社会公众的信任，谋求社会公众的好感，培养与公众之间的良好情感。

每个企业都存在于一定的社会环境中，企业在发展中除了自身要赢利之外，还必须承担一定的社会责任与义务，从而获得社会的支持和帮助，获得生存和发展的可靠保障。赞助活动作为企业的一种重要的公共关系活动方式，是企业树立良好形象、不断发展壮大的主要途径。

二、赞助准备礼仪

（一）前期研究

在正式决定进行赞助之前，赞助单位首先有必要进行前期的研究，并且对赞助活动的必要性与可能性进行详尽的论证。

在正常情况下，一次赞助活动往往发端于两种情境。其一，是某一单位主动向其他单位、组织或个人提出赞助。其二，是某一商界单位接到其他单位、组织或个人的赞助请求后，经过研究酌情给予对方以一定程度的赞助。在实际生活里，后一种情境往往更加多见。

在就某次赞助活动进行研究、论证时，赞助单位必须充分明确下列四点：首先，它必须符合我国的宪法和法律，绝对不允许从事违法乱纪活动。其次，它必须与本单位的经营战略、公共关系目标相适应，而不是与其背道而驰。再次，它必须真正有利于受赞助者，同时也有利于整个社会。最后，它必须是本单位力所能及之事，至少不应当半途而废，甚至劳而无功。

（二）赞助计划

赞助计划实际上是前期研究、论证的成果具体化。根据惯例，它应当是由专司其职的工作部门，在进行前期研究、论证的基础上，根据本单位既定的赞助政策方向，认真制订而成。一般来讲，商界单位之中负责赞助计划的工作部门，主要是指其公共关系部。在某些情况下，办公室、财务部亦应介入此事。

制订赞助计划，必须要树立正确的指导思想。其核心之点应为：赞助活动必须同本单位的经营策略、公共关系目标一致，赞助活动的终极目标应是赞助单位、受赞助者和社会三方同时受益。

在一般情况下，赞助计划需要专人草拟，并经本单位的决策机构批准。大致来看，赞助的计划又可分为以下两类：一类是年度性的赞助计划。这种做法的长处是，本单位的赞助活动可以规范有序、有的放矢，同时也可以从宏观上控制赞助活动的规模，避免使之超出自己所能承受的程度，甚至由此而产生的毫无意义的浪费或损耗。另一类则是临时性的赞助计划。它是针对临时性、突发性的事件而制订的计划。

（三）项目审核

赞助项目审核在正常情况下，是赞助单位专门负责赞助活动的工作部门所负责进行的。

在具体对赞助项目进行审查核定时，重点应当放在如下10个方面：一是要看赞助项目是否符合本单位的经营战略与公共关系目标；二是要看受赞助者的口碑如何；三是要看赞助能否真正取得成功；四是要看赞助的具体方式是不是合适；五是要看赞助单位的承受能力如何；六是要看赞助的实际是否得当；七是要看赞助将会产生多大的社会作用；八是要看社会舆论和社会公众将会如何评价此次赞助活动；九是要看进行赞助之后对本单位会有多大的积极作用；十是要看此次进行赞助会给本单位造成多大的负面影响。

经过综合审核之后，假定赞助项目得大于失，即可将其付诸实施；假如赞助项目失大于得，尤其是毫无任何社会效益可言时，则应当坚决下马。

三、实施赞助方案礼仪

赞助活动一经确定，即应择机将其付诸实施。在实施过程之中，赞助单位要对以下四件事尤为关注。

1. 必须有约在先

为了确保赞助活动取得成功，并且防止其发生种种变故，一般而言，凡重大的赞助活动在正式实施以前，赞助单位与受赞助者双方均应正式签订合同或赞助协议，并且经公安机关进行公证。这样，双方所各自承担的权利与义务便被正式规定了下来。任何一方如有违反，便可被依约追究其法律责任。

2. 必须谨慎行事

在赞助的实施过程中，赞助单位必须处处谨慎而行。既要认真履约，又要争取社会的理解与被赞助者的支持。对于受赞助者一定要平等相待，不要为此而以“救世主”自居，让对方产生逆反心理，好心办了坏事。必须明确的是，赞助绝非一种单方面的赏赐。在赞助活动中，双方往往都是有利可图的。

3. 扩大影响

在可能的情况下，赞助单位在实施赞助计划的过程中，不仅要得到社会各界的理解与支持，而且还要善于巧借良机，利用各种传播媒介，在法律、法规允许的前提下，对自己进行适度的宣传，以求扩大本单位的社会影响力，提高自己的知名度与美誉度。不过在宣传时必须讲究技巧，切勿自吹自擂。

4. 必须严守承诺

进行赞助时，赞助单位务必要言而有信，兑现承诺，在指定的时间内，将自己拟赞助的财务如数全部到位。不论发生了什么情况，都不允许赞助单位拖延时间，取消赞助。当然，削减数额、以次充好、以假充真、以物抵款等也是不许可的。赞助单位如果真的那么做了，不单是一种单方面的毁约行为，而且还表明自己原先的承诺仅仅是为了沽名钓誉。

四、赞助会务安排礼仪

在赞助活动正式实施之际，往往需要正式举行一次聚会，将有关的事宜公告于社会。

根据商务礼仪的规范，赞助会通常由受赞助者出面承办，而由赞助单位给予其适当的支持。

赞助会的举行地点，一般可选择受赞助者所在单位的会议厅，亦可由其出面，租用社会上的会议厅。举行赞助会的会议厅内，灯光应当亮度适宜，在主席台的正上方，或是面对正门之处的墙壁上，还需悬挂一条大红横幅。横幅上面，应以金色或黑色的楷书书写“某某单位赞助项目大会”，或者“某某赞助仪式”的字样。前一种写法，意在突出赞助单位；后一种写法，则主要是为了强调接受赞助的具体项目。一般来讲，赞助会不宜过度豪华张扬。

参加赞助会的人士，既要有充分的代表性，又不必在数量上过多。除了赞助单位、受赞助者双方的主要负责人及员工代表之外，赞助会应当重点邀请政府代表、社区代表、群众代表以及新闻界人士参加。在邀请新闻界人士时，特别要注意邀请那些在全国或当地具有较大影响力的电视、报纸、广播等媒体人员与会。

所有参与赞助会的各界人士，在与会之时，皆须身着正装、修饰仪表，并且检点个人的举止。赞助会的整体风格是庄严而神圣的，因此任何与会者都不能与之有唱反调的言行。

依照常规，一次赞助会的全部时间，不应长于一个小时。因此，赞助会的具体会议议程，必须既周密又紧凑。赞助会的具体议程，大致上共有如下六项。

1. 宣布赞助会正式开始

赞助会的主持人，一般应由受赞助单位的负责人或公关人员担任。在宣布正式开会前，主持人应恭请全体与会者各就各位，保持肃静，并且邀请贵宾到主席台上就座。

2. 奏国歌

此前，全体与会者必须一致起立。在奏国歌之后，还可奏本单位标志性歌曲。有时，奏国歌、奏本单位标志性歌曲，可改为唱国歌、唱本单位标志性歌曲。

3. 赞助单位正式实施赞助

其具体做法通常是赞助单位的代表首先出场，口头上宣布其赞助的具体方式或具体数额。随后，受赞助单位的代表上场，双方热情握手。接下来，由赞助单位的代表正式将标有一定数额的巨型支票或实物清单双手捧交给受赞助单位的代表。必要时，礼仪小姐应为双方提供帮助。若赞助的物资重量、体积不大时，亦可由双方在此刻当面交接。在此过程之中，全体与会者应热烈鼓掌。

4. 赞助单位代表发言

赞助单位代表的发言内容，重在阐述赞助的目的与动机。以此同时，还可以对本单位的简况略作介绍。

5. 受赞助单位代表发言

此刻的发言者，一般应为受赞助单位的主要负责人或主要受赞助者。其发言应当集中在对赞助单位的感谢。

6. 来宾代表发言

根据惯例，可邀请政府有关部门的负责人讲话。他的讲话，主要是肯定赞助单位的义举，同时亦可呼吁全社会积极倡导这种互助友爱的美德。该项议程，有时亦可略去。至此，赞助会即可宣告结束。

在赞助会正式结束后，赞助单位、受赞助单位双方的主要代表以及会议的主要来宾，通常应当合影留念。此后，宾主双方可稍事晤谈，然后来宾即应一一告辞。在一般情况下，在赞助会结束后，东道主大都不安排膳食。如确实有必要，则至多略备便餐，而绝对不宜设宴待客。

在极个别情况之下，赞助会亦可由赞助单位操办。由赞助单位所操办的赞助会，其会务工作与以上所述基本相仿。

小贴士12-3

经过艰苦创业，坤亚集团已经发展成为一个拥有10亿元固定资产的大型商贸型企业。在其成立20周年来临之际，坤亚集团决定为自己举行一次别开生面的庆祝活动。

在坤亚集团创建20周年庆祝活动开始之后，绝大多数的与会者才知道，活动的中心内容并非社会上所司空见惯的歌功颂德、一唱一和、大摆排场，而是由坤亚集团的董事长郑重地代表董事会宣布了集团一项正式决定：为了回报社会，救助失学儿童，特此改革本集团庆祝活动的内容，将其进行简化，从中节省下来的50万元人民币的活动费用，全部当场捐献给“希望工程”。

坤亚集团的此番作为的确不俗，因此受到了社会各界的交口称赞。站在商务礼仪的角度上来看，坤亚集团在其创建20周年之际所进行的向“希望工程”捐款的义举，可称之为赞助活动。在一般情况下，人们往往将赞助活动简称为赞助。

任务四　培养茶话会礼仪

所谓茶话会，在商界主要是指意在联络老朋友、结交新朋友的具有对外联络和进行招待性质的社交性集会。因其以参加者不拘形式地自由发言为主，并且因之备有茶点，故此称为茶话会。

茶话会礼仪，在商务礼仪之中特指有关商界单位召开茶话会时所应遵守的礼仪规范。其具体内容主要涉及会议主题、来宾确定、时空选择、座次安排、茶点准备、会议议程、现场发言等几个方面。

一、会议主题

茶话会的主题，特指茶话会的中心议题。在一般情况下，商界所召开的茶话会，其主题大致可以分为如下三类。

1. 以联谊为主题

以联谊为主题的茶话会，是平日所见最多的茶话会。它的主题，是为了联络主办单位同应邀与会的社会各界人士的友谊。在这类茶话会上，宾主通过叙旧与答谢，往往可以增进相互之间的进一步了解，密切彼此之间的关系。除此之外，它还为与会的社会各界人士提供了一个扩大社交圈的良好契机。

2. 以娱乐为主题

以娱乐为主题的茶话会，主要是指在茶话会上安排一些文娱节目或文娱活动，并且以此作为茶话会的主要内容。这一主题的茶话会，主要是为了活跃现场的局面，增加热烈而喜庆的气氛，调动与会者人人参与的积极性。与联欢会所不同的是，以娱乐为主题的茶话会所安排的文娱节目或文娱活动，往往不需要事前进行专门的安排与排练，而是以现场的自由参加与即兴表演为主。它不追求表演水平的一鸣惊人，而是强调重在参与、尽兴而已。

3. 以专题为主题

所谓以专题为主题的茶话会，是指在某一特定的时刻，或为了某些专门的问题而召开的茶话会。它的主要内容，是主办单位就某一专门问题收集反映，听取某些专业人士的见解，或者是同某些与本单位存在特定关系的人士进行对话。召开此类茶话会时，尽管主题既定，仍须倡导与会者畅所欲言，并且不拘情面。为了促使会议进行得轻松而活跃，有些时候，茶话会的主题允许宽泛一些，并且许可与会者的发言稍许有所脱题。

二、来宾确定

茶话会的与会者，除主办单位的会务人员之外，即为来宾。在一般情况下，茶话会的主要与会者，大体上可被区分为下列五类。

1. 本单位的人士

具体来讲，以本单位人士为主要与会者的茶话会，主要是邀请本单位的各方面代表参加，意在沟通信息、通报情况、听取建议、嘉勉先进、总结工作。有时，这类茶话会亦可邀请本单位的全体员工或某一部门、某一阶层的人士参加。有时，它也叫做内部茶话会。

2. 本单位的顾问

以本单位的顾问为主要与会者的茶话会，意在表达对有助于本单位的各位专家、学者、教授的敬意。他们受聘为本单位的顾问，自然对本单位贡献良多。同时，特意邀请他们与会，既表达了对他们的尊敬与重视，也可以进一步地直接向其咨询，并听取其建议。

3. 社会上的贤达

所谓社会贤达，通常是指在社会上拥有一定的才能、德行与声望的知名人士。作为知名人士，他们不仅在社会上具有一定的影响力、号召力和社会威望，而且还往往是某一方面的代言人。以社会上的贤达为主要与会者的茶话会，可使本单位与社会贤达直接进行交流，加深对方对本单位的了解和好感，并且倾听社会各界对本单位的直言不讳的意见和反映。

4. 合作中的伙伴

合作中的伙伴，在此特指在商务往来中与本单位存在着一定联系的单位或个人。除了自己的协作者之外，还应包括与本单位存在着供、产、销等其他关系者。以合作中的伙伴为主要与会者的茶话会，重在向与会者表达谢意，加深彼此之间的理解与感情，这种茶话会，有时亦称联谊会。

5. 各方面的人士

有些茶话会，往往会邀请各行各业、各个方面的人士参加。这种茶话会，通常叫做综合茶话会。以各方面的人士为主要与会者的茶话会，除了可供主办单位传递必要的信息外，主要是为与会者创造出一个扩大个人交际面的社交机会。茶话会的与会者名单一经确定，应立即以请柬的形式向对方提出正式邀请。按惯例，茶话会的请柬应在半个月之前被送达或递达被邀请者手中，但对方对此可以不必答复。

三、时间与空间选择

一次茶话会要取得成功，其时间、空间的具体选择，都是主办单位必须认真对待的事情。

1. 时间选择

举行茶话会的时间问题，包括举行的时机、举行的时间、时间的长度。

（1）茶话会举行的时机。在举行茶话会的时间问题上，举行的时机问题是头等重要的。唯有时机选择得当，茶话会才会产生应有的效益。通常认为，辞旧迎新之时、周年庆典之际、重大决策前后、遭遇困难挫折之时等，都是商界单位酌情召开茶话会的良机。

（2）茶话会举行的时间。举行的时间，是指茶话会具体应于何时举行。根据国际惯例，举行茶话会的最佳时间是下午 4 点钟左右。有些时候，亦可将其安排在上午 10 点钟左右。需要说明的是，在具体进行操作时，自可不必墨守成规，而主要应以与会者尤其是主要与会者的方便与否以及当地人的生活习惯为准。

（3）茶话会时间的长度。对于一次茶话会到底举行多久的问题，可由主持人在会上随机应变，灵活掌握。也就是说，茶话会往往是可长可短的，关键是要看现场有多少人发言，发言是否踊跃。不过在一般情况下，一次成功的茶话会，大都讲究适可而止。若是将其限定在1～2小时之内，它的效果往往会更好一些。

2. 空间安排

举行茶话会的空间问题，指的是茶话会举办地点、场所的选择。按照惯例，适宜举行茶话会的大致场地主要有：主办单位的会议厅，宾馆的多功能厅，主办单位负责人的私家客厅，主办单位负责人的私家庭院或露天花园，或是包场高档的营业性茶楼或茶室。餐厅、歌厅、酒吧等处，均不宜用来举办茶话会。

在选择举行茶话会的具体场地时，还需同时兼顾与会人数、支出费用、周边环境、交通安全、服务质量、档次名声等诸问题。

四、座次安排

在安排茶话会与会者的具体座次时，必须使之与茶话会的主题相适应。根据约定俗成的惯例，目前在安排茶话会与会者的具体座次时，主要采取以下四种办法。

1. 环绕式

所谓环绕式排位，指的是不设立主席台，而将座椅、沙发、茶几摆放在会场的四周，不明确座次的具体尊卑，而听任与会者在入场之后自由就座。这一安排座次的方式，与茶话会的主题最相符，因而在当前采用最多。

2. 散座式

所谓散座式排位，多见于举行于室外的茶话会。它的座椅、沙发、茶几的摆放，貌似散乱无序，四处自由地组合，甚至可由与会者根据个人要求而自行调节，随意安置。其目的，就是要创造出一种宽松、舒适、惬意的社交环境。

3. 圆桌式

圆桌式排位，指的是在会场上摆放圆桌，而请与会者在其周围自由就座的一种安排座次的方式。在茶话会上，圆桌式排位通常又分为下列两种具体的方式：一是仅在会场中央安放一张大型的椭圆形会议桌，而请全体与会者在其周围就座。二是在会场上安放数张圆桌，而请与会者自由组合，各自在其周围就座。当与会者人数较少时，可采用前者；而当与会者人数较多时，则应采用后者。

4. 主席式

在茶话会上，主席式排位并不意味着要在会场上摆放出一目了然的主席台，而是指在会场上，主持人、主人与主宾应被有意识地安排在一起就座，并且按照常规，居于上座之处。例如，中央、前排、会标之下或是面对正门之处。

就总体而论，为了使与会者畅所欲言，并且便于大家进行交际，茶话会上的座次安排尊卑并不宜过于明显。不排座次、允许自由活动、不摆与会者的名签，乃是其常规做法。

五、茶点准备

茶话会有别于正式的宴会，它不上主食、热菜，不安排酒品，而是只向与会者提供一些茶点。

商务礼仪规定，在茶话会上，为与会者所提供的茶点，应当被定位为配角。虽说如此，在具体进行准备时，亦需注意如下几点：

(1) 对于用以待客的茶叶与茶具，务必要精心进行准备。选择茶叶时，在力所能及的情况之下，应尽力挑选上等品，切勿滥竽充数。与此同时，要注意照顾与会者的不同口味。对中国人来说，绿茶老少咸宜。而对欧美人而言，红茶则更受欢迎。在选择茶具时，最好选用陶瓷器皿，并且讲究茶杯、茶碗、茶壶成套，千万不要采用玻璃杯、塑料杯、搪瓷杯、不锈钢杯或纸杯，也不要用热水瓶来代替茶壶。所有的茶具一定要清洗干净，并且完整无损，没有污垢。

(2) 除主要供应茶水之外，在茶话会上还可以为与会者略备一些点心、水果或是地方风味小吃。需要注意的是，在茶话会上向与会者所供应的点心、水果或地方风味小吃，品种要对路、数量要充足，并且要便于取食。为此，最好同时将擦手巾一并上桌。

按惯例，在茶话会举行之后，主办单位通常不再为与会者备餐。

六、会议议程

在正常的情况之下，商界所举办的茶话会的主要会议议程，大体只有如下四项。

1. 主持人宣布茶话会正式开始

在宣布会议正式开始之前，主持人应当提请与会者各就各位，并且保持安静。而在会议正式宣布开始之后，主持人则还可对主要的与会者略加介绍。

2. 主办单位的主要负责人讲话

讲话应以阐明此次茶话会的主题为中心内容。除此之外，还可以代表主办单位，对全体与会者的到来表示欢迎与感谢，并且恳请大家今后一如既往地给予本单位以更多的理解，更大的支持。

3. 与会者发言

根据惯例，与会者的发言在任何情况下都是茶话会的重心所在。为了确保与会者在发言之中直言不讳、畅所欲言，通常，主办单位事先均不对发言者进行指定与排序，也不限制发言的具体时间，而是提倡与会者进行即兴式的发言。有时，与会者在同一次茶话会上，还可以数次进行发言，以不断补充、完善自己的见解、主张。

4. 主持人略作总结

按惯例，茶话会结束之前，主持人应对会议作简要总结，肯定会议取得的效果。

七、现场发言

与会者的现场发言，在茶话会上举足轻重。根据会务礼仪的规范，茶话会的现场发言要想真正得到成功，重点在于主持人的引导得法和与会者的发言得体。

在茶话会上，主持人所起的作用往往不止于掌握、主持会议，更重要的是要能够在现场上审时度势、因势利导地引导与会者的发言，并且有力地控制会议的全局。在众人争相发言时，应由主持人决定谁先谁后；当无人发言时，应由主持人引出新的话题，求教于与会者，或者由其恳请某位人士发言；当与会者之间发生争执时，应由主持人出面劝阻。在每位与会者发言之前，可由主持人对其略作介绍；在其发言的前后，应由主持人带头鼓掌致意。万一有人发言严重跑题或言辞不当，则应由主持人出面转换话题。

与会者在茶话会上发言时，表现必须得体。在要求发言时，可举手示意，但同时也要注意谦让，不要与人进行争抢。不论自己有何高见，打断他人的发言插嘴，都是不妥行为。在进行发言的过程中，不论所谈何事，都要使自己语速适中、口齿清晰、神态自然、用语文明。肯定成绩时，一定要实事求是，力戒阿谀奉承。提出批评时，态度要友善，切勿夸大事实，讽刺挖苦；与其他发言者意见不合时，要注意“兼听则明”，并且一定要保持风度。切勿当场对其表示出不满，或是私下里对对方进行人身攻击。

任务五　培养签字仪式礼仪

在商务交往中，人们签署合同之前，通常会竭力做好以下几个步骤的准备工作。

1. 布置好签字厅

签字有常设专用的签字厅，也有临时以会议厅、会客室来代替的。布置签字厅的总原则是要庄重、整洁、清静。

一间标准的签字厅，应当室内铺满地毯，除了必要的签字用桌椅外，其他一切的陈设都不需要。正规的签字桌应为长桌，其上最好铺设深绿色的台布。

按照仪式礼仪的规范，签字桌应当横放于室内。在其后，可摆放适量的座椅。签署双边合同时，可以仅放一张座椅，供各方签字人签字时轮流就座；也可以为双方签字人各自提供一张座椅。签字人就座时，应当面对正门。

在签字桌上，按照惯例应事先安放好待签的合同文本以及字笔、吸墨器等签字时所用的文具。

与外商签署涉外商务合同时还需在签字桌上插放有关各方的国旗。插放国旗时，在其位置上顺序上必须按照礼宾序列而行。例如，签署双边性涉外商务合同时，有关各方的国旗须插放在该方签字人座椅的正前方。

2. 签字仪式的座次排列

一般而言，举行签字仪式时，座次排列的具体方式共有三种基本形式，它们分别适用于不同的具体情况。

(1) 并列式。并列式排座，是举行双边签字仪式时最常见的形式。它的基本做法是：签字桌在室内面门横放；双方出席仪式的全体人员在签字桌之后并排排列，双方签字人员居中面门而坐，客方居右，主方居左。如图 12 - 1 所示。

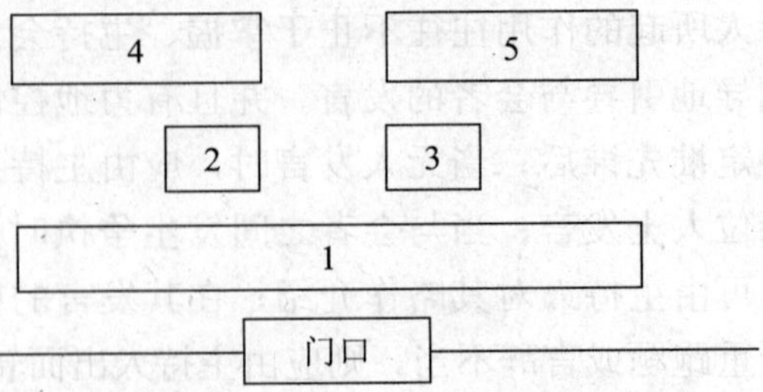

图 12－1　并列式座次排列

1—签字桌；2—客方签字人；3—主方签字人；4—客方参加签字仪式人员；5—主方参加签字仪式人员

（2）相对式。相对式排座，与并列式签字仪式的排座基本相同。两者之间的主要差别，只是相对式排座将双边参加签字仪式的随员席移至签字人的对面。如图 12－2 所示。

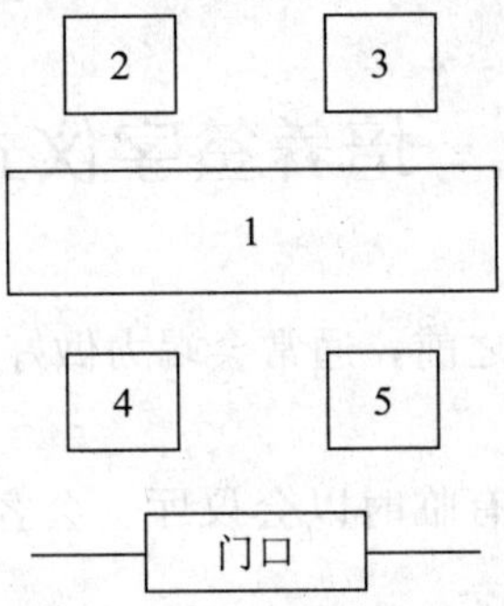

图 12－2　相对式座次排列

1—签字桌；2—客方签字人；3—主方签字人；4—客方参加签字仪式人员；5—主方参加签字仪式人员

3. 预备好待签的合同文本

依照商界的习惯，在正式签署合同之前，应由举行签字仪式的主方负责准备待签合同的正式文本。

举行签字仪式是一桩严肃而庄重的大事，因此，不能将“意犹未了”的“半成品”交付其使用；或是临近签字时，有关各方还在为某些细节而纠缠不休。在决定正式签署合同时，就应当拟订合同的最终文本。它应当是正式的，不再进行任何更改的标准文本。

负责为签字仪式提供待签的合同文本的主方，应会同有关各方一道指定专人，共同负责合同的定稿、校对、印刷与装订。按常规，应为在合同上正式签字的有关各方，均提供一份待签合同文本。必要时，还可再向各方提供一份副本。

签署涉外商务合同时，比照国际惯例，待签的合同文本应同时使用有关各方法定的官方语言，或是使用国际上通用的英文、法文。此外，亦可同时并用有关各方法定的官方语言与英文或法文。使用外文撰写合同时，应反复推敲，字斟句酌，不要望文生义或不解其义而乱用词汇。

待签的合同文本，应以精美的白纸印制而成，按照八开的规格装订成册，并以高档材料，如真皮、金属、软木等作封面。

4. 规范好签字人员的服饰

按照规定，签字人、助签人以及随员，在出席签字仪式时，应当穿着具有礼服性质的深色西装套装、中山装套装或西装套裙，并且配以白色衬衫与深色皮鞋。男士还必须系上单色领带，以示正规。

在签字仪式上露面的礼仪人员、招待人员，可以穿自己的工作制服或旗袍。

5. 签字程序礼仪

签字仪式是签署合同的高潮，它的时间不长，但程序规范、庄重而热烈。签字仪式的正式程序一共分为四项，它们分别是：

（1）签字仪式正式开始。有关各方人员进入签字厅，在既定的位次上各就各位。

（2）签字人正式签署合同文本。通常的做法是，首先签署己方保存的合同文本，再接着签署他方保存的合同文本。

商务礼仪规定：每个人在由己方保留的合同文本上签字时，按惯例应当名列首位。因此，每个签字人均应首先签署己方保存的合同文本，然后再交由他方签字人签字。这一做法，在礼仪上称为“轮换制”。它的含义，是在位次排列上轮流使有关各方均有机会居于首位一次，以显示机会均等，各方平等。

（3）签字人正式交换有关各方已正式签署的合同文本。此时，各方签字人应热烈握手，互致祝贺，并相互交换各自一方刚才使用过的签字笔，以示纪念。全场人员应鼓掌，表示祝贺。

（4）共饮香槟酒互相道贺。交换已签合同文本后，有关人员，尤其是签字人当场干上一杯香槟酒，是国际上通行的用以增添喜庆色彩的做法。

在一般情况下，商务合同在正式签署后，应提交有关方面进行公证，此后才正式生效。

应该说明的是：签字仪式不一定非搞不可，尽管它可以制造声势，增添影响。但是，对于签字本身却是必须郑重对待，不可草草收场。商界人士对此必须特别注意。

如果是两个以上的单位、部门或国家参加的签署仪式，其基本过程与以上所述大体相同，只是相应增添签字人员座位、签字用具或国旗等。如果是签订国际多边公约，则一般只设一个座位，由公约保存国的代表先入座签字，尔后各缔约国的代表再按一定的顺序，依次入座签字。

小贴士12-4

在涉外交往中，有关国家的政府、组织或企业单位之间经过谈判，就政治、经济、文化科技等领域的某些重大问题达成协议时，一般需举行签字仪式。不同的签字仪式各有其特点，在我国国内举行签字仪式通常要考虑以下几个问题。

首先，要布置好签字厅，并做好有关签字仪式的准备工作。在我国国内举行的签字仪式，必须在事先布置好的签字厅里举行，决不可草率行事。

其次，要确定好签字人和参加签字仪式的人员。签字人由签字双方各自确定，但是，他的身份必须与签字文件的性质相符，同时双方签字人的身份和职位应大体相当。

最后，要安排好双方签字人的位置，并议定签字仪式的程序。我国的惯例是：东道国签字人座位位于签字桌左侧，客方签字人的座位位于签字桌右侧；双方的助签人员分别站立于各方签字人的外侧，其任务是翻揭待签文本，并向签字人指明签字处；双方其他参加签字仪式的人员，则应分别按一定顺序排列于各方签字人员之后。

我方人员在国外参加签字仪式，应尊重该国举行签字仪式的传统习惯。有的国家可能会准备两张签字桌，有的国家可能会要求参加签字仪式的人员坐在签字人对面，对此不必在意，关键是不辱使命，对此我方人员不应忘记。

任务六　培养剪彩仪式礼仪

据历史记载，剪彩的头一次亮相是在 1912 年，地点是美国圣安东尼奥州的华氏狄密镇。而那位因发明剪彩仪式而一时出尽风头的店主，叫做威尔斯。时至今日，了解这一切的人不一定很多，可是却几乎没有人不知道剪彩仪式。

剪彩仪式，严格地讲，指的是商界的有关单位，为了庆贺公司的设立、企业的开工、宾馆的落成和商店的开张、银行的开业、大型建筑物的启用、道路或航线的开通、展销会或博览的开幕等，而隆重举行的一项礼仪性程序。因其主要活动内容是邀请专人使用剪刀剪断被称之为“彩”的红色缎带，由此人们称为剪彩。剪彩仪式上有众多的惯例规则必须遵守，其具体的程序亦有一定的要求。剪彩的礼仪，就是对此所进行的基本规范。

从操作的角度来看，目前通行的剪彩礼仪主要包括剪彩的准备、剪彩的人员、剪彩的程序、剪彩的做法等四个方面的内容。

一、准备礼仪

剪彩仪式的准备工作主要涉及场地的布置、环境的卫生、灯光与音响的准备、媒体的邀请、人员的培训，等等。在这些方面，可参照其他仪式。尤其对剪彩仪式上所需使用的某些特殊用具，诸如红色缎带、新剪刀、白色薄纱手套、托盘以及红色地毯，要仔细地进行选择与准备。

1. 红色缎带

红色缎带是剪彩仪式之中的“彩”。按照传统做法，它应当由一整匹未曾使用过的红色绸缎，在中间结成数朵花团而成。目前，有些单位为了厉行节约，而代之以长度为两米左右的细窄的红色缎带，或者以红布、红线绳、红纸条作为其变通，也是可行的。一般来说，红色缎带上所结的花团的数目有两类模式可依。其一，是花团的数目比剪彩者的人数多一个。其二，是花团的数目较现场剪彩者的人数少一个。前者可使每位剪彩者总是处于两朵花团之间，尤显正式。后者则不同常规，亦有新意。

2. 新剪刀

新剪刀是专供剪彩者在剪彩仪式上正式剪彩时所使用的。它必须是每位现场剪彩者人手一把，而且必须崭新、锋利而顺手。剪彩前，一定要逐个检查剪刀是否已经开刃，好不好用。务必要确保剪彩者在正式剪彩时，可以“手起花落”。在剪彩仪式结束后，主办方可将每位剪彩者所使用的剪刀，送给对方以作纪念。

3. 白色薄纱手套

在正式的剪彩仪式上，剪彩者剪彩时最好每人戴上一副白色手套，以示郑重其事。在准备薄纱手套时，除了要确保其数量充足之外，还须使之大小适度、崭新平整、洁白无瑕。

4. 托盘

托盘在剪彩仪式上是用作盛放红色缎带、剪刀、白色薄纱手套的。在剪彩仪式上所使用的托盘，最好是崭新、洁净的。它通常首选银色的不锈钢制品。为了显示正规，可在使用时铺上红色绒布或绸布。就其数量而论，在剪彩时，可以一只托盘依次向各位剪彩者提供手套，并同时盛放红色缎带；也可以为每一位剪彩者提供一只专为其服务的托盘，同时，使红色缎带专由一只托盘盛放。一般后一种方法显得更加正式一些。

5. 红色地毯

主要用于铺设在剪彩者进行剪彩时的站立之处。其长度可视剪彩者人数的多寡而定，其宽度则不应小于一米。在剪彩现场铺设红色地毯，主要是为了提升其档次，并营造一种喜庆的气氛。有时，亦可不予铺设。

二、剪彩人员的选择

在剪彩仪式上，最为活跃的当然是人而不是物。因此，对剪彩人员必须认真进行选择并于事先进行必要的培训。除主持人之外，剪彩的人员主要是由剪彩者与助剪者等两个部分的人员构成。

1. 剪彩者

即在剪彩仪式上持剪刀剪彩之人。根据惯例，剪彩者可以是1个人也可以是几个人，一般不应多于5个人。通常，剪彩者多由上级领导、合作伙伴、社会名流、员工代表或客户代表所担任。确定剪彩者名单，必须是在剪彩仪式正式举行之前。名单一经确定，即应尽早告知对方，使其有所准备。在一般情况下，确定剪彩人，必须尊重对方个人的意见，切勿勉强对方。需要由数人同时担任剪彩者时，应分别告知每位剪彩者届时他将与何人同担此任。这样做是对剪彩者的一种尊重。千万不要“临阵磨枪”，在剪彩开始前才强拉硬拽，临时找人凑数。必要之时，可在剪彩仪式举行前，告之对方有关的注意事项，并稍做排练。按照常规，剪彩者应着套装、套裙或制服，并将头发梳理整齐。不允许戴帽子，或者戴墨镜，也不允许穿着便装。若剪彩者仅为一人，则其剪彩时居中而立即可。若剪彩者不止一人时，则其同时上场剪彩时位次的尊卑就必须予以重视。一般的规矩是“中间高于两侧，右侧高于左侧，距离中间站立者越远位次便越低，即主剪者应居于中央的位置。需要说明的是，之所以规定剪彩者的位次“右侧高于左侧”，主要是因为这是一项国际惯例，剪彩仪式理当遵守。

2. 助剪者

即在剪彩者剪彩时的一系列过程中从旁为其提供帮助的人员。一般而言，助剪者多由东道主一方的女职员担任。现在，人们对他们的常规称呼是礼仪小姐。

具体而言，在剪彩仪式上服务的礼仪小姐，又可以分为迎宾者、引导者、服务者、拉彩者、捧花者、托盘者。迎宾者的任务，是在活动现场负责迎来送往。引导者的任务，是在进行剪彩时负责带领剪彩者登台或退场。服务者的任务，是为来宾尤其是剪彩者提供缎带。捧花者的任务，是在剪彩时手托花团。托盘者的任务，则是为剪彩者提供剪刀、手套等剪彩用品。

在一般情况下，迎宾者与服务者应不止一人。引导者既可以是一个人，也可以为每位剪彩者各配一名。拉彩者通常应为两人。捧花者的人数则需视花团的具体数目而定，一般应为一花一人。托盘者可以为一人，亦可为每位剪彩者各配一人。有时，礼仪小姐亦可身兼多职。

礼仪小姐的基本条件是，相貌姣好、身材修长、年轻健康、气质高雅、音色甜美、反应敏捷、机智灵活、善于交际。礼仪小姐的最佳装束应为：化淡妆，盘起头发，穿款式、面料、色彩统一的单色旗袍，配肉色连裤丝袜、黑色高跟皮鞋。除戒指、耳环或耳钉外，不佩戴其他任何首饰。有时，礼仪小姐穿深色或单色套裙亦可。但是，她们的穿着打扮必须尽可能的整齐划一。

三、剪彩者的礼仪要求

剪彩者是剪彩仪式的主角，他的举止直接关系到剪彩仪式的效果和企业形象。因此，作为剪彩者既要有荣誉感，又要有责任感。剪彩者应注意以下几点礼仪要求：

（1）注意仪容仪表。剪彩者的着装要正规、严肃，一般着西装、中山装或职业制服。头发梳理好，面容洁净，不戴墨镜，给人的感觉应是容光焕发，精干而有修养。

（2）举止要大方文雅。剪彩过程中，剪彩者要使自己保持一种稳重的姿态，做到快而不慌，忙而不乱。当主持人宣布开始剪彩时，剪彩者要面带微笑，步履稳健走上主席台，走向彩带。当礼仪小姐用托盘呈上剪刀时，要用微笑表示谢意。剪彩带时，要聚精会神、严肃认真地一刀剪断。如果几位剪彩者共同剪彩时，应力争同时剪断彩带。另外，剪彩者还应与礼仪小姐配合，让彩球落于托盘内；剪彩完将剪刀放回托盘后，应转身向四周的人们鼓掌致意，并与主持人以及其他人一一握手，以示祝贺。

（3）谈笑要有节制。当主持人宣布剪彩仪式开始后，剪彩者应立即中断与其他人的交谈，全神贯注地听主持人讲话。其间，可与邻座低声耳语一两句，表示自己的感受。剪彩完毕，剪彩者向四周的人们鼓掌致意后，可与主人进行礼节性的交谈，或与其他剪彩者进行赞赏性的交谈，但时间不宜过长。在仪式过程中，剪彩者不能因为自己地位高对什么事都妄加评论，无休止地高谈阔论或放声谈笑，这些都是很失礼的。

小贴士12-5

20世纪初，在美国的一个乡间小镇上，有家商店的店主慧眼独具，从一次偶然发生的故事中得到启迪，以它为模式为商家独创了一种崭新的庆贺仪式——剪彩仪式。

先前是由专人牵着一条小狗来充当剪彩者，让小狗故意去碰落店门上所拴着的布带子；后来，改由儿童担任剪彩者，让他单独去撞断门上所拴着的一条丝线；再后来，剪彩者又变成了妙龄少女，她的标准动作就是要勇往直前地去当众撞落门上所拴着的一条大红缎带；到了最后，也就是现在剪彩则被定型为邀请社会贤达和本地官员，用剪刀剪断礼仪小姐手中所持的大红缎带。

四、剪彩礼仪要求

进行正式剪彩时，剪彩者与助剪者的具体做法必须合乎规范，否则就会使其效果大受影响。

（1）当主持人宣布进行剪彩之后，礼仪小姐应率先登台。登台时，礼仪小姐应排成一行行进。从两侧同时登台，或是从右侧登台均可。登台之后，拉彩者与捧花者应当站成一行，拉彩者处于两端拉直红色缎带，捧花者各自手捧一朵花团。托盘者须站在拉彩者与捧花者身后一米左右，并且成一行。

（2）在剪彩者登台时，引导者应在其左前方进行引导，使之各就各位。剪彩者登台时，宜从右侧出场。当剪彩者均已到达指定位置后，托盘者应前行一步，站在剪彩者的右后侧，以便为其递上剪刀和手套。

（3）剪彩者若不止一人，则其登台时亦应列成一行，并且使主剪者行进在前。在主持人向全体到场者介绍剪彩者时，后者应面带微笑向大家欠身或点头致意。

（4）剪彩者行至既定位置之后，应向拉彩者、捧花者含笑致意。当托盘者递上剪刀和手套时，亦应微笑着向对方道谢。

（5）在正式剪彩前，剪彩者应首先向拉彩者、捧花者示意，待其有所准备后，集中精力，右手持剪刀，表情庄重地将红色缎带一刀剪断。若多名剪彩者同时剪彩时，其他剪彩者应注意主剪者的动作，主动与主剪者协调一致，力争大家同时将红色缎带剪断。

（6）按照惯例，剪彩以后，红色花团应准确无误地落入托盘者手中的托盘内，切勿使之坠地。为此需要捧花者与托盘者的合作。剪彩者在剪彩成功后，可以右手举起剪刀，面向全体到场者致意。然后放下剪刀、手套放于托盘之内，举手鼓掌。接下来，可依次与主人握手道喜，并列队在引导者的引导下退场。退场时，一般宜从右侧下台。

（7）待剪彩者退场后，其他礼仪小姐方可列队从右侧退场。

（8）不管是剪彩者还是助剪者在上下场时，都要注意井然有序、步履稳健、神态自然。在剪彩过程中，更是要不卑不亢、落落大方。

五、程序礼仪

按照惯例，剪彩既可以是开业仪式中的一项具体程序，也可以独立出来，由其自身的一系列程序所组成。独立而行的剪彩仪式，通常应包含如下六项基本的程序。

1. 请来宾就位

在剪彩仪式上，通常只为剪彩者、来宾和本单位的负责人安排座席。在剪彩仪式开始时，即应敬请大家在已排好顺序的座位上就座。在一般情况下，剪彩者应就座于前排。若其不止一人时，则应按照剪彩时的具体顺序就座。

2. 宣布仪式正式开始

在主持人宣布仪式开始后，乐队应演奏音乐，现场可燃放鞭炮，全体到场者应热烈鼓掌。此后，主持人应向全体到场者介绍到场的重要来宾。

3. 奏国歌

此刻全场起立。必要时，亦可随之演奏本单位标志性的歌曲。

4. 进行发言

发言者依次应为东道主单位的代表、上级主管部门的代表、地方政府的代表、合作单位的代表等。发言内容应言简意赅，每人不超过 3 分钟，重点分别应为介绍、道谢与致贺。

5. 进行剪彩

此刻，全体人员应热烈鼓掌，必要时还可奏乐或燃放鞭炮。在剪彩前，须向全体到场者介绍剪彩者。

6. 进行参观

剪彩之后，主人应陪同来宾参观被剪彩之物。仪式至此宣告结束。随后，东道主单位可向来宾赠送纪念性礼品，并以自助餐款待全体来宾。

小贴士12-6

剪彩仪式流程设计范例

09：50 来宾由迎宾人员负责接待指引到贵宾休息处，房间放置饮料及宣传画册。

09：50 签到开始。在剪彩厅门口设立两个签到台，由两位礼仪小姐引导签到，签到采取手写方式。

10：00 剪彩仪式开始。

主持人：贵宾们、女士们、先生们，上午好！欢迎各位参加××集团的奠基仪式，谢谢大家。众所周知，××集团是一家涉及零售、地产等多产业的大型企业集团……

主持人：（介绍来宾）下面请允许我介绍一下出席本次仪式的诸位嘉宾……

10：05 相关领导、嘉宾依次发言致祝词。

10：30 领导剪彩。

主持人：感谢以上嘉宾的精彩祝词。下面就请各位嘉宾拿起剪刀开始剪彩。

（此时背景音乐激昂欢快，礼仪小姐从一侧手端剪彩银盘步入台上，依次站在嘉宾右侧。彩球落下瞬间，万条彩带、彩絮从天而降。）

10：35 喝庆功酒。

主持人：贵宾们、女士们、先生们，在这万分激动的时刻，让我们端起酒杯为××集团的成功发展祝福！

（背景音乐激昂欢快，礼仪小姐推着一座高脚杯堆成的金字塔出现，××集团的负责人与领导、嘉宾每人打开一瓶红酒从最高处往下倒酒，直至最底层斟满红酒，礼仪小姐鱼贯而出为到场每位嘉宾送上一杯红酒，在浓重的欢乐气氛下大家畅饮一杯庆功酒，把仪式推向最高潮。）

10：50 主持人宣布剪彩仪式结束。

主持人：各位来宾、各位朋友，再次向远道而来的政府领导们、社会朋友们表示真心感谢！本次剪彩仪式到此结束！祝我们的明天会更好。

（全场灯光点亮，背景音乐《明天会更好》）

11：00 主持人宣布此后为产品展示、参观时间。

复习思考题

1. 如何准备发布会？
2. 展览会上，讲解人员应注意哪些礼仪问题？
3. 签字仪式礼仪有哪些？
4. 对剪彩者的礼仪要求是什么？
5. 赞助会会议议程是哪六项？
6. 茶话会的座次安排是怎样的？

案例分析

某公司举行新项目开工剪彩仪式，请来了李市长和当地各界名流嘉宾参加，请他们坐在主席台上。仪式开始时，主持人宣布："请李市长下台剪彩。"却见李市长端坐没动，主持人很奇怪，重复了一遍："请李市长下台剪彩。"李市长还是端坐没动，脸上还露出一丝恼怒。主持人又宣布了一遍："请李市长剪彩。"李市长才很不情愿地勉强起来剪彩。

问题：

1. 请指出主持人的失礼之处。
2. 请说一说剪彩前应做哪些准备工作。

参考文献

[1] 杨群祥，郑承志．商务谈判［M］．2 版．大连：东北财经大学出版社，2005.

[2] 李津．销售商务礼仪［M］．北京：同心出版社，2004.

[3] 王石彤．中国企业家礼仪大全［M］．呼和浩特：内蒙古人民出版社，2002.

[4] 杨亦．商务礼仪［M］．北京：蓝天出版社，2003.

[5] 胡晓涓．商务礼仪［M］．北京：中国人民大学出版社，2005.

[6] 方其，冯国防．商务谈判——理论、技巧、案例［M］．北京：中国人民大学出版社，2004.

[7] 全球一流商学院 EMBA 课程精华丛书．商务人员的沟通［M］．北京：北京工业大学出版社，2003.

[8] 赵素洁．商务谈判［M］．北京：冶金工业出版社，2008.

[9] 周庆．商务谈判实训教程［M］．武汉：华中科技大学出版社，2007.

[10] 陈福义，覃业银．礼仪实训教程［M］．北京：中国旅游出版社，2008.

[11] 林友华．社交礼仪［M］．2 版．北京：高等教育出版社，2007.

[12] 凌秀梅，朱正国．现代公关礼仪规范教程［M］．北京：中国传媒大学出版社，2007.

[13] 国英．公共关系与现代礼仪案例［M］．北京：机械工业出版社，2004.

[14] 蔡践．礼仪大全［M］．北京：当代世界出版社，2007.

[15] 轩辕楚．生活中必须要懂的礼仪全书［M］．北京：中国戏剧出版社，2007.

[16] 鄢向荣，贾红文．旅游服务礼仪［M］．北京：清华大学出版社，北京交通大学出版社，2006.

[17] 杨丽萍．公共关系理论与技巧［M］．北京：高等教育出版社，2005.

[18] 缪启军，詹秀娟．公共关系实务［M］．上海：立信会计出版社，2008.

[19] 程德林．公共关系实务［M］．北京：首都经济贸易出版社，2008.

[20] 董明．公共关系实务［M］．杭州：浙江大学出版社，2007.

[21] 陶应虎．公共关系原理与实务［M］．北京：清华大学出版社，2006.